浙江省哲学社会科学规划办文化治理支持课题：
浙江省文化发展共同富裕指标体系建构研究（22LL

浙江文化强省共同富裕省情指数报告

冯洁 ◎ 著

首都经济贸易大学出版社
Capital University of Economics and Business Press
·北京·

图书在版编目（CIP）数据

浙江文化强省共同富裕省情指数报告 / 冯洁著. -- 北京：首都经济贸易大学出版社，2024.5

ISBN 978 7-5638-3668-0

Ⅰ.①浙…　Ⅱ.①冯…　Ⅲ.①文化事业-建设-指数-研究报告-浙江　Ⅳ.①G127.55

中国国家版本馆 CIP 数据核字（2024）第 064183 号

浙江文化强省共同富裕省情指数报告
冯洁　著

责任编辑	晓　地
封面设计	砚祥志远·激光照排　TEL:010-65976003
出版发行	首都经济贸易大学出版社
地　　址	北京市朝阳区红庙（邮编100026）
电　　话	（010）65976483　65065761　65071505（传真）
网　　址	http://www.sjmcb.com
E - mail	publish@cueb.edu.cn
经　　销	全国新华书店
照　　排	北京砚祥志远激光照排技术有限公司
印　　刷	北京九州迅驰传媒文化有限公司
成品尺寸	170 毫米×240 毫米　1/16
字　　数	378 千字
印　　张	18.75
版　　次	2024 年 5 月第 1 版　2024 年 5 月第 1 次印刷
书　　号	ISBN 978-7-5638-3668-0
定　　价	79.00 元

图书印装若有质量问题，本社负责调换
版权所有　侵权必究

建立浙江县域文化发展共同富裕非均衡协调发展战略
（代序）

胡惠林

习近平总书记指出："共同富裕是社会主义的本质要求，是中国式现代化的重要特征。"共同富裕是一种共同拥有、共同享用、共同劳动、共同创造的整体性、公平性的富裕。共同富裕不是少数人的富裕，也不是一部分人的富裕，而是全体人民的富裕；共同富裕不是全民一夜的暴富，不是整齐划一的富裕，也不是完全平均的富裕，是一种体现了中国特色的富裕；共同富裕不只是物质生活的富裕，也包括精神文化的繁华，是一种物质和精神的共同富裕；共同富裕既鼓励勤劳创新致富，也鼓励合法依规致富、符合道德的致富；衡量和评价共同富裕，经济高质量发展是其重要指标，精神文化高度发展和繁荣是其"关键变量"。因此，在任何时候、任何情况下，中国式现代化都既要锚定共同富裕的目标，又要用辩证、发展的眼光看待共同富裕的具体内涵和指标。

实现共同富裕，需要"平衡效率与公平、发展与共享的关系，通过经济高质量发展让人民生活丰裕、精神富足，通过制度建设让人民拥有获得财富和优质公共服务的公平权利，不仅让事实上的社会最弱势群体共享社会进步带来的福祉，同时促进全社会成员福祉与福利总量不断提高"，"浙江省在探索解决发展不平衡不充分问题方面取得了明显成效，作为共同富裕的'优等生'，具备开展共同富裕示范区建设的基础和优势"[1]，已经从"跟跑者"逐渐向"领跑者"跃升[2]。

习近平总书记指出："文化是一个国家、一个民族的灵魂。""中国特色社会主义文化积淀着中华民族最深层的精神追求，代表着中华民族独特的精神标识，是中国人民胜利前行的强大精神力量。""实现中国梦，是物质文明和精神文明比翼双飞的发展过程。""没有中华文化繁荣兴盛，就没有中华民族伟大复兴。"

但是，当前国内对共同富裕指标体系的研究往往过多地强调经济发展和物质的富足，而对文化发展繁荣特别是文化强国建设的关注和探讨较少，殊不知这两者正是共同富裕之一体两面，它们相互依托，共同支撑，协调发展，互动共进，缺一不可。

---

[1] 郁建兴，任杰. 共同富裕的理论内涵与政策议程[J]. 政治学研究，2021 (3).
[2] 郁建兴. 中国式现代化具有深远的世界历史意义[J]. 浙江日报，2022-10-18.

冯洁副教授撰写的《浙江文化强省共同富裕省情指数报告》（以下简称《指数报告》）一书则弥补了这一缺憾，显得很有意义和研究价值。文化强国的实现不仅体现在整体上，也反映在局部建设中，《指数报告》构建以全省、省地级市和县域"五位一体"为特征的浙江文化强省共同富裕指标体系，以局部反映整体，所形成的浙江标准为全体人民共同富裕的现代化提供系统性、科学性、技术性的经验方面做了有益的探索。

仔细阅读，我认为此书的主要特点及内容主要有三方面：

其一，真实反映了浙江文化强省共同富裕文化省情的基本特征。

冯洁从发展性、共享性、可持续性三个维度合理、科学地构建了浙江文化强省共同富裕的评价指标体系，该评价指标体系具有动态性、直观性、综合性的特点。先后集中展示和阐述了浙江省11个地级市文化发展共同富裕的基本情况，在省级、市级层面分别对浙江省2016—2020年文化发展共同富裕情况进行了历时性的动态度量，对11个地级市文化发展共同富裕情况进行了整体规模度量和增长速度度量，由上而下、由总到分、由静到动地直观呈现了全省文化发展共同富裕的基本情况和发展水平。

影响浙江文化强省共同富裕的动力结构是多方面、多因素的，呈现出多元化的特征。冯洁分析发现：文化财政支持、文化创新能力成为文化发展共同富裕最重要的驱动力量，全域文明创建、文化基础设施、特色文化产业构成文化发展共同富裕软硬实力的重要力量，文化人才资源、文化保护传承、社会文化参与是推动浙江文化强省共同富裕进步的支持因素。冯洁的文化省情特征分析客观上为文化发展共同富裕体制机制构建和政策框架制定提供了数据和理论支撑。

其二，县域治理推进国家治理体系和治理能力现代化。

习近平总书记特别提出了促进共同富裕的两大侧重点，一是"促进人民精神生活共同富裕"，二是"促进农民农村共同富裕"。实现基层农村老百姓精神生活和物质生活共同富裕，是浙江省共同富裕示范区建设的重要目标。为此设立的"浙江文化强省县域文化共同富裕指数"对2020年浙江省89个县域文化共同富裕的发展状况进行了度量和分析，运用"浙江文化强省农村文化共同富裕指数"对浙江广袤的农村地区文化发展共同富裕情况进行了评估和考察，从而为坚持社会主义核心价值观的引领、推进县域和农村文化共同富裕、促进城乡融合发展、提升乡村治理效能提供了较为科学的数据。我认为这种数据考察是很有价值和意义的，有助于推进县域治理体系和治理能力现代化，以及实施精准分类管理。

"在我们党的组织结构和国家政权结构中，县一级处在承上启下的关键环节。古人讲郡县治，天下安，今天仍然如此"（习近平，2014）。2003年，时任浙江省委书记的习近平在广泛深入调查研究的基础上，做出了实施"千村示范、万村整治"工程（"千万工程"）的战略决策。2018年9月，联合国将最高环境荣誉——"地球卫士奖"授予浙江"千万工程"。2021年11月，中共中央办公厅、国务院办公厅印发《农村人居环境整治提升五年行动方案（2021—2025年）》，要求"深入学习推广浙江'千村示范、万村整治'工程经验"。"千万工程"的一个基本经验是以县域为重要切入点，推动各类治理资源向基层下沉。

《指数报告》在县域文化发展共同富裕要素分析上着墨较多，非常详细。比如，在公共文化服务体系建设方面，数据分析发现，除了非遗馆，浙江省县有"四馆一院"和"区三馆"，已经实现了全域覆盖；关于公共文化服务均等化建设，分析认为，应该在县域文化机构网络布局大致完整的情况下，进一步"深层次完善文化基础设施建设"，还要考虑文化机构各类文化基础设施的使用率，以及设备层次是否能够满足群众的需要，文化基础设施是否惠及城市里的农民工、边缘地区的乡民、老幼残障等弱势群体，从而真正实现公民文化权利的充分满足，平等无障碍；在公共文化服务供给与效率方面，报告在充分肯定浙江省县域满足人民群众精神生活方面已经取得重大进步的同时，也指出了不足之处："社会公共文化服务优质供给不足"，县域政府采购公益演出严重匮乏，县域公共文化服务和产品缺乏地方特色，许多县域没有相关统计数据。同时，报告还特别强调了动员社会力量等多元主体参与文化活动供给的重要性，指出要尽快改变"社会公共文化服务数字化覆盖不广""社会公共文化特殊群体服务不充分"等现状。

农村文化发展共同富裕，是目前我国正在发生的一场深刻社会变革。浙江乡村文化治理水平的提升，是推进县域治理体系和治理能力现代化、实现共同富裕示范区历史性伟大目标的关键。报告以翔实、准确的数据，认真、精致的分析和可靠的结论，有力证明了浙江乡村文化共同富裕指数研究及实践能够产生推动国家文化体制改革、促进全社会共同富裕的示范力量。

其三，浙江省县域文化发展共同富裕非均衡协调发展战略。

人民日益增长的美好生活需要和发展不平衡不充分的发展之间的矛盾，是当今社会的主要矛盾。习近平总书记指出："全体人民共同富裕是一个总体概念，是对全社会而言的，不要分成城市一块、农村一块，或者东部、中部、西部地区各一块，各提各的指标，要从全局上来看。"共同富裕是物质生活和精神生活双富裕，是一个动态的、历史的、允许有差别的非均衡协调发展过程。

报告统计分析显示，浙江县域文化发展呈现由东向西梯次逐步减弱趋势，宁波、嘉兴、温州、湖州是文化发展共同富裕最好的空间区域，杭州、绍兴、金华、台州、丽水属于文化发展共同富裕一般地区，舟山、衢州是弱势地区。在空间分布差异分析基础上，冯洁提出了浙江县域文化发展共同富裕不均衡协调发展战略，试图建构县域文化发展共同富裕的金字塔体系。在宏观层面，主张加强政府文化制度规范，发挥宏观系统调控功能。除了国家、省级层面关于共同富裕示范区意见、实施方案以外,针对浙江省建设共同富裕示范区的"短板弱项",浙江省政府已经专门出台了《浙江省山区 26 县跨越式高质量发展实施方案(2021—2025 年)》等专项措施。冯洁认为,要"通过政策制定,以'诱导的发展极'来加强浙江省中部、西南部文化增长极的培育力度,建立均衡协调机制"。在中观层面,主张发挥文化财政资金投入的主体和主导作用,统筹城乡文化人才资源建设,深层次完善文化基础设施建设。在微观实践操作层面,要求保障民众积极的社会文化参与权利,促进非遗保护传承资源的转化利用,促进公共文化机构在一定程度上的市场化。作者还在中观和微观层面对浙江省中、西部发展区和落后地区做了详细分析并提出具体建议。我以为,作者在报告中提出的宏观系统发展、中观资源投入、微观实践操作相互协调机制,是建立在翔实数据和精准分析基础上的,是科学的、客观的、合理的,能够在相当程度上促进县域文化发展共同富裕"一体化"的实现,缩小城乡、区域、群体差距。

　　文化是高质量共同富裕示范区建设的关键变量。浙江文化省情是省域政治、经济、社会形态的文化反映和表现形态,区域文化强省共同富裕的战略选择成果会出现战略溢出效应和仿真效应,产生推动国家文化体制深化改革进而实现国家文化发展共同富裕的示范力量,指数研究就是这一切问题的逻辑起点,冯洁的《浙江文化强省共同富裕省情指数报告》一书,无疑以局部性的经验提供了一种可模仿、可复制的文明示范新形态的实践样本。

目 录

总 论 ··· 1
　一、问题的提出 ··· 1
　二、"以人民为中心"思想奠定了国家文化安全和社会稳定的根基 ····· 2
　三、社会公平正义是构建国家文化安全、社会和谐稳定的基础 ············ 4
　四、乡村文化治理服务于国家文化安全战略实践 ································· 6
　五、文化共同富裕省情研究是推进国家安全体系和能力现代化的
　　　战略需要 ··· 9

第一部分　浙江文化强省共同富裕指数报告

第一章　浙江文化强省共同富裕指标体系 ··· 12
　一、浙江文化强省共同富裕指标体系构建原则 ···································· 13
　二、浙江文化强省共同富裕指标体系科学设立 ···································· 13
　三、浙江文化强省共同富裕指标体系测量维度 ···································· 14
　四、浙江文化强省共同富裕指标体系价值意义 ···································· 17

第二章　浙江文化强省共同富裕指数模型分析 ····································· 20
　一、浙江文化强省共同富裕指数模型建构 ·· 20
　二、浙江文化强省共同富裕指数主成分分析 ·· 21
　三、浙江文化强省共同富裕指数综合得分 ·· 36

第三章　浙江文化强省共同富裕指数分析 ··· 39
　一、浙江文化强省共同富裕空间结构特征 ·· 39
　二、浙江文化强省共同富裕正向驱动力量 ·· 41
　三、浙江文化强省共同富裕重要进步力量 ·· 45
　四、浙江文化强省共同富裕重要支持因素 ·· 51

第四章 浙江文化强省共同富裕综合指数与增速指数分析 ………… 59
　　一、浙江文化强省共同富裕综合指数编制方法 ………… 59
　　二、浙江文化强省共同富裕综合指数分析 ………… 59
　　三、浙江文化强省共同富裕增速指数分析 ………… 63

第二部分　浙江文化强省县域文化共同富裕指数报告

第五章 2020年浙江文化强省县域文化共同富裕指数分析 ………… 71
　　一、浙江文化强省县域文化共同富裕指数编制方法 ………… 71
　　二、浙江文化强省县域文化共同富裕指数结果分析 ………… 72
　　三、浙江文化强省县域文化共同富裕优势空间影响因素 ………… 76
　　四、建立县域文化发展共同富裕"一体化"的基本格局 ………… 79

第六章 2020年县域文化财政支持指数测评结果 ………… 85
　　一、文化财政支持指数 ………… 85
　　二、浙江省县域文化财政支持的空间布局 ………… 87

第七章 2020年县域文化基础设施指数测评结果 ………… 88
　　一、文化基础设施指数 ………… 88
　　二、公共阅读供给指数 ………… 92
　　三、文物产品供给指数 ………… 96
　　四、群众文化娱乐设施供给指数 ………… 101
　　五、完善公共文化服务基础设施建设 ………… 106

第八章 2020年县域文化人才资源指数测评结果 ………… 108
　　一、文化人才资源指数 ………… 108
　　二、文化事业人才指数 ………… 112
　　三、文化人才素质指数 ………… 116
　　四、文化人才待遇指数 ………… 121
　　五、小结 ………… 125

第九章 2020年县域社会文化参与指数测评结果与分析 ………… 126
　　一、社会文化参与指数 ………… 126
　　二、文化消费需求指数 ………… 130
　　三、文化活动供给指数 ………… 136

　　　　四、文化活动参与指数 …………………………………………… 142
　　　　五、小结 …………………………………………………………… 150

第十章　2020年县域非遗保护传承指数测评结果与分析 ………… 153
　　　　一、非遗保护传承指数 …………………………………………… 153
　　　　二、非遗保护基础指数 …………………………………………… 157
　　　　三、非遗保护管理指数 …………………………………………… 163
　　　　四、非遗传承体验设施指数 ……………………………………… 168
　　　　五、非遗传承交流指数 …………………………………………… 177
　　　　六、调查结果指数 ………………………………………………… 182
　　　　七、小结 …………………………………………………………… 190

第十一章　2020年县域文化经济流量指数测评分析 ……………… 192
　　　　一、文化经济流量指数 …………………………………………… 192
　　　　二、公益性文化机构经营能力指数 ……………………………… 196
　　　　三、经营性文化机构的经营能力 ………………………………… 198
　　　　四、小结 …………………………………………………………… 200

第三部分　浙江文化强省农村文化共同富裕指数报告

第十二章　2020年浙江文化强省农村文化共同富裕指数报告 …… 202
　　　　一、浙江文化强省农村文化共同富裕指数编制方法 …………… 202
　　　　二、浙江文化强省农村文化共同富裕指数结果分析 …………… 203
　　　　三、浙江文化强省农村文化共同富裕优势空间影响因素 ……… 207
　　　　四、浙江文化强省农村文化共同富裕弱势空间分析与建议 …… 209

第十三章　2020年浙江农村文化基础性指数测评结果与分析 …… 212
　　　　一、基础指标 ……………………………………………………… 212
　　　　二、农村文化基础设施指数 ……………………………………… 221
　　　　三、文化财政支持指数 …………………………………………… 227
　　　　四、文化人才资源指数 …………………………………………… 229
　　　　五、文化经济流量 ………………………………………………… 234
　　　　六、小结 …………………………………………………………… 239

第十四章 2020年农村浙江社会文化参与指数测评结果与分析 …… 241
 一、农村社会文化参与指数 …… 241
 二、文化消费需求指数 …… 245
 三、文化活动供给指数 …… 249
 四、文化活动参与指数 …… 254
 五、小结 …… 260

第十五章 2020年农村非遗保护传承指数测评结果与分析 …… 261
 一、非遗保护传承指数 …… 261
 二、非遗保护基础设施指数 …… 266
 三、非遗保护管理指数 …… 270
 四、非遗传承体验设施指数 …… 274
 五、非遗传承交流指数 …… 279
 六、小结 …… 283

参考文献 …… 285

后记 …… 287

总　论

一、问题的提出

什么是文化共同富裕？"促进人民精神生活共同富裕"的思想基础是什么？维护文化共同富裕的价值准则是什么？"促进农民农村共同富裕"在文化上要解决什么问题？文化共同富裕的目标与国家文化安全战略有着什么样的深刻联系？浙江文化发展共同富裕省情调研于当今中国文化共同富裕目标与国家文化安全战略有什么样的价值意义？这些问题值得学界认真讨论。

共同富裕是中国共产党立党及执政的思想基础和奋斗目标，"共同富裕"概念最早出现在毛泽东起草的《中国共产党中央委员会关于发展农业生产合作社的决议》[1]（1953年12月）中。1955—1958年，毛泽东多次明确表达了使全体人民"富裕起来"的思想。邓小平提出，贫穷不是社会主义，共同富裕是社会主义的本质特征；鼓励一部分地区一部分人先富起来，先富带动、帮助后富，最终达到共同富裕[2]。江泽民提出，兼顾效率与公平，"三个代表"重要思想包含共同富裕核心内容，强调在社会主义现代化建设的每一个阶段都必须让广大人民群众共享改革发展的成果[3]。胡锦涛（2007）指出，要走共同富裕道路，促进人的全面发展，做到发展为了人民、发展依靠人民、发展成果由人民共享[4]。习近平从理论和实践上进一步丰富和发展了共同富裕思想，强调坚持以人民为中心的发展思想，坚定不移走共同富裕道路[5]。

中国领导人关于共同富裕的思想有着深厚的中国传统文化渊源，是对"均贫富"思想和"大同"理想的继承和超越，是人民群众物质生活富裕和精神生活富裕的有机统一。《中共中央 国务院关于支持浙江高质量发展建设共同富裕示范区的意见》（2021年5月）把共同富裕定义为"共同富裕具有鲜明的时代特征和中国特色，是全体人民通过辛勤劳动和相互帮助，普遍达到生活富裕富足、精神自信自强、环境宜居宜业、社会和谐和睦、公共服务普及普惠，实现人的全面发

---

[1] 中国共产党中央委员会关于发展农业生产合作社的决议[N]. 人民日报, 1954-01-09.
[2] 邓小平. 邓小平文选：第3卷[M]. 北京：人民出版社, 2001：166, 277-278, 374.
[3] 江泽民. 江泽民文选：第1卷[M]. 北京：人民出版社, 2006：227；江泽民. 江泽民文选：第3卷[M]. 北京：人民出版社, 2006：540-541, 543.
[4] 中共中央文献研究室. 十七大以来重要文献选编：上[M]. 北京：中央文献出版社, 2009：12.
[5] 习近平. 全国脱贫攻坚总结表彰大会上的讲话[EB/OL]. (2021-02-25) [2024-01-08]. https://baike.baidu.com/item.

展和社会全面进步,共享改革发展成果和幸福美好生活"①。共同富裕包含全体成员共同参与文化创造并且享有文化成果,文化丰裕、精神富足。"文化共同富裕"脱胎于"共同富裕",是物质文明和精神文明共同富裕中的文化精神部分。

二、"以人民为中心"思想奠定了国家文化安全和社会稳定的根基

党的二十大报告指出,中国式现代化是全体人民共同富裕的现代化,是物质文明和精神文明相协调的现代化,实现人民对美好生活的向往既包括物资需求,也包括精神需求。习近平特别提出了促进共同富裕的两大侧重点,一是"促进人民精神生活共同富裕",二是"促进农民农村共同富裕"。"促进人民精神生活共同富裕"要求"不断满足人民群众多样化、多层次、多方面的精神文化需求",要求"加强促进共同富裕舆论引导,澄清各种模糊认识,防止急于求成和畏难情绪,为促进共同富裕提供良好舆论环境"②,人民精神生活的共同富裕蕴含丰富的维护国家文化安全的"人民性"思想。

一定的文化是一定社会的政治、经济在观念形态上的反映。五四运动之后,诞生了中国共产党领导的共产主义文化,即无产阶级领导的人民大众的反帝反封建的新民主主义文化。新文化运动提出了"平民文学"的口号,但所谓的"平民"仅限于市民阶级的知识分子。第一次国共合作时孙中山提出了"联俄、联共、扶助农工"的新三民主义政策,在国共两党和各个革命阶级统一战线的政治基础上,无产阶级、农民阶级、城市小资产者、资产阶级都加入统一战线阵营。1927—1937年,国民党的军事"围剿"和文化"围剿"腰斩了孙中山的三大政策,此时的革命阵营只剩下无产阶级、农民阶级和其他小资产阶级(包括革命知识分子),中国共产党单独领导人民进行革命。抗日战争时期,在中华民族处于深重灾难之际,四个阶级出现了短暂的统一战线,政治、文化上的民主趋势和普遍动员局面在武汉沦陷后被打破,资产阶级的一部分投降了日寇。这个阶段的国民文化从性质上讲,是以无产阶级社会主义文化思想为领导的人民大众反帝反封建的新民主主义,这种新民主主义的文化是民族的、科学的、大众的文化③。

这个时期,毛泽东发表了奠定国家文化秩序的重要文本——《在延安文艺座谈会上的讲话》(1942年)。《在延安文艺座谈会上的讲话》诞生于复杂动荡、内忧外患的国际国内大环境中,是为使中国共产党领导的解放区赢得文化主导权而提出的指导性意见和建议,文章提出了"我们的文艺是为什么人的?""如何去服务?"的问题。毛泽东指出"现阶段的中国新文化,是无产阶级领导的人民

---

① 新华社.浙江发布:重磅!《中共中央 国务院关于支持浙江高质量发展建设共同富裕示范区的意见》[EB/OL].(2021-06-10)[2021-09-20].https://baijiahao.baidu.com.
② 习近平.扎实推动共同富裕[J].求是,2021(10).
③ 毛泽东.毛泽东选集:第二卷[M].北京:人民出版社,1991:699-709.

大众的反帝反封建的文化","那么,什么是人民大众呢?最广大的人民,占全人口百分之九十以上的人民,是工人、农民、兵士和城市小资产阶级。所以我们的文艺,第一是为工人的,这是领导革命的阶级。第二是为农民的,他们是革命中最广大最坚决的同盟军。第三是为武装起来了的工人农民即八路军、新四军和其他人民武装队伍的,这是革命战争的主力。第四是为城市小资产阶级劳动群众和知识分子的,他们也是革命的同盟者,他们是能够长期地和我们合作的。这四种人,就是中华民族的最大部分,就是最广大的人民大众"。鉴于此,文艺工作者就应该"去接近工农兵群众,去参加工农兵群众的实际斗争","去表现工农兵群众,去教育工农兵群众"。对于如何处理"普及"与"提高"的关系,毛泽东指出:"我们的文艺,既然基本上是为工农兵,那么所谓普及,也就是向工农兵普及,所谓提高,也就是从工农兵提高。"[①] 毛泽东所构想的国家文化秩序反映了延安和各抗日根据地的文化建设问题、意识形态问题,也就是延安和各抗日根据地的文化安全问题,延安文艺要为工农联盟服务,因此必须走大众化的道路。

习近平的《在文艺工作座谈会上的讲话》与毛泽东的《在延安文艺工作座谈会上的讲话》具有极大的历史关联性。习近平的《在文艺工作座谈会上的讲话》(2014年)诞生于中华民族处于全面复兴的关键阶段,在文艺的社会功能判断上,习近平继承了毛泽东的观点,"没有中华文化繁荣兴盛,就没有中华民族伟大复兴。一个民族的复兴需要强大的物质力量,也需要强大的精神力量。没有先进文化的积极引领,没有人民精神世界的极大丰富,没有民族精神力量的不断增强,一个国家、一个民族不可能屹立于世界民族之林"[②]。在文艺的人民性问题上,习近平与毛泽东一脉相承,"社会主义文艺,从本质上讲,就是人民的文艺"[③]。新中国建立70多年,"人民"的内涵已经发生变化,指的是以全体劳动人民为主体的社会基本成员。文艺要以人民为中心,"文艺要反映好人民心声,就要坚持为人民服务、为社会主义服务这个根本方向"[④]。"以人民为中心,就是要把满足人民精神文化需求作为文艺和文艺工作的出发点和落脚点"[⑤],文艺表现的主体是人民,文艺审美的评判是人民,文艺服务的对象是人民。在谈到"人民需要文艺"这个问题时,习近平进一步指出:"满足人民日益增长的精神文化需求,必须抓好文化建设,增加社会的精神文化财富。"[⑥] "随着人民生活水平不断提高,人民对包括文艺作品在内的文化产品的质量、品位、风格等的要求

---

① 毛泽东. 毛泽东选集:第三卷 [M]. 北京:人民出版社,1991:855-859.
② 习近平. 在文艺工作座谈会上的讲话 [N]. 人民日报,2015-10-15.
③ 同②.
④ 同②.
⑤ 同②.
⑥ 同②.

也更高了。文学、戏剧、电影、电视、音乐、舞蹈、美术、摄影、书法、曲艺、杂技以及民间文艺、群众文艺等各领域都要跟上时代发展、把握人民需求，以充沛的激情、生动的笔触、优美的旋律、感人的形象创作生产出人民喜闻乐见的优秀作品，让人民精神文化生活不断迈上新台阶。"①那么，拿什么来满足人民的精神文化需求呢？坚持社会主义核心价值观，弘扬中华优秀传统文化和传统美德的文化作品应是题中之义。满足人民的精神文化需求从本质上讲就是塑造文化认同，增强文化自觉与文化自信的过程。习近平指出："坚定文化自信，事关国运兴衰、事关文化安全、事关民族精神独立的大问题。"②党的二十大报告指出："国家安全是民族复兴的根基，社会稳定是国家强盛的前提"，建设"以人民为中心"的文化共同富裕就是夯实国家文化安全的社会稳定根基。

三、社会公平正义是构建国家文化安全、社会和谐稳定的基础

实现共同富裕不仅是经济问题，而且是关系到党的执政基础的重大政治问题。党的二十大报告指出："着力维护和促进社会公平正义，着力促进全体人民共同富裕，坚决防止两极分化。"习近平在谈到顺应人民群众对美好生活的向往，坚持以"人民为中心"的发展思想，实现共同富裕伟大目标时强调："保证人民平等参与、平等发展权利，使改革发展成果更多更公平惠及全体人民，朝着实现全体人民共同富裕的目标迈进。""在共享发展成果上，无论是实际情况还是制度设计，都还有不完善的地方。"③习近平新时代中国特色社会主义思想涉及共同富裕中的一个关键性问题是维护社会的公平正义。

什么是公平正义？约翰·罗尔斯的《正义论》认为，正义的实质就是公平或平等。"正义即公平"，这里的"公平"指社会权利、社会利益的公平分配。"作为公平的正义"包含前提的公平，即这种正义的原则是在一种公平的"原始状态"中被一致同意的；目标的公平，即这种正义原则所指向的是一种公平的契约，所产生的是一个公平的结果④。公平涉及社会资源的合理配置，其本质是利益分配问题，从公平的环节体系上可以分为起点公平（权利公平和机会公平）、过程公平（规则公平和分配公平）、结果公平。共同富裕所包含的公平理念更多地体现为起点公平和过程公平，而非简单的结果公平。

国家文化安全是建立在全体公民文化安全基础上的，没有公民文化权利的安全，就不可能有真正意义上的国家文化安全。文化是人类创造的财富，也是人类

---

① 习近平. 在文艺工作座谈会上的讲话 [N]. 人民日报，2015-10-15.
② 中共中央文献研究室. 习近平关于社会主义文化建设论述摘编 [M]. 北京：中央文献出版社，2017：16.
③ 人民日报社. 江山就是人民，人民就是江山 [M]. 北京：人民日报出版社，2022：191-193。
④ 杨宝国. 公平正义观的历史传承发展 [M]. 北京：学习出版社，2015：101.

享受的成果。《世界人权宣言》《经济、社会和文化权利国际公约》等,以法律形式确认公民的文化权利。《世界人权宣言》(1948年)是公民文化权利最早的官方文本,其中第二十二条规定:"每个人,作为社会的一员,有权享受社会保障,并有权享受他的个人尊严和人格的自由发展所必需的经济、社会和文化方面各种权利的实现……"第二十七条提出:"(一)人人有权自由参加社会的文化生活,享受艺术,并分享科学进步及其产生的福利。(二)人人对由于他所创作的任何科学、文学或艺术作品而产生的精神的和物质的利益,有享受保护的权利。"[1] 我国宪法对公民文化权利做了规定,从内涵上说,公民文化权利包括享受文化成果的权利、参与文化生活的权利、开展文化创造及所创造的文化成果受到保护的权利。文化公平正义与国家文化安全之间存在内在关联和统一性,实现公民文化权利的充分享有,是中国建设和实现和谐社会的重要国家文化安全战略。

  文化公平正义是我们党一贯坚持的价值准则,是文化共同富裕的内在要求和基本目标。权利公平是公平正义的内在要求,是机会公平、规则公平和分配公平的逻辑起点和实践起点,主要指所有的社会成员平等地享有文化的权利和义务,无论种族民族、家庭阶层、性别资本等差异,人们均享有平等参与各项社会文化活动的权利。机会公平是公平正义的基础前提,是社会和谐的基本条件,文化的机会公平要求社会提供的有关文化生存、发展、享受的条件和机会,对于每个社会成员都始终均等。新中国成立初期,毛泽东有关文化共同富裕的思想深刻反映在社会平等的理念中,文化应该是"为一般平民所共有"的,决不应该是"少数人所得而私"的文化。基于对国人"百分之八十的人过去都是文盲"的估计,毛泽东认为,"在一个文盲充斥的国家内,是建成不了共产主义社会的",发出"一定要消灭文盲"的号召,"从百分之八十的人口中扫除文盲,是新中国的一项重要工作",轰轰烈烈的扫盲和工农兵识字运动是新中国在公平正义的起点上,赋予广大人民群众文化权利公平与文化机会公平的表征。规则公平是社会和谐的必要保障,公平的深层意蕴是指由社会政策、制度、机制、运行等方面因素所构成的社会规则在现实社会中的合理性和平等性。毛泽东时代在法律和政策制定上保障最广大人民群众公平享受文化教育的权利,1949年《中国人民政治协商会议共同纲领》做出规定:中华人民共和国的文化教育为新民主主义的(即民族的、科学的、大众的)文化教育。1950年颁布的新中国第一部宪法规定:中华人民共和国公民有受教育的权利。国家设立并逐步扩大各种学校和其他文化教育机关,以保证公民享有这种权利。毛泽东指出,农村应当制定"文化教育规划,包括识字扫盲,办小学,办适合农村需要的中学,中学里面增加一点农业课程,

---

[1] 联合国. 世界人权宣言(1948)[EB/OL]. [2023-06-23]. https://baijiahao.baidu.com/s? id=1594958784029987691&wfr=spider&for=pc.

出版适合农民需要的通俗读物和书籍,发展农村广播网、电影放映队,组织文化娱乐等等"①。新中国成立伊始就在文化权利公平、机会公平、规则公平维度上实现着社会主义文化的公平正义,捍卫广大劳动人民新社会文化生活方式的"人心之争",筑起新中国国家文化安全的文化认同、文化自信的初始屏障。

目前,我们仍然处于社会主义发展的初级阶段,社会经济的发展是国家实力增强的重要任务;我们所追求的共同富裕,应该是"富裕"基础上的"共同",是物质文明与精神文明高度发展上全体人民的普惠共享。中国发展不平衡不充分的问题仍然突出,受区域条件、物质水平、社会分工的影响,人民群众的精神生活产生了城乡、区域、群体上的差异,"精神生活的共同富裕"反映在文化公平正义上就是创造均衡化发展的精神生活,缩小城乡、区域、群体差距所带来的精神生活的差异,公共文化服务体系高质量均衡发展,体现了现代社会全体公民在文化享有上对起点公平、过程公平的要求。优化公共文化服务体系建设分为两个层面:其一,完善社会公共文化基础设施建设;其二,提升社会公共文化服务优质共享能力。就浙江省而言,《浙江省文化改革发展"十四五"规划》(2021年)提出:"十四五"期间全面实现"市有五馆一院一厅、县有四馆一院、区有三馆、乡镇有综合文化站,农村有文化礼堂",市、县、乡三级文化设施覆盖达标率100%。目前,浙江省公共文化基础设施建设基本实现了全域覆盖,新兴的小型基础设施建设比如城市书房、农村文化礼堂等以实体空间方式嵌入百姓日常生活。大型公共文化服务机构举办各类活动,比如,举办讲座、展览、培训,举办文艺活动、民俗活动、品牌节庆活动、戏曲进乡村活动,进行网站、微信公众号等新媒体建设,优质公共文化服务不断融入群众生活,持续提升着全社会获得感和幸福感,公共文化服务体系从供给侧角度推动着精神生产大众化、便捷化,从需求侧角度满足着人民群众个性化精神追求。由于各地区政治、经济、历史、文化、资源禀赋等差异的客观存在,浙江省社会公共文化基础设施建设和文化服务水平依然存在较大差异性,文明形态的多样性使得传统社会文明向现代社会文明空间转向时所需要进行的文化治理的复杂性和困难性增加。因此,需要政府主导多方力量积极参与对文化资源进行合理规范、科学布局,协调地区之间、城乡之间、不同群体之间分布差异,维护各阶层公民的文化公平正义。

四、乡村文化治理服务于国家文化安全战略实践

2020年,中国区域性整体贫困问题得到解决,脱贫攻坚的胜利开启了中国乡村治理重心历史性的转移,从贫困的治理向克服治理的贫困②转变,目标是实

---

① 毛泽东. 毛泽东文集:第6卷[M]. 北京:人民出版社,1999:475.
② 胡惠林. 没有贫困的治理与克服治理的贫困:再论乡村振兴中的治理文明变革[J]. 探索与争鸣,2022(1):129.

现乡村的全面振兴。乡村振兴不仅是巩固脱贫成果,改善相对贫困地区的乡村治理,更为重要的是要树立脱贫后农民乃至整个乡村社会巩固脱贫成果的自觉意识和自觉行为,通过文化脱贫和精神脱贫,实现中国社会传统乡村文明形态向现代乡村文明形态的历史性转移,在艰难跋涉中走向共同富裕。"我国发展最大的不平衡是城乡发展的不平衡,最大的不充分是农村发展不充分"(习近平,2018),揭示了文化共同富裕发展进程中乡村文化治理面临的重要问题:农民文化意识的现代自觉性与乡村文化的主体性,以及城乡文化融合发展。文化的共同富裕事关国家文化安全,核心问题是乡村文化安全能力的建设问题。

文化治理是一个内涵丰富且可塑性强的概念。葛兰西的"文化霸权"、福柯的"治理性"理念、本尼特的"文化的治理性"是西方社会"文化治理"的理论渊源。突出文化的工具性是文化治理研究的主流,即强调依靠文化的功能发挥进行治理。文化治理是利用和借助文化的功能用以克服与解决国家发展中问题的工具化,对象是政治、经济、社会和文化[1],"文化的功能"突出了文化的工具性,同时文化也是治理的对象。文化治理的实质是透过文化和以文化为场域达致治理的目的[2],"透过文化"和"以文化为场域"的措辞显示了文化强烈的治理工具性。此外,随着对文化治理内容属性和工具属性进行思考的"自觉",文化作为内容也逐渐成为文化治理的重要内涵[3],文化是治理的对象,兼具工具性与对象性。乡村文化治理是文化治理的衍生,20世纪初,梁漱溟、晏阳初、费孝通等人的研究就涉及了乡村文化治理问题。乡村文化治理的核心是实现从传统乡村文明向现代乡村文明转型和重建乡村文明关系的现代秩序,只有在"大历史观"下认识、理解和推动"三农"问题的解决,才能推进乡村治理文明的现代变革[4],以城乡文明融合互鉴构建中国乡村文化治理新发展格局[5]。

乡村文化安全能力建设是乡村文化治理的重要内容,服务于国家文化安全战略。毛泽东在《关于农业合作化问题》等文章中反复提到实现农业合作化,领导农民走社会主义道路,使全体农村人民共同富裕起来。中国共产党的执政基础是工农联盟,毛泽东在《在延安文艺座谈会上的讲话》中指出:"研究文艺工作和一般革命工作的关系,求得革命文艺的正确发展,求得革命文艺对其他革命工

---

[1] 胡惠林. 国家文化治理:发展文化产业的新维度[J]. 学术月刊, 2012 (5): 29.
[2] 吴理财. 文化治理的三张面孔[J]. 华中师范大学学报(人文社会科学版), 2014 (1): 58.
[3] 谢延龙. "乡村文化"治理与乡村"文化治理":当代演进与展望[J]. 学习与实践, 2021 (4): 118.
[4] 胡惠林. 乡村文化治理:乡村振兴中的治理文明变革[J]. 福建论坛(人文社会科学版), 2021 (10): 62.
[5] 胡惠林. 城乡文明融合互鉴:构建中国乡村文化治理新发展格局[J]. 治理研究, 2021 (5): 86.

作的更好的协助，借以打倒我们民族的敌人，完成民族解放的任务。"[1] 这构成了党对文化治理的根本价值观。国家规模化开展群众识字扫盲运动，依托集体建立起来的业余演出团队、电影放映队、艺术团体、公社文化站等乡村文化组织获得蓬勃发展，传统乡村价值理念、民风民俗、民间艺术被梳理改造，乡村集体文化建设随着国家土地改革、集体化运动被纳入国家整体建设格局，为确立农民在文化建设中的主体性地位创造了客观条件。新中国的成立为民族的现代性奠定了坚实的基础，乡土文学作品的现代性意义体现在对民族国家经济模式的认同和热情上，比如，《创业史》是一部关于农业合作化运动的长篇小说，那是一个农民第一次可以挺直腰板说话的时代，作品呈现出改天换地的新气象，农民相信跟着党走一定会创造出幸福的新生活。大众化、民族化作为当代文学实现其现代性的两个维度，体现在一大批农村题材的文本中，反映整个社会健朗自信、朝气蓬勃的精神风貌，乡村文化主体性获得健康发展。

改革开放时代，国家文化政策环境有了很大调整，1980年，《人民日报》提出的"文艺为人民服务、文艺为社会主义服务"，成为党在新时期文化工作的基本指导方针，城市文化迅速发展并成为主流文化。邓小平提出坚持两手抓，加强社会主义精神文明建设。这个时期，乡村文化作为城市文化的附属存在呈现出落后、不合时宜的形象特征，农民群体在文学作品中"往往被刻画为缺乏历史理性与自我主体性群体"[2]，是可怜可悲可叹的群体，随着乡村文化的生产、创新、传播活力趋弱，乡村文化安全能力受到极大的挑战。

党的十九大报告提出实施乡村振兴战略，2018年1月发布的《中共中央 国务院关于实施乡村振兴战略的意见》提出了"产业兴旺、生态宜居、乡风文明、治理有效、生活富裕"的总要求，"乡村振兴，乡风文明是保障"，乡村文化治理服务于总体国家发展战略。2018年颁布的《乡村振兴战略规划（2018—2022年）》，从国家层面确认了乡村文化的主体地位，实施乡村振兴战略是传承中华优秀传统文化的有效途径，长期以来否认乡村文化的现代价值观念得以扭转。乡村文化治理从本质上讲是乡民生活方式、生活习惯、风俗文化的治理。这种沉淀于漫长农耕文明中的乡村社会精神心理和文化习俗结构，很难通过一时的政策措施和制度安排快速改变，乡村文化治理的现代化必须通过激发村民精神脱贫的内生性需求推动实现，需要改变乡村文化建设思维，突出村民主体地位。确立乡村文化主体性地位，最直接的表现在于加大乡村文化建设的投入力度，实施城乡一体化战略，完善社会公共文化服务体系建设。公共文化服务供给中享受成果的权利是一种表层的消极权利，参与文化生活的权利和开展文化创造并获得相应文化受益和精神满足的权利更能展示公民的主体性地位，是一种积极的权利，从消极

---

[1] 毛泽东. 毛泽东选集：第三卷 [M]. 北京：人民出版社，1991：847.
[2] 王贵禄. 习近平文艺讲话与新时代中国文艺复兴 [M]. 西安：陕西师范大学出版社，2021：207.

的文化福利供给变为更强调积极的权利实践，凸显公民的参与性和自主性。公共文化服务一体化建设凸显公民文化权利的流变，揭示了在道德上赋予公民文化权利的同时，不能忽视对公民责任的强调。这关乎乡村文化安全能力建设，是国家文化安全战略的大问题。

五、文化共同富裕省情研究是推进国家安全体系和能力现代化的战略需要

浙江省在探索解决发展不平衡不充分问题方面取得了明显成效，具备开展共同富裕示范区建设的基础和优势，而在"打造新时代文化高地，推进社会主义先进文化发展先行示范"方面，文化既是衡量标准，也是显著标志，在不同地区提高文化治理水平成为推进中国国家治理体系和治理能力现代化，把国家制度治理优势转化为国家治理效能优势的关键。浙江省省情是一个省发展的前提和决策的依据，决定了一个省发展战略与发展道路的选择。充分认识和把握文化省情是浙江省一切文化决策的根本基础，创造性推进浙江省文化省情现代化是新时代解决文化发展主要矛盾的根本途径，开展文化省情科学研究是推进国家安全体系和能力现代化的战略需要。关于文化省情的构成要素，可以有许多种划分尺度，指数研究中不同指标体系的设定，恰恰是对不同文化省情的一种选择性反映。

文化发展共同富裕怎么衡量？"十三五"时期浙江省文化发展状况提供了一个难得的样本，编制浙江省文化发展共同富裕指标体系就是摸清家底。"十三五"时期浙江省文化发展共同富裕指数研究，不仅可以为浙江省、市、县制定文化发展共同富裕规划提供决策依据，还可以为浙江省文化发展进一步参与国际文化战略竞争，抢占文化战略制高点和掌握话语权奠定基础。指数的背后是标准，谁控制了标准，谁就掌握了战略主动权。浙江省文化发展共同富裕指标体系，是浙江省文化省情丰富性、多样性和复杂性的集中呈现，旨在推动浙江省由在全国具有影响力的文化强省，迈向以人的现代化为核心的文化发展格局全面形成的高水平文化强省。我们要根据不同地区的发展实行差异化文化治理能力优势建设，在实施国家共同富裕示范区伟大战略的过程中，将这种区域优势转化为国家治理效能优势，如此，区域文化治理能力优势建设在区域治理体系和治理能力建设中具有特别重要的杠杆性战略价值，有着关乎国家文化安全建设的战略意义。

第一部分
浙江文化强省共同富裕指数报告

第一章　浙江文化强省共同富裕指标体系

关于共同富裕，政府出台了一系列政策。国家"十四五"规划纲要提出，支持浙江高质量发展建设共同富裕示范区。2021年5月20日，《中共中央 国务院关于支持浙江高质量发展建设共同富裕示范区的意见》（以下简称《意见》）发布，赋予浙江重要示范改革任务，先行先试、做出示范，为全国推动共同富裕提供省域范例。《意见》的战略定位之一"文明和谐美丽家园展示区"，要求"加强精神文明建设，推动生态文明建设先行示范，打造以社会主义核心价值观为引领、传承中华优秀文化、体现时代精神、具有江南特色的文化强省，实现国民素质和社会文明程度明显提高、团结互助友爱蔚然成风、经济社会发展全面绿色转型，成为人民精神生活丰富、社会文明进步、人与自然和谐共生的幸福美好家园"[1]，揭示了文化建设的重要意义。为深入学习贯彻习近平新时代中国特色社会主义思想和习近平关于浙江工作的重要指示批示精神，全面落实《意见》，忠实践行"八八战略"，奋力打造"重要窗口"，2021年7月，浙江省制定了《浙江高质量发展建设共同富裕示范区实施方案（2021—2025年）》，提出"打造新时代文化高地，推进社会主义先进文化发展先行示范"，要求打造学习宣传实践习近平新时代中国特色社会主义思想的重要阵地，高水平推进全域文明创建，构建高品质公共文化服务体系，传承弘扬中华优秀传统文化，加快文化产业高质量发展。

文化是高质量共同富裕示范区建设的关键变量。浙江文化省情是省域政治、经济、社会形态的文化反映和表现形态，基于目前文化发展的基础，浙江努力从"思想理论高地、精神力量高地、文明和谐高地、文艺精品高地、文化创新高地"实现以人为核心的现代化，区域文化强省共同富裕的战略选择成果会出现战略溢出效应和仿真效应[2]，产生推动国家文化体制深化改革进而实现国家文化发展共同富裕的示范力量，指数研究就是一切问题的逻辑起点。那么，如何科学设立浙江文化强省共同富裕指标体系？哪些指标设定选择性地反映了浙江省各地区文化发展共同富裕全局与部分情况？浙江文化发展共同富裕呈现什么样的趋势性和空间性结构特征？哪些因素构成了文化发展共同富裕的推动力量？改变浙江文化发展共同富裕结构性不均衡的关键变量是什么？乡村共同富裕是目前我国正在

---

[1] 中共中央 国务院关于支持浙江高质量发展建设共同富裕示范区的意见［ED/OL］．（2021-06-10）［2021-09-20］．https://baijiahao.baidu.com.

[2] 胡惠林．文化产业发展的中国道路［M］．北京：社会科学文献出版社，2018：205．

发生的一场深刻社会变革，乡村文化如何振兴？浙江文化强省共同富裕指标体系正是以局部性的经验，提供一种可模仿、可复制的文明示范新形态的实践样本。

一、浙江文化强省共同富裕指标体系构建原则

《意见》认为，"浙江省在探索解决发展不平衡不充分问题方面取得了明显成效，具备开展共同富裕示范区建设的基础和优势"，支持浙江高质量发展建设共同富裕示范区。浙江文化强省共同富裕怎么衡量？"十三五"时期浙江省文化发展省情为指数研究提供了很好的样本，浙江文化强省共同富裕指标体系在"十三五"时期浙江文化发展丰硕成果的现实基础上，将共同富裕理念与乡村振兴战略充分融入指标体系。依据国务院、浙江省关于支持浙江高质量发展建设共同富裕示范区的意见、方案、文化产业规划、乡村振兴规划等目标任务精神，凝练出能够反映浙江文化强省共同富裕的内容作为基础指标。指数的背后是标准，谁控制了标准，谁就掌握了战略主动权[1]。开展文化省情科学研究是实现浙江文化强省共同富裕的战略需求，指数研究为政府制定文化规划提供针对性的决策依据，为推动文化强国的全面实现提供省域范例。

2021年中央一号文件再次强调"三农"工作是全党工作的重中之重，虽然浙江"具备开展共同富裕示范区建设的基础和优势"，但发展"不平衡不充分"在广袤的乡村依然突出，伟大民族复兴的根本任务在于乡村振兴。浙江乡村文化治理水平的提升是推进县域治理体系和治理能力现代化，实现共同富裕示范区历史性伟大目标的关键，乡村文化共同富裕指数研究能够产生推动国家文化体制改革的示范力量。

二、浙江文化强省共同富裕指标体系科学设立

我们通过理性构建标准化评价指标体系，定期反馈文化发展共同富裕的整体与局部情况，不断完善工作机制，充实指标评价标准，形成的普遍性经验可向全国复制推广，为文化强国的全面实现提供浙江范例。

本书构建以全省、省地级市和县域"五位一体"为特征的浙江文化强省共同富裕指标体系（见图1-1）。浙江文化强省共同富裕指标体系（ZCCPIS），包括三个层面：其一，省、市级层面；其二，县域层面；其三，农村层面。省、市级层面包括浙江文化强省共同富裕综合指数、浙江文化强省共同富裕指数、浙江文化强省共同富裕增速指数。三套指标体系根据实际情况略有微调。三套分析系统的主要区别在于度量对象的不同：浙江文化强省共同富裕综合指数，以浙江省2016—2020年文化发展共同富裕历时性动态发展为度量对象；浙江文化强省共

---

[1] 胡惠林. 文化产业发展的中国道路[M]. 北京：社会科学文献出版社，2018：453.

同富裕指数，以浙江省 2016—2020 年（主体年份）11 个市的文化发展共同富裕整体规模为度量对象，测量区域空间结构特征、动力结构特征；浙江文化强省共同富裕增速指数，以浙江省 2016—2020 年 11 个市的文化共同富裕增长速度为度量对象，浙江文化强省共同富裕指标体系具有动态性、直观性、综合性特征。县级层面的"浙江文化强省县域文化共同富裕指数"主要度量 2020 年浙江省 89 个县域文化共同富裕的发展状况。农村层面的"浙江文化强省农村文化共同富裕指数"主要度量浙江省广袤农村地区文化发展共同富裕情况。

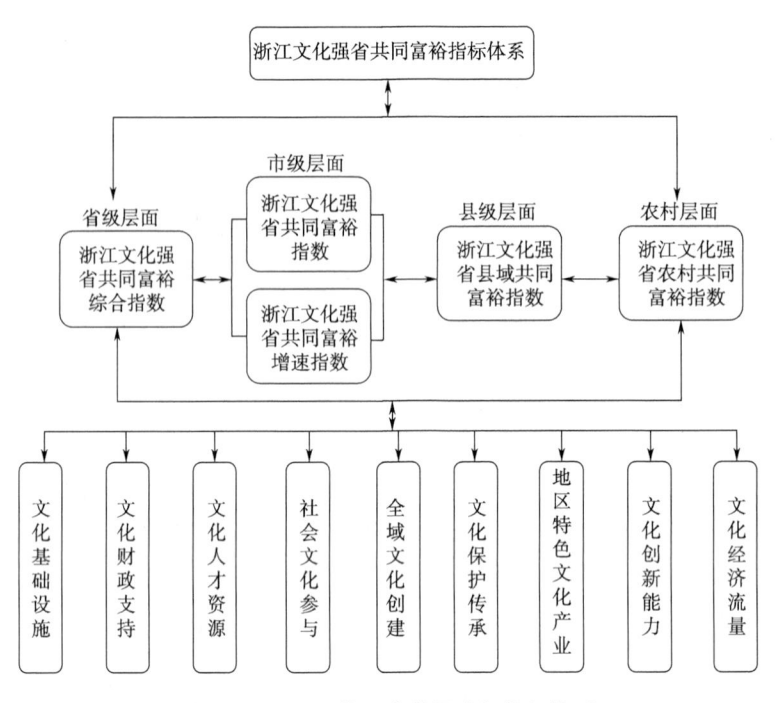

图 1-1　浙江文化强省共同富裕指标体系

指标体系采用上海交通大学胡惠林教授主编的《中国文化国情报告》关于文化发展指数的建构方法与原则，兼顾科学性与可操作性，维度框架体现对文化强省共同富裕内涵的科学理解，具体指标依据可获得、可测量、可比较性进行选取，研究方法采用变异系数法与主成分分析法相结合的客观权重法，测评浙江文化强省共同富裕发展指数。

三、浙江文化强省共同富裕指标体系测量维度

浙江文化强省共同富裕指标体系省、市级层面划分为 3 个维度，全面测量浙江文化强省共同富裕的基本内涵和表征，集中评价 11 个地级市文化发展共同富裕情况。鉴于"文化强省共同富裕"存在的宽泛维度，在为其界定时需要涵盖

全部标准的最小数量的具体特性，也就是说要挑选出最佳集合①，我们精心设计了3个维度、8个一级指标、24个二级指标、48个三级指标（见表1-1）。

表1-1 浙江文化强省共同富裕指数一级、二级指标构成

维度	一级指标	二级指标
发展性维度	文化财政支持	地方文化公共财政支出
		文化固定资产投资
	文化基础设施	公共阅读供给
		文物展品供给
		群众文化娱乐设施供给
	文化人才资源	文化事业人才
		文化人才待遇
共享性维度	社会文化参与	文化消费需求
		文化活动参与
		文化活动供给
		公共文化服务
		文化市场执法
	全域文明创建	文明城市
		文明村镇
		最美浙江人
可持续性维度	文化保护传承	非物质文化遗产保护
		文化遗产保护
		文化保护管理
	发展地区特色文化产业	特色小镇
		传统工艺
	文化创新能力	文化创意集聚区
		文化创新团队
		文化艺术创新
		文化科技创新

---

① 莫里斯. 文明的度量 [M]. 李阳, 译. 北京：中信出版社, 2014：29.

（一）发展性维度

发展性维度包括文化财政支持、文化基础设施、文化人才资源3个一级指标，7个二级指标，16个三级指标，综合反映各地区文化发展物质基础情况。

一级指标文化财政支持包括地方文化公共财政支出与文化固定资产投资2个二级指标，测评政府对公共文化的资金投入情况。

一级指标文化基础设施包括公共阅读供给、文物展品供给、群众文化娱乐设施供给3个二级指标，16个三级指标。文化基础设施测评政府和社会力量举办各类公益性场所，向公众开放以开展各项文化活动的程度。其中，以公共图书馆数量、图书馆藏书量、人均图书馆藏书量3个三级指标，测量各地区的公共阅读供给水平；以博物馆数量、博物馆藏品量、人均博物馆藏品量3个三级指标测量各地区文物展品供给情况；以文化馆、文化站、影剧院、艺术表演团体机构、文化礼堂的数量，以及人均拥有量等10个三级指标测量各地群众文化娱乐设施供给情况。

一级指标文化人才资源包括文化事业人才、文化人才待遇2个二级指标，测评人们从事文化生产和生活的人力资本情况。

（二）共享性维度

共享性维度包括社会文化参与、全域文明创建2个一级指标，8个二级指标，19个三级指标。这组指标是构建高品质公共文化服务体系，高水平推进全域文明创建的反映。

一级指标社会文化参与设置5个二级指标，反映了文化消费需求、文化活动参与、文化活动供给、公共文化服务、文化市场执法的综合情况。文化消费需求包括城镇与农村教育文化娱乐消费支出、城镇与农村教育文化娱乐消费支出占比等4个三级指标，测量社会经济的发展质量，反映城乡之间的文化消费差距；文化活动参与包括4个三级指标，分别是图书馆流通服务总流通人次、电影院观众观看电影人次、文化馆培训人数、文物业（博物馆、纪念馆）参观人数，测量的是城乡居民参与文化建设活动的积极性与主动性；文化活动供给包括6个三级指标，包括艺术表演团体演出场次、文化馆举办展览培训讲座以及组织文艺活动的次数、广播与电视综合人口覆盖率等，测量文化服务机构的供给情况等；公共文化服务体系包括3个三级指标，具体为公共文化服务体系示范区、公共文化服务体系示范项目、公共文化服务活动，反映基本公共文化服务均等化程度，改革发展成果是否公平地惠及全体人民；文化市场执法包括文化市场检查人次、检查经营场所2个三级指标，测量文化市场的规范化程度。

一级指标全域文明创建设置3个二级指标，具体包括文明城市、文明村镇、最美浙江人，测量全体人民群众实践社会主义核心价值观以及精神文明建设的情况，反映全社会物质文明、精神文明、政治文明、生态文明的和谐度。

(三) 可持续性维度

可持续性维度包括文化保护传承、地区特色文化产业、文化创新能力3个一级指标，9个二级指标，13个三级指标。这组指标衡量的是文化长远发展的潜力。

一级指标文化保护传承设置非物质文化遗产保护、文化遗产保护、文化保护管理3个二级指标，综合测评浙江各民族历史文化成就，反映了对中华优秀传统文化的传承和弘扬。非物质文化遗产保护包括非物质文化遗产项目、非遗代表性传承人2个三级指标，文化遗产保护具体有世界文化遗产、中国传统村落、中国历史文化名城名镇名村、中国民间文化艺术之乡4个三级指标，文化保护管理主要是文物保护单位1个三级指标。

一级指标发展地区特色文化产业包括特色小镇和传统工艺2个二级指标，特色小镇测量特色优势产业、旅游产业，传统工艺测量具有民族风格和地方特色的工艺品种和技艺。

一级指标文化创新能力设置文化创意集聚区、文化创新团队、文化艺术创新、文化科技创新4个二级指标、6个三级指标，综合测量文化创新的集聚发展、创意阶层、反映社会主义文化价值的优秀文艺作品、文化发展的数字化与新业态。

整个体系不仅能够反映浙江省文化发展共同富裕的客观水平，度量文化产业的经济贡献，更重要的是关注浙江省如何打造新时代文化高地，推进社会主义先进文化发展先行示范的建设。

四、浙江文化强省共同富裕指标体系价值意义

(一) 指标体系助推文化发展共同富裕体制机制和政策框架的构建

浙江文化强省共同富裕指标体系，以指数形式科学、直观地考察了浙江文化发展共同富裕的情况，据此构建文化发展共同富裕体制机制和政策框架，因地制宜地实施差异化文化治理能力的优势建设，并且将这种区域优势转化为国家治理效能优势。

浙江文化强省共同富裕具备规模发展先行示范的基础优势，文化省情主要呈现以下基本特征：首先，三大战略区的文化空间结构具有明显的不均衡性，第一战略区优势明显、均衡性好，第二战略区均衡性较差，第三战略区基本呈现弱势均衡性。浙江要实现文化共同富裕的高质量发展必须在弱势地区实现突破，提升区域文化发展的速度。其次，影响浙江文化强省共同富裕的动力结构呈多元化特征。文化财政支持、文化创新能力成为文化发展共同富裕最重要的驱动力量，全域文明创建、文化基础设施、特色文化产业是构成文化发展共同富裕软硬实力的重要力量，文化人才资源、文化保护传承、社会文化参与成为推动浙江文化强省

共同富裕进步的支持因素。

（二）加大财政投资的精准性与倾斜性，实现文化资源的创新性转化和利用

加快欠发达地区的文化发展速度是改变地区不均衡性的关键变量。优势地区的文化财政支持优于弱势地区和中间地区，第一战略区宁波、杭州的年均文化固定资产投资是第三战略区衢州、丽水的十几倍，杭州、宁波地方文化公共财政支出是衢州、舟山的5~6倍，发挥财政资金投入的主体和主导作用是实现文化共同富裕的根本保障。一方面要持续加大文化财政支持投入的力度和精准度，尤其是在基层文化基础设施保障、公共文化服务供给水平等重点环节和领域上，给予各类财政资源的政策倾斜，山区26县是重点关注对象；另一方面，要注重对涉农文化财政政策的绩效管理，文化财政资金安排在时间、区域、效果上要体现阶段性、突破性和可推广性，统筹规划、循序渐进，缩小区域间文化发展的差距。

文化发展共同富裕要"做大蛋糕"，文化创新是提升效率的关键性驱动力量。要积极开展我国优秀传统文化资源的有效转换，以文旅融合促进乡村振兴。大力培养创意人才，发挥文化创意要素的集聚优势，开展数字化赋能，不断创新公共文化服务方式，促进第二、第三战略区文化发展城乡均衡、区域均衡目标的实现。

（三）提升基本公共文化服务均等化水平，促进区域、城乡、群体公平正义的实现

文化发展共同富裕要处理好"效率与公平"的关系，公平是文化发展共同富裕的基本要求。文化基础设施指数显示，浙江省已经实现了基础设施公共文化服务均等化，兜底性保障指标为建构"公平"发展奠定了物质基础。然而，社会文化参与指数显示，浙江省公共文化服务水平在区域、城乡、群体之间的差距依然明显，这需要在初次分配、再分配、三次分配上采取协调配套的政策措施和制度安排。

一方面，构建以政府为主导的社会化的公共文化服务机制，统筹协调以实现区域、城乡间的公平均衡。政府购买公共文化服务是社会化的重要手段，政府通过财政支持的方式将一部分公共文化服务的任务移交给社会组织、企事业单位，通过探索公共文化服务的新型供给模式，提升基本公共文化服务的效能。同时，鼓励吸纳社会力量参与公共文化服务建设与运营，多渠道地满足人民群众对精神文化生活丰富性、个性化的需求。

另一方面，扩大文化参与人群，尤其需要针对特殊群体（老年人、未成年人、现役军人、残疾人、农民工等）精准供给文化产品和文化服务，促进群体均衡。比如，需要提供更多适老化的智能公共文化产品和服务，极力缩短银发数字鸿沟带来的差距，高质量地实施特殊群体艺术培训等全民艺术普及活动，公共文化场所错时延时开放，特殊群体免费进入，探索实施以特殊群体为主要享受对象的免费或低价文化服务的文化保障卡制度等，以各种措施加大公共文化的惠民力度，促进群体公平正义的实现。

（四）数字化管理模式为地区科学管理、精准施策提供依据

指标体系是掌握文化"数字话语权"的手段，通过掌握浙江省文化发展共同富裕的总体水平和 11 市的地区差异情况，建立发展性动态考核机制。通过浙江文化强省共同富裕规模综合指数，浙江文化强省共同富裕增值发展指数，发现每个地区共同富裕发展的动力因素，测评该地区在某个年度的发展速度，在全省增速方阵中所处的位置，优势和劣势板块（1 级指标），具体发展内容（2 级指标），精准识别、分类管理，为靶向施策提供依据。在此基础上，建立领导干部绩效考核和年度评价报告发布机制，以评促建。

一个省所拥有的文化资源禀赋和文化结构特征，历史地定义了文化发展共同富裕的运动轨迹，全面科学地掌握浙江文化省情，能够为实现文化发展共同富裕提供决策依据。需要强调的是，我们构建的指标体系并不是封闭、静止的，而具有开放性和流动性，是一个在不断发展的社会环境中根据实践需要进行要素自由组合的系统。从这个意义上说，本报告的未尽之意是文化强省共同富裕的战略布局要关联区域国民经济固有的产业体系，乡村文化治理水平的提升是实现农村文化治理体系和治理能力现代化，完成文化共同富裕目标的关键。本报告的省情研究能够推动共同富裕示范区建设，形成浙江标准，标志性成果和普遍性经验可面向全国复制推广，以实现文化强国的伟大目标。

第二章 浙江文化强省共同富裕指数模型分析

一、浙江文化强省共同富裕指数模型建构

(一) 数据来源

在数据来源的选择上，我们坚持以下原则：一是公开、权威。数据来源主要选择政府相关机构在其官方网站上公开发布的统计公报、统计年鉴，或者公开出版的各种相关刊物，比如，各地级市年鉴、《浙江文物年鉴》等。二是严谨科学。一些学术资源库，比如，中国知网数据库数字资源库上刊载的相关学术论文。

浙江文化强省共同富裕指数（11市）数据采集时间段以2016—2020年为主体，对于个别延长期限的数据按照同类别不同年份、批次进行简单加总，例如，"现代公共文化服务体系"统计数据时间段为2011—2021年，"文化保护传承"统计数据时间段为2005—2020年，按照批次统计。

(二) 数据处理

1. 数据清洗和初步处理

首先，第1~4项按照2016—2020年年均值计算。第5~9项按照同类别不同年份、批次进行简单加总，例如"非遗项目""非遗传承人"指标将第1~5批数量进行简单加总。

其次，按照权重进行加总。例如，"非遗项目"有联合国、国家级、省级等级区分，"文明城市、文明村镇"有国家级、省级差异。为体现不同项目的级差，以省级数据为基础，权重为1，联合国、国家级数据赋权为1.5，市级赋权为0.5，分别按照权重进行加总。

最后，针对缺项较多的指标，一般情况赋予最低值"0"，个别也会取现有数据的均值，例如，广播电视覆盖率。

2. Z标准化法无量纲化处理

为使不同类别的评价具有比较意义，本报告对各指标的数据进行同趋势化和无量纲化。所谓同趋势化，一般是指将逆向指标和适度指标转化为正向指标，所以也称为指标的正向化。无量纲化就是消除量纲和数量级的影响，将指标的实际值转化为可以综合的指标评价值，从而解决评价指标的可综合性问题。

浙江省文化发展共同富裕指标体系中的所有指标均为正向指标，可以直接进

行指标归一化处理。本报告采用 Z-score 标准化法。这种方法基于原始数据的均值和标准差进行数据的标准化。将 A 的原始值 x 使用 Z-score 标准化到标准分 Zi，计算公式如下：

$$Zi = （原始值-平均值）/标准差$$

3. 主成分分析法进行赋权

指标权重的测定是各类综合评价的核心问题，也是指数测评中非常关键的步骤之一。采用不同方法可能会得到不同权重，从而直接影响评价结果的合理性与有效性，因此选择适当方法来测定权重是至关重要的。本报告借鉴胡惠林、王婧在《中国文化产业发展指数报告》（2012 年）中的做法，采取主成分分析法确定浙江文化强省共同富裕指标体系的客观权重以测评文化发展共同富裕指数。

二、浙江文化强省共同富裕指数主成分分析

本报告通过 SPSS 23.0 统计软件进行主成分分析，将收集到的 65 个变量的原始数据导入 SPSS 软件，采用主成分分析方法，构建浙江文化强省共同富裕指数体系综合评价模型。

（一）文化财政支持

对文化财政支持的综合评价，本报告认为，2 个二级指标同等重要，便赋予其相等权重，因此，文化财政支持的指标值 f 即文化财政支持中的 2 个指标标准化后的平均值：$f=\dfrac{A_1+A_2}{2}$。结果与得分排名如表 2-1 所示。

表 2-1 文化财政支持指数得分与排名

地区	文化财政支持 指数值	文化财政支持 排名	地方文化公共财政支出 指数值	地方文化公共财政支出 排名	文化固定资产投资 指数值	文化固定资产投资 排名
宁波	1.68	1	1.92	2	1.45	2
杭州	1.38	2	1.97	1	0.78	3
温州	1.04	3	0.14	3	1.94	1
绍兴	-0.13	4	-0.36	6	0.09	4
嘉兴	-0.30	5	-0.23	4	-0.37	8
台州	-0.31	6	-0.28	5	-0.34	6
金华	-0.37	7	-0.37	7	-0.37	7
湖州	-0.48	8	-0.72	10	-0.24	5
丽水	-0.59	9	-0.51	8	-0.66	9

续表

地区	文化财政支持		地方文化公共财政支出		文化固定资产投资	
	指数值	排名	指数值	排名	指数值	排名
衢州	-0.87	10	-0.70	9	-1.04	10
舟山	-1.05	11	-0.86	11	-1.24	11

(二) 文化基础设施

由于二级指标下属的三级指标数量较多，此处采用基于主成分的综合评价法，得出各项二级指标值。本报告认为，该项一级指标下属的二级指标同等重要，故赋予每个二级指标相等的权重，并将二级指标值标准化后求简单平均，作为该项一级指标值。

1. 公共阅读供给

表2-2主成分系数矩阵说明了各主成分在各原始变量标准化后的载荷。记两个主成分分别为 $F11$ 和 $F12$，计算某个主成分的得分需将3个指标分别乘以这个主成分对应的权重得分系数，再相加。计算函数分别为：

$F11 = 0.54×$公共图书馆$+0.68×$图书馆藏书量$+0.50×$人均图书馆藏书量

$F12 = -0.66×$公共图书馆$-0.02×$图书馆藏书量$+0.75×$人均图书馆藏书量

最后，对分析主成分得到的因子载荷矩阵进行计算，以每个主成分所对应的特征值占所提取主成分总的特征值之和的比例作为权重，得出公共阅读供给的综合评价得分（λ 为特征值）：

$$F_1 = \frac{\lambda_1 F_{11} + \lambda_2 F_{12}}{\lambda_1 + \lambda_2}$$

计算可得：

公共阅读供给 $\quad F_1 = \dfrac{2.09 \cdot F_{11} + 0.84 \cdot F_{12}}{2.93}$

表2-2 公共阅读供给因子载荷与主成分系数

指标	成分矩阵		主成分得分系数	
公共图书馆	0.78	-0.61	0.54	-0.66
图书馆藏书量	0.98	-0.17	0.68	-0.02
人均图书馆藏书量	0.72	0.68	0.50	0.75
特征值	2.09	0.84	—	—

注：提取方法为主成分分析法，旋转方法为方差最大法。以下同。

2. 文物展品供给

表2-3主成分系数矩阵说明了各主成分在各原始变量标准化后的载荷。记两个主成分分别为 $F21$ 和 $F22$，计算某个主成分的得分需将3个指标分别乘以这个主成分对应的权重得分系数，再相加。计算函数分别为：

$F21=0.61\times$博物馆$+0.67\times$博物馆藏品量$+0.42\times$人均博物馆藏品量

$F22=-0.48\times$博物馆$-0.11\times$博物馆藏品量$+0.87\times$人均博物馆藏品量

最后，对分析主成分得到的因子载荷矩阵进行计算，以每个主成分所对应的特征值占所提取主成分总的特征值之和的比例作为权重，得出文物展品供给的综合评价得分（λ为特征值）：

$$F_2 = \frac{\lambda_1 F_{21} + \lambda_2 F_{22}}{\lambda_1 + \lambda_2}$$

计算可得：

文物展品供给 $$F_2 = \frac{2.11 \cdot F_{21} + 0.82 \cdot F_{22}}{2.93}$$

表2-3 文物展品供给因子载荷与主成分系数

指标	成分矩阵		主成分得分系数	
博物馆	0.88	-0.44	0.61	-0.48
博物馆藏品量	0.98	-0.10	0.67	-0.11
人均博物馆藏品量	0.61	0.79	0.42	0.87
特征值	2.11	0.82	—	—

注：提取方法为主成分分析法，旋转方法为方差最大法。

3. 群众文化娱乐设施供给

表2-4主成分系数矩阵说明了各主成分在各原始变量标准化后的载荷。记3个主成分分别为 $F31$、$F32$ 和 $F33$，计算某个主成分的得分需将10个指标分别乘以这个主成分对应的权重得分系数，再相加。计算函数分别为：

$F31=-0.29\times$文化馆$+0.33\times$人均文化馆机构数量$+0.22\times$文化站$+0.45\times$人均文化站数量$-0.21\times$影剧院$+0.21\times$人均影剧院数量$+0.41\times$艺术表演团体机构数量$+0.43\times$人均艺术表演团体机构数量$-0.34\times$文化礼堂$+0.05\times$人均文化礼堂数量

$F32=0.38\times$文化馆$-0.13\times$人均文化馆机构数量$+0.36\times$文化站$+0.06\times$人均文化站数量$+0.53\times$影剧院$+0.33\times$人均影剧院数量$+0.19\times$艺术表演团体机构数量$+0.17\times$人均艺术表演团体机构数量$+0.12\times$文化礼堂$-0.49\times$人均文化礼堂数量

F_{33} = 0.31×文化馆+0.08×人均文化馆机构数量+0.54×文化站+0.14×人均文化站数量-0.19×影剧院-0.47×人均影剧院数量+0.14×艺术表演团体机构数量+0.07×人均艺术表演团体机构数量+0.46×文化礼堂+0.31×人均文化礼堂数量

最后，分析主成分得到的因子载荷矩阵进行计算，以每个主成分所对应的特征值占所提取主成分总的特征值之和的比例作为权重，得出群众文化娱乐设施供给的综合评价得分（λ 为特征值）：

$$F_3 = \frac{\lambda_1 F_{31} + \lambda_2 F_{32} + \lambda_3 F_{33}}{\lambda_1 + \lambda_2 + \lambda_3}$$

计算可得：

群众文化娱乐设施供给

$$F_3 = \frac{4.68 \cdot F_{31} + 2.31 \cdot F_{32} + 1.59 \cdot F_{33}}{8.58}$$

表2-4 群众文化娱乐设施供给因子载荷与主成分系数

指标	成分矩阵			主成分得分系数		
文化馆	-0.61	0.58	0.39	-0.28	0.38	0.31
人均文化馆机构数量	0.72	-0.19	0.09	0.33	-0.13	0.08
文化站	0.47	0.55	0.68	0.22	0.36	0.54
人均文化站数量	0.98	0.09	0.18	0.45	0.06	0.14
影剧院	-0.45	0.80	-0.24	-0.21	0.53	-0.19
人均影剧院数量	0.46	0.49	-0.60	0.21	0.33	-0.47
艺术表演团体机构数量	0.89	0.28	0.18	0.41	0.19	0.14
人均艺术表演团体机构数量	0.94	0.25	0.09	0.43	0.17	0.07
文化礼堂	-0.73	0.18	0.58	-0.34	0.12	0.46
人均文化礼堂数量	0.10	-0.75	0.39	0.05	-0.49	0.31
特征值	4.68	2.31	1.59	—	—	—

注：提取方法为主成分分析法，旋转方法为方差最大法。

4. 各地区文化基础设施

本报告认为，每个二级指标重要程度相等，因此一级指标值可取为3个二级指标标准化后的平均值。

二级指标标准化 $f_i = \frac{F_i - \mu_i}{s_i}, i = 1, 2, 3$

一级指标 f 算法：

$$f = \frac{\sum_{i=1}^{3} f_i}{3}$$

各地区文化基础设施指数得分与排名如表 2-5 所示。

表 2-5 文化基础设施指数得分与排名

地区	文化基础设施		公共阅读供给		文物展品供给		群众文化娱乐设施供给	
	指数值	排名	指数值	排名	指数值	排名	指数值	排名
杭州	1.67	1	2.77	1	2.60	1	-0.01	3
舟山	1.01	2	-0.11	6	0.26	4	3.67	1
宁波	0.27	3	0.11	4	1.06	2	-0.34	5
温州	-0.09	4	0.52	3	-0.40	7	-0.49	7
丽水	-0.18	5	-0.70	9	-0.32	6	0.51	2
台州	-0.23	6	0.00	5	-0.44	8	-0.36	6
嘉兴	-0.24	7	0.53	2	-0.73	9	-0.69	10
绍兴	-0.35	8	-0.66	8	0.29	3	-0.89	11
湖州	-0.55	9	-1.09	11	-0.14	5	-0.62	9
金华	-0.57	10	-0.80	10	-0.81	10	-0.27	4
衢州	-0.74	11	-0.58	7	-1.38	11	-0.50	8

（三）文化人才资源

对文化人才资源的综合评价，本报告认为，2 个二级指标同等重要，赋予其相等权重，因此文化人才资源的指标值 f 即为文化人才资源中的 2 个二级指标标准化后的平均值，计算如下：

$$f = \frac{C_1 + C_2}{2}$$

结果与得分排名如表 2-6 所示。

表 2-6 文化人才资源指数得分与排名

地区	文化人才资源		文化事业人才（万人）		文化人才待遇（万元）	
	指数值	排名	指数值	排名	指数值	排名
杭州	1.22	1	0.51	4	1.92	1
绍兴	1.11	2	1.80	1	0.41	5
嘉兴	0.76	3	1.22	2	0.29	6

续表

地区	文化人才资源 指数值	排名	文化事业人才（万人） 指数值	排名	文化人才待遇（万元） 指数值	排名
宁波	0.32	4	0.01	5	0.62	2
衢州	-0.17	5	-0.94	10	0.61	3
舟山	-0.30	6	-1.06	11	0.46	4
金华	-0.31	7	-0.09	6	-0.52	8
温州	-0.34	8	1.00	3	-1.69	11
丽水	-0.50	9	-0.86	9	-0.13	7
湖州	-0.81	10	-0.76	7	-0.86	9
台州	-0.97	11	-0.86	8	-0.13	10

（四）社会文化参与

在社会文化参与的综合评价方面，由于4个二级指标下属的三级指标数量较多，因此通过基于主成分的综合评价，根据二级指标下属的三级指标求得累计方差贡献率达85%的各主成分的得分，并以特征值为权重加权平均求得二级指标值。第五个二级指标下属的三级指标较少，仅有2个，故采用这2个指标标准化后的平均值作为该项二级指标值。最后，将所得的5个二级指标再次标准化，并通过新一轮基于主成分的综合评价，得到一级指标值 f。

1. 文化消费需求

表2-7主成分系数矩阵说明了各主成分在各原始变量标准化后的载荷。记3个主成分分别为 F_{11}、F_{12} 和 F_{13}，计算某个主成分的得分需将4个指标分别乘以这个主成分对应的权重得分系数，再相加。计算函数分别为：

F_{11} = 0.53×城镇教育文化娱乐消费支出+0.56×城镇教育文化娱乐消费支出占比+0.55×农村教育文化娱乐消费支出+0.33×农村教育文化娱乐消费支出占比

F_{12} = -0.57×城镇教育文化娱乐消费支出+0.24×城镇教育文化娱乐消费支占比-0.16×农村教育文化娱乐消费支出+0.77×农村教育文化娱乐消费支出占比

F_{13} = -0.18×城镇教育文化娱乐消费支出-0.65×城镇教育文化娱乐消费支出占比+0.71×农村教育文化娱乐消费支出+0.21×农村教育文化娱乐消费支出占比

分析主成分得到的因子载荷矩阵进行计算，以每个主成分所对应的特征值占所提取主成分总的特征值之和的比例作为权重，得出文化消费需求的综合评价得分（λ 为特征值）：

$$D_1 = \frac{\lambda_1 F_{11} + \lambda_2 F_{12} + \lambda_3 F_{13}}{\lambda_1 + \lambda_2 + \lambda_3}$$

计算可得：

文化消费需求　　$D_1 = \dfrac{1.97 \cdot F_{11} + 1.24 \cdot F_{12} + 0.73 \cdot F_{13}}{3.94}$

表 2-7　文化消费需求因子载荷与主成分系数

指标	成分矩阵			成分得分系数		
城镇教育文化娱乐消费支出	0.74	-0.64	-0.16	0.53	-0.57	-0.18
城镇教育文化娱乐消费支出占比	0.78	0.26	-0.55	0.56	0.24	-0.65
农村教育文化娱乐消费支出	0.77	-0.17	0.61	0.55	-0.16	0.71
农村教育文化娱乐消费支出占比	0.47	0.86	0.18	0.33	0.77	0.21
特征值	1.97	1.24	0.73	—	—	—

注：提取方法为主成分分析法，旋转方法为方差最大法。

2. 文化活动参与

表 2-8 主成分系数矩阵说明了各主成分在各原始变量标准化后的载荷。记 3 个主成分分别为 $F21$、$F22$ 和 $F23$，计算某个主成分的得分需将 4 个指标分别乘以这个主成分对应的权重得分系数，再相加。计算函数分别为：

$F21 = 0.13 \times$ 图书馆流通服务总流通人次 $+ 0.72 \times$ 电影院观众观看电影人次 $-$
　　　$0.18 \times$ 文化馆培训人数 $+ 0.66 \times$ 文物业参观人数

$F22 = -0.53 \times$ 图书馆流通服务总流通人次 $- 0.09 \times$ 电影院观众观看电影人次 $+$
　　　$0.75 \times$ 文化馆培训人数 $+ 0.40 \times$ 文物业参观人数

$F23 = 0.81 \times$ 图书馆流通服务总流通人次 $+ 0.01 \times$ 电影院观众观看电影人次 $+$
　　　$0.58 \times$ 文化馆培训人数 $- 0.01 \times$ 文物业参观人数

分析主成分得到的因子载荷矩阵进行计算，以每个主成分所对应的特征值占所提取主成分总的特征值之和的比例作为权重，得出文化活动参与的综合评价得分（λ 为特征值）：

$$D_2 = \frac{\lambda_1 F_{21} + \lambda_2 F_{22} + \lambda_3 F_{23}}{\lambda_1 + \lambda_2 + \lambda_3}$$

计算可得：

文化活动参与　　$D_2 = \dfrac{1.71 \cdot F_{21} + 1.06 \cdot F_{22} + 1.01 \cdot F_{23}}{3.78}$

表 2-8 文化活动参与因子载荷与主成分系数

指标	成分矩阵			成分得分系数		
图书馆流通服务总流通人次	0.17	−0.54	0.82	0.13	−0.53	0.81
电影院观众观看电影人次	0.94	−0.09	0.01	0.72	−0.09	0.01
文化馆培训人数	−0.23	0.77	0.58	−0.18	0.75	0.58
文物业参观人数	0.86	0.41	−0.01	0.66	0.40	−0.01
特征值	1.71	1.06	1.01	—	—	—

注：提取方法为主成分分析法，旋转方法为方差最大法。

3. 文化活动供给

表 2-9 主成分系数矩阵说明了各主成分在各原始变量标准化后的载荷。记 4 个主成分分别为 F_{31}、F_{32}、F_{33} 和 F_{34}，计算某个主成分的得分需将 4 个指标分别乘以这个主成分对应的权重得分系数，再相加。计算函数分别为：

F_{31}＝0.58×艺术表演团体演出场次＋0.17×文化馆举办展览次数＋0.62×文化馆举办培训或讲座次数−0.17×文化馆组织文艺活动次数−0.48×广播综合人口覆盖率＋0.03×电视综合人口覆盖率

F_{32}＝−0.10×艺术表演团体演出场次＋0.57×文化馆举办展览次数＋0.05×文化馆举办培训或讲座次数＋0.41×文化馆组织文艺活动次数＋0.03×广播综合人口覆盖率＋0.71×电视综合人口覆盖率

F_{33}＝0.35×艺术表演团体演出场次−0.61×文化馆举办展览次数＋0.28×文化馆举办培训或讲座次数＋0.23×文化馆组织文艺活动次数＋0.49×广播综合人口覆盖率＋0.37×电视综合人口覆盖率

F_{34}＝0.03×艺术表演团体演出场次−0.12×文化馆举办展览次数＋0.02×文化馆举办培训或讲座次数＋0.87×文化馆组织文艺活动次数−0.29×广播综合人口覆盖率−0.38×电视综合人口覆盖率

分析主成得到的因子载荷矩阵进行计算，以每个主成分所对应的特征值占所提取主成分总的特征值之和的比例作为权重，得出文化活动供给的综合评价得分（λ 为特征值）：

$$D_3 = \frac{\lambda_1 F_{31} + \lambda_2 F_{32} + \lambda_3 F_{33} + \lambda_4 F_{34}}{\lambda_1 + \lambda_2 + \lambda_3 + \lambda_4}$$

计算可得：

$$\text{文化活动供给 } D_3 = \frac{1.71 \cdot F_{31} + 1.06 \cdot F_{32} + 1.01 \cdot F_{33} + 1 \cdot F_{34}}{3.78}$$

表 2-9 文化活动供给因子载荷与主成分系数

指标	成分矩阵				成分得分系数			
艺术表演团体演出场次	0.89	-0.12	0.37	0.03	0.58	-0.10	0.35	0.03
文化馆举办展览次数	0.26	0.66	-0.65	-0.11	0.17	0.57	-0.61	-0.12
文化馆举办培训或讲座次数	0.95	0.06	0.30	0.02	0.62	0.05	0.28	0.02
文化馆组织文艺活动次数	-0.26	0.47	0.24	0.81	-0.17	0.41	0.23	0.87
广播综合人口覆盖率	-0.74	0.04	0.52	-0.27	-0.48	0.03	0.49	-0.29
电视综合人口覆盖率	0.04	0.82	0.39	-0.36	0.03	0.71	0.37	-0.38
特征值	2.37	1.34	1.13	0.87	—	—	—	—

注：提取方法为主成分分析法，旋转方法为方差最大法。

4. 公共文化服务

表 2-10 主成分系数矩阵说明了各主成分在各原始变量标准化后的载荷。记 3 个主成分分别为 $F41$、$F42$ 和 $F43$，计算某个主成分的得分需将 5 个指标分别乘以这个主成分对应的权重得分系数，再相加。计算函数分别为：

$F41 = 0.55 \times$ 送演出 $+ 0.59 \times$ 送图书 $+ 0.57 \times$ 送讲座展览培训 $- 0.14 \times$ 送电影 $- 0.06 \times$ 组织开展各类文化活动

$F42 = -0.02 \times$ 送演出 $- 0.10 \times$ 送图书 $+ 0.08 \times$ 送讲座展览培训 $- 0.51 \times$ 送电影 $+ 0.85 \times$ 组织开展各类文化活动

$F43 = 0.17 \times$ 送演出 $+ 0.05 \times$ 送图书 $+ 0.04 \times$ 送讲座展览培训 $+ 0.84 \times$ 送电影 $+ 0.51 \times$ 组织开展各类文化活动

分析主成分得到的因子载荷矩阵进行计算，以每个主成分所对应的特征值占所提取主成分总的特征值之和的比例作为权重，得出公共文化服务活动的综合评价得分（λ 为特征值）：

$$D_{43} = \frac{\lambda_1 F_{41} + \lambda_2 F_{42} + \lambda_3 F_{43}}{\lambda_1 + \lambda_2 + \lambda_3}$$

计算可得：

公共文化服务活动 $D_{43} = \dfrac{2.79 \cdot F_{41} + 1.02 \cdot F_{42} + 0.96 \cdot F_{43}}{4.77}$

本报告认为，该项二级指标下的 3 个三级指标同等重要，赋予其相等权重，因此公共文化服务指标值即为 3 个三级指标标准化后的平均值，计算如下：

$$D_4 = \frac{D_{41} + D_{42} + D_{43}}{2}$$

表 2-10　公共文化服务活动因子载荷与主成分系数

指标	成分矩阵			成分得分系数		
送演出	0.92	-0.02	0.17	0.55	-0.02	0.17
送图书	0.98	-0.10	0.05	0.59	-0.10	0.05
送讲座展览培训	0.96	0.09	0.043	0.57	0.08	0.04
送电影	-0.24	-0.51	0.82	-0.14	-0.51	0.84
组织开展各类文化活动	-0.10	0.86	0.50	-0.06	0.85	0.51
特征值	2.79	1.02	0.96	—	—	—

注：提取方法为主成分分析法，旋转方法为方差最大法。

5. 文化市场执法

本报告认为，该项二级指标下的 2 个三级指标同等重要，赋予其相等权重，因此文化市场执法的指标值中的 2 个三级指标标准化后的平均值计算如下：

$$D_5 = \frac{D_{51} + D_{52}}{2}$$

6. 各地区社会文化参与

将上述得到的 5 个二级指标进行标准化，再进行基于主成分的综合评价。

表 2-11 主成分系数矩阵说明了各主成分在各原始变量标准化后的载荷。记 3 个主成分分别为 F_{61}、F_{62} 和 F_{63}，计算某个主成分的得分需将 5 个指标分别乘以这个主成分对应的权重得分系数，再相加。计算函数分别为：

$F_{61} = 0.07 \times$ 文化消费需求 $+ 0.57 \times$ 文化活动参与 $+ 0.17 \times$ 文化活动供给 $+ 0.61 \times$ 公共文化服务 $+ 0.52 \times$ 文化市场执法

$F_{62} = 0.93 \times$ 文化消费需求 $+ 0.08 \times$ 文化活动参与 $+ 0.26 \times$ 文化活动供给 $- 0.24 \times$ 公共文化服务 $+ 0.08 \times$ 文化市场执法

$F_{63} = -0.24 \times$ 文化消费需求 $- 0.07 \times$ 文化活动参与 $+ 0.94 \times$ 文化活动供给 $- 0.01 \times$ 公共文化服务 $- 0.21 \times$ 文化市场执法

分析主成分得到的因子载荷矩阵进行计算，以每个主成分所对应的特征值占所提取主成分总的特征值之和的比例作为权重，得出社会文化参与的综合评价得分（λ 为特征值）：

$$f = \frac{\lambda_1 F_{61} + \lambda_2 F_{62} + \lambda_3 F_{63}}{\lambda_1 + \lambda_2 + \lambda_3}$$

表 2-11　社会文化参与因子载荷与主成分系数

指标	成分矩阵			成分得分系数		
文化消费需求	0.03	0.97	-0.23	0.02	0.93	-0.24

续表

指标	成分矩阵			成分得分系数		
文化活动参与	0.91	0.08	-0.07	0.57	0.08	-0.07
文化活动供给	0.27	0.27	0.92	0.17	0.26	0.94
公共文化服务	0.96	-0.25	-0.01	0.61	-0.24	-0.01
文化市场执法	0.83	0.08	-0.21	0.52	0.08	-0.21
特征值	2.51	1.09	0.95	—	—	—

注：提取方法为主成分分析法，旋转方法为方差最大法。

计算可得社会文化参与综合得分，结果与得分排名如表2-12所示。

$$f = \frac{2.51 \cdot F_{61} + 1.09 \cdot F_{62} + 0.95 \cdot F_{63}}{4.55}$$

表 2-12　社会文化参与指数得分与排名

地区	社会文化参与		文化消费需求		文化活动参与		文化活动供给		公共文化服务		文化市场执法	
	指数值	排名	指数值	排名	指数值	排名	指数值	排名	指数值	排名	指数值	排名
杭州	2.08	1	-0.12	7	1.48	1	0.30	3	1.80	1	2.28	1
台州	0.73	2	0.50	4	0.51	3	0.38	2	0.33	4	0.29	3
湖州	0.56	3	-0.08	6	-0.41	8	2.02	1	-0.31	7	-0.32	8
绍兴	0.24	4	1.61	1	0.27	4	-0.29	6	-0.36	8	0.08	5
温州	0.23	5	0.63	3	-0.23	5	0.08	5	0.61	2
宁波	-0.08	6	-0.79	10	0.69	2	-0.02	4	0.43	3	-1.28	11
嘉兴	-0.08	7	-0.65	9	0.08	5	-0.29	7	0.45	2	0.04	6
金华	-0.79	8	-0.47	8	-0.36	7	-0.57	11	-0.45	9	-0.32	7
衢州	-0.88	9	0.63	2	-0.73	10	-0.39	9	-0.91	11	-0.62	9
丽水	-0.96	10	-1.22	11	-0.89	11	-0.56	10	-0.23	6	0.23	4
舟山	-1.05	11	-0.04	5	-0.65	9	-0.36	8	-0.83	10	-0.98	10

（五）全域文明创建

全域文明创建综合评价，维度有3个二级指标，考虑变量的多重共线性，采用主成分综合评价，将二级指标再次标准化后，选取累计方差贡献率达85%的主成分，并以特征值为权重求一级指标全域文明创建指标值 F。

表2-13主成分系数矩阵说明了各主成分在各原始变量标准化后的载荷。记两个主成分分别为 $F1$ 和 $F2$，计算某个主成分的得分需将3个指标分别乘以这个

主成分对应的权重得分系数,再相加。计算函数分别为:

$F1 = 0.60×$文明城市$+0.56×$文明村镇$+0.58×$最美浙江人

$F2 = -0.15×$文明城市$+0.78×$文明村镇$-0.60×$最美浙江人

最后,分析主成分得到的因子载荷矩阵进行计算,以每个主成分所对应的特征值占所提取主成分总的特征值之和的比例作为权重,得出全域文明创建的综合评价得分(λ 为特征值):

$$f = \frac{\lambda_1 F_1 + \lambda_2 F_2}{\lambda_1 + \lambda_2}$$

表 2-13 全域文明创建因子载荷与主成分系数

指标	成分矩阵		主成分得分系数	
文明城市	0.906	-0.1	0.599	-0.151
文明村镇	0.843	0.519	0.557	0.784
最美浙江人	0.87	-0.398	0.575	-0.601
特征值	2.288	0.438	—	—

注:提取方法为主成分分析法,旋转方法为方差最大法。

计算可得:

全域文明创建 $\quad f = \dfrac{2.29 \cdot F_1 + 0.44 \cdot F_2}{2.73}$

结果与得分排名如表 2-14 所示。

表 2-14 全域文明创建指数得分与排名

地区	全域文明创建		文明城市		文明村镇		最美浙江人	
	指数值	排名	指数值	排名	指数值	排名	指数值	排名
杭州	2.48	1	1.80	1	0.89	2	2.82	1
宁波	1.62	2	0.54	4	1.10	1	0.45	2
温州	0.77	3	0.86	2	0.58	3	0.05	3
台州	0.07	4	0.07	6	0.28	5	-0.34	5
绍兴	0.05	5	0.23	5	-0.13	6	0.05	3
金华	-0.04	6	-0.40	8	0.47	4	-0.34	5
嘉兴	-0.42	7	0.70	3	-0.80	10	-0.74	10
湖州	-0.63	8	-0.24	7	-0.65	9	-0.34	5
丽水	-0.75	9	-0.56	9	-0.47	8	-0.54	9
衢州	-0.94	10	-1.18	10	-0.41	7	-0.34	5
舟山	-2.20	11	-1.81	11	-1.76	11	-0.74	10

(六) 文化保护传承

对文化保护传承的综合评价，由于第一个二级指标非物质文化遗产保护下属的三级指标数量较少，故将三级指标取平均值作为该项二级指标值 $F1$。其中 $F1$ 为非物质文化遗产保护，$F11$ 为非物质文化遗产项目，$F12$ 为非遗代表性传承人，计算公式：$F_1 = \dfrac{F_{11}+F_{12}}{2}$。第二个二级指标文化遗产保护下属的三级指标数量较多，考虑变量多重共线性，采用主成分综合评价，选取累计方差贡献率达85%的主成分，并以特征值为权重求该项二级指标指标值 $F2$。第三个二级指标文化保护管理 $F3$ 仅有 1 个三级指标。本报告认为，3 个二级指标同等重要，故再将 3 个二级指标值取平均得文化保护传承指标值 f。

以下对二级指标文化遗产保护做分析。

表 2-15 主成分系数矩阵说明了各主成分在各原始变量标准化后的载荷。记 3 个主成分分别为 $F21$、$F22$ 和 $F23$，计算某个主成分的得分需将 4 个指标分别乘以这个主成分对应的权重得分系数，再相加。计算函数分别为：

$F21 = -0.35 \times$ 世界文化遗产 $+0.67 \times$ 中国传统村落 $+0.47 \times$ 中国历史文化名城名镇名村 $-0.46 \times$ 中国民间文化艺术之乡

$F22 = 0.58 \times$ 世界文化遗产 $+0.21 \times$ 中国传统村落 $+0.61 \times$ 中国历史文化名城名镇名村 $+0.49 \times$ 中国民间文化艺术之乡

$F23 = -0.73 \times$ 世界文化遗产 $-0.07 \times$ 中国传统村落 $+0.20 \times$ 中国历史文化名城名镇名村 $+0.65 \times$ 中国民间文化艺术之乡

分析主成分得到的因子载荷矩阵进行计算，以每个主成分所对应的特征值占所提取主成分总的特征值之和的比例作为权重，得出文化遗产保护的综合评价得分（λ 为特征值）：

$$F_2 = \frac{\lambda_1 F_{21} + \lambda_2 F_{22} + \lambda_3 F_{23}}{\lambda_1 + \lambda_2 + \lambda_3}$$

计算可得：

文化遗产保护 $\quad F_2 = \dfrac{1.73 \cdot F_{21} + 1.26 \cdot F_{22} + 0.68 \cdot F_{23}}{3.67}$

表 2-15 文化遗产保护因子载荷与主成分系数

指标	成分矩阵			主成分得分系数		
世界文化遗产	-0.46	0.66	-0.60	-0.35	0.58	-0.73
中国传统村落	0.88	0.24	-0.05	0.69	0.21	-0.07
中国历史文化名城名镇名村	0.62	0.69	0.16	0.47	0.61	0.20
中国民间文化艺术之乡	-0.61	0.55	0.54	-0.46	0.49	0.65

续表

指标	成分矩阵			主成分得分系数		
特征值	1.73	1.26	0.68	—	—	—

注：提取方法为主成分分析法，旋转方法为方差最大法。

文化保护传承 f 综合得分及各指标值排名如表 2-16 所示。

表 2-16 文化保护传承指数得分及排名

地区	文化保护传承	排名	非物质文化遗产保护	排名	文化遗产保护	排名	文化保护管理	排名
金华	1.02	1	0.57	3	1.04	2	1.45	2
温州	0.91	2	1.40	2	-0.15	7	1.50	1
杭州	0.76	3	1.80	1	-0.06	6	0.55	3
丽水	0.44	4	0.23	4	1.36	1	-0.28	8
宁波	0.13	5	-0.21	7	0.37	4	0.22	4
衢州	-0.05	6	-0.56	8	0.38	3	0.03	6
绍兴	-0.11	7	0.13	5	-0.50	8	0.03	5
台州	-0.25	8	-0.17	6	0.03	5	-0.61	9
嘉兴	-0.46	9	-0.62	9	-0.63	9	-0.13	7
湖州	-0.84	10	-1.04	10	-0.82	10	-0.65	10
舟山	-1.55	11	-1.53	11	-1.01	11	-2.10	11

（七）发展地区特色文化产业

对发展地区特色文化产业的综合评价，本报告认为，一级指标中的 2 个二级指标同等重要，在同级指标中赋予其相等权重。故发展地区特色文化产业指标值为其二级指标的平均值。计算如下：

$$f = \frac{G_1 + G_2}{2}$$

发展地区特色文化产业综合得分及各指标值排名如表 2-17 所示。

表 2-17 发展地区特色文化产业得分与排名

地区	发展地区特色文化产业		特色小镇		传统工艺	
	指数值	排名	指数值	排名	指数值	排名
杭州	2.47	1	2.12	1	2.83	1

续表

地区	发展地区特色文化产业 指数值	排名	特色小镇 指数值	排名	传统工艺 指数值	排名
宁波	0.60	2	0.89	2	0.32	2
温州	0.50	3	0.76	3	0.24	3
绍兴	-0.33	7	-0.47	6	-0.18	5
台州	-0.48	8	-0.53	8	-0.43	6
金华	-0.22	6	0.08	5	-0.52	7
衢州	-0.65	10	-0.78	10	-0.52	7
湖州	-0.20	5	-0.47	6	0.07	4
嘉兴	-0.07	4	0.45	4	-0.60	10
舟山	-1.02	11	-1.52	11	-0.52	7
丽水	-0.61	9	-0.53	8	-0.68	11

(八) 文化创新能力

对文化创新能力的综合评价，本报告认为，一级指标下的二级指标和二级指标下的三级指标同等重要，因此在同级指标中赋予其相等权重。二级指标的指标值为其下三级指标标准化后的平均值。首先计算各二级指标：

$$I_1 = \frac{I_{11}+I_{12}}{2}, \ I_3 = \frac{I_{31}+I_{32}}{2}, \ I_4 = \frac{I_{41}+I_{42}}{2}$$

二级指标有 4 个，考虑变量多重共线性，采用主成分综合评价，将二级指标再次标准化后，选取累计方差贡献率达 85% 的主成分，并以特征值为权重求一级指标文化创新能力指标值 f。

表 2-18 主成分系数矩阵说明了各主成分在各原始变量标准化后的载荷。记两个主成分分别为 $F1$ 和 $F2$，计算某个主成分的得分需将 4 个指标分别乘以这个主成分对应的权重得分系数，再相加。计算函数分别为：

$F1 = 0.50 \times$文化创意集聚区$+ 0.54 \times$文化创新团队$+ 0.55 \times$文化艺术创新$+ 0.39 \times$文化科技创新

$F2 = 0.01 \times$文化创意集聚区$- 0.33 \times$文化创新团队$- 0.32 \times$文化艺术创新$+ 0.89 \times$文化科技创新

最后，分析主成分得到的因子载荷矩阵进行计算，以每个主成分所对应的特征值占所提取主成分总的特征值之和的比例作为权重，得出文化创新能力的综合评价得分（λ 为特征值）：

$$f = \frac{\lambda_1 F_1 + \lambda_2 F_2}{\lambda_1 + \lambda_2}$$

表 2-18 文化创新能力因子载荷与主成分系数

指标	成分矩阵		主成分得分系数	
文化创意集聚区	0.87	0.01	0.50	0.01
文化创新团队	0.94	-0.27	0.54	-0.33
文化艺术创新	0.94	-0.26	0.55	-0.32
文化科技创新	0.68	0.72	0.39	0.89
特征值	3.00	0.66	—	—

注：提取方法为主成分分析法，旋转方法为方差最大法。

计算可得文化创新能力综合得分，结果与得分排名如表 2-19 所示。

$$f = \frac{3.00 \cdot F_1 + 0.66 \cdot F_2}{3.66}$$

表 2-19 文化创新能力指数得分及排名

地区	文化创新能力	排名	文化产业集聚区	排名	文化创新团队	排名	文化艺术创新	排名	文化科技创新	排名
杭州	3.54	1	1.83	1	2.93	1	2.93	1	1.07	3
宁波	0.97	2	1.44	2	0.02	2	0.06	3	0.71	4
温州	0.46	3	1.10	3	0.02	2	0.06	2	-0.05	6
嘉兴	0.35	4	-0.04	4	0.02	2	-0.44	8	1.11	1
金华	0.10	5	-0.17	5	-0.35	7	-0.10	4	0.71	4
绍兴	0.09	6	-0.71	8	-0.28	6	-0.10	5	1.11	1
湖州	-0.58	7	-0.46	7	-0.50	8	-0.44	7	-0.05	6
台州	-1.04	8	-0.21	6	-0.50	8	-0.41	6	-1.26	9
舟山	-1.22	9	-0.96	10	-0.58	10	-0.54	11	-0.81	8
丽水	-1.23	10	-0.87	9	-0.20	5	-0.49	9	-1.26	9
衢州	-1.43	11	-0.96	10	-0.58	10	-0.53	10	-1.26	9

三、浙江文化强省共同富裕指数综合得分

根据上述分析得到 8 个一级指标值，采用基于主成分的综合评价方法，将 8 个一级指标标准化后，选取累计方差贡献率大于 85% 的主成分个数，计算所选各主成分的得分，再以各主成分所对应的特征值为权重，计算各主成分的加权平均值，得到的结果即为 8 个一级指标的综合指标 W。

表2-20主成分系数矩阵说明了各主成分在各原始变量标准化后的载荷。记三个主成分分别为 $F1$、$F2$ 和 $F3$，计算某个主成分的得分需将8个指标分别乘以这个主成分对应的权重得分系数，再相加。计算函数分别为：

$F1$ = 0.39×文化财政支持+0.26×文化基础设施+0.28×文化人才资源+0.34×社会文化参与+0.41×全域文明创建+0.24×文化保护传承+0.43×发展地区特色文化产业+0.42×文化创新能力

$F2$ = −0.17×文化财政支持+0.58×文化基础设施+0.29×文化人才资源+0.14×社会文化参与−0.24×全域文明创建−0.68×文化保护传承+0.02×发展地区特色文化产业+0.09×文化创新能力

$F3$ = −0.11×文化财政支持−0.14×文化基础设施+0.82×文化人才资源−0.48×社会文化参与−0.10×全域文明创建+0.20×文化保护传承−0.10×发展地区特色文化产业+0.11×文化创新能力

分析主成分得到的因子载荷矩阵，以每个主成分所对应的特征值占所提取主成分总的特征值之和的比例作为权重，得出8个一级指标的综合得分 W（λ 为特征值）：

$$W = \frac{\lambda_1 F_1 + \lambda_2 F_2 + \lambda_3 F_3}{\lambda_1 + \lambda_2 + \lambda_3}$$

表2-20 浙江文化强省共同富裕综合指数因子载荷与主成分系数

指标	主成分荷载系数			主成分得分系数		
文化财政支持	0.89	−0.18	−0.09	0.39	−0.17	−0.11
文化基础设施	0.60	0.64	−0.12	0.26	0.58	−0.14
文化人才资源	0.64	0.32	0.66	0.28	0.29	0.82
社会文化参与	0.79	0.15	−0.39	0.34	0.14	−0.48
全域文明创建	0.95	−0.08	−0.08	0.41	−0.24	−0.10
文化保护传承	0.55	−0.75	0.16	0.24	−0.68	0.20
发展地区特色文化产业	0.98	0.02	−0.08	0.43	0.02	−0.10
文化创新能力	0.97	0.10	0.09	0.42	0.09	0.11
特征值	5.29	1.21	0.66	—	—	—

注：提取方法为主成分分析法，旋转方法为方差最大法。

计算可得8个一级指标综合得分，结果与得分排名如表2-21、图2-1所示。

$$W = \frac{5.29 \cdot F_1 + 1.21 \cdot F_2 + 0.66 \cdot F_3}{7.16}$$

表 2-21　浙江文化强省共同富裕指数得分及排名

地区	F1 得分	F2 得分	F3 得分	综合得分 W	排名
杭州	5.59	0.99	-0.19	4.28	1
宁波	2.01	-0.32	0.07	1.44	2
温州	1.25	-1.27	-0.43	0.67	3
绍兴	0.19	0.30	1.18	0.30	4
嘉兴	-0.16	0.65	0.90	0.07	5
金华	-0.54	-1.51	0.52	-0.60	6
台州	-0.89	-0.27	-1.46	-0.84	7
湖州	-1.22	0.23	-1.21	-0.97	8
丽水	-1.60	-0.70	0.19	-1.28	9
舟山	-2.58	2.40	-0.09	-1.51	10
衢州	-2.05	-0.51	0.52	-1.55	11

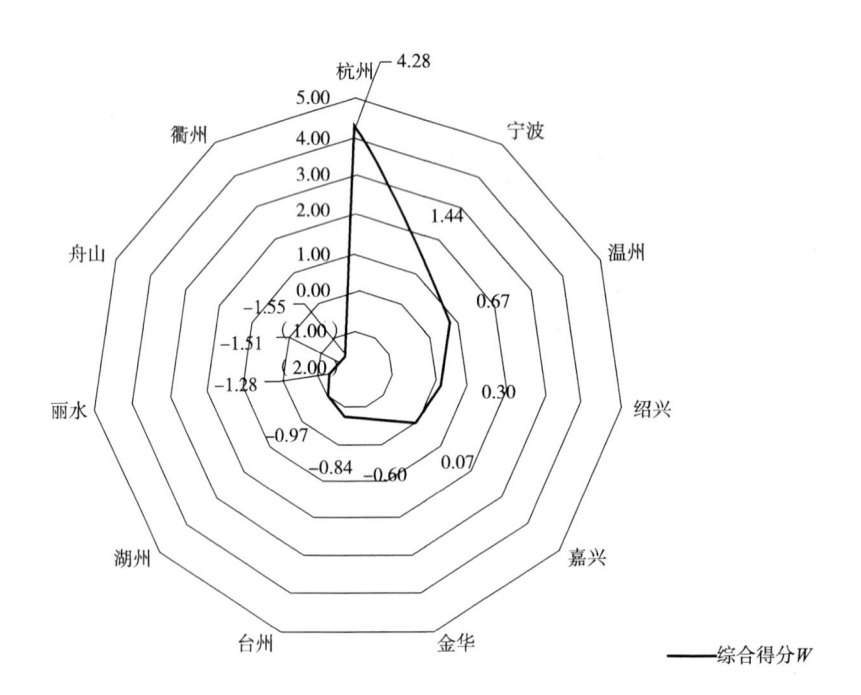

图 2-1　浙江文化强省共同富裕指数得分

第三章 浙江文化强省共同富裕指数分析

一、浙江文化强省共同富裕空间结构特征

借助 SPSS 23.0，针对浙江文化强省共同富裕指数进行聚类，划分为三大战略区域（表3-1）。

从浙江文化强省共同富裕指数看，杭州的综合指数值为4.28，远远高于浙江省其他10个地市，杭州、宁波、温州、绍兴综合得分在0.30~4.28，为第一战略区，主要集中在中部偏北、东南部。嘉兴、金华、台州、湖州综合得分在-0.97~0.07，位列第二战略区，主要集中在北部与中部地区。丽水、舟山、衢州综合得分在-1.55~-1.28，属于第三战略区，主要集中在西南部以及东北部（见图3-1）。

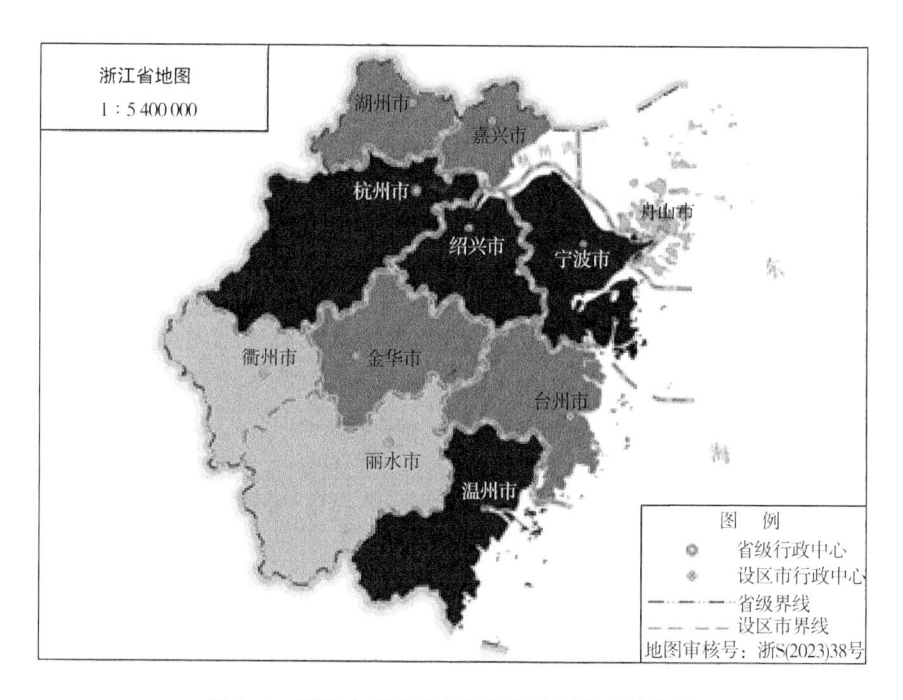

图 3-1 浙江文化强省共同富裕空间分布结构图

聚类分析结果显示，第一战略区域文化发展共同富裕指数最高，优势明显，强势地区文化发展具有相对较好的均衡性。比如，杭州指数值（4.28）排名第1，

表 3-1 浙江文化强省共同富裕指数得分与排名

地区	浙江文化强省共同富裕 指数值	浙江文化强省共同富裕 排名	文化财政支持 指数值	文化财政支持 排名	文化基础设施 指数值	文化基础设施 排名	文化人才资源 指数值	文化人才资源 排名	社会文化参与 指数值	社会文化参与 排名	全域文明创建 指数值	全域文明创建 排名	文化保护传承 指数值	文化保护传承 排名	发展地区特色文化产业 指数值	发展地区特色文化产业 排名	文化创新能力 指数值	文化创新能力 排名
杭州	4.28	1	1.38	2	1.67	1	1.22	1	2.08	1	2.48	1	0.76	3	2.47	1	3.54	1
宁波	1.44	2	1.68	1	0.27	3	0.32	4	-0.07	6	1.62	2	0.13	5	0.60	2	0.97	2
温州	0.67	3	1.04	3	-0.09	4	-0.34	8	0.23	5	0.77	3	0.91	2	0.50	3	0.46	3
绍兴	0.30	4	-0.13	4	-0.35	8	1.11	2	0.24	4	0.05	5	-0.11	7	-0.32	7	0.09	6
嘉兴	0.07	5	-0.30	5	-0.24	7	0.76	3	-0.08	7	-0.42	7	-0.46	9	-0.07	4	0.35	4
金华	-0.60	6	-0.37	7	-0.57	10	-0.31	7	-0.79	8	-0.04	6	1.02	1	-0.22	6	0.10	5
台州	-0.84	7	-0.31	6	-0.23	6	-0.97	11	0.73	2	0.07	4	-0.25	8	-0.48	8	-1.04	8
湖州	-0.97	8	-0.48	8	-0.55	9	-0.81	10	0.56	3	-0.63	8	-0.84	10	-0.20	5	-0.58	7
丽水	-1.28	9	-0.59	9	-0.18	5	-0.50	9	-0.96	10	-0.75	9	0.44	4	-0.61	9	-1.23	10
舟山	-1.51	10	-1.05	11	1.01	2	-0.30	6	-1.05	11	-2.20	11	-1.55	11	-1.02	11	-1.22	9
衢州	-1.55	11	-0.87	10	-0.74	11	-0.17	5	-0.88	9	-0.94	10	-0.05	6	-0.65	10	-1.43	11

40

远大于其他各地级市，除文化财政支持（排名第2）、文化保护传承（排名第3）外，其余各项指标均排名第1位。第二战略区域为普通地区，各项指标的指数值有明显的分化趋势，比如，金华的文化基础设施（排名第10）与文化保护传承（排名第1）差距大，台州的社会文化参与（排名第2）与文化人才资源（排名第11）差距大，表明战略区域内部各个地区处于快速变化当中，均衡性比较差。第三战略区域为弱势地区，综合指数值与各个一级指数值基本最小，个别除外（舟山的文化基础设施排名第2），总体均衡性一般。区域空间结构的不均衡性彰显优势地区文化发展共同富裕需要进一步优化，而弱势地区、普通地区则有巨大的提升空间。

二、浙江文化强省共同富裕正向驱动力量

浙江文化强省共同富裕指数显示，"十三五"期间，文化财政支持、文化创新能力、全域文明创建、特色文化产业、文化基础设施对综合指数的排名起到了较为显著的拉动作用。

什么力量推动着浙江文化强省共同富裕目标的实现？浙江文化强省共同富裕指数测算结果显示，文化财政支持指数、文化创新能力指数，其排名与浙江文化强省共同富裕指数排名在三个方阵中基本一致，两个指标成为文化发展共同富裕重要的驱动因素。文化财政支持指数中，杭州、宁波、温州、绍兴位于排名的第一方阵。文化创新能力中，杭州、宁波、温州、嘉兴位于排名的第一方阵。凸显了这些地区在两个指标建设中的突出成就。丽水、舟山、衢州处于第三方阵，两项指标均垫底。第二方阵中，文化创新能力指数排名地区与浙江文化强省共同富裕指数排名略有不同，绍兴处于第二方阵，文化财政支持指数排名一致。

（一）文化财政支持

文化财政支持指数的测评结果反映了各地级市在地方文化公共财政支出、文化固定资产投资方面的整体水平。

文化财政支持，宁波、杭州、温州、绍兴位列第一方阵，指数值位于-0.13~1.68，四个地区在地方文化公共财政支出、文化固定资产投资指标中稳居前3名，凸显了地方政府强有力的投资力度。丽水、衢州、舟山处于第三方阵，指数值-1.05~-0.59，三个地区在2个两级指标的末尾波动（丽水在地方文化公共财政支出中位列第8），显示经济欠发达地区文化投入也相对较弱。嘉兴、台州、金华、湖州位列第2方阵，指数值位于-0.48~-0.30，四个地区的文化固定资产投资与文化财政支持归属相同。显然，文化固定资产投资指数方阵与文化财政支持指数方阵一致，显示了两者较强的相关性，说明文化固定资产投资指数排序对浙江文化强省共同富裕总指数排序贡献较大。

具体而言，"十三五"时期在地方文化公共财政支出方面（见表3-2），第一

表3-2 2016—2020年文化财政支出初始数据

一级指标	二级指标	时间（年）	杭州	宁波	温州	绍兴	台州	金华	衢州	湖州	嘉兴	舟山	丽水
文化财政支出	地方文化公共财政支出（万元）	2016	283 936	306 448	141 671	100 679	94 947	93 156	49 856	53 411	94 374	56 082	96 194
		2017	309 282	330 044	139 568	95 304	94 683	95 416	56 320	55 413	104 970	50 986	78 772
		2018	332 192	346 000	140 460	108 485	115 514	100 066	70 325	71 895	136 902	55 447	81 110
		2019	398 757	348 000	181 933	124 010	118 798	120 464	95 903	85 197	135 296	61 946	102 396
		2020	400 728	366 000	205 450	132 742	173 899	144 863	116 254	115 687	153 955	83 395	124 751
	文化固定资产投资（万元）	2016	471 044	801 335	633 576	294 587	308 494	236 833	96 907	370 995	316 284	—	163 185
		2017	578 314	1 298 475	594 263	433 252	303 273	231 929	106 428	481 927	411 576	—	223 977
		2018	551 133	632 357	1 147 522	528 567	195 308	332 122	25 968	380 722	222 782	—	171 566
		2019	729 149	644 372	1 222 111	443 997	269 134	220 197	25 968	183 508	207 379	—	205 365
		2020	694 879	644 372	1 159 783	296 590	269 134	280 091	44 665	80 744	141 387	—	109 254

方阵宁波30.64亿~36.60亿元，杭州28.39亿~40.07亿元，温州13.96亿~20.55亿元，绍兴9.53亿~13.27亿元；第三方阵丽水7.88亿~12.48亿元，衢州4.99亿~1.16亿元，舟山5.10亿~8.34亿元。其中，宁波与杭州年均支出约34亿元，是衢州、舟山的5~6倍。在文化固定资产投资方面，第一方阵宁波63.24亿~129.85亿元，杭州47.10亿~72.91亿元，温州59.43亿~122.21亿元，绍兴29.46亿~52.86亿元，第三方阵丽水10.93亿~22.40亿元，衢州2.60亿~10.64亿元[①]。其中，宁波年均投资80亿元，杭州60亿元，凸显了强劲的文化投资力度。总体而言，第一方阵的文化财政支持以绝对优势碾压第三方阵，可见，地方政府的文化财政支持力度奠定了文化发展共同富裕的基础。

（二）文化创新能力

信息革命的浪潮席卷全球，在全面渗透文化生产和消费领域的进程中，引领着中国文化行业进入结构性变革的转折点。文化创新能力指数测评结果反映了"十三五"时期，浙江省各地区在文化产业集聚区、文化创新团队、文化艺术创新、文化科技创新上的整体水平，其中前三项是文化创新能力的主要贡献指标。

我们把文化创新划分为3个方阵，排序前4的是杭州（指数值3.54），宁波（指数值0.97）、温州（指数值0.46）、嘉兴（指数值0.35），位于第一方阵。其中，排名第1的杭州远超过其他城市，排名第2的宁波与杭州相差约2.5个点，排名最后的衢州与杭州相差近5个点。位列第二方阵的金华、绍兴、湖州、台州指数值范围为-1.04~0.10，位列第三方阵的舟山、丽水、衢州指数值范围为-1.43~-1.22，方阵等级之间差距比较明显。

二级指标文化产业集聚区、文化创新团队位列第一方阵的地区与一级指标文化创新能力的排序完全一致，第二、第三方阵的地级市与文化创新地区基本一致，说明这两项指标对浙江文化强省共同富裕总指数的贡献很大。二级指标文化艺术创新方阵排序与文化创新能力排序大致相同，说明其对文化创新的指数贡献较为突出。二级指标文化科技创新显示各地区文化科技创新的差异性相对比较小，指数值范围为-1.28~1.11。文化创新能力是一个较为新兴的评价体系，在数据采集、评价体系建设等方面还有待优化。

文化产业集聚区包括文化产业园区与文化创意街区，是有高度集中的文化产业和设施，充满创造活力的多功能综合空间区域。从文化产业园区的分布数量（赋值总数）情况看（表3-3），杭州、宁波数量最多，分别为22.5个、15个；温州、嘉兴、金华、台州是7~9个；湖州、丽水、绍兴、衢州是2~4个。文化创意街区总数，温州、宁波、杭州最多，为17~22个；嘉兴、台州、金华、湖州、绍兴次之，为7~9个；衢州、舟山、丽水为3~4个。杭州、宁波、温州文

---

① 文化财政支出采用了五年间最小值与最大值的数据构成整个五年计划期间的波动区间。

化产业集聚区的数量明显超过其他地区。作为文化产业集聚发展的主平台,文化产业园区和文化创意街区的设立加快推动了各地区文化产业的集聚发展。

表3-3　2016—2020年文化创新能力初始数据赋值

一级指标	二级指标	三级指标	年份	杭州	宁波	温州	绍兴	台州	金华	衢州	湖州	嘉兴	舟山	丽水
文化创新能力	文化产业集聚区	文化产业园区	2017—2018年度	11.5	7	5	1	4	2	1	3	3	1	3
			2019—2020年度	11	8	4	1	3	5.5	1	1	5	1	1
		文化创意街区	2017	5	5	5	1	3	2	2	3	1	1	
			2018	8	6	6	3	3	3	2	3	3	2	2
			2020	4	9	11	4	2	3		3	3	1	0
	文化艺术创新	文化创新团队	2016	8	1	2	0	0	1	0	0	1	0	1
			2017	7	2	3	0	0	1	0	0	1	0	1
			2018	9	1	0	2	0	1	0	0	0	0	1
			2019	11	3	1	0	0	0	0	0	0	0	0
			2020	12	1	3	1	1	0	1	0	4	0	2
		精品创作（奖/项）	2016	101	38.5	26	12	11	11	11	9	12	7	7
			2017	52.5	25.5	12	13	7	21	3	6	1	3	5
			2018	64	10.5	14	8	4	12	0	6	7	2	6
			2019	63	28	9	10	6	17	4	7	10.5	4	4
			2020	54	12	11	6	7	10	2	5	5.5	2	3
		资助体系	2016	19	1	4	5	0	1	0	0	0	0	0
			2017	39	1	7	4	1	0	0	0	0	0	1
			2018	30	2	0	3	0	0	0	0	0	0	0
			2019	48	1	0	7	0	3	0	1	0	0	1
			2020	22	1	1	3	0	1	2	1	0	0	0
	文化科技创新	公共文化服务数字化		2	3	3	4	0	3	0	3	4	3	0
		省网络直播基地		4	3	2	3	2	2	2	2	1	2	1

文化创新团队,杭州最多,有47个。一个创新城市的高速发展与该城市创意阶层的集聚密切相关,地区科技发展水平、人文社会环境、薪酬待遇等都是影响创意阶层集聚的重要因素,作为省府机关所在地的杭州具有得天独厚的优势。其次是宁波、温州、嘉兴8个,丽水、金华、台州、湖州为1~5个,衢州、舟山为"0"。

文化艺术创新包括精品创作和资助体系两个指标。精品创作,国家级奖项包括"五个一工程"奖、国家级群星奖;省级奖项包括浙江省"五个一工程"奖、省广播电视政府奖、浙江省纪录片"丹桂奖"、浙江民间文艺"映山红奖"、浙江舞蹈奖、浙江省电视"牡丹奖"。这些奖项每1~3年评一次。精品创作奖项数量（赋值总数），杭州、宁波最多，分别是328.5个、111.5个；其次是温州、金华71~72个；其余为17~49个。国家级资助体系分为"国家艺术基金"项目、"中华优秀传统艺术传承发展计划"戏曲专项扶持项目，每年一评。资助体系数量（赋值总数），杭州最多（237个）；其次是温州（40.5个），绍兴（36个）、金华（19.5个）；宁波、台州、丽水、湖州为1.5~9个；衢州、嘉兴、舟山统计数据为"0"。

文化科技创新包括公共文化服务数字化、省网络直播基地两个指标，两组数据均统计2020年已经存在的项目。公共文化服务数字化包含公共文化机构数字化、特色化数字产品、地方数字化建设、古籍与民国文献保护。全国公共文化服务模式随网络时代的到来发生巨大的改变。利用互联网技术传播公共文化场馆的资源，博物馆、美术馆、图书馆以及文化馆开放数字平台，打造以大数据展示为核心的智慧场馆，为大众提供源源不断的文化服务和艺术知识。台州、衢州、丽水统计数据为"0"，其余每个地区3~4项。网络直播基地包括浙江省直播电商基地、浙江省农播示范基地，各个地区均有1~4项不等。网络直播作为"线上引流+实体消费"的数字经济新业态、新模式逐渐融入居民日常生活，也为农产品销售带来了巨大便利，已成为新时代全面推进乡村振兴、促进乡村经济发展的新动能、新引擎。2020年，全省农播示范基地纷纷落户各个地级市，全省农播发展联盟农播达人孵化计划启动实施，全省市县协同推动农播培育发展工作正式开始。直播与三农碰撞，为农业农村发展增添了新动力。

总体而言，文化创新能力在第一与第三方阵差距比较大，文化创新团队、资助体系指标在一些欠发达地区出现空白。从发展趋势来看，文化创新决定了未来文化发展共同富裕的方向。

三、浙江文化强省共同富裕重要进步力量

"以人民为中心"，浙江省全域文明创建工程以更高的站位全面推进，文化基础设施不断完善，特色文化产业有所发展，软实力与硬实力的共同发展成为推动浙江文化强省共同富裕进步的重要力量。

（一）全域文明创建

全域文明创建指数的测评结果，反映了"十三五"时期浙江省各地区在文明城市[①]、文明村镇、最美浙江人上的整体水平。

---

① 全国文明城市、文明村镇每三年评选表彰一次，是动态考核机制，需要复查确认是否保留。浙江省的文明城市、文明村镇也是每三年评选一次。全国文明城市、文明村镇在2015（第4届）、2017（第5届）、2020（第6届）评选，浙江省文明城市、文明村镇在2016（第5届）、2017（第6届）、2020（第7届）评选，因此，2016年的全国文明城市、文明村镇的数据是2015年第4届的数据，2016年浙江省文明城市、文明村镇的数据是2015年第5届的数据。

全域文明创建，杭州、宁波、温州、台州位列第一方阵，杭州（指数值2.48）、宁波（指数值1.62）分别处于第一、第二位。绍兴、金华、嘉兴、湖州位列第二方阵，指数值-0.63~0.05。丽水、衢州、舟山位列第3方阵，指数值-2.20~-0.75。杭州比舟山（指数值-2.20）高出4.68点。

第一方阵中，杭州、宁波、温州在文明城市、文明村镇、最美浙江人的排名基本一致，凸显了三个地区全域文明创建的良好状态。其中，杭州在文明城市、最美浙江人方面排名第1，表现突出。宁波在文明村镇中排名第1。

文明城市指数排序与全域文明创建指数排序基本一致，说明该指标对全域文明指数排名贡献大，两者具有较强的相关性。舟山，各项指标均处于末尾。值得指出的是衢州，全域文明创建指数值排名第10，但最美浙江人排名第5，文明村镇排名第7。总体而言，国民经济水平对全域文明创建有很大的影响，发达地区全域文明创建力度要高于欠发达地区。然而，台州的全域文明创建指数排名第4，位列第一方阵。

全国文明城市是指在全面建设小康社会中，市民整体素质和城市文明程度较高的城市，是反映中国城市整体文明水平的最高荣誉称号，囊括了副省级城市、地级市、县级市、县以及直辖市的区县。全国文明城市是动态考核机制，需要复查确认是否保留。从2020年的数据（赋值）看（见表3-4），湖州、嘉兴均有6

表3-4 2016—2020年全域文明创建初始数据赋值

一级指标	二级指标	级别	年份	杭州	宁波	温州	绍兴	台州	金华	衢州	湖州	嘉兴	舟山	丽水
全域文明创建	文明城市	国家级	2016	1.5	1.5	1.5	1.5	0	0	0	0	1.5	0	0
			2017	3.0	3.0	3.0	3.0	1.5	0	0	1.5	3.0	0	0
			2020	4.5	4.5	1.5	4.5	3.0	3.0	1.5	6.0	6.0	1.5	1.5
		省级	2016	1	2	1	0	2	1	0	1	1	0	1
			2017	2	0	2	0	1	2	2	0	0	0	2
			2020	3	0	3	0	2	2	2	0	0	1	3
	文明村镇	国家级	2016	13.5	12.0	9.0	9.0	6.0	6.0	7.5	6.0	7.5	4.5	6.0
			2017	15.0	13.5	13.5	12.0	9.0	10.5	7.5.0	9.0	10.5	7.5	10.5
			2020	16.5	18.0	18.0	12.0	10.5	19.5	12.0	9.0	10.5	6.0	15.0
		省级	2016(镇)	11	6	4	3	7	2	2	4	3	2	2
			2016(村)	26	37	25	27	25	28	25	19	15	11	11
			2017(镇)	6	6	4	4	7	6	6	4	4	2	5
			2017(村)	38	71	34	31	38	36	27	24	20	7	26
			2020(镇)	7	6	6	6	5	6	5	6	3	3	6
			2020(村)	36	47	42	22	35	37	21	22	23	12	29
	最美浙江人（团队）		2016	1	1	1	0	2	0	1	1	0	0	2
			2017	3	1	1	2	0	1	1	0	0	0	0
			2018	1	1	1	1	0	1	0	1	0	0	0
			2019	3	2	2	0	1	1	1	1	1	0	0
			2020	12	3	1	3	0	2	1	1	1	0	1

个上榜，杭州、宁波、绍兴均有4个在列，台州、金华有3个，温州、衢州、舟山、丽水也有1.5个，凸显了浙江省文明城市发展处于一个较高水平。"十三五"期间，杭州、温州、丽水省级文明城市均有6个，台州、金华均有5个、衢州4个。

全国文明村镇也是动态考核机制，从2020年的数据（赋值）看，金华最多（19.5个），其次是宁波、温州（均为18个），再次是杭州、丽水（分别是16.5个、15个）。"十三五"期间，省级文明村镇宁波最多（173个），其次是杭州（124个），台州（117个），温州、金华（各115个）。

"十三五"期间，最美浙江人杭州最多（20人），其余各市在2~8个。

（二）文化基础设施

文化基础设施指数综合反映了"十三五"时期各地级市在公共阅读供给、文物展品供给、群众文化娱乐设施等方面的情况与水平。

杭州、舟山、宁波、温州在文化基础设施方面位列第一方阵，指数值-0.08~1.68。杭州位列第1（指数值1.68），其中公共阅读供给、文物展品供给、群众文化娱乐设施供给均处于第一方阵，凸显了杭州整体文化基础设施建设情况良好。舟山指数排名位列第2（指数值1.03），其中群众文化娱乐设施供给表现优异，位列第1（指数值31.43），远超过其他地区；文物展品供给位列第4。宁波排名第3（指数值0.28），其中公共阅读供给、文物展品供给均处在第一方阵。

台州、嘉兴、丽水、绍兴在文化基础设施方面处于第二方阵，指数值-0.34~-0.22。嘉兴排序第6，但公共阅读供给表现良好，位列第2；文物展品供给、群众文化娱乐设施供给排在尾端。丽水排序第7，但群众文化娱乐设施供给表现优异，位列第2；公共阅读供给排在第9。绍兴排序第8，但文物展品供给排在第3，群众文化娱乐设施供给处于末位。

湖州、金华、衢州在文化基础设施方面居于第3方阵，指数值排在-0.73~-0.53，但金华群众文化娱乐设施供给排在第4。

"十三五"时期，浙江省公共文化服务建设投入稳步增长，公共文化基础设施已实现省、市、县、镇、村五级全覆盖，公共图书馆、博物馆、文化馆、文化站、影剧院、艺术表演团体、文化礼堂丰富了群众基层文化体验，拓展了城乡公共文化空间，全面满足着广大群众的文化需求。

就公共阅读供给而言（见表3-5），"十三五"时期，杭州、宁波、温州公共图书馆的数量在12~16个，金华、台州、丽水为10~11个，其他市为5~7个。人均图书馆藏书量，每万人拥有量达到2册的有杭州、嘉兴、舟山。杭州最多，为2.19~2.50册/人。其次是嘉兴和舟山，嘉兴1.71~2.06册/人，舟山1.59~2.11册/人。最少的是金华，拥有量不足1册/人。其余在0.7~1.66册/人。

表 3-5　2016—2020 年部分文化基础设施相关数据

一级指标	二级指标	三级指标	时间（年）	杭州	宁波	温州	绍兴	台州	金华	衢州	湖州	嘉兴	舟山	丽水
文化基础设施	公共阅读供给	公共图书馆（个）	2016	15	13	13	7	10	10	7	5	6	5	10
			2017	15	12	13	7	10	11	7	5	6	5	10
			2018	16	12	13	7	10	11	7	6	6	5	10
			2019	16	12	13	7	10	11	7	6	6	5	10
			2020	15	12	12	7	10	11	7	6	6	5	10
		人均图书馆藏书量（册/人）	2016	2.33	0.96	1.1	0.84	0.9	0.67	0.82	0.7	1.71	1.59	0.92
			2017	2.41	1.02	1.22	0.85	1.35	0.74	1.21	0.97	1.78	1.71	0.93
			2018	2.50	1.2	1.34	0.96	1.45	0.85	1.36	0.91	1.86	1.75	1.02
			2019	2.47	1.46	1.48	1.27	1.41	0.94	1.42	0.93	2.06	2	1.23
			2020	2.19	1.24	1.49	1.41	1.4	0.82	1.66	1.07	1.99	2.11	1.25
	文物展品供给	博物馆（个）	2016	68	47	42	57	41	32	7	36	38	10	18
			2017	68	68	47	51	41	32	5	25	38	18	18
			2018	76	69	47	25	52	32	4	29	34	18	20
			2019	79	76	53	29	49	32	6	30	34	18	20
			2020	80	53	54	46	53	32	6	36	34	18	21
		人均博物馆藏品量（件/人）	2016	0.02	0.03	—	0.02	0.01	0.01	0.01	0.01	0.01	0.03	0.02
			2017	0.04	0.03	—	0.01	0.01	0.01	0.01	0.01	0.01	0.03	0.02
			2018	0.04	0.02	0.01	0.01	0.01	0.01	0.01	0.01	0.01	0.03	0.02
			2019	0.04	0.02	0.01	0.01	0.01	0.01	0.01	0.01	0.01	0.03	0.02
			2020	0.03	0.02	0.01	0.01	0.01	0.01	0.01	0.02	0.01	0.03	0.02
	群众文化娱乐设施供给	文化馆（个）	2016	15	12	12	7	10	10	7	6	8	5	10
			2017	15	11	12	7	10	10	7	6	8	5	10
			2018	15	11	12	7	10	10	7	6	8	5	10
			2019	15	11	12	7	10	10	7	6	8	5	10
			2020	15	11	13	7	10	10	7	6	8	5	10
		人均文化馆机构数（个/万人）	2016	0.02	0.02	0.01	0.01	0.02	0.02	0.03	0.02	0.02	0.04	0.05
			2017	0.02	0.01	0.01	0.01	0.02	0.02	0.03	0.02	0.01	0.04	0.05
			2018	0.02	0.01	0.01	0.01	0.02	0.02	0.03	0.02	0.01	0.04	0.05
			2019	0.01	0.01	0.01	0.01	0.02	0.02	0.03	0.02	0.01	0.04	0.05
			2020	0.01	0.01	0.01	0.01	0.02	0.01	0.03	0.02	0.01	0.04	0.04

续表

一级指标	二级指标	三级指标	时间（年）	杭州	宁波	温州	绍兴	台州	金华	衢州	湖州	嘉兴	舟山	丽水
文化基础设施	群众文化娱乐设施供给	文化馆（个）	2016	189	147	179	118	139	152	102	64	73	260	173
			2017	189	148	185	118	139	152	102	67	73	193	173
			2018	189	149	185	118	139	152	102	69	73	223	173
			2019	189	150	185	107	139	147	102	70	73	253	173
			2020	175	150	184	103	139	148	100	72	72	256	173
		人均文化馆（个/万人）	2016	0.21	0.19	0.20	0.24	0.23	0.28	0.47	0.22	0.16	2.25	0.80
			2017	0.20	0.18	0.20	0.24	0.23	0.27	0.47	0.22	0.16	1.65	0.79
			2018	0.19	0.18	0.20	0.23	0.23	0.27	0.46	0.22	0.15	1.9	0.79
			2019	0.18	0.18	0.20	0.21	0.19	0.26	0.46	0.21	0.15	2.15	0.78
			2020	0.15	0.16	0.19	0.19	0.21	0.21	0.44	0.21	0.13	2.21	0.69
		文化礼堂（个）	2016	452	792	1 011	519	974	482	129	408	443	151	439
			2017	768	917	1 176	644	1 206	682	795	468	559	172	521
			2018	1 232	1 244	1 882	935	1 495	869	814	578	654	190	769
			2019	1 408	1 729	2 515	1 212	1 923	1 666	962	688	790	210	989
			2020	1 835	2 242	3 013	1 386	2 304	2 363	1 170	801	790	235	1 188
		人均文化礼堂（个/万人）	2016	0.49	1.01	1.10	1.04	1.60	0.87	0.60	1.37	0.96	1.30	2.03
			2017	0.81	1.15	1.28	1.29	1.97	1.23	3.64	1.56	1.20	1.47	2.38
			2018	1.26	1.52	2.03	1.86	2.44	1.55	3.68	1.91	1.38	1.62	3.50
			2019	1.36	2.02	2.70	2.40	3.13	2.96	4.34	2.25	1.65	1.79	4.47
			2020	1.53	2.38	3.14	2.62	3.48	3.35	5.14	2.38	1.46	2.03	4.74

就文物展品供给而言，"十三五"期间，杭州博物馆 68~80 个，年均 74.2 个；宁波博物馆 47~76 个，年均 62 个，杭州、宁波处于第 1 档。温州、绍兴、台州博物馆年均超过 40 个，金华、湖州、嘉兴博物馆年均超过 30 个，处于第 2 档。舟山、丽水博物馆在 10~21 个，衢州仅有个位数 4~7 个，这些地区处于第 3 档。人均博物馆、纪念馆的藏品量，杭州、舟山、宁波最多，0.02~0.04 件/人；绍兴、湖州、丽水 0.02 件/人；温州、台州、金华、衢州、嘉兴 0.01 件/人。

就群众文化娱乐设施供给而言，"十三五"期间，文化馆数量杭州最多，有 15 个；宁波、温州、台州、金华、丽水 10~13 个；嘉兴、绍兴、衢州、湖州、舟山 5~8 个。人均文化馆机构数量，丽水 0.05 个/万人、舟山 0.04 个/万人、衢州 0.03 个/万人，处于第 1 档。除了常住人口基数较小（特别是舟山）外，文化馆的建设投入情况好（比如丽水）也是一个重要原因。金华、嘉兴、杭州0.02个/万人，处于第2档。宁波、温州、绍兴0.01个/万人，处于第3档。文化站，舟山最多，193~260个；杭州、温州、丽水173~189个；宁波、金华、台州、绍兴、衢州100~152个；湖州、嘉兴64~73个。每万人人均文化站数量，舟山达到1.65~2.25个，丽水0.69~0.8个，衢州0.44~0.47个，其余地区在0.13~0.28个。影剧院，舟山、杭州、嘉兴、湖州、金华为0.11~0.2家/万人（某一年份少于0.1家/万人）；宁波、丽水、台州有2~3年处于0.1~0.14家/万人，2~3年少于0.1家/万人；其余地区为0.01~0.09家/万人。人均艺术表演团体机构，舟山、丽水最多，舟山7.99~17.88个/万人，丽水0.55~0.9个/万人（舟山2016年、丽水2020年仅有0.01个/万人）。台州、湖州、宁波、温州次之，在0.12~0.37个/万人。杭州、绍兴、金华、衢州、嘉兴基本以0.01~0.02个/万人为主。

文化礼堂不同于以往的农村文化设施，是集礼堂、讲堂、文体活动场所等于一体的村级文化阵地综合体，包括了农村整个精神文明的建设，特别注重教化的功能。按照《浙江省农村文化礼堂建设实施纲要（2018—2022年）》，从2018年起，浙江每年建设3 000家农村文化礼堂，到2022年，人口500人以上的村实现全覆盖。"十三五"时期，人均文化礼堂数量，丽水2.03~4.74个/万人、衢州3.64~5.14个/万人（2016年仅0.6个/万人），数量最多；温州、台州、金华次之，0.87~3.35个/万人；杭州、宁波、绍兴、湖州、嘉兴、舟山数量最少，为0.49~2.38个/万人。

总体看，"十三五"时期，浙江省公共文化服务建设投入稳步增长，公共文化基础设施已实现省、市、县、镇、村五级全覆盖，公共图书馆、博物馆、文化馆、文化站、影剧院、艺术表演团体、文化礼堂丰富了群众基层文化体验，拓展了城乡公共文化空间，全面满足着广大群众的文化需求。经济发达地区杭州、宁波等地，公共图书馆、博物馆建设在数量上处于优势，相应的人均图书馆藏书量、人均博物馆与纪念馆的藏品量也最多。舟山，虽然在绝对数量上不占优势，但常住人口115.78万人，仅为杭州的1/10~1/11，人均图书馆藏书量、人均博物馆与纪念馆的藏品量仍然位于第1档。文化馆、文化站的数量，从布局上看，除了经济发达地区以外，经济欠发达地区拥有量也有优势，丽水、舟山、衢州在人均文化馆机构数量与人均文化站数量上处于第1档。人均文化礼堂数量，丽水、衢州处于第1档。人均影剧院与人均艺术表演团体机构数量，舟山、金华、丽水、台州等表现不俗。可见，经济欠发达地区的群众文化娱乐设施供给建设在"十三五"时期获得全面提升，满足着人民群众日益多样化的精神需求。

（三）发展地区特色文化产业

特色文化产业指标少，指数测评结果反映了地区特色文化产业的整体水平。

杭州、宁波、温州、嘉兴位列第一方阵，杭州指数值2.47，比位列第11位的舟山多了3.5个点。湖州、金华、绍兴、台州位于第二方阵，丽水、衢州、舟山位列第三方阵。特色文化产业的发展与地区经济发达程度成正比。

地区特色文化产业包括特色小镇与传统工艺。特色小镇（数据为赋值）（见表3-6），杭州最多，有26.5个；其次是宁波、温州，均有22.5个。嘉兴、金华、绍兴、湖州、丽水10～18.5个。衢州、舟山分别为9个、6个。传统工艺，杭州最多，有33个。其余地区0～9个，丽水为0。

表3-6　2016—2020年发展地区特色文化产业初始数据赋值

一级指标	二级指标		年份批次	杭州	宁波	温州	绍兴	台州	金华	衢州	湖州	嘉兴	舟山	丽水
发展地区特色文化产业	特色小镇	国家级	2016-1	1.5	3.0	3.0	1.5	0	1.5	0	1.5	1.5	0	0
			2017-2	3.0	4.5	7.5	3.0	3.0	4.5	3.0	3.0	4.5	3.0	0
		省级	2016-2	9	4	3	3	2	3	2	3	5	3	4
			2017-3	5	7	2	3	4	2	2	2	4	0	4
			2018-4	6	4	2	1	2	3	1	1	1	0	2
			2019-5	2	0	5	1	0	2	1	1	2	0	0
	传统工艺	国家级	2018-1	9	3	3	0	0	0	0	0	0	0	0
		省级	2018-1	24	6	5	6	3	5	2	3	3	1	0

四、浙江文化强省共同富裕重要支持因素

（一）文化人才资源

文化人才资源包括文化事业人才、文化人才待遇2个二级指标。文化人才资源指数值排名，杭州、绍兴、嘉兴、宁波位列第一方阵，指数值0.32～1.22。衢州、舟山、金华、温州位列第二方阵，指数值-0.34～-0.17。丽水、湖州、台州位列第三方阵，指数值-0.97～-0.50。

如表3-7所示，"十三五"时期文化事业人才，绍兴最多，从业人员年均达到32 400人；其次是嘉兴25 860人、温州23 540人；杭州、宁波、金华在11 156.2～17 963.2人；舟山最少，仅364.8人；其余地区少于2 000人。文化人才待遇，杭州最高，年均达到129 382元；宁波、衢州其次，分别是111 065.2元、110 939.8元；温州、台州最少，分别是78 617.6元、86 741.4元；其余各市均在10万元上下浮动。

需要指出的是，衢州、舟山文化事业人才排名第10、第11，人才数量最少，但是文化人才待遇排名第3、第4，年均在10万元以上，客观上拉高了文化人才

表 3-7 2016—2020 年文化人才资源初始数据

一级	二级	年份	杭州	宁波	温州	绍兴	台州	金华	衢州	湖州	嘉兴	舟山	丽水
文化人才资源	文化事业人才（人）	2016	19 468	8 839	23 300	39 800	2 906	5 138	2 175	3 823	25 800	404	2 701
		2017	19 102	9 276	24 000	40 800	3 014	16 600	1 962	5 499	25 100	332	2 809
		2018	19 102	9 993	24 400	2 400	3 091	11 633	1 614	3 413	24 000	362	2 471
		2019	21 816	16 901	23 600	25 100	4 522	11 205	1 427	3 421	26 800	363	2 521
		2020	10 328	16 901	22 400	31 900	1 442	11 205	1 427	2 899	27 600	363	2 521
		总计	89 816	61 910	117 700	162 000	14 975	55 781	8 605	19 055	129 300	1 824	13 023
	文化人才待遇（元）	2016	105 184	110 206	75 049	99 010	71 971	89 767	88 426	78 049	84 112	93 157	84 911
		2017	122 097	120 156	76 620	109 964	86 248	101 477	106 307	80 760	100 192	110 627	85 084
		2018	130 045	116 294	86 191	125 707	103 373	71 665	120 600	100 462	111 163	117 043	106 908
		2019	138 079	104 335	86 486	110 366	110 059	82 293	119 683	114 586	118 406	111 486	107 663
		2020	151 505	104 335	68 742	95 717	62 056	129 792	119 683	77 891	118 406	111 486	118 037
		总计	646 910	555 326	393 088	540 764	433 707	474 994	554 699	451 748	532 279	543 799	502 603

资源指数排名（排名第5、第6），位列第二。温州文化事业人才排名第3，但是文化人才待遇排序最后，降低了文化人才资源指数排序，位列第8。说明文化人才资源与地区经济发展并不完全呈正相关性，衢州、舟山虽然文化事业人才体量不大，但文化人才待遇在全省处于前列。温州从事文化事业的人才较多，但人才待遇在全省却是最低的。

（二）文化保护传承

文化保护传承指数反映了各地级市在非物质文化遗产保护、文化遗产保护、文化保护管理三个指数上的整体水平[①]。

非物质文化遗产保护与文化保护传承方阵排序一致，说明该指标对文化保护传承的贡献较大。金华、温州、杭州、丽水位列第一方阵，指数值范围为0.437~1.021。其中，二级指标非物质文化遗产保护与文化保护传承第一方阵一致，二级指标文化保护管理与文化保护传承大致一致。金华、温州、丽水是山区比较多的地区，文化保护传承情况比较好。嘉兴、湖州、舟山位列第三方阵，指数值范围为-1.546~-0.461，二级指标非物质文化遗产保护、文化遗产保护与文化保护传承方阵排序一致，二级指标文化保护管理与文化保护传承方阵排序大致一致。

1. 文化保护传承

优秀传统文化的保护传承是中华民族文化自信、民族精神力量的体现。文化保护传承指数的地区分布比较明显，第一方阵杭州、金华、丽水、温州从北贯穿到南；第二方阵宁波、绍兴、台州位于东部地区，衢州在西部地区；第三方阵湖州、嘉兴、舟山位于北部地区。排名与各地文化资源密切相关（见表3-8）。

2. 非物质文化遗产保护

非物质文化遗产保护是一项政府主导的文化运动，两大核心问题非物质文化遗产项目、非遗代表性传承人在中国十余年的实践中取得了很大的成就。非物质文化遗产项目数量杭州最多，温州次之，分别是258.5个、201.5个。金华、绍兴、宁波、台州133~170个，嘉兴、衢州、湖州、舟山35~95个，舟山最少。非遗代表性传承人数量温州、杭州分别是261.5人、253人，绍兴、台州、宁波、衢州100~140.5人，嘉兴、湖州、舟山26~89人。

[①] 文化保护传承，其一，非物质文化遗产保护包括非物质文化遗产项目统计联合国人类非遗第1~3批，国家级2006—2017年第1~5批，省级2007—2016年第2~5批；非遗代表性传承人统计国家级2007—2018年第1~5批，省级2007—2017年第1~5批。其二，文化遗产保护包括世界文化遗产2011年6月、2014年6月；中国传统村落国家级2012—2019年第1~5批；中国历史文化名城名镇名村国家级2013—2019年第1~7批，省级1991—2020年第1~6批；中国民间文化艺术之乡国家级（2018—2020年）。其三，文化保护管理国家级、省级、市级（2016—2020年）。

表 3-8 2016—2020 年文化保护传承相关赋值数据

一级指标	二级指标	三级指标	杭州	宁波	温州	绍兴	台州	金华	衢州	湖州	嘉兴	舟山	丽水
文化保护传承	非物质文化遗产保护	非物质文化遗产项目	258.5	136	201.5	145	133	170	94	68	95	35	140
		非遗代表性传承人	253	102	261.5	140.5	111	177	100	58.5	89	26	162
	文化遗产保护	世界文化遗产	4.5	1.5	0	1.5	0	0	0	1.5	0	0	0
		中国传统村落	78	42	43.5	37.5	112.5	159	81	9	4.5	4.5	385.5
		中国历史文化名镇名村	51	73	42	30.5	35	82	61	18.5	16	8	64
	文化保护管理	中国民间文化艺术之乡	7.5	4.5	3	3	0	4.5	4.5	3	9	0	0
		文物保护单位	2 741.5	2 456.5	3 535.5	2 301.5	1 766.5	3 491	2 296.5	1 731	2 165	507.5	2 038

3. 文化遗产保护

文化遗产保护包括世界文化遗产、中国传统村落、中国历史文化名镇名村、中国民间文化艺术之乡四个指标。

丽水、金华、衢州、宁波排在第一方阵。丽水是浙江省中国传统村落数量最多、风格最丰富的地区，有 385.5 项。传统村落是中华民族漫长农耕文明的缩影，镌刻深刻的历史文化密码，蕴含丰富的自然生态景观资源。丽水的中国历史文化名镇名村有 64 个，位列第 3。金华拥有的中国历史文化名镇名村数量最多，有 82 项。中国历史文化名镇名村，是指那些保存文物特别丰富且具有重大历史价值或纪念意义的，能较完整地反映一些历史时期传统风貌和地方民族特色的镇和村，历史文化名镇名村的保护对当地特色文化产业、旅游业的发展有着积极的意义。金华传统村落数量仅次于丽水，有 159 个，中国民间文化艺术之乡有 4.5 个。衢州有中国传统村落 81 个，中国历史文化名镇名村 61 个，数量均排在第 4 位。宁波中国历史文化名镇名村数量为 73 个，仅次于金华。

世界文化遗产指标方面，杭州拥有量最多，为 4.5 个；宁波、绍兴、湖州均为 1.5 个；其他地区没有世界文化遗产。中国民间文化艺术之乡是一项推动民间文化艺术事业繁荣发展、丰富活跃基层群众文化生活的重要公共文化品牌项目，从全省分布看，嘉兴最多，9个；杭州、台州次之，分别为7.5个、6个；除舟山、丽水为0外，其余地区3~4.5个。

4. 文化保护管理

文化保护管理指标记录了国家级、省级、市级对不可移动文物所核定的文物保护管理机构的数量。温州、金华数量最多，分别是3 535.5个、3 491个。杭州、宁波、绍兴、衢州、嘉兴、丽水在2 038~2 741.5个，台州、湖州数量最少，分别是1 766.5个、1 731个。

（三）社会文化参与

1. 社会文化参与指数

社会文化参与指数反映了文化消费需求、文化参与活动、文化活动供给、公共文化服务指数的综合情况。

社会力量参与公共文化服务是公共文化服务体系建构中的重要内容。社会文化参与指数，杭州、台州、湖州、绍兴位列第一方阵，指数值0.24~2.08。其中，杭州位列第1（指数值2.08），远超过其他地区，除了文化消费需求（指数排序第7）外，文化活动参与、公共文化服务、文化市场执法指数均排序第1，文化活动供给指数排序第3。台州属于欠发达地区，但社会文化参与指数排序第2（指数值0.73），具体指标排名在第2~4名。湖州指数排名第3（指数值0.56），其中文化活动供给是贡献指标，排名第1。绍兴排名第4（指数值0.24），文化消费需求是贡献指标，排名第1（指数值1.61）。

社会文化参与指数。温州、宁波、嘉兴、金华位列第二方阵，指数值-0.79~0.23。温州排序第5（指数值0.23），文化市场执法排序第2（指数值0.61），其余指数排名以5~6名为主，各项指标发展比较均衡。宁波排序第6，指标呈现两极分化趋势，文化活动参与排序第2（指数值0.69）、公共文化服务排序第3（指数值0.43），而文化消费需求排序第10（指数值-0.79），文化市场执法排序第11（指数值-1.28）。嘉兴公共文化服务排序第2（指数值0.45），凸显了良好的社会公共文化服务基础与氛围。金华排序第8（指数值-0.79），各项指标发展总体均衡。衢州、丽水、舟山位列第三方阵，指数值-1.05~-0.88，方阵排序与文化发展共同富裕综合指数方阵一致。其中，衢州的文化消费需求位列第2（指数值0.63），表现突出；丽水的文化市场执法排序第4（指数值0.23），是贡献指标。舟山的文化消费需求排序第5（指数值-0.04），是贡献指标。

2. 文化消费需求

文化消费需求包括城镇教育文化娱乐消费支出及占比、农村教育文化娱乐消费支出及占比（见表3-9）。

表3-9 2016—2020年部分社会文化参与初始数据

一级	二级	三级	年份	杭州	宁波	温州	绍兴	台州	金华	衢州	湖州	嘉兴	舟山	丽水
社会文化参与	文化消费需求	城镇教育文化娱乐消费支出（元）	2016	3 815	4 010	3 217	3 191	2 631	2 900	2 474	3 086	2 810	3 385	1 727
			2017	4 346	4 477	3 801	4 569	2 968	3 293	2 543	3 240	3 195	3 668	1 901
			2018	4 196	4 320	4 654	3 739	3 256	3 542	3 230	3 489	3 370	3 978	2 082
			2019	4 765	4 720	5 297	4 042	3 591	4 075	3 653	4 266	3 890	4 284	2 286
			2020	3 704	3 626	3 704	4 026	3 382	3 978	3 603	3 687	4 030	4 198	2 248
			均值	4 165.20	4 230.60	4 134.60	3 913.40	3 165.60	3 557.60	3 100.60	3 553.60	3 459.00	3 902.60	2 048.80
		城镇教育文化娱乐消费支出占比（%）	2016	10.69	7.78	10.39	11.06	8.76	9.57	11.84	11.13	9.9	11	6.83
			2017	11.38	8.04	11.29	14.8	9.13	10.17	11.56	11.19	10.7	11.38	7.04
			2018	10.08	7.18	12.68	11.22	9.28	10.27	13.31	10.96	10.4	11.76	7.11
			2019	10.81	12.33	13.31	11.25	9.55	10.96	13.76	12.22	10.98	11.79	7.17
			2020	8.84	9.37	8.84	11.06	9.36	10.08	13.44	12.26	11.08	11.5	7.08
			均值	10.36	8.94	11.30	11.88	9.22	10.21	12.78	11.55	10.61	11.40	7.05
		农村教育文化娱乐消费支出（元）	2016	1762	1904	1582	1708	1753	1458	1232	1568	1392	1545	1 203
			2017	1 894	1 877	1 677	3 149	1 921	1 523	1 272	1 672	1 452	1 625	1 315
			2018	1 865	1 659	1 935	2 043	2 113	1 674	151	1 786	1 608	1 795	1 445
			2019	2 070	2 206	2 342	2 234	2 342	1 870	1 783	1 966	1 849	195	1 586
			2020	1 664	1 534	2 070	2 170	2 245	1 870	1 780	1 617	1 849	195	1 531
			均值	1 851.00	1 836.00	1 921.20	2 260.80	2 074.80	1 679.00	1 515.60	1 721.80	1 630.00	1 773.40	1 416.00
		农村教育文化娱乐消费支出占比（%）	2016	8.57	6.66	9.51	9.6	9.42	8.96	10.76	8.9	7.4	7.94	8.63
			2017	8.62	6.08	9.23	16.39	9.64	8.88	10.44	8.96	7.2	7.94	8.64
			2018	7.67	4.93	9.89	9.78	9.82	5.85	11.09	8.62	7.4	8.16	8.69
			2019	7.87	9.68	10.99	9.86	10.02	6.05	11.88	8.69	7.8	8.17	8.74
			2020	6.48	6.53	9.61	9.38	9.76	9.38	11.78	7.04	7.8	8.17	8.35
			均值	7.84	6.78	9.85	11.00	9.73	7.82	11.19	8.44	7.52	8.08	8.61

城镇教育文化娱乐消费支出，杭州、宁波、温州、绍兴、舟山年规模平均值范围在 3 902.60~4 165.20 元；金华、湖州、嘉兴在 3 459.00~3 557.60 元；台州、衢州在 3 165.60~3 100.60 元；丽水最低，为 2 048.80 元。农村教育文化娱乐消费支出，绍兴、台州年规模平均值范围在 2 074.80~2 260.80 元，杭州、温州、宁波、舟山、金华、湖州在 1 721.80~1 851.00 元，嘉兴、衢州、丽水在 1 416.00~1 630.00 元。

从城镇教育文化娱乐消费支出占比看，衢州排名第 1（占比 12.78%），宁波排名第 10（占比 8.94%），丽水排名最后（占比 7.05%）。从农村教育文化娱乐消费支出占比看，衢州、绍兴分别是 11.19%、11.00%。台州、温州在 9.73%~9.85%，丽水、湖州、舟山在 8.08%~8.61%，杭州、金华、嘉兴在 7.52%~7.84%。宁波最少，为 6.78%。

社会文化参与是指自然人、法人、社会其他组织参与社会公共文化服务建设的活动。它不仅是社会文明进步的标志，也是市场机制进入公共文化服务领域的重要举措。本组指标中，文化消费指标的提取数据比较完整，客观地反映了各地级市的实际文化消费情况。一般而言，城镇、农村教育文化娱乐消费与地方经济发展水平、人均收入等指标有着高度的相关性，国民经济和社会发展情况好的地区，教育文化娱乐消费总体支出也高。但城市与农村也有区别，台州是浙江省的欠发达地区，城镇教育文化娱乐消费支出排名第 9（年均 3 165.60 元），农村地区却排名第 2（年均 2 074.80 元），说明该地区农民对教育的重视，对文化娱乐消费的追求相当高。城镇、农村教育文化娱乐消费支出占比也存在差异，在教育文化娱乐消费支出比较稳定的情况下，越是经济发达地区，城市居民与乡村农民的消费需求越是多样化，教育文化娱乐消费支出占比就低。反之，经济欠发达地区，占比就高。比如，宁波在教育文化娱乐消费支出中城市排名第 1（4 230.60 元），农村排名第 5（1 836.00 元），而城镇、农村教育文化娱乐消费支出占比排序分别是第 10（8.94%）、第 11（6.78%）；衢州在城镇、农村教育文化娱乐消费支出排名第 10（分别是 3 100.60 元、1 515.60 元），但城镇、农村教育文化娱乐消费支出占比排序第 1（分别是 12.78%、11.19%）。

3. 文化参与活动

文化参与活动包括图书馆流通服务总流通人次（万人次）、电影院观众观看电影人次（万次）、文化馆培训人数（万人）、文物业（博物馆、纪念馆）参观人数（万人）四个指标。杭州、宁波、台州、绍兴位列第一方阵。"十三五"期间，杭州电影院观众观看电影人次的年规模平均值达到 2 296.27 万人次，文物业（博物馆、纪念馆）参观人数的年规模平均值达到 2 160 万人次，两个指标均排序第 1。宁波电影院观众观看电影人次的年规模平均值达到 2 075.01 万人次，排序第 2；2016 年、2017 年宁波文化馆培训人数均有 50 万人次/年，虽然缺少

2018—2020年的统计数据，但指标排序依然位于第2；宁波文物业（博物馆、纪念馆）参观人数的年规模平均值达到703万人次，位列第3。台州文化馆培训人数的年规模平均值达到60万人次，排名第1。绍兴的文物业（博物馆、纪念馆）参观人数的年规模平均值达到724万人次，位列第2。嘉兴、温州虽然位于第二方阵，但图书馆流通服务总流通人次的年规模平均值分别为1 415.60万人次、435.54万人次，位列第1、第2，嘉兴在图书馆公共文化服务方面远超其他地区。

需要指出的是，文化参与活动的统计数据缺失严重，台州、丽水缺电影院观众观看电影人次，杭州、丽水缺文化馆培训人数，嘉兴、丽水缺文物业（博物馆、纪念馆）参观人数。其余地区也存在缺失2~3年数据的情况。

4. 文化活动供给

文化活动供给主要统计艺术表演团体演出场次（万场次）、文化馆举办展览次数（万次）、文化馆举办培训或讲座（万次）、文化馆组织文艺活动（万次）、广播综合人口覆盖率（%）、电视综合人口覆盖率（%）6个指标。这组指标，湖州、台州、杭州、宁波位列第一方阵。"十三五"期间，湖州艺术表演团体演出场次的年规模平均值达到18.61万场次，台州文化馆举办展览次数的年规模平均值达到0.17万次，湖州文化馆举办培训或讲座的年规模平均值达到6.27万次，杭州文化馆组织文艺活动的年规模平均值达到7.26万次。这些地区排序均为各项指标第1，同样，文化活动供给的统计数据也存在缺失严重现象。

5. 公共文化服务

公共文化示范区作为近十年来公共文化服务领域备受瞩目的重大文化惠民项目，推动了现代公共文化服务体系建设实践，项目建设经验、制度设计经验对于实现全面建成小康社会的目标和要求，构建中国公共文化服务治理体系和制度体系都具有重要意义[①]。"十三五"时期，现代公共文化服务体系示范区建设速度放缓。从数量来看（赋值），宁波、台州、嘉兴均有3.5个，衢州、舟山是空白，其余地区有1~2个。受疫情影响，2020年示范项目从18个下降为13个。

公共文化服务包括公共文化服务活动、公共文化服务体系示范区、公共文化服务示范项目三个指标。公共文化服务活动主要有政府组织或者购买的公共服务，有送演出、送图书、送讲座展览培训、送电影下乡、组织开展各类文化活动。杭州在送演出、送图书、送讲座展览培训方面均排名第1，温州、宁波分别在送电影下乡、组织开展各类文化活动方面排名第1。金华、台州在公共文化服务活动总体方面表现较好。

---

① 刘晓东. 打造公共文化服务创新实践的示范样板：国家公共文化服务体系示范区创建的成效、经验与创新意义[J]. 图书馆论坛, 2021（7）：19.

第四章 浙江文化强省共同富裕综合指数与增速指数分析

一、浙江文化强省共同富裕综合指数编制方法

在充分考虑浙江文化发展国情基础上，将共同富裕理念与乡村振兴战略充分融入，借鉴 2009UNESCO 文化统计框架、美国国家艺术指数（National Arts index，NAI）与欧洲创意指数（European creativity index，ECI）的文化统计标准，参考胡惠林、王婧在《中国文化产业发展指数报告》（2012）、《中国文化国情报告》（2018）中关于文化发展指数的建构方法与原则，建立了浙江文化强省共同富裕指标体系（ZCCPIS）。

本报告提出了浙江文化强省共同富裕综合指数（Zhejiang cultural common prosperity comprehensive index，ZCCPCI），这是一个由 8 个一级指标、24 个二级指标、48 个三级指标构成的综合指数体系。浙江文化强省共同富裕综合指数的构建以 2016 年为基期，采用环比方式换算成以百分制表示的指数值，设定 2016 年浙江文化强省共同富裕综合指数值为 100，若综合指数值大于 100，表明当年文化发展共同富裕综合指数值原始数据大于前一年，与前一年相比总体发展状况有所进步；若综合指数值小于 100，则表明这一年的文化发展共同富裕综合指数值原始数据小于前一年，与前一年相比总体发展状况有所退步。

本报告采用数据的同趋势化与无量纲化处理，设定各分类指标同等重要，采用平均权重法测评浙江文化强省共同富裕综合指数。本报告选择政府相关机构在其官方网站上公开发布的统计公报、统计年鉴或公开出版的各种相关刊物，以及政府机构在官网上发布的新闻报道等作为数据的主要来源。

二、浙江文化强省共同富裕综合指数分析

表 4-1 表明，2016—2020 年浙江文化强省共同富裕综合指数及其一级指标的测评结果，基本表明了浙江文化发展共同富裕的总体上升趋势。每年的浙江文化强省共同富裕综合指数均大于 100，表明总体上浙江省文化发展共同富裕呈现持续上升趋势。

表 4-1 浙江文化强省共同富裕综合指数分析

指标项	2016 年	2017 年	2018 年	2019 年	2020 年
综合指数	100	121.23	102.45	109.24	107.10

续表

指标项	2016年	2017年	2018年	2019年	2020年
文化财政支出	100	114.59	100.14	106.44	101.73
文化基础设施	100	129.87	107.42	107.32	100.58
文化人才资源	100	111.37	96.00	105.89	94.94
社会文化参与	100	119.24	130.18	95.66	91.74
全域文明创建	100	132.88	88.89	138.89	162.97
文化保护传承	100	103.28	116.70	105.73	98.24
发展地区特色文化产业	100	187.13	82.86	90.22	100.00
文化创新能力	100	71.45	97.41	123.75	107.13

（一）文化发展共同富裕综合指数持续上升

浙江文化强省共同富裕综合指数呈现周期性波动，但总体呈持续上升的态势，反映出与国家、浙江省宏观文化发展变化基本一致的特征。

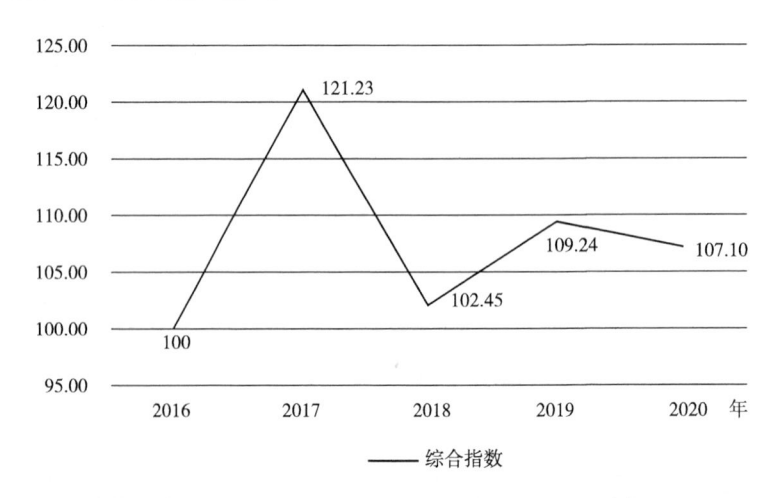

2016—2020年，浙江文化强省共同富裕综合增速指数（见图4-1）可以分为两个周期，周期Ⅰ（2016—2018年）：该周期内2016—2017年指数增大，上升了21.23个百分点；2017—2018年指数下降，下滑了18.78个百分点。周期Ⅱ（2018—2020年）：该周期波动幅度小，总体平稳的指数值表明连续两年浙江文化强省共同富裕呈现平稳提升态势。2016—2020年，虽然浙江文化发展共同富裕指数值有所波动，但每年的指数值均大于100，表明浙江文化强省共同富裕连续多年均比上一年度有所进步。

图4-1 2016—2020年浙江文化强省共同富裕综合指数

第四章　浙江文化强省共同富裕综合指数与增速指数分析

结合表4-1所示，文化发展共同富裕综合指数值的趋势反映出与国家、浙江省总体发展情况相一致，2017年的发展高点显示文化发展共同富裕明显受到国家政策的引导。2016年，浙江省颁布《浙江省文化发展"十三五"规划》《浙江省文化产业发展"十三五"规划》，浙江文化发展进入"十三五"规划时期。2017年是规划执行的第二年，即新的文化发展规划开始发挥效力的关键年份，同年，国家颁布《国家"十三五"时期文化发展改革规划纲要》《文化部"十三五"时期文化发展改革规划》，国家政策传达出的信息讯号进一步刺激了文化发展的力度。2016—2017年，11个地级市纷纷出台文化发展规划、文化产业规划等政策文件，受各种政策影响，文化发展共同富裕综合指数值迅速上升。

由于指数值的连年持续增大，2018年，以环比形成的百分制综合指数值有所降低是我国文化发展共同富裕达到一定水平后的必然态势。2019年又进入一个循环上升时期，2020年受全球疫情影响，指数值再度下降。

（二）文化发展共同富裕硬环境平稳改善

浙江文化强省共同富裕综合指数（见表4-1）显示，"十三五"时期浙江省文化财政支持、文化基础设施指数值均在100以上，呈平稳提升态势，浙江文化发展共同富裕硬环境不断改善。文化财政支持指数的测评结果反映了各地级市在地方文化公共财政支出，文化固定资产投资方面的整体水平。2016—2020年，全省地方公共文化财政支出从1 370 754元增加到2 017 724元，文化固定资产投资平均稳定在400万元左右。

文化基础设施度量公共阅读供给、文物展品供给、群众文化娱乐设施三个方面。"十三五"时期，浙江省公共文化服务建设投入稳步增长，公共文化基础设施已实现省、市、县、镇、村五级全覆盖，公共图书馆、博物馆、文化馆、文化站、影剧院、艺术表演团体、文化礼堂丰富了群众基层文化体验，拓展了城乡公共文化空间，全面满足了广大群众的文化需求。一方面，公共阅读供给每年在稳步提升，公共图书馆的数量基本稳定在101~103个，但藏书量逐年增长，人均图书馆藏书量由2016年的1.14册增加到2020年的1.51册。文物展品供给中博物馆的数量稳定在396~433个，博物馆藏品量每年也有一定的增长，人均博物馆藏品量由2016年的0.015件增加到2020年的0.017件。

另一方面，群众文化娱乐设施供给在2017年达到峰值后，2018—2019年增长速度趋缓，2020年在疫情影响下发展几乎停滞。其中，艺术表演机构与文化大礼堂表现比较突出。艺术表演团体，2016—2019年由820个快速发展到3 179个，2020年下降至2 899个；2016—2019年，人均艺术表演团体机构数由0.16个/万人上升为1.77个/万人，2020年下降为1.74个/万人，该指标显示了文化艺术的繁荣。2016—2020年，文化礼堂数量由5 800个上升为17 327个，人均文化礼堂数量由1.13个/万人上升为2.93个/万人。

（三）文化发展共同富裕软环境日趋优化

浙江文化发展共同富裕软环境日趋优化，全域文明创建发展加快、文化保护传承持续加强，文化创新能力不断突破。

《浙江高质量发展建设共同富裕示范区实施方案（2021—2025年）》中提出："高水平推进全域文明创建。实施全域文明创建行动计划，大力推进文明城市、文明村镇、文明单位、文明校园、文明家庭等群众性精神文明创建，推进新时代文明实践中心建设全覆盖。推进公民道德建设，实施'最美浙江人'品牌提升行动，建立完善关爱礼遇机制。"全省"最美浙江人"评选人数逐年增加，从2016年的9人增加到2020年的26人。"浙江骄傲"年度人物评选是"最美浙江人"主题宣传活动的重要载体，入选者有个人，也有团队。比如杭州，就个体而言，2016年有1人，2017年有3人（已故农科专家王一成、眼科医生姚玉峰、考古专家王宁远），2020年徐国义（省体育局）。就团队而言，有2018年捐赠茶苗帮困扶贫的安吉党员帮扶群体、2019年良渚考古队、2020年外卖小哥救援群体（杭州、钱塘）、浙江省援鄂抗击新冠肺炎医疗总队（省卫健委）。受疫情影响，2020年第三届"最美浙江人·最美科技人"主要集中在医疗防控领域，2020年评选出了最美天使的团队和个人，2019年、2020年评选了第一届、第二届"最美浙江人·最美残疾人工作者"。2020年是疫情最严重的时期，涌现了一批令人感动的优秀个体和群体。

文化保护传承反映各地级市在非物质文化遗产保护、文化遗产保护、文化保护管理三个方面的整体水平，优秀传统文化的保护传承是中华民族文化自信、民族精神力量的体现，是文化强省可持续发展的资源储备，"十三五"时期总体有所增长。非物质文化遗产指标在2016—2018年有明显的提升，主要来源于非遗代表性传承人的迅速增加，从2016年的118.25人（级别赋值数）增加为2018年的190.25人（级别赋值数）。文化保护管理指标稳步增长，国级、省级、市级文物保护单位的数量从1 162.5个上升为1 425个。文化遗产保护指标有一定的波动。文化保护传承为优秀传统文化的发扬光大提供了丰富资源，需要进行文化创新的活化利用。

信息革命的浪潮席卷全球，在全面渗透文化生产和消费领域的进程中，引领着中国文化行业进入结构性变革的转折点。文化创新能力指数测评结果[①]，反映了"十三五"时期浙江省各地区在文化产业集聚区、文化创新团队、文化艺术创新、文化科技创新上的整体水平。2020年9月，习近平在湖南马栏山视频文创产业园考察调研时指出，文化和科技融合，既催生了新的文化业态、延伸了文化

---

① 浙江文化强省共同富裕的统计数据，所有指标中联合国、国家级赋值1.5，省级为1，市级为0.5。

产业链，又集聚了大量创新人才，是朝阳产业，大有前途[①]。文化产业集聚区是有高度集中的文化产业和设施，充满创造活力的多功能综合空间区域，包括文化产业园区与文化创意街区两个变量，截至2020年全省文化产业园区有41.5个、文化创意街区40个，产生了良好的产业集群效应。文化创新团队是文化创新能力的最重要测度变量，全省文化创新团队2016年有14个，2020年发展到26个。文化艺术创新发展总体情况良好，文化科技创新需要进一步发展。影响浙江文化强省共同富裕的动力结构呈多元化特征，文化创新能力是推动文化发展新业态不断推陈出新的重要力量。

（四）文化发展共同富裕部分要素发展不稳定

文化人才资源和文化保护传承为建设文化强省共同富裕提供了一定的人力资本和资源储备。文化人才资源包括文化事业人才、文化人才待遇，全省从事文化事业的人才数量有波动，文化人才待遇在2016—2019年从979 842元上升为1 203 442元。地区特色文化产业度量特色小镇、传统工艺两个指标。2016—2020年，全省特色小镇保持在26~37个。2018年第1批中国传统工艺、浙江省传统工艺名单公布，有36个，进一步加强了浙江省对传统工艺的保护传承与创新利用。

社会文化参与指数反映了文化消费需求、文化参与活动、文化活动供给、公共文化服务、文化市场执法指数的综合情况，2016—2018年社会文化参与指数迅速飙升，2018—2020年迅速下滑。一方面，政府的文化活动供给、公共文化服务越来越丰富多样，对文化市场的执法也日益规范。比如，文化活动供给中艺术表演团体演出场次从2016年的25.67万场上升为2018年的46.9万场，文化馆举办展览、培训或讲座次数逐年增加。政府购买公共文化服务，组织送演出、送图书、送电影下乡活动非常丰富。另一方面，文化消费需求呈波动态势，文化活动参与从2017年开始逐年下降。比如，从教育文化娱乐消费支出看，2016—2019年城镇从33 246元上升为44 869元，农村从17 107元上升为22 199元，2020年受疫情影响城乡文化消费下降，城乡教育文化娱乐消费支出占比呈波动趋势。同时，人民群众的文化活动参与热情并没有随着公共文化服务供给的丰富而高涨，电影院观众观看电影人次、文化馆培训人数、文物业（博物馆、纪念馆）参观人数（万人）总体上呈下降趋势。"十三五"时期，现代公共文化服务体系示范区建设速度放缓，受疫情影响，2020年示范项目从18个下降为13个。

三、浙江文化强省共同富裕增速指数分析

浙江文化强省共同富裕增速指数构建是以2016年为基期、采用环比方式换

---

① "2020中国文化产业系列指数"结果发布，中国人民大学文化产业研究院，2021年2月3日。

成百分制表示的指数形式，用以测量与评估2016—2020年浙江省11个地级市文化发展共同富裕的增长速度情况（见表4-2）。

表4-2 2016—2020年浙江文化强省共同富裕增速指数得分与排名

序号	地区	2017年	地区	2018年	地区	2019年	地区	2020年
1	舟山	784.12	温州	100.84	金华	136.82	金华	109.60
2	金华	133.71	杭州	92.07	杭州	113.49	杭州	102.77
3	杭州	120.96	舟山	89.39	宁波	113.04	绍兴	100.15
4	宁波	119.40	丽水	87.83	绍兴	111.19	温州	93.65
5	温州	114.34	台州	86.41	温州	97.16	衢州	93.61
6	台州	107.61	金华	84.43	台州	93.25	宁波	90.59
7	嘉兴	102.49	绍兴	83.94	嘉兴	88.87	嘉兴	89.74
8	绍兴	102.10	宁波	83.28	湖州	84.89	湖州	88.85
9	湖州	93.11	湖州	79.14	衢州	81.53	台州	77.75
10	丽水	89.32	嘉兴	71.64	丽水	70.18	舟山	66.66
11	衢州	83.77	衢州	70.87	舟山	69.72	丽水	61.10

（一）文化发展共同富裕增速整体处于提升状态

"十三五"时期，浙江文化增速发展处于提升阶段，中部地区、东南沿海地区优于北部地区、西南山区及东部山区的结构性序列波动，构成了浙江文化强省共同富裕增速的空间结构特征。

通过测算2016—2020年浙江文化强省共同富裕指数，把浙江省11个地级市划分为四大聚类发展区域（见图4-2），指数值≥100为第1聚类区域，指数值80~99为第2聚类区域，指数值60~79为第3聚类区域。我们发现11个地级市排名极不稳定，均存在不同程度与不同方向的结构性序列波动。

"十三五"时期，11个地级市文化发展共同富裕增速指数值显示（见表4-2），金华、杭州、绍兴有3年指数值超过100，文化发展共同富裕增速指数值位于第1聚类区，尤其是金华，2017年、2019年的增速指数值都超过了130；温州、宁波有两年处于第1聚类，两年处于第2聚类。金华、杭州、绍兴、温州、宁波是"十三五"期间发展速度快、发展情况稳定的地区。嘉兴、衢州、湖州、台州有3年处于第2聚类区，指数值主要以80~99为主，其中2017年台州、嘉兴指数值超过100，达到第1聚类。丽水、舟山有两年指数值处于第3聚类区，但舟山在2017年指数值达到784.12，远超其他城市。

从2017—2020年浙江文化强省共同富裕增速指数看（见表4-3），绍兴是连

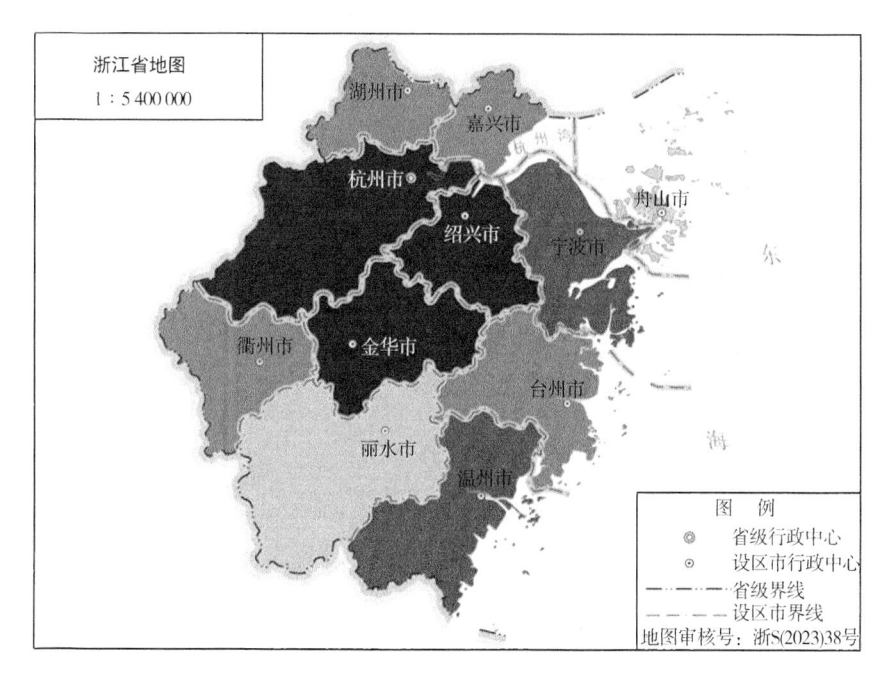

第四章 浙江文化强省共同富裕综合指数与增速指数分析

图 4-2 浙江文化强省共同富裕增速空间分布结构

续 4 年进步的地区，排名从第 8（指数值 102.10）上升为第 3（指数值 100.15）。衢州是连续 3 年进步地区，2018—2020 年，地区排名从第 11 位（指数值 70.87）上升为第 5（指数值 93.61）。

舟山、台州、丽水是浙江文化强省共同富裕增速指数排名连续 3 年后退的地区。2017—2019 年，舟山从排名第 1（指数值 784.12）下降为排名第 11（指数值 69.72），呈现断崖式急剧下滑。2018—2020 年，台州排名从第 5（指数值 86.41）下降为排名第 9（指数值 77.75）；2018—2020 年，丽水下降幅度也很大，排名从第 4（指数值 87.83）下降为第 11（指数值 61.10）。杭州（2018—2020 年）是连续三年排名第 2 的稳定地区，金华（2019—2020 年）是连续两年排名第 1 的稳定地区，杭州、金华呈现文化共同富裕发展的良好状态。嘉兴、湖州发展平稳，宁波、温州呈现波动发展状态。

值得注意的是，绍兴是连续 4 年进步的地区，衢州在浙江文化强省共同富裕指数聚类中处于最后一档，在规模发展上不占优势，但 2018—2020 年其增速指数值连续 3 年前移，文化发展速度非常快，这种现象说明文化发展共同富裕中速度发展与规模发展并不完全一致，文化发展速度的提升是今后一段时期改变文化发展共同富裕结构性不均衡，进而提升浙江文化发展共同富裕整体水平的关键变量。因此，第 2、第 3 聚类区应该借鉴第 1 聚类区发展经验，克服短板因素，全面提升浙江文化强省共同富裕的均衡性。

表 4-3 2016—2020 年浙江文化强省共同富裕增速指数排名变化

地区	排名			
	2017 年	2018 年	2019 年	2020 年
排名连续 4 年进步地区				
绍兴	8	7	4	3
排名连续 3 年进步地区				
衢州	—	11	9	5
排名连续 3 年后退地区				
舟山	1	3	11	—
台州	—	5	6	9
丽水	—	4	10	11
排名连续 3 年稳定地区				
杭州	—	2	2	2
排名连续 2 年稳定地区				
金华	—	—	1	1
嘉兴	—	—	7	7
湖州	9	9	8	8
排名连续波动地区				
宁波	4	8	3	6
温州	5	1	5	4

(二) 文化发展共同富裕增速影响的主要因素

文化基础设施、社会文化参与是影响文化强省共同富裕增速的主要因素。

2017—2020 年，绍兴、衢州是连续 3~4 年进步的地区（见表 4-3），舟山、台州、丽水是连续 3 年后退的地区（见表 4-3）。通过仔细对比五个地区一级指标动态排名（见表 4-4、4-5）发现，文化基础设施、社会文化参与是影响浙江文化强省共同富裕增长速度总体进退的最主要原因。

就文化基础设施而言，绍兴 2017—2020 年的排序从第 10 名上升为第 2 名，飙升了 8 名，衢州 2018—2020 年从第 8 名上升为第 4 名。舟山 2017—2019 年的排序从第 1 名下降为第 4 名；2018—2020 年，台州从第 2 名下降为第 10 名，下滑了 8 名，2018—2020 年，丽水从第 4 名下降为第 8 名。

就社会文化参与而言，衢州 2018—2020 年从第 10 名上升为第 2 名，进步了 8 名，而绍兴略微下降。舟山 2017—2019 年的排序从第 3 名下降为第 4 名；

2018—2020年，台州从第4名下降为第10名、丽水从第2名下降为第11名，有6~9名的落差。

表4-4 浙江文化强省共同富裕增速指数2017—2020年连续进步地区的一级指标排名

一级指标	绍兴 2017年	绍兴 2018年	绍兴 2019年	绍兴 2020年	衢州 2017年	衢州 2018年	衢州 2019年	衢州 2020年
文化财政支持	2	3	7	10	—	10	4	1
文化基础设施	10	11	5	2	—	8	2	4
文化人才资源	7	10	10	2	—	8	11	7
社会文化参与	2	8	2	5	—	10	10	2
全域文明创建	9	4	4	3	—	4	6	8
文化保护传承	7	2	9	1	—	4	5	2
发展地区特色文化产业	5	8	7	7	—	7	6	6
文化创新能力	7	4	3	2	—	11	11	8

表4-5 浙江文化强省共同富裕增速指数2017—2020年连续退步地区的一级指标排名

一级指标	舟山 2017年	舟山 2018年	舟山 2019年	舟山 2020年	台州 2017年	台州 2018年	台州 2019年	台州 2020年	丽水 2017年	丽水 2018年	丽水 2019年	丽水 2020年
文化财政支持	11	11	11	—	—	6	3	3	—	8	2	9
文化基础设施	1	5	4	—	—	2	10	10	—	4	8	8
文化人才资源	11	2	9	—	—	1	2	11	—	4	7	3
社会文化参与	3	1	4	—	—	4	9	10	—	2	11	11
全域文明创建	11	5	7	—	—	1	2	4	—	4	7	10
文化保护传承	10	10	11	—	—	6	6	6	—	8	8	9
发展地区特色文化产业	11	10	10	—	—	6	9	9	—	11	11	11
文化创新能力	10	7	6	—	—	10	8	6	—	2	10	11

第二部分
浙江文化强省县域文化共同富裕指数报告

2003年，时任浙江省委书记的习近平同志在广泛深入调查研究的基础上，做出了实施"千村示范、万村整治"工程（"千万工程"）的战略决策。2018年9月，联合国将最高环境荣誉"地球卫士奖"授予浙江"千万工程"。2021年11月，中共中央办公厅、国务院办公厅印发《农村人居环境整治提升五年行动方案（2021—2025年）》，要求"深入学习推广浙江'千村示范、万村整治'工程经验"。"千万工程"的一个基本经验是以县域为重要切入点。

"县治天安"，习近平县域治理策略是习近平治国理政思想体系微观战术层面的重要内容。习近平在《做焦裕禄式的县委书记》中强调："在我们党的组织结构和国家政权结构中，县一级处在承上启下的关键环节。古人讲郡县治，天下安，今天仍然如此。""县域治理是推进国家治理体系和治理能力现代化的重要一环"[1]，"是发展经济、保障民生、维护稳定、促进国家长治久安的重要基础"[2]。县域文化治理是实现乡村文化共同富裕的重要内容。

---

[1] 习近平. 做焦裕禄式的县委书记 [M]. 北京：中央文献出版社，2015：32, 53.
[2] 习近平. 做焦裕禄式的县委书记 [M]. 北京：中央文献出版社，2015：12.

"（秦武公）十年，伐邽、冀戎，初县之。"（《史记·秦本纪》）一行史诗、寥寥数字，记载了春秋时期秦武公十年（公元前688年）初设县制，用于对战争中所征服的偏远地域实施有效的政治、军事管控权。公元前221年，强大的秦国统一天下。"（秦）并兼四海，以为周制微弱，终为诸侯所丧，故不立尺土之封，分天下为郡县。"（《汉书·地理志》）郡县制自此确立为国家的根本政治制度。2 000年的中央王朝时代，传统中国历经治乱兴衰，地方行政体制不断发生变化，唯有县级的基本政治单元始终维持稳定。据不完全统计，在中国现有的2 000多个县中，县名仍然保持与秦汉时代完全相同的有59个。现阶段，中国仍有七成以上人口生活在县一级行政区域内。郡县治，天下安。如今执政的中国共产党也特别强调重视县级政权的管理和运作问题，将其作为巩固执政根基和确保国家安定发展的重大制度性命题对待[1]。郡县制中"大一统"的传统思想在当代中国治理中担负着极其重要的历史使命，国家统一、社会稳定、民族复兴是当代中国最重要的利益。县是中国行政管理体制中最基层的行政单位，是联系城市和乡村的纽带，中国的落后主要表现在县域范围内，县城成为中国二元经济结构的断裂带。改革开放以来，浙江省以县域经济为基础，加快推动产业转型升级取得很大成效。如今，在高质量发展建设共同富裕示范区的道路上，县域仍然是统筹城乡区域发展、缩小"三大差距"的关键一环。县域是中国参与世界竞争的基本区域，只有在县域范围内实现现代化，才能完成整个国家的现代化，中国才可能在世界竞争中拥有极强的竞争力。

---

[1] 唐亚林. 研究郡县制需要重视的三大制度性背景和原则[J]. 华东理工大学学报（社会科学版），2017（5）.

第五章 2020年浙江文化强省县域文化共同富裕指数分析

一、浙江文化强省县域文化共同富裕指数编制方法

（一）指标体系设计

县域文化共同富裕指数由 6 个一级指标、16 个二级指标、56 个三级指标构成。其中 6 个一级指标从文化财政支持、文化基础设施、文化人才资源、社会文化参与、非遗保护传承、文化经济流量全面测评各地县域共同富裕文化发展状况（见表 5-1）；16 个二级指标、56 个三级指标、87 个四级指标、13 个五级指标分别是对上一级指标的细化和实现。

表 5-1 2020 年浙江文化强省县域文化共同富裕指数一级、二级指标构成

	一级指标	二级指标
浙江文化强省县域文化共同富裕指数	文化财政支持	地方文化财政支出
	文化基础设施	公共阅读供给
		文物展品供给
		群众文化服务供给
	文化人才资源	文化事业人才
		文化人才素质
		文化人才待遇
	社会文化参与	文化消费需求
		文化活动供给
		文化活动参与
	非遗保护传承	非遗保护基础
		非遗保护管理
		非遗传承体验设施
		非遗传承交流
		非遗调查成果
	文化经济流量	公益性文化机构的经营能力（单位财政收入/总收入）

（二）测评方法

1. 数据来源

本报告主要以 2020 年浙江省文化发展共同富裕相关的客观数据为量化、统计对象，意在反映"十三五"末期浙江基层文化发展共同富裕的真实情况。数据来源主要是《浙江省文化文物和旅游统计年鉴（2021）》、浙江省 11 个地级市官网统计年鉴（2021）。

2. 数据处理

由于浙江文化强省县域文化共同富裕指标体系所涉及的初始客观数据计量单位不同、含义各异，直接进行比较分析并不科学。因此，本报告采用标准化法对初始数据进行了无量纲化处理。针对缺失数据，本报告赋予该地区以此项指标上的最低指数值，以此敦促各地重视基层文化发展数据的统计和公开。

3. 权重确定与分析方法

本书采用变异系数法和主成分分析法相结合的客观权重法测算县域文化共同富裕指数。为了统计便利，不同级别的数据权重统一为"1"，利用 Excel 工作表对县域文化共同富裕的各项数据进行分类、整理和统计分析。

二、浙江文化强省县域文化共同富裕指数结果分析

2020 年，浙江文化强省县域文化共同富裕指数[①]测评结果显示（见表 5-2），第一方阵（排名第 1~30 名）指数值 109.55~220.27，分别是鄞州区、余杭区、慈溪市、萧山区、桐乡市、临海市、海宁市、安吉县、北仑区、嘉善县、永嘉县、义乌市、长兴县、瑞安市、泰顺县、龙泉市、余姚市、宁海县、洞头区、乐清市、天台县、温岭市、象山县、海曙区、德清县、永康市、苍南县、平阳县、缙云县、新昌县。

第二方阵（排名第 31~60 名）指数值 86.35~108.75，分别是平湖市、东阳市、黄岩区、西湖区、莲都区、柯桥区、奉化区、富阳区、南湖区、桐庐县、海盐县、淳安县、诸暨市、上虞区、文成县、临安区、鹿城区、秀洲区、南浔区、镇海区、浦江县、龙湾区、景宁自治县、武义县、仙居县、松阳县、建德市、龙游县、岱山县、青田县。

第三方阵（排名第 61~89 名）指数值 45.86~85.39，分别是遂昌县、瓯海区、上城区、椒江区、普陀区、下城区、婺城区、玉环市、磐安县、江山市、三门县、拱墅区、路桥区、江干区、庆元县、嵊州市、云和县、兰溪市、常山县、

---

① 2019 年 8 月，经国务院批准，撤销苍南县龙港镇，设立县级龙港市。由于龙港市缺 2020 年统计数据，因此，浙江文化强省县域共同富裕指数以 89 个县域为统计对象。

第五章 2020年浙江文化强省县域文化共同富裕指数分析

表5-2 2020年浙江文化强省县域文化共同富裕指数测评结果

方阵	地区	县域文化共同富裕 综合指数值	排名	文化财政支持 指数值	排名	文化基础设施 指数值	排名	文化人才资源 指数值	排名	社会文化参与 指数值	排名	文化保护传承（非遗） 指数值	排名	文化经济流量 指数值	排名
第一方阵	鄞州区	220.27	1	240.75	6	199.29	3	154.40	13	224.87	2	395.58	1	106.74	52
	余杭区	186.15	2	401.07	1	113.17	30	234.67	3	173.81	8	79.50	51	114.68	4
	慈溪市	176.79	3	250.88	5	111.68	33	173.47	10	193.28	4	220.84	8	110.61	38
	萧山区	172.41	4	212.20	7	113.84	27	261.77	1	160.63	10	171.73	16	114.29	10
	桐乡市	159.84	5	115.96	22	136.38	12	248.99	2	161.28	9	185.89	14	110.53	39
	临海市	154.89	6	146.54	15	157.21	6	136.05	19	102.57	33	273.03	5	113.91	17
	海宁市	152.79	7	129.30	20	172.76	4	224.57	4	202.16	3	78.62	52	109.36	43
	安吉县	151.87	8	98.13	35	113.09	31	150.89	16	138.45	16	313.47	2	97.21	64
	北仑区	144.31	9	314.79	2	90.89	51	153.62	14	108.16	30	95.51	45	102.88	57
	嘉善县	139.93	10	128.87	21	102.25	41	174.39	9	92.86	42	233.01	6	108.22	47
	永嘉县	138.59	11	141.93	16	87.78	53	132.71	20	178.14	6	204.32	11	86.65	68
	义乌市	136.78	12	183.23	11	106.49	38	170.95	11	159.81	12	85.87	49	114.35	8
	长兴县	136.52	13	110.60	28	129.53	18	150.97	15	179.17	5	140.64	24	108.24	46
	瑞安市	134.81	14	103.58	31	153.52	7	192.28	7	126.49	20	134.03	28	98.96	63
	泰顺县	134.12	15	53.47	70	114.17	26	102.08	34	146.52	14	276.44	4	112.05	31
	龙泉市	133.20	16	79.67	46	147.84	9	118.07	25	120.80	24	230.80	7	102.00	60
	宁海县	133.15	17	111.68	27	125.14	21	204.82	5	99.15	36	144.95	22	113.17	24
	象姚市	129.00	18	99.25	33	96.76	44	91.67	42	257.77	1	125.03	30	103.54	55
	洞头区	125.90	19	39.16	86	317.11	1	53.01	75	69.22	65	165.03	17	111.87	33
	乐清市	121.55	20	115.44	23	93.53	49	162.50	12	130.67	18	119.64	31	107.53	50
	天台县	120.56	21	71.69	56	145.43	10	98.71	36	96.37	39	196.90	13	114.25	11
	温岭市	120.22	22	195.66	8	99.10	42	118.50	24	126.31	21	69.77	57	112.00	32
	象山县	118.72	23	112.82	26	102.59	40	122.61	22	121.13	23	153.59	19	99.60	61
	海曙区	115.97	24	83.16	44	113.74	28	102.37	33	175.68	7	112.84	35	108.05	48
	德清县	114.44	25	114.38	25	109.54	35	109.95	28	142.15	15	97.62	43	112.99	26
	永康市	113.33	26	91.31	37	129.54	17	94.19	39	146.94	13	118.65	32	99.38	62
	苍南县	112.85	27	84.50	42	107.78	37	146.23	17	87.24	46	139.86	25	111.48	35
	平阳县	110.45	28	65.73	61	94.85	48	111.40	27	132.67	17	144.80	23	113.26	22
	缙云县	109.71	29	87.36	40	89.51	52	82.24	51	85.20	50	199.83	12	114.12	15
	新昌县	109.55	30	72.40	52	126.25	20	94.61	38	73.65	60	181.70	15	108.68	45

73

续表

方阵	地区	县域文化共同富裕 综合指数值	县域文化共同富裕 排名	文化财政支持 指数值	文化财政支持 排名	文化基础设施 指数值	文化基础设施 排名	文化人才资源 指数值	文化人才资源 排名	社会文化参与 指数值	社会文化参与 排名	文化保护传承（非遗）指数值	文化保护传承（非遗）排名	文化经济流量 指数值	文化经济流量 排名
第二方阵	平湖市	108.75	31	95.24	36	121.68	22	201.81	6	120.65	25	0.00	75	113.10	25
	东阳市	105.76	32	136.14	17	64.31	71	102.74	32	102.35	34	114.35	34	114.69	1
	黄岩区	105.07	33	100.12	32	132.49	15	106.35	30	77.93	55	99.83	41	113.63	18
	西湖区	104.96	34	77.91	49	53.27	81	67.37	65	41.57	87	310.86	3	78.78	74
	莲都区	104.05	35	172.17	13	52.07	82	121.18	23	86.80	47	118.53	33	73.57	80
	柯桥区	104.05	36	147.33	14	98.42	43	180.99	8	85.45	49	0.00	75	112.13	30
	奉化区	102.75	37	131.11	19	118.46	24	91.96	41	92.77	43	77.57	53	104.61	54
	富阳区	101.86	38	107.34	30	62.15	75	89.28	44	107.49	31	132.65	29	112.26	29
	南湖区	101.18	39	305.68	3	69.61	68	65.22	68	76.32	56	43.14	69	47.14	88
	桐庐县	99.00	40	86.83	41	75.78	62	86.59	47	55.38	83	216.85	9	72.56	82
	海盐县	98.75	41	78.93	47	91.74	50	122.85	21	116.06	27	68.45	59	114.46	6
	淳安县	97.69	42	66.30	60	95.57	47	95.36	37	75.24	57	139.51	26	114.15	14
	诸暨市	96.51	43	75.70	50	133.37	14	145.70	18	111.46	29	0.00	75	112.84	28
	上虞区	95.13	44	115.18	24	128.05	19	99.80	35	115.93	28	0.00	75	111.82	34
	文成县	95.13	45	78.06	48	116.03	25	79.60	53	100.96	35	82.20	50	113.93	16
	临安区	95.07	46	90.70	38	79.08	58	115.65	26	71.97	61	99.78	42	113.22	23
	鹿城区	94.53	47	63.85	63	63.02	72	83.39	49	89.70	44	206.83	10	60.36	85
	秀洲区	93.95	48	305.68	3	48.43	84	46.97	80	93.82	41	0.00	75	68.79	84
	南浔区	93.87	49	84.35	43	74.60	64	51.13	76	96.60	38	145.14	21	111.37	36
	镇海区	93.09	50	110.35	29	80.79	57	109.66	29	85.86	48	60.76	61	111.11	37
	浦江县	92.01	51	47.81	79	142.56	11	77.76	55	67.42	68	103.23	40	113.30	21
	龙湾区	91.31	52	46.97	80	69.89	67	65.89	67	88.79	45	161.89	18	114.43	7
	景宁自治县	90.51	53	75.38	51	227.34	2	88.83	45	54.88	84	0.00	75	96.64	66
	武义县	89.94	54	56.06	67	112.56	32	87.37	46	98.39	37	75.03	54	110.23	41
	仙居县	89.87	55	50.26	74	95.74	46	65.02	69	106.47	32	107.21	38	114.52	5
	松阳县	89.16	56	49.66	75	113.49	29	84.68	48	70.92	63	110.38	37	105.83	53
	建德市	87.69	57	61.89	65	78.73	59	81.51	52	97.93	53	110.64	36	113.44	19
	龙游县	87.10	58	69.26	58	76.13	61	66.41	66	84.37	51	138.86	27	87.59	67
	岱山县	86.75	59	55.37	68	134.50	13	78.66	54	59.73	76	95.11	46	97.10	65
	青田县	86.35	60	82.46	45	81.97	55	73.98	58	78.18	54	91.22	47	110.28	40

74

第五章　2020年浙江文化强省县域文化共同富裕指数分析

续表

方阵	地区	县域文化共同富裕综合指数值	排名	文化财政支持 指数值	排名	文化基础设施 指数值	排名	文化人才资源 指数值	排名	社会文化参与 指数值	排名	文化保护传承（非遗）指数值	排名	文化经济流量 指数值	排名
第三方阵	遂昌县	85.39	61	49.42	77	158.18	5	61.63	72	81.18	52	59.49	62	102.45	59
	临海区	82.74	62	63.77	64	75.02	63	82.72	50	125.80	22	39.77	71	109.37	42
	上城区	81.97	63	36.88	87	95.79	45	47.93	79	159.82	11	69.98	56	81.41	70
	椒江区	79.37	64	52.08	72	66.57	70	89.65	43	119.55	26	45.56	68	102.83	58
	普陀区	78.87	65	69.97	57	70.18	66	71.57	61	58.15	80	96.07	44	107.27	51
	下城区	78.43	66	54.59	69	58.39	77	104.38	31	39.52	88	104.36	39	109.34	44
	黎城区	77.39	67	193.08	9	23.65	88	44.24	81	56.22	81	72.31	55	74.83	78
	玉环市	76.86	68	89.41	39	62.59	73	71.57	60	65.41	69	57.46	63	114.69	1
	磐安县	75.09	69	44.85	84	103.74	39	38.95	84	61.21	74	87.60	48	114.17	13
	江山市	74.86	70	135.55	18	71.10	65	71.34	62	67.88	66	0.00	75	103.29	56
	三门县	74.16	71	52.83	71	107.92	36	69.30	64	59.62	77	47.62	65	107.67	49
	拱墅区	73.37	72	34.04	88	56.44	79	76.52	56	43.03	86	153.05	20	77.13	76
	路桥区	69.95	73	64.66	62	62.36	74	72.16	59	67.80	67	38.38	72	114.34	9
	江干区	69.70	74	71.93	54	87.02	54	63.79	70	71.95	62	42.15	70	81.34	71
	庆元县	68.64	75	48.95	78	131.14	16	58.41	73	59.12	78	0.00	75	114.22	12
	嵊州市	67.98	76	56.23	66	110.56	34	69.71	63	58.51	79	0.00	75	112.86	27
	云和县	67.72	77	46.92	81	121.52	23	50.17	77	65.31	70	47.62	64	74.81	79
	兰溪市	65.54	78	51.07	73	61.62	76	93.03	40	74.15	59	0.00	75	113.36	20
	常山县	65.50	79	67.52	59	67.73	69	48.33	78	94.71	40	0.00	75	114.69	1
	嵊泗县	65.29	80	46.27	82	151.44	8	42.95	83	54.86	85	20.30	73	75.93	77
	定海区	64.89	81	42.04	85	81.37	56	74.33	57	64.48	71	45.78	67	81.34	72
	金东区	63.91	82	193.08	9	20.55	89	25.35	88	74.21	58	0.00	75	70.27	83
	吴兴区	59.61	83	71.96	53	78.00	60	37.22	85	128.11	19	0.00	75	42.38	89
	开化县	58.58	84	71.89	55	49.52	83	28.73	86	55.97	82	62.64	60	82.71	69
	滨江区	58.15	85	99.06	34	55.94	80	53.78	74	62.85	72	0.00	75	77.27	75
	江北区	55.96	86	181.46	12	41.60	87	12.67	89	31.82	89	14.83	74	53.41	87
	越城区	55.04	87	46.14	83	46.79	85	26.72	87	61.00	75	69.65	58	79.93	73
	衢江区	53.80	88	33.89	89	44.51	86	63.05	71	61.78	73	46.04	66	73.55	81
	衢城区	45.86	89	49.61	76	58.11	78	43.38	82	69.48	64	0.00	75	54.58	86

75

嵊泗县、定海区、金东区、柯城区、吴兴区、开化县、滨江区、江北区、越城区、衢江区。

三大方阵数据显示，浙江文化强省县域文化共同富裕空间格局呈现由东向西梯次减弱趋势，与中国整体文化发展空间格局相一致。县域文化共同富裕发展情况比较好的区域集中在杭嘉湖平原、东南沿海地区，位于浙江省中部金华的永康市、义乌市，以及丽水的缙云县、龙泉市、泰顺县文化发展情况良好。

下面对指数值大于100的文化发展优势空间进行详细分析。

通过对指数值大于100的文化发展优势空间进行详细分析，我们发现，宁波（8个）、嘉兴（5个）、温州（7个）、湖州（3个）有超过一半的县域指数值大于100，是文化资源禀赋好的空间区域。宁波，各一级指标情况都好；嘉兴，除了非遗保护传承较弱以外，其他各项指标都好或者比较好；温州，除了文化财政支持比较弱外，其他各项指标都好或者比较好；湖州，除了文化财政支持指数一般外，其余各项指标都比较好。杭州、绍兴、金华、台州、丽水有2~4个县域文化共同富裕综合指数值大于100，属于文化资源禀赋一般的地区。杭州，非遗保护传承、文化经济流量指数情况好，文化财政支持、社会文化参与、文化人才资源指数一般，文化基础设施比较弱；绍兴、金华，文化基础设施、文化经济流量比较好，其他指标比较弱；丽水文化基础设施、文化经济流量比较好，非遗保护传承一般，其余指标偏弱；台州除了文化经济流量以外，其余指标均一般或偏弱。舟山、衢州的所有县域文化共同富裕综合指数值均小于100，是文化资源禀赋弱势地区，各项一级指标均垫底。

文化财政投入力度大，文化基础设施建设夯实，文化人才资源储备良好，社会文化参与比较充分，非遗保护传承比较完备，文化经济流量丰沛，各种优势资源汇聚进一步放大了文化共同富裕发展优势地区的优势。相反，先天和后天资源的不足同样加剧了文化发展的梯度效应。但我们也必须看到，文化共同富裕发展一般地区均有若干项文化资源优势，即使弱势资源地区，也在某些具体指标当中有出色表现，因此，如何充分挖掘现有资源优势，取长补短，发挥文化资源的经济转化功能，缩小实现文化共同富裕伟大目标道路上城乡、区域、群体差距成为重要的研究课题。

三、浙江文化强省县域文化共同富裕优势空间影响因素

2020年，浙江文化强省县域文化共同富裕综合指数测评结果第一方阵分析显示，文化人才资源、社会文化参与、文化保护传承是浙江文化强省县域文化共同富裕空间分布差异最重要的驱动因素，文化财政支持、文化基础设施、文化经济流量是重要影响因素。以下就综合指数排名中各一级指标排名前5的贡献指标做具体分析。

（一）浙江文化强省县域文化共同富裕正向驱动力量

文化人才资源、社会文化参与、文化保护传承是浙江文化强省县域文化共同富裕空间分布差异重要的驱动因素。

1. 文化人才资源

县域文化共同富裕综合指数，萧山区排名第 4（指数值 172.41），其中，文化人才资源排名第 1（指数值 261.77），是文化发展综合指数重要的贡献指标。文化人才资源中，萧山区文化人才素质、文化人才待遇均排名第 1。具体而言，文化人才素质中博物馆专业技术人才数量萧山区最多，有 63 人，全省各区、县（市）博物馆专业技术人才数量的平均值为 12.06 人；文化人才待遇萧山区图书馆最高，工资福利支出（本年支出合计）1 406.2 万元，而全省各区、县（市）图书馆工资福利支出的平均值为 390.33 万元。

县域文化共同富裕综合指数，桐乡市排名第 5（指数值 159.84），余杭区排名第 2（指数值 186.15），海宁市排名第 7（指数值 152.79），余姚市排名第 17（指数值 133.15），其中，文化人才资源分别排名第 2（指数值 248.99）、第 3（指数值 234.67）、第 4（指数值 224.57）、第 5（指数值 204.82）。这些县域文化人才资源是文化共同富裕综合指数重要的贡献指标。

2. 社会文化参与

县域共同富裕文化发展综合指数，宁海县排名第 18（指数值 129.00），其中，社会文化参与排名第 1（指数值 257.77），是文化发展综合指数重要贡献指标。宁海县社会文化参与中图书馆文化活动参与排名第 1，最多的是讲座参加人数达 97 490 人次、基层培训辅导人次 11 526 人次；文化馆文化活动参与排名第 2，最多的是组织公益性讲座参加人次 85 530 人次。县域共同富裕文化发展综合指数，鄞州区社会文化参与排名第 2，其中，文化活动供给排名第 1，具体说博物馆举办新媒体情况最好，举办微信公众号、微博有 27 个，而全省各区、县（市）举办微信公众号、微博的平均值为 1.8 个/县。

县域共同富裕文化发展综合指数，鄞州区排名第 1（指数值 220.27）、海宁市排名第 7（指数值 152.79）、慈溪市排名第 3（指数值 176.79）、长兴县排名第 13（指数值 136.52）。五个县域社会文化参与分别排名第 2（指数值 224.87）、第 3（指数值 202.16）、第 4（指数值 193.28）、第 5（指数值 179.17），社会文化参与是五个县域文化共同富裕综合指数重要的贡献指标。

3. 文化保护传承

县域共同富裕文化发展综合指数，鄞州区排名第 1（指数值 220.27），其中文化保护传承排名第 1（指数值 395.58），是文化共同富裕指数重要的贡献指标；此外，鄞州区有多项指标排名第 1，非遗代表性传承人中省级学徒数量最多

(550名），省级非遗保护单位数最多（27个），非遗体验中心收藏实物数最多（5万件）[远超排名第2的龙泉市（1.1万件）]。

县域共同富裕文化发展综合指数，安吉县排名第8（指数值151.87）、西湖区排名第34（指数值104.96）、泰顺县排名第15（指数值134.12）、临海市排名第6（指数值154.89）。四个县域文化保护传承排名第2（指数值313.47）、排名第3（指数值310.86）、排名第4（指数值276.44）、排名第5（指数值273.03），县域文化保护传承是文化共同富裕综合指数重要的贡献指标。

（二）浙江文化强省县域文化共同富裕重要支持因素

文化财政支持、文化基础设施、文化经济流量是浙江文化强省县域文化共同富裕空间分布差异重要的影响因素。

1. 文化财政支持

县域文化共同富裕综合指数，余杭区排名第2（指数值186.15），其中，文化财政支持排名第1（指数值401.07），是综合指数重要的贡献指标。就文化财政支持而言，余杭区最高，地方文化财政支出72 304万元，而89个县域文化财政支持的平均值为18 027.93万元。

北仑区排名第9（指数值144.31），其中，文化财政支持排名第2（指数值314.79），地方文化财政支出56 751万元，是文化综合指数最重要的贡献指标。南湖区排名第39（指数值101.18）、秀洲区排名第48（指数值93.95）。其中，文化财政支持排名并列第3（指数值305.68）[1]；慈溪市排名第3（指数值176.79），其中，文化财政支持排名第5（指数值250.88）。县域文化财政支持是综合指数重要的贡献指标。

2. 文化基础设施

洞头区排名第19（指数值125.90），其中，文化基础设施排名第1（指数值317.11），是文化发展综合指数重要的贡献指标。洞头区文化基础设施中文物产品供给的人均博物馆（纪念馆）藏品量最多，为0.25个/人，而浙江省县域博物馆（纪念馆）的人均藏品量仅0.014件/人。

景宁自治县排名第53（指数值90.51），其中，文化基础设施排名第2（指数值227.34）；鄞州区排名第1（指数值220.27），其中，文化基础设施排名第3（指数值199.29）；海宁市排名第7（指数值152.79），其中，文化基础设施排名第4（指数值172.76）；遂昌县排名第61（指数值85.39），其中，文化基础设施排名第5（指数值158.18），文化基础设施是这些县域文化共同富裕重要的贡献指标。

3. 文化经济流量

县域文化共同富裕综合指数，东阳市排名第32（指数值105.76）、玉环市排

---

[1] 嘉兴的南湖区与秀洲区文化财政支持共用一个数据，金华的婺城区与金东区同样如此。

名第 68（指数值 76.86）、常山县排名第 79（指数值 65.50），三个县域文化经济流量均排名第 1（指数值 114.69）。这些县域图书馆、博物馆、文化馆、文化站等文化机构的经营能力（单位财政收入/总收入）均为 100%。县域文化共同富裕综合指数，余杭区排名第 2（指数值 186.15）、仙居县排名第 55（指数值 89.87），余杭区文化经济流量分别排名第 4（指数值 114.68）、排名第 5（指数值 114.52），文化经济流量是两个县域文化发展综合指数重要的贡献指标。

需要指出的是，由于自然资源禀赋空间构成的非均衡性，各县域均有一项或若干项指标对地区文化发展起到突出的贡献作用，为地区文化经济的转化发展提供了有利的条件。比如，某些县域多项指标都很突出，县域文化共同富裕综合指数，鄞州区排名第 1，其中，非遗文化保护传承排名第 1，社会文化参与排名第 2，文化基础设施排名第 3，三项指标共同对综合指数起到突出贡献作用。余杭区排名第 2，其中，文化财政支持排名第 1，文化人才资源排名第 3，文化经济流量排名第 4，三项指标共同对综合指数起到突出贡献作用。慈溪市排名第 3，其中，社会文化参与排名第 4，文化财政支持排名第 5，两项指标共同对综合指数起到突出贡献作用。海宁市排名第 7，其中，社会文化参与排名第 3，文化基础设施与文化人才资源均排名第 4，三项指标共同对综合指数起到突出贡献作用。

四、建立县域文化发展共同富裕"一体化"的基本格局

本报告提出县域文化发展共同富裕金字塔体系（见图 5-1），该体系由综合制度保障、文化财政支持、文化基础设施建设、文化人才资源、社会文化参与、

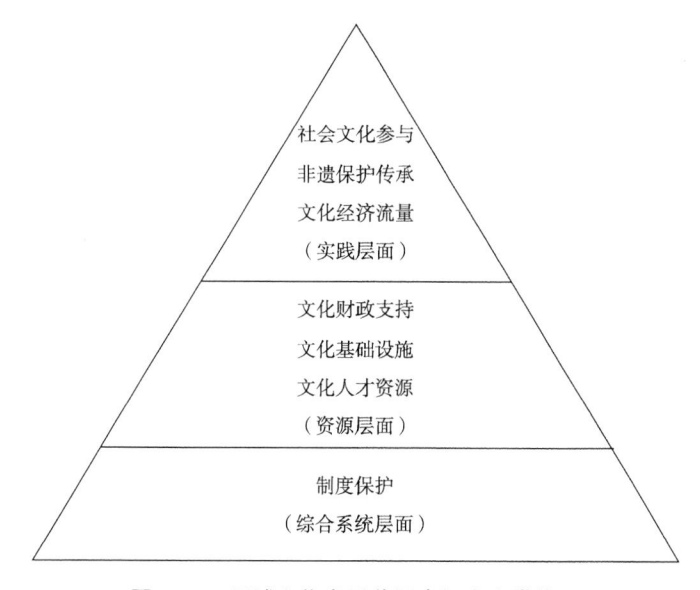

图 5-1　县域文化发展共同富裕金字塔体系

非遗保护传承、文化经济流量共同构建，包括了宏观系统发展、中观资源投入、微观实践操作相互协调的三个层面，以全面剖析县域文化发展共同富裕的要素。

制度保障属于系统层面，主要是相关法律和政策等制度安排。制度保障是资源层面、实践层面的基石；实践操作层面的社会文化参与、非遗保护传承必须建立在制度保障和人财物资源基础之上。社会文化参与是公民文化权利的体现，代表以公民需求为导向的服务供给；非遗保护传承是中国农耕文明、工业文明精神价值的呈现，代表优秀传统文化的创造性转化和利用。资源层面的文化财政支持、文化人才支持、文化基础设施，无法摆脱系统构建和实践操作的多方合作。文化财政支持不仅包括政府的文化财政支出，也包括企业和社会组织等其他途径的财政资助；文化人才资源，不仅包括公共文化机构的工作人员，也包括民间文化艺术团队、文化服务志愿者等社会力量，文旅融合背景下也应该包括公共文化机构与旅游业的文旅融合人才；文化基础设施建设，不仅包括图书馆、博物馆、文化馆、非遗馆、乡镇文化站、乡村文化礼堂等基层公共文化设施建设，也包括城市书房、村阅读室、非遗传承点等其他城乡公共文化空间。三个层面互相依存，统筹县域文化发展共同富裕需要兼顾的三个层面协调发展。

（一）系统层面的文化制度规范

党的二十大报告明确指出了共同富裕是中国式现代化的本质要求。关于共同富裕，政府出台了针对性的政策文件。国家"十四五"规划提出支持浙江高质量发展建设共同富裕示范区；2021年5月，《中共中央 国务院关于支持浙江高质量发展建设共同富裕示范区的意见》发布，赋予浙江重要示范改革任务，先行先试、作出示范，为全国推动共同富裕提供省域范例；2021年7月，浙江省制定了《浙江高质量发展建设共同富裕示范区实施方案（2021—2025年）》（以下简称《实施方案》），提出彰显人文之美，努力使浙江成为精神普遍富足的省域范例。

实际上，浙江省"十三五"期间颁布的文化政策蕴含着丰富的文化发展共同富裕内容，《浙江省文化发展"十三五"规划》（2016年5月）、《浙江省文化产业发展"十三五"规划》（2016年9月）关于"推动文化繁荣发展，努力建成文化强省"的总体目标设定与《实施方案》是一致的，三个重要文件在一些主要任务上一脉相承。比如，"坚持率先发展，构建现代公共文化服务体系"是《浙江省文化发展"十三五"规划》的一项主要任务，《实施方案》对"构建高品质公共文化服务体系"进行了更为详细的阐释。《浙江省文化发展"十三五"规划》在"打造精品力作，推动文化艺术繁荣发展"任务中，对"支持戏曲传承发展"做了细致说明，《浙江省文化产业发展"十三五"规划》在"加大文化遗产保护利用力度，构建优秀传统文化传承体系"任务中，对文化遗产保护做了具体规定，《实施方案》中对"传承弘扬中华优秀传统文化"有着详细的指导。

关于加快文化产业高质量发展，《浙江省文化发展"十三五"规划》在"推动文化产业转型升级，构建完善现代文化市场体系"中，要求"促进产业融合发展"，"搭建产业发展平台"；《浙江省文化产业发展"十三五"规划》在"文化产业发展体系"中，对文化产业的发展与融合提出要求，《实施方案》提出"丰富高品质文化产品和服务供给""实施文化产业数字化战略，培育新兴文化业态，打造国家数字出版、短视频、音乐、网络视听产业基地"[1]。

各地级市也有相应的"十三五""十四五"文化发展或者文化产业发展规划中，对县域层面做了不少文化创意规划。此外，还有一些县域虽然没有明确的文化发展规划，但实施的国民经济和社会发展规划政策为文化发展提供了物质保障。《浙江省山区26县跨越式高质量发展实施方案（2021—2025年）》，就"十四五"期间经济和信息化领域支持山区26县生态工业高质量发展提出具体举措，为文化发展共同富裕提供物质支撑，也属于辅助性政策。

（二）资源层面的文化财政支持、文化人才支持、文化基础设施建设

1. 发挥文化财政资金投入的主体和主导作用

实践证明，发挥文化财政资金投入的主体和主导作用，是实现文化共同富裕伟大目标的重要保障。

充分发挥财政政策的公共性，统筹布局文化共同富裕发展空间。文化财政政策要助力于夯实文化基础设施建设，提升公共文化服务供给水平，强化公共文化服务体系一体化建设。加强文化发展财政政策的绩效管理，在文化发展规划、文化财政支出结构、阶段性突破点上进行顶层设计，硬化公共文化服务领域财政资金的绩效评价。注重吸引更多社会资本参与文化基础设施建设，推进供给主体多元化。

因地制宜实施文化财政政策，完善文化财政资金投入机制，精准投入文化共同富裕建设。围绕浙江省文化共同富裕建设的工作计划，持续提高财政投入强度和精度，特别在重点县域、重点领域、重点文化短板项目上予以财政资金倾斜，在培育地区特色优势文化产业，加深非遗文化转化，促进农村文旅融合发展等方面下功夫。

文化财政政策为文化共同富裕发展人才培养提供充分的财力保障。通过学校教育、文化机构培训、文化产业平台生产等方式，为各类文化人才的培养提供财政支持，激发人才创新活力，促进城乡特色产业蓬勃发展。

2. 统筹城乡文化人才资源

城乡文化一体化发展需要统筹城乡文化人才队伍建设。积极加强城乡文化交

---

[1] 浙江高质量发展建设共同富裕示范区实施方案（2021—2025年）[ED/OL].（2021-07-20）[2023-06-24]. http://www.zjsjw.gov.cn/toutiao/202107/t20210720_4403069.shtml.

流，通过政策导向引导城市优秀文化人才向农村转移，为农民提供文化产品。加强县域本土文化人才的培养，增加文化人才数量，提升文化人才素质，通过高校等专业教育机构培养人才，通过公共文化机构举办各种培训班培训人才。另外，资助民间文化艺术团队的发展，通过政府购买公共文化服务、奖励公共文化演出等方式壮大文化服务人才队伍建设。招募文化服务志愿者也是扩大公共文化服务力量的有益补充。提高文化人才待遇是留住人才的基本手段。

3. 深层次完善文化基础设施建设

"十三五"期间，浙江省图书馆、博物馆、文化馆、文化站经过改建、扩建、新建等措施已经实现全域覆盖，浙江省公共文化基础设施建设比较完善。从更深层次的要求看，文化基础设施"一体化"至少包括文化基础设施配套化、完整化，文化基础设施使用无障碍化，文化基础设施使用平等化，浙江省县域文化基础设施建设不充分不均衡的问题依然存在，政府提供的"阳春白雪"式的设备供给也是不充分的一种表现。因此，在县域文化机构网络布局大致完整的情况下，要考虑文化机构各类文化基础设施的使用率，以及设备层次是否能够满足群众的需要，文化基础设施是否惠及城市里的农民工、边缘地区的乡民、老幼残障等弱势群体，真正实现公民文化权利的充分满足，平等无障碍。

文化基础设施建设和社会文化参与是一种什么样的关系？一般而言，社会文化参与情况与文化基础设施建设呈正相关关系，文化基础设施好的地区，比如，宁波、湖州、嘉兴，相应的文化消费能力高，文化活动供给比较充分，群众文化活动参与的广度深度以及积极性就好。但是文化基础设施好的地区并不必然的社会文化参与情况就一定好，比如，丽水县的文化基础设施建设在浙江省是最好的地区，但社会文化参与属于弱势地区，除龙泉市以外，其余县域都很差，文化消费需求低，文化活动参与少，尤其是文化活动供给不充分。因此，在推动文化共同富裕进程中，文化基础设施建设不能一味贪大求全，要依据实际需求避免高度同质化，促进县域居民在文化上、心理上的高度自觉、自信，是"一体化"建设更为重要的实质内涵。

（三）实践层面的社会文化参与和非遗资源的转化利用

1. 推动积极的社会文化参与权利保障

社会文化参与指标反映了浙江省公共文化服务的现实状况，有良好的基础，有一定的实践成果，同样也存在不均衡、不充分的现象。比如，浙江省公共文化服务优质供给在某些县域严重不足，公共文化服务和产品普遍仍以基础性为主，地方特色明显不够；公共文化服务数字化发展覆盖不广，新媒体建设亟待提高；老年人、未成年人、残疾人、农民工等特殊群体，社会公共文化服务明显不充分、不均衡。公共文化服务中的"文化服务"，不是简单的文化基础设施建设，也不仅是文化产品或者文化服务的供给，更高层次、更深刻的文化服务是打造一种"公民文化"，帮助或者与人民群众共同塑造一种和谐、良善、稳健的社会"气质"，让人民能够平等、自由、自信的生活以及获得自身充分的发展。因此，需要政府加大供给侧结构性改革，推动公共文化服务从消极的福利供给形式转变为积极的权利保障形式，推动乡民更深入、更积极主动地参与社会实践活动。县域文化共同富裕"一体化"要充分考虑文化资源配置与当地实际文化需求是否相匹配，文化资源在同一辖区内能否得到有效互换和顺利流通，由此，公共文化服务资源文旅融合是构建社会公共文化服务场域一体化，以实现文化共同富裕目标的有效路径。

老百姓真正需要的公共文化服务是什么？政府供给不足的同时，也存在提供的产品和服务与农民真正需要之间的矛盾。国家提供的信息共享工程、数字化电影工程、农家书屋等五大惠民工程，均存在不同程度的文化供给脱节现象，所提供的文化产品及服务或陈旧老化不具有时代意义，不能满足农民与时俱进的文化需要，或过于"阳春白雪"脱离现实文化需求。此外，还存在文化供给"政府偏好"代替"民众偏好"，时间上供给与需求不衔接等问题。文化需求与文化供给脱节矛盾揭示了公共文化服务除了以政府为主导外，还需要动员组织社会力量积极参与，让人民群众真正参与进来，培养自信、自强的民族文化精神气质。

在推进城乡文化发展时，东亚、南亚一些国家的公民参与政策值得借鉴，印度的"潘查亚特制"，日本"家乡1亿元之创生计划"，韩国"新村运动"，着重培养农民的参与度，激发农民的文化自觉性，促进农民更好投身乡村文化建设。浙江省各地区广泛实施的"规定动作+自选动作"，在实践上践行着公共文化服务一体化的伟大目标。"规定动作"即全国各级政府规定的标准化建设，比如，基于浙江省"十四五"规划规定的基层公共文化服务设施建设，基于国家"五大惠民工程"建立起来的模式化服务网络；"自选动作"指的是各地区凸显地域特色的自创性的文化服务供给模式或者建设模式，比如，2020年浙江省获得的两个国家级、10个省级公共服务体系示范项目，国家级分别是杭州市下城区社区公共文化服务动态评估体系项目和杭州市萧山区引导社会多元投入提升公共文化服务效能项目，省级分别是文旅融合背景下公共文化服务精准扶持的"余杭样本"（杭州市余杭区）、公共文化场馆高效能低成本运行模式（宁波市镇海区）、"数字文化馆总分馆体系"建设（宁波市鄞州区）、乡村艺术一村一团大联动项目（平阳县）、农民读书会（平湖市）、文化礼堂志愿者助力乡村振兴项目（长兴县）、文化"三走进"系列活动（嵊州市）、农村文化礼堂"四Z"运营管理模式（路桥区）、缙云"戏剧上山下乡"工程（缙云县）、"文化物流"项目（景宁自治县）。各具特色的文化服务创新项目和创新实践开出绚烂的文化服务之花。规定加自选有机结合模式积极吸纳鼓励民众广泛参与社会服务活动，最大程度保障着公共文化服务均等化发展。

2. 促进非遗保护传承的转化利用

非物质文化遗产保护首先要做的工作就是积极开展对非遗的挖掘、整理、展示，让民众知晓其价值和意义，经过"消费"形成文化自信与民族自信。调查成果指数表明，该项工作整体比较弱。进一步完善非遗保护传承体系，促使非遗保护传承空间的均衡性发展，可以从两个方面寻找突破口：一是把非遗纳入社会公共文化服务体系中；二是将非遗融入旅游业，开展文旅融合。

《浙江省文化改革发展"十四五"规划》（2021年）提出的"县有四馆一院、区有三馆"，已经将"非遗馆或展示场所"纳入"十四五"时期基层公共文化设施建设，要求覆盖达标率100%。从2020年县域非遗体验机构统计数据看，有17个县域统计数据为"0"。具体说，19个县域的非遗馆，39个县域民营非遗馆，32个县域传承体验中心，25个县域传承所统计数据均为"0"。即使有非遗体验机构的县域超过个位数的也仅约1/3左右，数量远没有达到要求。非遗纳入公共文化服务体系建设，一方面可以享受公共文化机构在人、财、物方面政策优惠措施，更好地挖掘优秀传统文化资源，弘扬社会主义核心价值观，满足广大农村地区人民群众多样化的精神文化需求；另一方面也可以通过公共文化机构一体化建设开展文旅融合，实现文化资源的市场转化。

非物质文化遗产是农业文明、工业文明发展的宝贵财富，也是城市、乡村文化个性景观的表征。非遗保护活态传承最关键的在于非遗业态的创造性转化和利用，各县域非遗活动供给中举办的展览、演出、民俗活动，各文化机构均可以从中寻找开展旅游活动的契合点，非遗融入旅游业的有序发展是实现县域文化共同富裕的有效途径。然而，以城市文化市场为导向的乡村非遗旅游开发在实现市场经济价值的同时，也容易导致碎片式、猎奇式开发，割裂非遗传承的文化内生机制，破坏非遗资源的自我组织性。因此，开展非遗文旅融合也要避免非遗文化资源内涵的丰富性、系统性被忽视、被遮蔽、被破坏。

第六章 2020年县域文化财政支持指数测评结果

一、文化财政支持指数

文化财政支持仅有一项指标，反映了各县域文化财政支持的指数情况（见表6-1）。

表6-1 2020年县域文化财政支持指数测评结果

方阵	区域	地方文化财政支出 指数值	排名	区域	地方文化财政支出 指数值	排名
第一方阵	余杭区	401.07	1	江山市	135.55	16
	北仑区	314.79	2	奉化区	131.11	17
	南湖区秀洲区	305.68	3	海宁市	129.30	18
	慈溪市	250.88	4	嘉善县	128.87	19
	鄞州区	240.75	5	桐乡市	115.96	20
	萧山区	212.20	6	乐清市	115.44	21
	温岭市	195.66	7	上虞区	115.18	22
	婺城区金东区	193.08	8	德清县	114.38	23
	义乌市	183.23	9	象山县	112.82	24
	滨江区	181.46	10	余姚市	111.68	25
	莲都区	172.17	11	长兴县	110.60	26
	柯桥区	147.33	12	镇海区	110.35	27
	临海市	146.54	13	富阳区	107.34	28
	永嘉县	141.93	14	瑞安市	103.58	29
	东阳市	136.14	15	黄岩区	100.12	30
第二方阵	宁海县	99.25	31	文成县	78.06	46
	开化县	99.06	32	西湖区	77.91	47
	安吉县	98.13	33	诸暨市	75.70	48
	平湖市	95.24	34	景宁自治县	75.38	49
	永康市	91.31	35	新昌县	72.40	50
	临安区	90.70	36	柯城区	71.96	51

续表

方阵	区域	地方文化财政支出 指数值	排名	区域	地方文化财政支出 指数值	排名
第二方阵	玉环市	89.41	37	江干区	71.93	52
	缙云县	87.36	38	吴兴区	71.89	53
	桐庐县	86.83	39	天台县	71.69	54
	苍南县	84.50	40	普陀区	69.97	55
	南浔区	84.35	41	龙游县	69.26	56
	海曙区	83.16	42	常山县	67.52	57
	青田县	82.46	43	淳安县	66.30	58
	龙泉市	79.67	44	平阳县	65.73	59
	海盐县	78.93	45	路桥区	64.66	60
第三方阵	鹿城区	63.85	61	庆元县	48.95	76
	瓯海区	63.77	62	浦江县	47.81	77
	建德市	61.89	63	龙湾区	46.97	78
	嵊州市	56.23	64	云和县	46.92	79
	武义县	56.06	65	嵊泗县	46.27	80
	岱山县	55.37	66	江北区	46.14	81
	下城区	54.59	67	磐安县	44.85	82
	泰顺县	53.47	68	定海区	42.04	83
	三门县	52.83	69	洞头区	39.16	84
	椒江区	52.08	70	上城区	36.88	85
	兰溪市	51.07	71	拱墅区	34.04	86
	仙居县	50.26	72	越城区	33.89	87
	松阳县	49.66	73	—	—	—
	衢江区	49.61	74	—	—	—
	遂昌县	49.42	75	—	—	—

地方文化财政支出排在第一方阵的县域分别是：余杭区、北仑区、南湖区与秀洲区（合）、慈溪市、鄞州区、萧山区、温岭市、婺城区与金东区（合）、义乌市、滨江区、莲都区、柯桥区、临海市、永嘉县、东阳市、江山市、奉化区、海宁市、嘉善县、桐乡市、乐清市、上虞区、德清县、象山县、余姚市、长兴县、镇海区、富阳区、瑞安市、黄岩区。需要指出的是，余杭区文化发展共同富裕综合指数排名第2，其中文化财政支持是最重要的贡献指标。

地方文化财政支出排在第二方阵的县域分别是：宁海县、开化县、安吉县、平湖市、永康市、临安区、玉环市、缙云县、桐庐县、苍南县、南浔区、海曙区、青田县、龙泉市、海盐县、文成县、西湖区、诸暨市、景宁自治县、新昌县、柯城区、江干区、吴兴区、天台县、普陀区、龙游县、常山县、淳安县、平阳县、路桥区。

地方文化财政支出排在第三方阵的县域分别是：鹿城区、瓯海区、建德市、嵊州市、武义县、岱山县、下城区、泰顺县、三门县、椒江区、兰溪市、仙居县、松阳县、衢江区、遂昌县、庆元县、浦江县、龙湾区、云和县、嵊泗县、江北区、磐安县、定海区、洞头区、上城区、拱墅区、越城区。

具体而言，2020年文化财政支持排名在前5位的分别是：余杭区7.23亿元、北仑区5.68亿元、南湖区与秀洲区5.51亿元（合）、慈溪市4.52亿元、鄞州区4.34亿元。萧山区等60个县域文化财政支持1亿~3.83亿元。岱山县等22个县域6 100万~9 982万元。县域文化财政支持的平均值为1.80亿元。

二、浙江省县域文化财政支持的空间布局

浙江省文化财政支持的空间布局呈现由东向西梯次减弱态势。优势地区主要集中在杭嘉湖平原、东南沿海、中部金华的部分地区，西部的江山市，与文化共同富裕优势空间大致一致，文化财政投入大的地区，总体上文化发展共同富裕情况比较好。次优、弱势文化财政空间主要集中在浙江省的中西部、南部。虽然地方文化财政支出指标在全面反映一个地区文化财政支持上不够全面，但也能管窥全貌。

从地级市层面看，2020年文化财政支持宁波最好，各县域地方文化财政支出平均值为2.71亿元，排在前3位的北仑区、慈溪市、鄞州区分别为5.68亿元、4.52亿元、4.34亿元，奉化区等7个县域为0.83亿~2.36亿元。衢州、丽水、舟山最弱。衢州各县域地方文化财政支出平均值为1.48亿元，其中江山市最多2.44亿元，开化等5个县域为0.89亿~1.79亿元。丽水各县域地方文化财政支出平均值为1.39亿元，其中莲都区最高，达到3.10亿元；缙云县等8个县域为0.88亿~1.49亿元。舟山各县域地方文化财政支出平均值为0.96亿元，除了普陀区达到1.26亿外，岱山县等3个县域为0.75亿~1亿元。根据以上数据分析，地方文化财政支出差的地区衢州、丽水、舟山仅为强势地区宁波的一半（舟山约为1/3）。浙江省89个县域地方文化财政支持的平均值为1.80亿元，宁波各县域超出平均值约0.9亿元，而衢州、丽水、舟山文化财政支持均没有达到平均值，舟山仅为全省均值的一半。实现文化共同富裕需要加大浙江省中西部、南部的文化财政投资规模，提高文化财政支持的精准度。

第七章 2020年县域文化基础设施指数测评结果

文化基础设施指数综合反映了各县域在公共阅读供给、文物产品供给、群众文化服务供给方面的情况与水平。

一、文化基础设施指数

2020年县域文化基础设施指数排名（见表7-1），第一方阵指数值113.17~317.11。位于第一方阵的县域有：洞头区、景宁自治县、鄞州区、海宁市、遂昌县、临海市、瑞安市、嵊泗县、龙泉市、天台县、浦江县、桐乡市、岱山县、诸暨市、黄岩区、庆元县、永康市、长兴县、上虞区、新昌县、余姚市、平湖市、云和县、奉化区、文成县、泰顺县、萧山区、海曙区、松阳县、余杭区。

第二方阵指数值位于78.00~113.09。文化基础设施指数排名位于第二方阵的县域为：安吉县、武义县、慈溪市、嵊州市、德清县、三门县、苍南县、义乌市、磐安县、象山县、嘉善县、温岭市、柯桥区、宁海县、上城区、仙居县、淳安县、平阳县、乐清市、海盐县、北仑区、缙云县、永嘉县、江干区、青田县、定海区、镇海区、临安区、建德市、柯城区。

第三方阵指数值位于20.55~76.13。文化基础设施指数排名位于第三方阵的县域为：龙游县、桐庐县、瓯海区、南浔区、江山市、普陀区、龙湾区、南湖区、常山县、椒江区、东阳市、鹿城区、玉环市、路桥区、富阳区、兰溪市、下城区、衢江区、拱墅区、开化县、西湖区、莲都区、吴兴区、秀洲区、江北区、越城区、滨江区、婺城区、金东区。

表7-1 2020年县域文化基础设施指数测评结果

方阵	区域	文化基础设施 指数值	排名	公共阅读供给 指数值	排名	文物产品供给 指数值	排名	群众文化服务供给 指数值	排名
第一方阵	洞头区	317.11	1	175.85	2	660.97	1	114.52	28
	景宁自治县	227.34	2	165.45	4	268.93	3	247.64	1
	鄞州区	199.29	3	162.65	5	266.67	4	168.54	8
	海宁市	172.76	4	153.31	8	261.31	5	103.65	33
	遂昌县	158.18	5	122.36	19	133.40	25	218.79	2
	临海市	157.21	6	99.48	39	320.20	2	51.96	83
	瑞安市	153.52	7	103.35	32	259.51	7	97.69	37

第七章 2020年县域文化基础设施指数测评结果

续表

方阵	区域	文化基础设施 指数值	排名	公共阅读供给 指数值	排名	文物产品供给 指数值	排名	群众文化服务供给 指数值	排名
第一方阵	嵊泗县	151.44	8	250.37	1	0	80	203.94	4
	龙泉市	147.84	9	100.71	35	212.18	10	130.64	18
	天台县	145.43	10	95.04	46	253.94	8	87.30	52
	浦江县	142.56	11	102.01	34	118.95	29	206.71	3
	桐乡市	136.38	12	153.53	7	185.95	12	69.65	67
	岱山县	134.50	13	128.57	15	177.24	16	97.68	38
	诸暨市	133.37	14	83.02	65	152.83	21	164.26	9
	黄岩区	132.49	15	95.05	45	170.55	17	131.88	17
	庆元县	131.14	16	132.80	13	101.77	36	158.84	10
	永康市	129.54	17	83.02	66	216.41	9	89.19	47
	长兴县	129.53	18	87.09	54	182.54	13	118.95	24
	上虞区	128.05	19	70.44	78	260.03	6	53.68	82
	新昌县	126.25	20	152.81	9	117.83	31	108.10	30
	余姚市	125.14	21	74.41	73	131.92	26	169.07	7
	平湖市	121.68	22	119.10	23	158.41	19	87.55	50
	云和县	121.52	23	170.25	3	45.41	62	148.91	14
	奉化区	118.46	24	90.34	52	165.20	18	99.84	34
	文成县	116.03	25	121.77	20	68.10	47	158.21	11
	泰顺县	114.17	26	124.21	18	31.45	69	186.85	5
	萧山区	113.84	27	158.84	6	87.54	40	95.13	42
	海曙区	113.75	28	63.99	82	192.21	11	85.03	54
	松阳县	113.49	29	115.24	27	50.23	60	174.10	6
	余杭区	113.17	30	79.98	69	140.23	23	119.31	23
第二方阵	安吉县	113.09	31	85.06	62	179.93	14	74.26	61
	武义县	112.56	32	97.22	42	135.60	24	104.80	32
	慈溪市	111.68	33	74.67	72	152.60	22	107.79	31
	嵊州市	110.56	34	84.91	63	179.73	15	67.06	73
	德清县	109.54	35	94.46	47	108.25	33	125.91	20
	三门县	107.92	36	108.70	29	131.83	27	83.24	55
	苍南县	107.78	37	103.27	33	101.65	37	118.40	25

89

续表

方阵	区域	文化基础设施 指数值	排名	公共阅读供给 指数值	排名	文物产品供给 指数值	排名	群众文化服务供给 指数值	排名
第二方阵	义乌市	106.49	38	114.48	28	55.03	53	149.96	12
	磐安县	103.74	39	125.21	17	65.02	49	120.99	21
	象山县	102.60	40	90.44	51	118.58	30	98.77	36
	嘉善县	102.25	41	144.68	10	86.88	41	75.21	60
	温岭市	99.10	42	116.43	25	109.89	32	70.98	64
	柯桥区	98.42	43	119.15	22	77.24	42	98.86	35
	宁海县	96.76	44	74.33	74	102.76	34	113.21	29
	上城区	95.79	45	70.02	79	126.87	28	90.50	46
	仙居县	95.74	46	117.79	24	35.81	66	133.62	16
	淳安县	95.57	47	135.51	11	31.26	70	119.95	22
	平阳县	94.85	48	86.17	57	71.29	44	127.11	19
	乐清市	93.53	49	86.58	56	53.42	56	140.58	15
	海盐县	91.74	50	127.56	16	68.95	46	78.72	58
	北仑区	90.89	51	133.47	12	75.99	43	63.21	78
	缙云县	89.51	52	99.83	38	51.43	58	117.27	26
	永嘉县	87.78	53	86.97	55	59.74	51	116.63	27
	江干区	87.02	54	55.13	84	157.99	20	47.95	85
	青田县	81.97	55	75.73	70	20.80	74	149.37	13
	定海区	81.37	56	85.78	60	94.27	38	64.06	76
	镇海区	80.79	57	95.66	44	89.73	39	56.99	80
	临安区	79.08	58	104.99	30	36.60	65	95.65	40
	建德市	78.73	59	120.13	21	21.26	73	94.79	43
	柯城区	78.00	60	128.92	14	16.49	78	88.60	49
第三方阵	龙游县	76.13	61	85.92	58	47.33	61	95.15	41
	桐庐县	75.78	62	115.38	26	16.26	79	95.72	39
	瓯海区	75.02	63	103.43	31	52.03	57	69.61	68
	南浔区	74.60	64	98.39	40	66.36	48	59.05	79
	江山市	71.10	65	72.70	75	69.86	45	70.74	65
	普陀区	70.18	66	85.80	59	50.53	59	74.21	62
	龙湾区	69.89	67	81.53	67	64.93	50	63.21	77

续表

方阵	区域	文化基础设施 指数值	排名	公共阅读供给 指数值	排名	文物产品供给 指数值	排名	群众文化服务供给 指数值	排名
第三方阵	南湖区	69.61	68	38.47	86	102.01	35	68.34	70
	常山县	67.73	69	95.10	43	19.90	75	87.30	51
	椒江区	66.57	70	92.58	48	57.53	52	49.60	84
	东阳市	64.31	71	71.71	77	39.33	64	81.89	56
	鹿城区	63.02	72	98.00	41	34.68	67	56.39	81
	玉环市	62.59	73	100.02	37	17.41	77	70.33	66
	路桥区	62.36	74	100.17	36	19.21	76	67.71	71
	富阳区	62.15	75	75.18	71	25.40	71	85.88	53
	兰溪市	61.62	76	72.19	76	45.20	63	67.49	72
	下城区	58.39	77	84.43	64	21.45	72	69.30	69
	衢江区	58.11	78	85.70	61	0	80	88.63	48
	拱墅区	56.44	79	87.54	53	0	80	81.78	57
	开化县	55.94	80	92.47	49	0	80	75.34	59
	西湖区	53.27	81	81.06	68	54.62	54	24.12	89
	莲都区	52.07	82	63.80	83	0	80	92.42	44
	吴兴区	49.52	83	51.42	85	33.01	68	64.12	75
	秀洲区	48.43	84	0	89	54.18	55	91.12	45
	江北区	46.79	85	66.91	81	0	80	73.48	63
	越城区	44.51	86	67.70	80	0	80	65.82	74
	滨江区	41.60	87	92.37	50	0	80	32.42	88
	婺城区	23.65	88	31.75	87	0	80	39.19	86
	金东区	20.55	89	29.05	88	0	80	32.58	87

浙江文化基础设施的空间布局整体上呈现由东向西减弱趋势，最优空间与次优空间比较斑驳，最优空间集中在北部、东部、中部的部分地区，南部丽水全境文化基础设施建设情况好，中西部呈弱势，文化基础设施建设与地区经济发展并非完全一致。

以下对文化基础设施中各分项指标排名前5的贡献指标进行分析。本组数据中，洞头区文化基础设施指数排名第1（指数值317.11），其中，文物产品供给排名第1（指数值660.97）、公共阅读供给排名第2（指数值175.85），而群众文化服务供给仅排名28（指数值114.52），充分说明前两项指标是洞头区文化基础设施指数的重要贡献指标。景宁自治县文化基础设施指数排名第2（指数值227.34），其中群众文化服务供给排名第1（指数值247.64），文物产品供给和公共阅读供给分别排名第3（指数268.97）、第4（指数165.45），三项指标贡献比较均衡。遂昌县文化基础设施指数排名第5（指数158.18），其中，群众文化服务供给排名第2（指数值218.79），是重要贡献指标。临海市文化基础设施指数排名第6（指数值157.21），其中，文物产品供给排名第2（指数值320.20），是最重要的贡献指标。嵊泗县在文物产品供给指数为"0"的情况下，文化基础设施指数排名第8（指数值151.44），其中，公共阅读供给指数排名第1（指数值250.37），群众文化服务供给指数排名第4（指数值203.94）。浦江县文化基础设施指数排名第11（指数值142.56），其中，群众文化服务供给排名第3（指数值206.71），是突出贡献指标。云和县文化基础设施指数虽然排名第23（指数值121.52），但公共阅读供给指数排名第3（指数值170.25），该项指标起到重要作用。

二、公共阅读供给指数

公共阅读供给包括公共图书馆数量、人均公共图书馆拥有量、公共图书馆藏书量、人均公共图书馆藏书量4个指标（见表7-2）。

表7-2 2020年县域公共阅读供给指数测评结果

区域	公共阅读供给 指数值	排名	公共图书馆数量（总） 指数值	排名	公共图书馆藏品量（总） 指数值	排名
嵊泗县	250.37	1	389.30	1	111.43	30
洞头区	175.85	2	202.55	5	149.14	14
云和县	170.25	3	225.70	3	114.80	24
景宁自治县	165.45	4	254.51	2	76.39	60
鄞州区	162.65	5	64.08	83	261.21	1
萧山区	158.84	6	60.05	85	257.62	2
桐乡市	153.53	7	72.01	69	235.05	4
海宁市	153.31	8	71.04	72	235.58	3
新昌县	152.81	9	106.33	23	199.29	6
嘉善县	144.68	10	84.95	52	204.41	5
淳安县	135.51	11	119.00	14	152.02	13
北仑区	133.47	12	154.63	10	112.31	29
庆元县	132.80	13	209.19	4	56.41	79
柯城区	128.92	14	101.38	27	156.45	9

续表

区域	公共阅读供给 指数值	排名	公共图书馆数量（总） 指数值	排名	公共图书馆藏品量（总） 指数值	排名
岱山县	128.57	15	159.14	8	98.00	37
海盐县	127.56	16	99.64	31	155.48	10
磐安县	125.21	17	157.43	9	92.98	44
泰顺县	124.21	18	135.34	12	113.09	28
遂昌县	122.36	19	166.77	6	77.94	59
文成县	121.77	20	128.77	13	114.77	26
建德市	120.13	21	101.28	28	138.98	16
柯桥区	119.15	22	70.58	73	167.72	7
平湖市	119.10	23	83.81	54	154.40	11
仙居县	117.79	24	102.55	26	133.03	18
温岭市	116.43	25	66.02	79	166.84	8
桐庐县	115.38	26	100.10	30	130.65	19
松阳县	115.24	27	160.73	7	69.75	67
义乌市	114.48	28	76.60	65	152.35	12
三门县	108.70	29	109.74	19	107.66	33
临安区	105.00	30	85.77	47	124.23	23
瓯海区	103.43	31	73.57	68	133.29	17
瑞安市	103.35	32	64.93	82	141.76	15
苍南县	103.27	33	76.90	63	129.65	20
浦江县	102.01	34	106.64	22	97.39	39
龙泉市	100.71	35	141.17	11	60.26	75
路桥区	100.17	36	86.09	46	114.26	27
玉环市	100.02	37	85.25	51	114.79	25
缙云县	99.83	38	105.99	24	93.67	43
临海市	99.48	39	70.36	75	128.60	21
南浔区	98.39	40	96.42	35	100.36	36
鹿城区	98.00	41	69.45	76	126.56	22
武义县	97.28	42	115.76	16	78.80	58
常山县	96.00	43	116.45	15	75.55	62
镇海区	95.66	44	94.42	40	96.89	41

续表

区域	公共阅读供给 指数值	排名	公共图书馆数量（总）指数值	排名	公共图书馆藏品量（总）指数值	排名
黄岩区	95.05	45	82.06	57	108.03	31
天台县	95.04	46	97.79	33	92.30	45
德清县	94.46	47	101.21	29	87.71	52
椒江区	92.58	48	77.45	59	107.71	32
开化县	92.47	49	112.95	18	71.99	66
滨江区	92.37	50	95.06	38	89.68	49
象山县	90.44	51	89.89	42	90.98	48
奉化区	90.34	52	89.27	43	91.40	47
拱墅区	87.54	53	85.74	48	89.33	50
长兴县	87.09	54	85.60	50	88.59	51
永嘉县	86.97	55	76.10	67	97.83	38
乐清市	86.58	56	65.63	80	107.54	34
平阳县	86.17	57	76.30	66	96.03	42
龙游县	85.92	58	106.78	21	65.07	71
普陀区	85.80	59	109.28	20	62.31	74
定海区	85.78	60	95.40	37	76.16	61
衢江区	85.70	61	105.15	25	66.25	69
安吉县	85.06	62	97.97	32	72.16	64
嵊州市	84.91	63	83.32	55	86.50	54
下城区	84.43	64	96.73	34	72.14	65
诸暨市	83.02	65	68.85	77	97.19	40
永康市	83.02	66	86.55	45	79.49	57
龙湾区	81.53	67	81.31	58	81.74	55
西湖区	81.06	68	70.40	74	91.72	46
余杭区	79.98	69	59.45	86	100.51	35
青田县	75.73	70	94.58	39	56.89	78
富阳区	75.18	71	77.28	60	73.07	63
慈溪市	74.67	72	62.38	84	86.95	53
余姚市	74.41	73	68.07	78	80.75	56
宁海县	74.33	74	82.57	56	66.09	70

续表

区域	公共阅读供给 指数值	排名	公共图书馆数量（总）指数值	排名	公共图书馆藏品量（总）指数值	排名
江山市	72.70	75	87.01	44	58.39	77
兰溪市	72.19	76	84.67	53	59.71	76
东阳市	71.71	77	76.66	64	66.76	68
上虞区	70.44	78	76.91	62	63.98	72
上城区	70.02	79	113.46	17	26.57	84
越城区	67.70	80	71.50	71	63.91	73
江北区	66.91	81	96.33	36	37.49	82
海曙区	63.99	82	71.76	70	56.21	80
莲都区	63.80	83	90.38	41	37.23	83
江干区	55.13	84	65.26	81	45.00	81
吴兴区	51.42	85	85.61	49	17.23	85
南湖区	38.47	86	76.95	61	0	88
婺城区	31.75	87	50.00	87	13.50	86
金东区	29.05	88	50.00	87	8.11	87
秀洲区	0	89	0	89	0	88

（一）图书馆数量（总）指数值

公共阅读供给指数显示，排在前十位的分别是嵊泗县、洞头区、云和县、景宁自治县、鄞州区、萧山区、桐乡市、海宁市、新昌县、嘉善县。嵊泗县公共阅读供给指数位列第1（指数值250.37），其中，公共图书馆数量（总）指数值位列第1（指数值389.30）；洞头区指数排名第2（指数值175.85），其中，公共图书馆数量（总）指数值位列第5（指数值202.55）；云和县指数排名第3（指数值170.25），其中，公共图书馆数量（总）指数值位列第3（指数值225.70）；景宁自治县指数排名第4（指数值165.45），其中，公共图书馆数量（总）指数值位列第2（指数值254.51）；庆元县指数排名第13（指数值132.80），其中，公共图书馆数量（总）指数值位列第4（指数值209.19）。这些县域，公共图书馆数量（总）指数是重要的贡献指标。

浙江省89个县域县级的公共图书馆已经全域覆盖，除了北仑区有两个、秀洲区为"0"外，其余均有1个。嵊泗县人均图书馆的拥有量是浙江省县域级中最多的，为0.149个/万人，主要是嵊泗县的总人口仅有66903人。浙江省县域公共图书馆的人均拥有量0.022个/万人。

（二）图书馆藏品量（总）指数值

鄞州区公共阅读供给指数位列第5（指数值162.65），其中，公共图书馆藏品量（总）指数排名第1（指数值261.21）；萧山区指数位列第6（指数值158.84），公共图书馆藏品量（总）指数排名第2（指数值257.62）；桐乡市指数位列第7（指数值153.53），其中，公共图书馆藏品量（总）指数排名第4（指数值235.05）；海宁市指数排名第8（指数值153.31），其中，公共图书馆藏品量（总）指数排名第3（指数值235.58）；嘉善县指数排名第10（指数值144.68），其中，公共图书馆藏品量（总）指数排名第5（指数值204.41）。这些县域，公共图书馆藏品量（总）指数是重要的贡献指标。

新昌县虽然公共阅读供给指数排名第9，但新昌县人均图书馆藏书量2.82册，位列第1。新昌县、洞头区、嵊泗县、嘉善县、淳安县、云和县、柯城区、海盐县、桐乡市、海宁市10个县人均图书馆藏书量均超过2册，建德市等43个县域人均图书馆藏书量1~1.89册。定海区等32个县域人均图书馆藏书量0.2~0.98册，其中吴兴区最少，人均图书馆藏书量仅为0.2册。南湖区、秀洲区、婺城区、金东区统计为"0"。浙江省89个县域公共图书馆的人均藏书量1.16册。

三、文物产品供给指数

文物产品供给包括博物馆数量、人均博物馆数量、博物馆藏品量、人均博物馆藏品量4个指标。文物产品供给指数显示，排在前10位的是洞头区、临海市、景宁自治县、鄞州区、海宁市、上虞区、瑞安市、天台县、永康市、龙泉市（见表7-3）。

表7-3　2020年县域文物产品供给指数测评结果

区域	文物产品供给 指数值	排名	博物馆（纪念馆）数量 指数值	排名	博物馆（纪念馆）藏品量 指数值	排名
洞头区	660.96	1	212.72	9	1109.21	1
临海市	320.20	2	384.55	1	255.84	9
景宁自治县	268.93	3	271.12	4	266.74	8
鄞州区	266.67	4	323.20	3	210.13	14
海宁市	261.31	5	129.73	31	392.89	2
上虞区	260.03	6	166.72	16	353.33	4
瑞安市	259.51	7	328.61	2	190.42	16
天台县	253.94	8	126.58	32	381.30	3
永康市	216.41	9	164.59	18	268.23	7

续表

区域	文物产品供给 指数值	排名	博物馆（纪念馆）数量 指数值	排名	博物馆（纪念馆）藏品量 指数值	排名
龙泉市	212.18	10	143.70	25	280.66	6
海曙区	192.21	11	240.80	6	143.63	22
桐乡市	185.95	12	131.90	30	240.00	11
长兴县	182.54	13	189.52	13	175.57	19
安吉县	179.93	14	190.26	12	169.61	20
嵊州市	179.73	15	26.22	75	333.23	5
岱山县	177.24	16	109.27	34	245.20	10
黄岩区	170.55	17	154.50	22	186.60	18
奉化区	165.20	18	142.26	27	188.14	17
平湖市	158.41	19	158.42	19	158.40	21
江干区	157.99	20	77.81	45	238.18	12
诸暨市	152.83	21	249.60	5	56.07	44
慈溪市	152.60	22	220.51	8	84.69	33
余杭区	140.23	23	51.83	58	228.63	13
武义县	135.60	24	76.76	46	194.44	15
遂昌县	133.40	25	229.98	7	36.83	53
余姚市	131.92	26	205.08	10	58.76	42
三门县	131.83	27	180.61	15	83.06	34
上城区	126.87	28	187.59	14	66.15	37
浦江县	118.95	29	139.84	28	98.05	28
象山县	118.58	30	143.43	26	93.73	30
新昌县	117.83	31	139.37	29	96.29	29
温岭市	109.89	32	157.90	20	61.88	39
德清县	108.25	33	197.56	11	18.93	65
宁海县	102.76	34	155.64	21	49.87	46
南湖区	102.01	35	95.33	40	108.69	26

续表

区域	文物产品供给 指数值	排名	博物馆（纪念馆）数量 指数值	排名	博物馆（纪念馆）藏品量 指数值	排名
庆元县	101.77	36	146.78	24	56.76	43
苍南县	101.65	37	166.70	17	36.61	54
定海区	94.27	38	153.74	23	34.81	55
镇海区	89.73	39	60.76	54	118.69	24
萧山区	87.54	40	70.00	48	105.08	27
嘉善县	86.88	41	107.33	36	66.42	36
柯桥区	77.24	42	107.24	37	47.25	49
北仑区	75.99	43	23.97	76	128.00	23
平阳县	71.29	44	94.36	41	48.21	47
江山市	69.86	45	27.61	70	112.11	25
海盐县	68.95	46	64.67	51	73.22	35
文成县	68.10	47	43.25	61	92.96	31
南浔区	66.36	48	124.53	33	8.20	73
磐安县	65.02	49	107.99	35	22.05	63
龙湾区	64.93	50	101.87	38	27.98	59
永嘉县	59.74	51	94.07	42	25.40	61
椒江区	57.53	52	96.08	39	18.97	64
义乌市	55.03	53	23.70	79	86.36	32
西湖区	54.62	54	64.13	52	45.11	52
秀洲区	54.18	55	78.71	44	29.66	57
乐清市	53.42	56	58.77	55	48.07	48
瓯海区	52.03	57	45.13	60	58.92	41
缙云县	51.43	58	69.44	49	33.43	56
普陀区	50.53	59	71.90	47	29.16	58
松阳县	50.23	60	55.23	56	45.23	51
龙游县	47.33	61	35.01	64	59.64	40

续表

区域	文物产品供给 指数值	排名	博物馆（纪念馆）数量 指数值	排名	博物馆（纪念馆）藏品量 指数值	排名
云和县	45.40	62	79.58	43	11.23	69
兰溪市	45.20	63	26.73	74	63.67	38
东阳市	39.33	64	23.73	78	54.94	45
临安区	36.60	65	27.14	72	46.05	50
仙居县	35.81	66	66.85	50	4.76	76
鹿城区	34.68	67	63.07	53	6.30	75
吴兴区	33.01	68	54.16	57	11.87	67
泰顺县	31.45	69	45.72	59	17.19	66
淳安县	31.26	70	39.59	62	22.93	62
富阳区	25.40	71	23.96	77	26.84	60
下城区	21.45	72	31.25	68	11.65	68
建德市	21.26	73	32.95	66	9.56	72
青田县	20.80	74	30.44	69	11.15	70
常山县	19.90	75	38.64	63	1.16	77
路桥区	19.21	76	27.26	71	11.15	71
玉环市	17.41	77	26.94	73	7.88	74
柯城区	16.49	78	32.99	65	0	78
桐庐县	16.25	79	32.51	67	0	78
拱墅区	0	80	0	80	0	78
滨江区	0	80	0	80	0	78
江北区	0	80	0	80	0	78
越城区	0	80	0	80	0	78
婺城区	0	80	0	80	0	78
金东区	0	80	0	80	0	78
衢江区	0	80	0	80	0	78
开化县	0	80	0	80	0	78
嵊泗县	0	80	0	80	0	78
莲都区	0	80	0	80	0	78

（一）博物馆（纪念馆）数量指数值

文物产品供给指数排名第2的临海市（指数值320.20），博物馆（纪念馆）数量指数排名第1（指数值384.55）；指数排名第7的瑞安市（指数值259.51），博物馆（纪念馆）数量指数排名第2（指数值328.61）；指数排名第4的鄞州区（指数值266.67），博物馆（纪念馆）数量指数排名第3（指数值323.20）；景宁自治县排名第3（指数值268.93），博物馆（纪念馆）数量排名第4（指数值271.12）；诸暨市指数虽然排名第21（指数值152.83），但博物馆（纪念馆）数量排名第5（指数值249.60）。这些县域的博物馆（纪念馆）数量指数是文物产品供给指数重要的贡献指标。

博物馆（纪念馆）数量在10个以上的县域有7个，分别是临海市（18个）、鄞州区和瑞安市（均17个）、慈溪市和诸暨市（均12个）、海曙区（11个）、余姚市（10个）。温岭市等72个县域博物馆（纪念馆）数量1~8个。需要指出的是拱墅区等10个县域博物馆（纪念馆）的数量为"0"，其中8个区（县）位于浙江省地级市的核心区域，市级博物馆（纪念馆）已经能够满足人民群众的文化需求，但是开化县、嵊泗县还缺少博物馆（纪念馆）建设。

人均博物馆（纪念馆）数量，景宁自治县、遂昌县、洞头区均超过0.2个/万人，景宁自治县最多（0.27个/万人）。其次，临海市、庆元县、上城区、德清县、三门县、安吉县、龙泉市、瑞安市、长兴县、海曙区、鄞州区均超过0.1个/万人。浙江省县域级博物馆（纪念馆）的人均拥有量0.06个/万人。

（二）博物馆（纪念馆）藏品量指数值

文物产品供给指数排名第1的洞头区（指数值660.96），博物馆（纪念馆）藏品量指数排名第1（指数值1 109.21）；指数排名第5的海宁市（指数值261.31），博物馆（纪念馆）藏品量指数排名第2（指数值392.89）；指数排名第8的天台县（指数值253.94），博物馆（纪念馆）藏品量指数排名第3（指数值381.30）；指数排名第6的上虞区（指数值260.03），博物馆（纪念馆）藏品量指数排名第4（指数值353.33）；指数排名第15的嵊州市（指数值179.73），博物馆（纪念馆）藏品量指数排名第5（指数值333.23）。这些县域，其博物馆（纪念馆）藏品量指数是文物产品供给指数重要的贡献指标。

博物馆（纪念馆）藏品数量排在前3位的分别是海宁市41 533件、洞头区37 611件、上虞区34 130件。余杭区等22个县域博物馆（纪念馆）藏品数量10 403~29 717件，江山市等40个县域1 016~9 427件，磐安县等11个县域334~975件。常山县最少，仅71件。拱墅区等12个区（县）统计数据为"0"，除了位于各地级市核心区域的区以外，桐庐县、开化县、嵊泗县3县域没有藏品量。

人均博物馆（纪念馆）藏品量最多的是洞头区0.25个。其次是景宁自治县为0.06件/人。再次是天台县、龙泉市、岱山县均超过0.05件/人。这5个县域排在前 5 名。浙江省县域级博物馆（纪念馆）的人均藏品量 0.01 件/万人。

拱墅区、滨江区、江北区、越城区、婺城区、金东区、衢江区、开化县、嵊泗县、莲都区博物馆（纪念馆）数量为"0"。博物馆（纪念馆）藏品量，除了以上区域，柯城区、桐庐县博物馆（纪念馆）藏品量为"0"。以上区域，大多数位于各地级市的核心区域，地市博物馆的建设能够满足全市百姓的文化欣赏，但是开化县、嵊泗县、桐庐县博物馆建设没有达到浙江省"县有四馆一院"的基本要求。

四、群众文化娱乐设施供给指数

群众文化娱乐设施供给包括文化馆与文化站数量、人均文化馆与文化站数量、文化馆与文化站建筑面积、人均文化馆与文化站建筑面积。群众文化娱乐设施供给指数显示，排在前 10 位的县域是：景宁自治县、遂昌县、浦江县、嵊泗县、泰顺县、松阳县、余姚市、鄞州区、诸暨市、庆元县（见表 7-4）。

表 7-4　2020 年县域群众文化娱乐设施供给指数测评结果

区域	群众文化供给 指数值	排名	文化馆 指数值	排名	文化站 指数值	排名
景宁自治县	246.28	1	228.77	5	263.80	2
遂昌县	216.47	2	278.67	2	154.26	11
浦江县	204.21	3	323.10	1	85.31	47
嵊泗县	202.82	4	272.45	3	133.19	18
泰顺县	186.34	5	114.45	22	258.23	3
松阳县	173.70	6	190.97	7	156.43	10
余姚市	169.01	7	46.69	84	291.33	1
鄞州区	168.12	8	136.25	12	199.98	6
诸暨市	163.22	9	240.30	4	86.15	43
庆元县	158.42	10	137.40	11	179.45	8
文成县	157.64	11	118.61	21	196.66	7
青田县	149.04	12	87.34	44	210.73	4
义乌市	148.87	13	212.52	6	85.23	48
云和县	147.98	14	184.59	8	111.36	30
乐清市	140.37	15	80.58	52	200.17	5
仙居县	133.18	16	99.73	33	166.63	9
黄岩区	130.94	17	174.92	9	86.96	42

续表

区域	群众文化供给 指数值	排名	文化馆 指数值	排名	文化站 指数值	排名
龙泉市	130.18	18	111.77	24	148.59	14
平阳县	126.53	19	130.78	15	122.28	24
德清县	125.16	20	134.31	13	116.01	27
磐安县	120.41	21	128.74	16	112.08	29
淳安县	119.68	22	86.30	47	153.05	12
余杭区	119.07	23	111.51	25	126.62	21
长兴县	118.41	24	114.42	23	122.41	23
苍南县	117.94	25	111.50	26	124.39	22
缙云县	116.78	26	106.12	30	127.43	20
永嘉县	116.09	27	124.03	17	108.15	34
洞头区	113.91	28	149.25	10	78.57	53
宁海县	112.80	29	98.08	34	127.53	19
新昌县	107.90	30	74.88	58	140.92	17
慈溪市	107.64	31	71.07	61	144.21	16
武义县	104.51	32	87.36	43	121.67	25
海宁市	103.36	33	88.98	41	117.75	26
奉化区	99.24	34	120.69	19	77.80	54
柯桥区	98.46	35	111.12	27	85.80	44
象山县	98.39	36	92.57	37	104.21	36
瑞安市	97.64	37	45.91	85	149.36	13
岱山县	97.17	38	122.75	18	71.60	59
桐庐县	95.47	39	78.60	55	112.35	28
临安区	95.27	40	92.85	36	97.70	39
萧山区	95.08	41	44.53	86	145.63	15
龙游县	94.89	42	80.78	51	109.00	32
建德市	94.45	43	89.47	40	99.42	38

续表

区域	群众文化供给 指数值	群众文化供给 排名	文化馆 指数值	文化馆 排名	文化站 指数值	文化站 排名
莲都区	91.83	44	118.74	20	64.93	70
秀洲区	90.63	45	109.81	28	71.45	60
上城区	89.76	46	132.23	14	47.29	79
永康市	88.95	47	75.41	56	102.49	37
衢江区	88.47	48	70.54	62	106.40	35
柯城区	88.26	49	88.87	42	87.65	41
天台县	87.17	50	63.38	68	110.97	31
平湖市	87.06	51	109.07	29	65.05	69
常山县	86.95	52	93.36	35	80.54	51
富阳区	85.73	53	63.18	69	108.27	33
海曙区	84.83	54	72.71	60	96.95	40
三门县	82.98	55	82.20	50	83.75	49
东阳市	81.59	56	86.75	46	76.43	57
拱墅区	81.35	57	99.96	32	62.75	71
海盐县	78.36	58	90.81	38	65.91	68
开化县	75.17	59	73.25	59	77.10	56
嘉善县	74.93	60	79.90	53	69.96	62
安吉县	74.14	61	62.82	70	85.45	45
普陀区	73.87	62	90.18	39	57.57	74
江北区	73.02	63	102.23	31	43.81	82
温岭市	70.86	64	60.64	74	81.08	50
江山市	70.60	65	62.06	72	79.13	52
玉环市	70.02	66	84.84	48	55.20	76
瓯海区	69.47	67	61.37	73	77.56	55
桐乡市	69.47	68	69.73	63	69.20	63
下城区	69.04	69	79.49	54	58.59	73

续表

区域	群众文化供给 指数值	群众文化供给 排名	文化馆 指数值	文化馆 排名	文化站 指数值	文化站 排名
南湖区	68.16	70	67.58	64	68.73	65
路桥区	67.42	71	82.41	49	52.43	78
兰溪市	67.33	72	63.84	67	70.82	61
嵊州市	66.93	73	58.85	76	75.02	58
越城区	65.66	74	64.73	65	66.58	67
吴兴区	64.12	75	42.78	87	85.45	46
定海区	63.97	76	58.74	77	69.20	64
北仑区	63.08	77	58.12	78	68.04	66
龙湾区	62.89	78	87.13	45	38.64	84
南浔区	58.93	79	62.62	71	55.24	75
镇海区	56.76	80	75.27	57	38.26	85
鹿城区	56.31	81	50.24	82	62.38	72
上虞区	53.59	82	52.49	81	54.70	77
临海市	51.85	83	56.68	79	47.02	80
椒江区	49.51	84	53.15	80	45.86	81
江干区	47.82	85	60.62	75	35.03	86
婺城区	39.19	86	37.10	88	41.29	83
金东区	32.58	87	35.73	89	29.44	87
滨江区	32.28	88	64.56	66	0	88
西湖区	24.05	89	48.10	83	0	88

（一）文化馆供给指数

群众文化供给指数，景宁自治县排名第1（指数值246.28），其中，文化馆排名第5（指数值228.77）；遂昌县排名第2（指数值216.47），其中，文化馆排名第2（指数值278.67）；浦江县排名第3（指数值204.21），其中，文化馆排名第1（指数值323.10）；嵊泗县排名第4（指数值202.82），其中，文化馆排名第3（指数值272.45）；诸暨市排名第9（指数值163.22），其中，文化馆排名第4

(指数值240.30)。这些县域文化馆指数是群众文化供给指数重要的贡献指标。

浙江省所有县域均设有1个文化馆。嵊泗县的人均文化馆数量排名第1(0.149个/万人),景宁自治县排名第2(0.09个/万人),浙江省县域文化馆的人均拥有量0.022个/万人。

文化馆建筑设施面积排在前5位的分别是:诸暨市4.15万平方米、浦江县3.35万平方米、义乌市3.11万平方米、鄞州区2.28万平方米、黄岩区2.22万平方米。余杭区等14个县域文化馆建筑设施面积1.02万~1.95万平方米,宁海县等69个县域1 552~9 337平方米。吴兴区统计数据为"0"。浙江省县域文化馆建筑设施面积平均值为7 315.2平方米。

人均文化馆建筑设施面积最大的是浦江县和遂昌县,分别达到835.55平方米/万人、774.07平方米/万人。景宁自治县等14个县域每万人拥有文化馆建筑面积203.02~454.05平方米,奉化区等32个县域101.55~198.39平方米/万人。路桥区等42个县域15.15~98.25平方米/万人。吴兴区、婺城区、金东区统计数据为"0"。浙江省县域文化馆人均建筑设施面积平均值为134.44平方米。

(二)文化站供给指数

群众文化供给指数,景宁自治县排名第1(指数值246.28),其中,文化站排名第2(指数值263.80);泰顺县排名第5(指数值186.34),其中,文化站排名第3(指数值258.23);余姚市排名第7(指数值169.01),其中,文化站排名第1(指数值291.33);青田县排名第12(指数值149.04),其中,文化站排名第4(指数值210.73);乐清市排名第15(指数值140.37),其中,文化站排名第5(指数值200.17)。这些县域文化站供给指数是群众文化供给指数重要的贡献指标。

文化站数量最多的是青田县(32个),乐清市等14个县域文化站数量20~25个,余杭区等56个县域10~19个,秀洲区等16个县域6~9个。西湖区、滨江区统计数据为"0"。全省各县域拥有文化站数量的平均值为14.82个。

人均文化站数量景宁自治县排名第1(1.89个/万人),主要得益于景宁自治县的人口基数小。文化站数量排在前4位的分别是:景宁自治县1.89个/万人、庆元县1.33个/万人、嵊泗县1.05个/万人、遂昌县1.03个/万人,松阳县等78个县域人均文化站数量0.1~0.93个/万人,龙湾区、余杭区、江干区不足0.1个/万人。西湖区、滨江区、婺城区、金东区统计数据为"0"。全省各县域拥有人均文化站数量的平均值为0.32个/万人。

文化站建筑设施面积最大的是余姚市29.94万平方米、鄞州区20.56万平方米,乐清市等6个县域有10.36万~18.66万平方米。泰顺县等78个县域1.03万~9.25万平方米。嵊泗县仅6 727平方米。西湖区、滨江区统计数据为"0"。全省各县域拥有文化站建筑设施面积的平均值为4.66万平方米。

人均文化站建筑设施面积最大的是泰顺县，达到 3 477.63 平方米/万人。其次是文成县 2 426.65 平方米/万人、余姚市 2 383.37 平方米/万人。景宁自治县等 15 个县域人均文化站建筑设施面积 1 005.49~1 931.62 平方米/万人，平阳县等 67 个县域 151.10~997.88 平方米/万人。西湖区、滨江区、婺城区、金东区统计数据为"0"。浙江省县域级文化站人均建筑设施面积达到 725.49 平方米/万人。

五、完善公共文化服务基础设施建设

《浙江省文化改革发展"十四五"规划》（2021 年）提出，"十四五"期间全面实现"市有五馆一院一厅、县有四馆一院、区有三馆、乡镇有综合文化站，农村有文化礼堂"，市、县、乡三级文化设施覆盖达标率 100%。目前，县"四馆一院"中文化馆、图书馆、博物馆、乡镇综合文化站已经实现了全域覆盖，区三馆的图书馆、文化馆也已经实现了全域覆盖[①]，构建人民群众幸福美好精神文化生活基本保障体系的城乡一体"15 分钟品质文化生活圈""15 分钟文明实践服务圈"基本建立，文化基础设施建设提升了浙江省城乡基本公共文化服务均等化水平。除了传统的大型基地，新兴的小型基础设施建设是提升基层公共文化服务覆盖面的关键，两者相互补充，有效增加了供给能力。比如，城市书房、农村文化礼堂、乡镇文化站以实体空间方式嵌入百姓日常生活，进一步编实密织公共文化服务体系。

文化基础设施是影响县域文化共同富裕空间分布的基础性因素，一方面，文化基础设施三大方阵差距明显，空间梯度差异依然存在；另一方面，各县域文化资源禀赋各异，指数分析为文化发展以及文化经济转化标示了努力的方向。浙江文化基础设施的空间布局整体上呈现由东向西减弱趋势，最优空间与次优空间比较斑驳，最优空间集中在北部、东部、中部的部分地区，南部丽水全境文化基础设施建设情况好，中西部呈弱势，文化基础设施建设与地区经济发展并非完全一致。

浙江省文化共同富裕中文化基础设施指数值大于 100 的有 41 个县域。丽水 6 个县域指数值大于 100，是文化基础设施最好的地区。其中，丽水的群众文化服务供给特别好，主要原因在于人口基数小，人均文化站数量、人均文化馆建筑面积、人均文化站建筑面积相应较大。丽水公共阅读供给比较好，文物产品供给比较一般。

宁波、绍兴、湖州、嘉兴、金华均有超过一半县域指数值大于 100，是文化基础设施比较好的地区。其中，宁波文物产品供给特别好，群众文化服务供给一

---

① 县有四馆一院、区有三馆中的"非遗馆"建设，将在"非遗保护传承"中分析。

般，公共阅读供给比较弱。绍兴的文物产品供给特别好，公共阅读供给、群众文化服务供给一般。湖州的文物产品供给较好，群众文化服务供给一般，公共阅读供给指数值差。嘉兴的公共阅读供给、文物产品供给比较好，群众文化供给差。金华整体比较一般。

舟山、台州、温州有一半或不到一半县域指数值大于100，是文化基础设施一般的地区。其中，舟山的公共阅读供给一般，其余两项指标比较弱。台州的公共阅读供给、文物展品供给比较好，群众文化服务供给比较弱。温州的群众文化服务供给、公共阅读供给比较好，文物产品供给比较弱。

杭州、衢州是文化基础设施最差的地区。其中，杭州仅有两个县域指数值大于100，其中公共阅读供给一般，主要由于上城区等6个区域在主城区，省、市级图书馆已经分流了很大部分的群众阅读需求；杭州文物展品供给、群众文化娱乐供给比较弱。衢州各县域文化基础设施指数值均小于100，各项指标均差。衢州的公共阅读供给中图书馆的藏书量严重不足；文物展品供给中博物馆（纪念馆）的数量少，藏品自然就少，比如，开化县在2020年还没有博物馆（纪念馆）的数据；文化娱乐设施供给中文化馆、文化站的数量并不少，只是面积比较小。

需要指出的是，"十三五"期间全省仅有1/3县域有剧院（场）建设，总体缺口很大。全省拥有两家艺术表演场馆的县域有北仑区、镇海区、桐乡市、温岭市，除了温岭市有1家属于事业性质，其余均是企业性质；拥有1家艺术表演场馆的县域，享有事业编制的有鹿城区、永嘉县、文成县、泰顺县、嘉善县、上虞区、新昌县、诸暨市、嵊州市、浦江县、兰溪市、东阳市、嵊泗县、椒江区、临海市、龙泉市，属于企业性质的有鄞州区、奉化区、象山县、慈溪市、海盐县、长兴县、路桥区、玉环市、天台县。《浙江省文化改革发展"十四五"规划》提出"培育发展音乐会、歌剧、舞剧、交响乐等文化艺术，推进高雅艺术进校园、进农村、进社区、进企业，满足不同群体的文化需求"，剧院建设的匮乏离实现扩大高品质公共文化供给的目标尚有距离。

第八章 2020年县域文化人才资源指数测评结果

一、文化人才资源指数

文化人才资源指数综合反映了文化事业人才、文化人才素质、文化人才待遇指数的整体情况。

从表8-1可见，文化人才资源的第一方阵（指数值106.35~261.77）：萧山区、桐乡市、余杭区、海宁市、余姚市、平湖市、瑞安市、柯桥区、嘉善县、慈溪市、义乌市、乐清市、鄞州区、北仑区、长兴县、安吉县、苍南县、诸暨市、临海市、永嘉县、海盐县、象山县、莲都区、温岭市、龙泉市、临安区、平阳县、德清县、镇海区、黄岩区。

文化人才资源的第二方阵（指数值71.57~104.38）：下城区、东阳市、海曙区、泰顺县、上虞区、天台县、淳安县、新昌县、永康市、兰溪市、奉化区、宁海县、椒江区、富阳区、景宁自治县、武义县、桐庐县、松阳县、鹿城区、瓯海区、缙云县、建德市、文成县、岱山县、浦江县、拱墅区、定海区、青田县、路桥区、玉环市、普陀区。

文化人才资源的第三方阵（指数值12.67~71.34）：江山市、嵊州市、三门县、西湖区、龙游县、龙湾区、南湖区、仙居县、江干区、越城区、遂昌县、庆元县、开化县、洞头区、南浔区、云和县、常山县、上城区、秀洲区、婺城区、衢江区、嵊泗县、磐安县、柯城区、吴兴区、江北区、金东区、滨江区。

表8-1 2020年县域文化人才资源指数测评结果

方阵	区域	文化人才资源 指数值	排名	文化事业人才 指数值	排名	文化人才素质 指数值	排名	文化人才待遇 指数值	排名
第一方阵	萧山区	261.77	1	239.62	2	243.82	1	301.87	1
	桐乡市	248.99	2	305.53	1	209.21	4	232.24	5
	余杭区	234.67	3	228.34	3	209.44	3	266.23	2
	海宁市	224.57	4	206.56	5	205.19	5	261.96	3
	余姚市	204.82	5	199.36	6	184.00	7	231.11	6
	平湖市	201.81	6	163.67	11	243.60	2	198.18	8
	瑞安市	192.28	7	224.66	4	205.15	6	147.04	20
	柯桥区	180.99	8	144.41	17	179.63	9	218.92	7

续表

方阵	区域	文化人才资源		文化事业人才		文化人才素质		文化人才待遇	
		指数值	排名	指数值	排名	指数值	排名	指数值	排名
第一方阵	嘉善县	174.39	9	110.29	29	162.06	11	250.82	4
	慈溪市	173.47	10	195.20	7	140.84	16	184.37	9
	义乌市	170.95	11	187.49	8	154.21	14	171.15	13
	乐清市	162.50	12	154.79	14	159.82	12	172.89	12
	鄞州区	154.40	13	138.34	19	148.91	15	175.96	11
	北仑区	153.62	14	181.94	9	121.37	22	157.55	16
	长兴县	150.97	15	157.51	13	137.98	17	157.41	17
	安吉县	150.89	16	159.40	12	116.59	25	176.68	10
	苍南县	146.23	17	124.24	23	168.93	10	145.51	21
	诸暨市	145.70	18	151.62	16	181.41	8	104.06	30
	临海市	136.05	19	139.36	18	159.77	13	109.02	27
	永嘉县	132.71	20	122.08	24	124.45	20	151.59	18
	海盐县	122.85	21	110.20	30	106.98	31	151.36	19
	象山县	122.61	22	134.08	20	90.63	44	143.12	22
	莲都区	121.18	23	74.21	57	123.01	21	166.32	14
	温岭市	118.50	24	121.60	25	102.50	35	131.40	23
	龙泉市	118.07	25	88.12	44	107.41	30	158.69	15
	临安区	115.65	26	127.68	21	120.51	23	98.77	33
	平阳县	111.40	27	113.14	27	131.89	18	89.18	38
	德清县	109.95	28	126.83	22	87.64	48	115.37	25
	镇海区	109.66	29	152.19	15	75.06	60	101.74	31
	黄岩区	106.35	30	89.45	41	101.21	36	128.37	24
第二方阵	下城区	104.38	31	181.35	10	62.04	71	69.76	56
	东阳市	102.74	32	94.35	36	117.78	24	96.09	35
	海曙区	102.37	33	92.20	39	126.30	19	88.60	39
	泰顺县	102.08	34	100.75	32	106.61	32	98.86	32
	上虞区	99.80	35	117.37	26	104.61	33	77.40	47
	天台县	98.71	36	99.04	35	99.50	38	97.59	34
	淳安县	95.36	37	88.37	43	109.22	28	88.48	41
	新昌县	94.61	38	78.20	52	98.35	39	107.29	28

109

续表

方阵	区域	文化人才资源 指数值	排名	文化事业人才 指数值	排名	文化人才素质 指数值	排名	文化人才待遇 指数值	排名
第二方阵	永康市	94.19	39	94.13	37	93.97	42	94.48	36
	兰溪市	93.03	40	85.51	47	108.34	29	85.24	42
	奉化区	91.96	41	77.91	53	83.53	54	114.45	26
	宁海县	91.67	42	111.37	28	87.82	47	75.82	49
	椒江区	89.65	43	74.30	56	87.47	49	107.18	29
	富阳区	89.28	44	78.44	51	100.85	37	88.56	40
	景宁自治县	88.83	45	82.18	48	102.79	34	81.51	45
	武义县	87.37	46	100.73	33	89.19	45	72.19	51
	桐庐县	86.59	47	92.55	38	85.34	52	81.88	44
	松阳县	84.68	48	68.94	61	95.64	41	89.47	37
	鹿城区	83.39	49	100.40	34	72.92	61	76.85	48
	瓯海区	82.72	50	106.37	31	82.21	55	59.57	67
	缙云县	82.24	51	52.11	76	114.61	26	80.01	46
	建德市	81.51	52	81.40	49	91.15	43	71.97	52
	文成县	79.60	53	65.80	65	111.08	27	61.93	64
	岱山县	78.66	54	91.10	40	78.76	58	66.12	59
	浦江县	77.76	55	76.95	54	97.15	40	59.17	69
	拱墅区	76.52	56	87.62	45	68.34	65	73.60	50
	定海区	74.33	57	89.11	42	69.10	63	64.79	60
	青田县	73.98	58	70.45	59	80.65	56	70.83	54
	路桥区	72.16	59	73.52	58	84.57	53	58.37	70
	玉环市	71.57	60	86.33	46	59.05	74	69.35	57
	普陀区	71.57	60	80.68	50	63.24	70	70.78	55
第三方阵	江山市	71.34	62	66.51	63	88.03	46	59.49	68
	嵊州市	69.71	63	61.65	68	85.93	51	61.54	65
	三门县	69.30	64	75.45	55	63.69	69	68.75	58
	西湖区	67.37	65	53.54	75	77.41	59	71.17	53
	龙游县	66.41	66	57.00	70	87.36	50	54.87	73
	龙湾区	65.89	67	60.74	69	53.58	77	83.36	43
	南湖区	65.22	68	66.44	64	72.73	62	56.48	71

续表

方阵	区域	文化人才资源 指数值	排名	文化事业人才 指数值	排名	文化人才素质 指数值	排名	文化人才待遇 指数值	排名
第三方阵	仙居县	65.02	69	69.25	60	61.18	72	64.64	61
	江干区	63.79	70	68.07	62	60.71	73	62.58	62
	越城区	63.05	71	62.22	67	64.40	67	62.54	63
	遂昌县	61.63	72	55.56	73	79.80	57	49.54	76
	庆元县	58.41	73	47.32	78	66.59	66	61.32	66
	开化县	53.78	74	42.60	83	63.80	68	54.94	72
	洞头区	53.01	75	56.68	71	48.76	80	53.59	75
	南浔区	51.13	76	46.94	79	68.97	64	37.47	81
	云和县	50.17	77	40.99	86	55.62	75	53.89	74
	常山县	48.33	78	55.70	72	47.87	81	41.42	77
	上城区	47.93	79	53.59	74	50.67	79	39.53	79
	秀洲区	46.97	80	63.04	66	53.57	78	24.28	85
	婺城区	44.24	81	44.60	81	46.98	83	41.15	78
	衢江区	43.38	82	43.20	82	55.44	76	31.49	83
	嵊泗县	42.95	83	42.04	84	47.45	82	39.37	80
	磐安县	38.95	84	45.06	80	34.77	85	37.04	82
	柯城区	37.22	85	47.33	77	46.30	84	18.04	87
	吴兴区	28.73	86	41.51	85	22.75	87	21.93	86
	江北区	26.72	87	34.74	87	20.48	88	24.95	84
	金东区	25.35	88	30.07	88	29.48	86	16.49	88
	滨江区	12.67	89	16.69	89	10.30	89	11.03	89

浙江省文化人才资源的空间布局呈现由东向西梯次减弱态势，最优势地区主要集中在杭嘉湖平原与绍兴的部分地区、东南沿海、南部丽水的部分地区，弱势地区集中在西南部，文化人才资源分布具有明显的不均衡性。

某些县域经常会有1~3项指标相比其他指标对文化人才资源综合指数起着明显的拉动作用。这些排名靠前的指标就是重要贡献指标，以下对文化人才资源中各二级指标排名前5的贡献指标做分析。浙江文化强省县域共同富裕综合指数萧山区排名第4，但文化人才资源指数萧山区排名第1（指数值261.77），其中，文化事业人才排名第2（指数值239.62）、文化人才素质排名第1（指数值243.82）、文化人才待遇排名第1（指数值301.87），三项指标都是文化人才资源的重要贡献指标。桐乡市排名第 2（指数值 248.99），其中，排名第 1（指数值 305.53）的文化事业人才是重要贡献指标，文化人才素质排名第 4（指数值 209.21）、文化人才待遇排名第 5（指数值 232.24），这些指标对文化人才资源均起到较大的作用。余杭区排名第 3（指数值 234.67），其中，文化事业人才（指数值 228.34）、文化人才素质（指数值 209.44）均排名第 3，文化人才待遇排名第 2（指数值 266.23），三项指标都是文化人才资源的重要贡献指标。海宁市排名第 4（指数值 224.57），其中，文化人才待遇排名第 3（指数值 261.96），是重要贡献指标；文化事业人才（指数值 206.56）、文化人才素质（指数值 205.19）均排名第 5，两项指标对文化人才资源均起到较大的作用。平湖市排名第 6（指数值 201.81），其中，文化人才素质排名第 2（指数值 243.60），嘉善县排名第 9（指数值 174.39），其中，文化人才素质排名第 4（指数值 250.82），文化人才素质是重要贡献指标。

二、文化事业人才指数

文化事业人才，桐乡市排名第 1（指数值 305.53），其中，图书馆人才排名第 1（指数值 529.85），是最重要的贡献指标，文化馆人才排名第 4（指数值 181.94）、博物馆人才排名第 5（指数值 344.47），两项指标也对文化事业人才起到重要作用。萧山区排名第 2（指数值 239.62），其中，图书馆人才（指数值 379.49）、文化站人才（指数值 271.84）均排名第 2；余杭区排名第 3（指数值 228.34），其中，博物馆人才排名第 1（指数值 414.77），文化站人才排名第 3（指数值 233.44）；瑞安市排名第 4（指数值 224.66），其中，博物馆人才排名第 1（指数值 414.77），图书馆人才排名第 5（指数值 211.22）；海宁市排名第 5（指数值 206.56），其中，文化馆人才排名第 3（指数值 217.32），图书馆人才排名第 4（指数值 268.50）；余姚市排名第 6（指数值 199.36），其中，图书馆人才排名第 4（指数值 365.56）、文化馆人才排名第 5（指数值 166.78）；义乌市排名第 8（指数值 187.49），其中，文化馆人才排名第 1（指数值 358.83），图书馆人才排名第 5（指数值 211.22）；乐清市排名第 14（指数值 154.79），其中，文化馆人才排名第 2（指数值 222.37），文化站人才排名第 7（指数值 190.44）。以上县域均有 2~3 项指标对文化事业人才有着重要的贡献作用。北仑区排名第 9（指数值 181.94），其中，图书馆人才排名第 3（指数值 272.08）；下城区排名第 10（指数值 181.35），其中，文化站人才排名第 1（指数值 543.68）；平湖市排名第 11（指数值 163.67），其中，文化站人才排名第 5（指数值 204.26）；镇海区排名第 15（指数值 152.19），其中，博物馆人才排名第 3（指数值 374.93）；临安区排名第 21（指数值 127.68），其中，文化馆人才排名第 5（指数值 166.78）；永嘉县排名第 24（指数值 122.08），其中，文化站人才排名第 4（指数值 227.30）。

这些县域分别有一项指标是文化人才资源的突出贡献指标（见表8-2）。

表8-2 2020年县域文化事业人才指数测评结果

区域	文化事业人才 指数值	排名	文化馆 指数值	排名	文化站 指数值	排名	图书馆 指数值	排名	博物馆 指数值	排名
桐乡市	305.53	1	181.94	4	165.87	14	529.85	1	344.47	5
萧山区	239.62	2	131.40	17	271.84	2	379.49	2	175.75	15
余杭区	228.34	3	111.19	27	233.44	3	153.94	13	414.77	1
瑞安市	224.66	4	96.02	43	176.62	9	211.22	5	414.77	1
海宁市	206.56	5	217.32	3	145.90	19	268.50	4	194.50	12
余姚市	199.36	6	166.78	5	172.01	11	93.08	38	365.56	4
慈溪市	195.20	7	146.56	14	176.62	9	164.68	10	292.92	7
义乌市	187.49	8	358.83	1	121.33	23	211.22	5	58.58	53
北仑区	181.94	9	80.86	53	98.29	29	272.08	3	276.51	9
下城区	181.35	10	75.81	59	543.68	1	89.50	42	16.40	75
平湖市	163.67	11	121.29	22	204.26	5	186.16	7	142.94	21
安吉县	159.40	12	90.97	48	64.50	63	161.10	11	321.04	6
长兴县	157.51	13	156.67	8	135.15	21	171.84	9	166.38	16
乐清市	154.79	14	222.37	2	190.44	7	136.04	19	70.30	43
镇海区	152.19	15	80.86	53	49.15	71	103.82	29	374.93	3
诸暨市	151.62	16	96.02	43	165.87	14	136.04	19	208.56	11
柯桥区	144.41	17	156.67	8	78.33	50	157.52	12	185.12	14
临海市	139.36	18	101.08	32	90.61	40	75.18	52	290.57	8
鄞州区	138.34	19	151.62	12	167.40	13	128.88	22	105.45	30
象山县	134.08	20	111.19	27	75.25	52	103.82	29	246.05	10
临安区	127.68	21	166.78	5	67.58	60	121.72	23	154.66	19
德清县	126.83	22	111.19	27	87.54	42	153.94	13	154.66	19
苍南县	124.24	23	106.13	30	168.94	12	153.94	13	67.96	44
永嘉县	122.08	24	101.08	32	227.30	4	96.66	36	63.27	47
温岭市	121.60	25	96.02	43	161.26	16	100.24	33	128.88	22
上虞区	117.37	26	141.51	15	92.15	36	146.78	16	89.05	36
平阳县	113.14	27	101.08	32	178.15	8	60.86	61	112.48	28
宁海县	111.37	28	151.62	12	95.22	33	100.24	33	98.42	32
嘉善县	110.29	29	136.46	16	135.15	21	110.98	24	58.58	53

113

续表

区域	文化事业人才 指数值	排名	文化馆 指数值	排名	文化站 指数值	排名	图书馆 指数值	排名	博物馆 指数值	排名
海盐县	110.20	30	101.08	32	82.93	45	139.62	17	117.17	26
瓯海区	106.37	31	55.59	76	145.90	19	139.62	17	84.36	39
泰顺县	100.75	32	121.29	22	147.44	18	103.82	29	30.46	65
武义县	100.73	33	116.24	25	81.40	47	78.76	48	126.54	23
鹿城区	100.40	34	126.35	20	156.65	17	78.76	48	39.84	61
天台县	99.04	35	80.86	53	92.15	36	28.64	84	194.50	12
东阳市	94.35	36	131.40	17	98.29	29	68.02	57	79.67	40
永康市	94.13	37	70.76	61	62.97	64	78.76	48	164.03	17
桐庐县	92.55	38	101.08	32	93.68	34	175.42	8	0	78
海曙区	92.20	39	90.97	48	109.04	25	68.02	57	100.76	31
岱山县	91.10	40	156.67	8	39.93	79	78.76	48	89.05	36
黄岩区	89.45	41	101.08	32	75.25	52	57.28	63	124.20	24
定海区	89.11	42	116.24	25	56.82	67	96.66	36	86.70	38
淳安县	88.37	43	101.08	32	87.54	42	110.98	24	53.90	57
龙泉市	88.12	44	70.76	61	67.58	60	50.12	70	164.03	17
拱墅区	87.62	45	45.49	83	201.19	6	103.82	29	0	78
玉环市	86.33	46	156.67	8	98.29	29	71.60	55	18.75	74
兰溪市	85.51	47	131.40	17	61.43	65	85.92	45	63.27	47
景宁自治县	82.18	48	90.97	48	99.83	28	46.54	71	91.39	35
建德市	81.40	49	101.08	32	93.68	34	107.40	26	23.43	70
普陀区	80.68	50	126.35	20	49.15	71	107.40	26	39.84	61
富阳区	78.44	51	80.86	53	110.58	24	89.50	42	32.81	64
新昌县	78.20	52	65.70	68	36.86	82	93.08	38	117.17	26
奉化区	77.91	53	121.29	22	39.93	79	89.50	42	60.93	51
浦江县	76.95	54	85.92	51	49.15	71	93.08	38	79.67	40
三门县	75.45	55	101.08	32	58.36	66	32.22	82	110.14	29
椒江区	74.30	56	70.76	61	46.07	75	60.86	61	119.51	25
莲都区	74.21	57	161.73	7	92.15	36	42.96	74	0	78
路桥区	73.52	58	70.76	61	56.82	67	136.04	19	30.46	65
青田县	70.45	59	101.08	32	84.47	44	75.18	52	21.09	71

第八章　2020年县域文化人才资源指数测评结果

续表

区域	文化事业人才 指数值	排名	文化馆 指数值	排名	文化站 指数值	排名	图书馆 指数值	排名	博物馆 指数值	排名
仙居县	69.25	60	50.54	81	72.18	56	107.40	26	46.87	60
松阳县	68.94	61	70.76	61	73.72	54	68.02	57	63.27	47
江干区	68.07	62	60.65	71	55.29	69	93.08	38	63.27	47
江山市	66.51	63	75.81	59	81.40	47	57.28	63	51.55	59
南湖区	66.44	64	60.65	71	109.04	25	0	88	96.08	33
文成县	65.80	65	70.76	61	104.43	27	71.60	55	16.40	75
秀洲区	63.04	66	106.13	30	92.15	36	0	88	53.90	57
越城区	62.22	67	65.70	68	82.93	45	100.24	33	0	78
嵊州市	61.65	68	101.08	32	66.04	62	53.70	65	25.78	69
龙湾区	60.74	69	50.54	81	49.15	71	82.34	47	60.93	51
龙游县	57.00	70	70.76	61	96.76	32	39.38	78	21.09	71
洞头区	56.68	71	45.49	83	33.79	84	53.70	65	93.73	34
常山县	55.70	72	85.92	51	69.11	57	53.70	65	14.06	77
遂昌县	55.56	73	60.65	71	50.68	70	42.96	74	67.96	44
上城区	53.59	74	96.02	43	38.40	81	14.32	86	65.61	46
西湖区	53.54	75	55.59	76	0	88	85.92	45	72.64	42
缙云县	52.11	76	55.59	76	78.33	50	39.38	78	35.15	63
柯城区	47.33	77	40.43	85	73.72	54	75.18	52	0	78
庆元县	47.32	78	65.70	68	29.18	85	35.80	80	58.58	53
南浔区	46.94	79	20.22	87	44.54	77	64.44	60	58.58	53
磐安县	45.06	80	80.86	53	35.32	83	42.96	74	21.09	71
婺城区	44.60	81	55.59	76	69.11	57	53.70	65	0	78
衢江区	43.20	82	55.59	76	81.40	47	35.80	80	0	78
开化县	42.60	83	80.86	53	43.00	78	46.54	71	0	78
嵊泗县	42.04	84	96.02	43	29.18	85	42.96	74	0	78
吴兴区	41.51	85	20.22	87	89.08	41	28.64	84	28.12	67
云和县	40.99	86	60.65	71	21.50	87	53.70	65	28.12	67
江北区	34.74	87	60.65	71	46.07	75	32.22	82	0	78
金东区	30.07	88	40.43	85	69.11	57	10.74	87	0	78
滨江区	16.69	89	20.22	87	0	88	46.54	71	0	78

具体而言，图书馆文化事业人才排在前4位的是桐乡市、萧山区、北仑区、海宁市，从业人员分别是148人、106人、76人、75人。瑞安市等77个县域文化事业人才10~59人。江北区等6个县域文化事业人才最少，分别是江北区9人、三门县9人、吴兴区8人、天台县8人、上城区4人、金东区3人。全省各区、县（市）图书馆文化事业人才的平均值为27.93人。本组数据中，南湖区、秀洲区统计数据为"0"。

文化馆文化事业人才，其从业人员最多的是义乌市71人。乐清市等81个县域从业人员10~44人。龙湾区等7个县域从业人员最少，分别是拱墅区与洞头区均是9人、金东区与柯城区均是8人、滨江区、吴兴区、南浔区均是4人。全省各区、县（市）文化馆文化事业人才的平均值为19.79人。

文化站文化事业人才，其从业人员数量下城区最多354人。萧山区等16个县域102~177人，泰顺县等70个县域14~96人。全省各区、县（市）文化站文化事业人才的平均值为65.11人。本组数据中，西湖区、滨江区统计数据为"0"。

博物馆文化事业人才从业人员排在前两位的是余杭区、瑞安市，均是177人。余杭区等10个县域从业人员105~177人，诸暨市等60个县域10~89人。磐安县等7个县域不足10人，分别是磐安县和龙游县均是9人、玉环市8人、下城区和文成县均是7人、常山县6人。拱墅区等12个县域统计数据为"0"。全省各区、县（市）博物馆文化事业人才的平均值为42.67人。

三、文化人才素质指数

文化人才素质指数测评结果见表8-3。

表8-3　2020年县域文化人才素质指数测评结果

区域	文化人才素质		文化馆		文化站		图书馆		博物馆	
	指数值	排名	指数值	排名	指数值	排名	指数值	排名	指数值	排名
萧山区	243.82	1	149.74	9	166.63	13	136.34	17	522.55	1
平湖市	243.60	2	156.25	6	411.67	1	174.21	12	232.25	11
余杭区	209.44	3	130.21	16	132.32	23	143.91	15	431.31	2
桐乡市	209.21	4	182.30	2	73.51	56	257.53	1	323.49	4
海宁市	205.19	5	182.30	2	151.93	14	204.51	8	282.01	7
瑞安市	205.15	6	117.19	27	210.74	3	227.23	4	265.42	9
余姚市	184.00	7	143.23	13	88.22	47	189.36	10	315.19	6
诸暨市	181.41	8	123.70	21	142.13	19	136.34	17	323.49	4
柯桥区	179.63	9	156.25	6	83.31	52	196.94	9	282.01	7

续表

区域	文化人才素质 指数值	排名	文化馆 指数值	排名	文化站 指数值	排名	图书馆 指数值	排名	博物馆 指数值	排名
苍南县	168.93	10	130.21	16	196.04	7	249.96	2	99.53	32
嘉善县	162.06	11	136.72	14	127.42	25	234.81	3	149.30	19
乐清市	159.82	12	169.28	4	176.43	11	227.23	4	66.36	47
临海市	159.77	13	123.70	21	58.81	66	83.32	47	373.25	3
义乌市	154.21	14	136.72	14	151.93	14	212.09	6	116.12	28
鄞州区	148.91	15	130.21	16	29.41	80	212.09	6	223.95	12
慈溪市	140.84	16	162.77	5	122.52	27	128.77	22	149.30	19
长兴县	137.98	17	104.17	41	137.22	20	136.34	17	174.18	16
平阳县	131.89	18	117.19	27	181.33	10	121.19	26	107.83	30
海曙区	126.30	19	117.19	27	49.01	70	98.47	38	240.54	10
永嘉县	124.45	20	130.21	16	200.94	6	166.64	13	0	72
莲都区	123.01	21	195.32	1	205.84	5	90.89	41	0	72
北仑区	121.37	22	58.60	75	88.22	47	189.36	10	149.30	19
临安区	120.51	23	123.70	21	112.72	31	121.19	26	124.42	25
东阳市	117.78	24	84.64	54	147.03	18	98.47	38	141.01	22
安吉县	116.59	25	110.68	34	68.61	57	121.19	26	165.89	17
缙云县	114.61	26	71.62	65	220.54	2	83.32	47	82.95	39
文成县	111.08	27	84.64	54	210.74	3	90.89	41	58.06	50
淳安县	109.22	28	84.64	54	171.53	12	106.04	33	74.65	42
兰溪市	108.34	29	149.74	9	102.92	37	106.04	33	74.65	42
龙泉市	107.41	30	91.15	50	112.72	31	68.17	60	157.60	18
海盐县	106.98	31	123.70	21	53.91	68	159.06	14	91.24	35
泰顺县	106.61	32	104.17	41	196.04	7	68.17	60	58.06	50
上虞区	104.61	33	110.68	34	102.92	37	113.62	32	91.24	35
景宁自治县	102.79	34	110.68	34	117.62	30	83.32	47	99.53	32
温岭市	102.50	35	117.19	27	132.32	23	143.91	15	16.59	67
黄岩区	101.21	36	110.68	34	63.71	62	106.04	33	124.42	25
富阳区	100.85	37	104.17	41	122.52	27	60.60	63	116.12	28
天台县	99.50	38	71.62	65	191.13	9	60.60	63	74.65	42
新昌县	98.35	39	71.62	65	9.80	87	121.19	26	190.77	14

续表

区域	文化人才素质 指数值	排名	文化馆 指数值	排名	文化站 指数值	排名	图书馆 指数值	排名	博物馆 指数值	排名
浦江县	97.15	40	110.68	34	88.22	47	98.47	38	91.24	35
松阳县	95.64	41	91.15	50	107.82	35	75.74	54	107.83	30
永康市	93.97	42	71.62	65	88.22	47	83.32	47	132.71	23
建德市	91.15	43	123.70	21	107.82	35	83.32	47	49.77	54
象山县	90.63	44	84.64	54	137.22	20	90.89	41	49.77	54
武义县	89.19	45	78.13	60	88.22	47	90.89	41	99.53	32
江山市	88.03	46	97.66	47	137.22	20	75.74	54	41.47	60
宁海县	87.82	47	97.66	47	68.61	57	60.60	63	124.42	25
德清县	87.64	48	117.19	27	58.81	66	83.32	47	91.24	35
椒江区	87.47	49	84.64	54	78.41	53	128.77	22	58.06	50
龙游县	87.36	50	78.13	60	151.93	14	53.02	68	66.36	47
嵊州市	85.93	51	91.15	50	151.93	14	75.74	54	24.88	66
桐庐县	85.34	52	97.66	47	122.52	27	121.19	26	0	72
路桥区	84.57	53	91.15	50	68.61	57	128.77	22	49.77	54
奉化区	83.53	54	156.25	6	34.31	74	60.60	63	82.95	39
瓯海区	82.21	55	52.08	79	102.92	37	90.89	41	82.95	39
青田县	80.65	56	110.68	34	112.72	31	90.89	41	8.29	69
遂昌县	79.80	57	65.11	71	112.72	31	83.32	47	58.06	50
岱山县	78.76	58	149.74	9	44.11	71	121.19	26	0	72
西湖区	77.41	59	65.11	71	0	88	45.45	75	199.07	13
镇海区	75.06	60	45.57	82	34.31	74	37.87	78	182.48	15
鹿城区	72.92	61	149.74	9	29.41	80	37.87	78	74.65	42
南湖区	72.73	62	65.11	71	93.12	43	0.00	88	132.71	23
定海区	69.10	63	110.68	34	53.91	68	45.45	75	66.36	47
南浔区	68.97	64	26.04	87	63.71	62	136.34	17	49.77	54
拱墅区	68.34	65	58.60	75	78.41	53	136.34	17	0	72
庆元县	66.59	66	45.57	82	93.12	43	53.02	68	74.65	42
越城区	64.40	67	65.11	71	63.71	62	128.77	22	0	72
开化县	63.80	68	104.17	41	98.02	41	53.02	68	0	72
三门县	63.69	69	78.13	60	98.02	41	45.45	75	33.18	65

续表

区域	文化人才素质 指数值	排名	文化馆 指数值	排名	文化站 指数值	排名	图书馆 指数值	排名	博物馆 指数值	排名
普陀区	63.24	70	123.70	21	19.60	83	68.17	60	41.47	60
下城区	62.04	71	84.64	54	102.92	37	60.60	63	0	72
仙居县	61.18	72	45.57	82	93.12	43	106.04	33	0	72
江干区	60.71	73	78.13	60	39.21	73	75.74	54	49.77	54
玉环市	59.05	74	117.19	27	24.50	82	53.02	68	41.47	60
云和县	55.62	75	78.13	60	68.61	57	75.74	54	0	72
衢江区	55.44	76	71.62	65	127.42	25	22.72	82	0	72
龙湾区	53.58	77	52.08	79	14.70	85	106.04	33	41.47	60
秀洲区	53.57	78	130.21	16	34.31	74	0	88	49.77	54
上城区	50.67	79	104.17	41	34.31	74	22.72	82	41.47	60
洞头区	48.76	80	58.60	75	44.11	71	75.74	54	16.59	67
常山县	47.87	81	104.17	41	34.31	74	53.02	68	0	72
嵊泗县	47.45	82	117.19	27	19.60	83	53.02	68	0	72
婺城区	46.98	83	71.62	65	78.41	53	37.87	78	0	72
柯城区	46.30	84	39.06	85	93.12	43	53.02	68	0	72
磐安县	34.77	85	58.60	75	34.31	74	37.87	78	8.29	69
金东区	29.48	86	39.06	85	63.71	62	15.15	84	0	72
吴兴区	22.75	87	6.51	89	68.61	57	7.57	87	8.29	69
江北区	20.48	88	52.08	79	14.70	85	15.15	84	0	72
滨江区	10.30	89	26.04	87	0	88	15.15	84	0	72

（一）图书馆

文化人才素质，桐乡市排列第4（指数值209.21），其中，图书馆文化人才素质排名第1（指数值257.53），苍南县排名第10（指数值168.93），其中，图书馆文化人才素质排名第2（指数值249.96）；嘉善县排列第11（指数值162.06），其中，图书馆文化人才素质排名第3（指数值234.81）；乐清市排名第12（指数值159.82），其中，图书馆文化人才素质排名第4（指数值227.23）。这些县域图书馆文化人才素质无疑是重要的贡献指标。

具体而言，图书馆文化人才，即专业技术人才桐乡市等5个县域有30~34人，桐乡市34人、苍南县33人、嘉善县31人、瑞安市和乐清市30人。鄞州区等9个县域21~28人，余杭区等45个县域10~19人，泰顺县等28个县域1~9

人。本组数据中，南湖区、秀洲区的统计数据为"0"。全省各区、县（市）图书馆专业技术人才数量的平均值为13.2人。

（二）文化馆

文化人才素质，莲都区排列第21（指数值123.01），其中，文化馆人才素质排名第1（指数值195.32）；乐清市排名第12（指数值159.82），其中，文化馆人才素质排名第4（指数值169.28）；海宁市文化人才素质排列第5（指数值205.19），其中文化馆排名与桐乡市并列第2（指数值182.30）；慈溪市文化人才素质排名第16（指数值140.84），其中，文化馆人才素质排列第5（指数值162.77）。这些县域文化馆文化人才素质无疑是最重要的贡献指标。

就文化人才而言，文化馆专业技术人才莲都区最多30人。海宁市等73个县域10~28人，拱墅区等15个县域1~9人。全省各区、县（市）文化馆专业技术人才数量的平均值为15.36人。

（三）文化站

文化人才素质，平湖市排名第2（指数值243.60），其中，文化站排名与文成县并列第1（指数值411.67）；缙云县排名第26（指数值114.61），其中，文化站排名与文成县并列第2（指数值220.54）；瑞安市排名第6（指数值205.15），其中，文化站排名与文成县并列第3（指数值210.74）；莲都区排名第21（指数值123.01），其中，文化站排名第5（指数值205.84）。这些县域文化站文化人才素质无疑是重要的贡献指标。

就文化人才素质而言，文化站专业技术人才数量平湖市最多84人；缙云县等69个县域专业技术人才数量10~45人，洞头区等17个县域专业技术人才数量2~9人。本组数据中，西湖区和滨江区的统计数据为"0"。全省各区、县（市）文化站专业技术人才数量的平均值为20.4人。

（四）博物馆

文化人才素质，萧山区排名第1（指数值243.82），其中，博物馆文化人才素质排名第1（指数值522.55）；余杭区排名第3（指数值209.44），其中，博物馆排列第2（指数值431.31）；临海市排列第13（指数值159.77），其中，博物馆排名第3（指数值373.25）；诸暨市排名第8（指数值181.41），其中，博物馆排名与桐乡市并列第4（指数值323.49）；这些县域，博物馆文化人才素质无疑是最重要的贡献指标。

就文化人才而言，博物馆专业技术人才数量排在前3位的分别是萧山区63人、余杭区52人、临海市45人。诸暨市与桐乡市等38个县域专业技术人才10~39人，淳安县等30个县域专业技术人才1~9人。下城区等18个县域统计数据为"0"。全省各区、县（市）博物馆专业技术人才数量的平均值为12.06人。

四、文化人才待遇指数

文化人才待遇指数测评结果见表 8-4。

表 8-4　2020 年县域文化人才待遇指数测评结果

区域	文化人才待遇 指数值	排名	文化馆 指数值	排名	文化站 指数值	排名	图书馆 指数值	排名	博物馆 指数值	排名
萧山区	301.87	1	218.42	6	280.29	5	360.26	1	348.52	5
余杭区	266.23	2	113.77	26	186.90	14	220.33	4	543.92	1
海宁市	261.96	3	187.83	9	337.60	3	218.18	5	304.23	7
嘉善县	250.82	4	216.68	7	333.97	4	207.13	8	245.50	10
桐乡市	232.24	5	185.86	11	268.90	7	180.26	14	293.93	8
余姚市	231.11	6	145.06	16	150.67	18	167.96	16	460.76	3
柯桥区	218.92	7	228.09	2	53.02	62	247.77	2	346.79	6
平湖市	198.18	8	99.86	35	255.59	8	173.91	15	263.34	9
慈溪市	184.37	9	227.23	4	138.02	20	194.25	10	177.97	16
安吉县	176.68	10	92.13	41	49.79	66	154.69	18	410.12	4
鄞州区	175.96	11	237.14	1	119.78	22	135.81	23	211.12	12
乐清市	172.89	12	171.98	12	243.74	9	214.72	6	61.12	49
义乌市	171.15	13	222.50	5	97.84	29	238.21	3	126.04	23
莲都区	166.32	14	228.06	3	354.39	2	82.83	45	0	77
龙泉市	158.69	15	77.65	56	45.51	69	50.24	72	461.36	2
北仑区	157.55	16	79.95	54	161.44	16	186.54	12	202.28	14
长兴县	157.41	17	147.00	15	64.02	52	186.28	13	232.34	11
永嘉县	151.59	18	103.25	32	361.31	1	131.68	24	10.13	72
海盐县	151.36	19	149.12	14	111.64	24	188.36	11	156.31	19
瑞安市	147.04	20	85.97	48	194.07	12	208.03	7	100.08	29
苍南县	145.51	21	106.25	30	182.78	15	203.68	9	89.35	35
象山县	143.12	22	156.28	13	271.73	6	118.21	28	26.27	64
温岭市	131.40	23	106.48	29	221.84	10	107.37	30	89.92	34
黄岩区	128.37	24	134.38	19	190.85	13	103.43	32	84.83	36
德清县	115.37	25	138.05	18	99.85	28	101.48	33	122.09	24
奉化区	114.45	26	188.96	8	38.00	75	99.79	34	131.06	20
临海市	109.02	27	103.43	31	96.99	30	63.36	62	172.32	18

续表

区域	文化人才待遇 指数值	排名	文化馆 指数值	排名	文化站 指数值	排名	图书馆 指数值	排名	博物馆 指数值	排名
新昌县	107.29	28	82.74	49	88.82	34	129.58	26	128.02	22
椒江区	107.18	29	113.56	27	66.76	48	140.81	22	107.60	28
诸暨市	104.06	30	57.92	72	68.57	47	82.88	44	206.86	13
镇海区	101.74	31	82.33	51	66.06	49	64.82	61	193.76	15
泰顺县	98.86	32	108.08	28	156.37	17	62.97	63	68.04	44
临安区	98.77	33	92.85	40	70.74	45	131.40	25	100.08	29
天台县	97.59	34	77.31	57	194.21	11	42.81	76	76.03	38
东阳市	96.09	35	66.66	67	109.96	26	93.72	38	114.01	25
永康市	94.48	36	64.69	68	52.10	63	84.54	40	176.58	17
松阳县	89.47	37	86.54	47	110.42	25	67.94	58	92.98	32
平阳县	89.18	38	75.32	58	111.94	23	77.76	50	91.68	33
海曙区	88.60	39	122.69	24	79.93	40	82.62	46	69.17	43
富阳区	88.56	40	82.74	49	61.78	55	125.07	27	84.64	37
淳安县	88.48	41	81.27	53	127.52	21	83.21	43	61.91	47
兰溪市	85.24	42	124.97	23	89.87	31	78.83	49	47.29	56
龙湾区	83.36	43	72.17	63	27.93	82	163.27	17	70.09	41
桐庐县	81.88	44	96.91	36	89.38	33	141.24	21	0	77
景宁自治县	81.51	45	131.10	21	38.17	74	60.46	67	96.33	31
缙云县	80.01	46	63.84	69	140.36	19	61.18	65	54.65	51
上虞区	77.40	47	73.05	61	55.92	59	116.75	29	63.90	45
鹿城区	76.85	48	186.17	10	64.71	51	51.06	70	5.46	74
宁海县	75.82	49	125.92	22	43.80	71	83.78	41	49.79	52
拱墅区	73.60	50	79.54	55	72.45	44	142.42	20	0	77
武义县	72.19	51	72.94	62	74.26	42	65.79	60	75.77	39
建德市	71.97	52	141.41	17	49.89	65	96.56	36	0	77
西湖区	71.17	53	96.81	37	0	88	76.78	52	111.10	26
青田县	70.83	54	52.70	76	13.30	87	86.31	39	131.02	21
普陀区	70.78	55	90.09	42	81.97	38	71.43	55	39.62	57
下城区	69.76	56	103.20	33	63.07	53	98.69	35	14.08	69
玉环市	69.35	57	132.93	20	79.96	39	53.44	68	11.05	70

续表

区域	文化人才待遇 指数值	排名	文化馆 指数值	排名	文化站 指数值	排名	图书馆 指数值	排名	博物馆 指数值	排名
三门县	68.75	58	87.42	45	70.54	46	46.96	74	70.09	41
岱山县	66.12	59	96.50	38	58.88	58	60.59	66	48.53	55
定海区	64.79	60	117.34	25	49.76	67	42.48	77	49.57	53
仙居县	64.64	61	36.20	82	86.94	35	105.50	31	29.93	63
江干区	62.58	62	101.46	34	54.37	60	83.67	42	10.83	71
越城区	62.54	63	62.63	71	44.43	70	143.11	19	0	77
文成县	61.93	64	50.78	77	89.71	32	70.86	56	36.37	58
嵊州市	61.54	65	88.48	43	50.06	64	73.35	53	34.29	60
庆元县	61.32	66	56.37	75	83.12	37	43.02	75	62.76	46
瓯海区	59.57	67	70.90	65	26.71	83	78.93	48	61.72	48
江山市	59.49	68	8.77	89	76.50	41	77.73	51	74.95	40
浦江县	59.17	69	47.78	79	60.93	56	18.45	83	109.52	27
路桥区	58.37	70	72.14	64	30.20	80	94.84	37	36.31	59
南湖区	56.48	71	86.57	46	107.26	27	0	88	32.08	61
开化县	54.94	72	81.58	52	85.30	36	52.88	69	0	77
龙游县	54.87	73	49.34	78	59.58	57	61.92	64	48.65	54
云和县	53.89	74	94.51	39	42.52	72	70.53	57	7.99	73
洞头区	53.59	75	56.99	73	30.79	78	67.51	59	59.07	50
遂昌县	49.54	76	40.49	80	61.85	54	71.73	54	24.09	65
常山县	41.42	77	70.54	66	28.88	81	50.47	71	15.79	68
婺城区	41.15	78	63.84	69	73.11	43	27.64	81	0	77
上城区	39.53	79	73.43	60	33.06	77	21.55	82	30.09	62
嵊泗县	39.37	80	87.78	44	21.90	85	47.78	73	0	77
南浔区	37.47	81	31.86	83	35.96	76	79.81	47	2.27	76
磐安县	37.04	82	75.17	59	15.97	86	38.07	78	18.94	67
衢江区	31.49	83	56.89	74	54.21	61	14.86	84	0	77
江北区	24.95	84	30.10	84	40.38	73	29.31	80	0	77
秀洲区	24.28	85	11.89	87	65.47	50	0	88	19.76	66
吴兴区	21.93	86	25.57	86	46.34	68	12.66	85	3.16	75
柯城区	18.04	87	38.29	81	24.21	84	9.66	86	0	77

续表

区域	文化人才待遇		文化馆		文化站		图书馆		博物馆	
	指数值	排名	指数值	排名	指数值	排名	指数值	排名	指数值	排名
金东区	16.49	88	28.73	85	30.27	79	6.97	87	0	77
滨江区	11.03	89	9.83	88	0	88	34.28	79	0	77

（一）图书馆

文化人才待遇，萧山区排名第1（指数值301.87），其中，图书馆文化人才待遇排名第1（指数值360.26）；柯桥区排名第7（指数值218.92），其中，图书馆文化人才待遇排名第2（指数值247.77）；义乌市排名第13（指数值171.15），其中，图书馆文化人才待遇排名与余姚市并列第3（指数值238.21）；余杭区排名第2（指数值266.23），其中，图书馆文化人才待遇排名第4（指数值220.33）。这些县域图书馆文化人才工资福利待遇是重要贡献指标。

具体而言，图书馆工资福利支出（本年支出合计）萧山区最高，为1 406.2万元。柯桥区等17个县域600万~967.1万元，越城区等63个县域100万~558.6万元。上城区等6个县域图书馆工资福利待遇最低，分别为上城区84.1万元、浦江县72万元、衢江区58万元、吴兴区49.4万元、柯城区37.7万元、金东区27.2万元。全省各区、县（市）图书馆文化人才待遇的平均值为390.33万元。本组数据中，南湖区、秀洲区数据为"0"。

（二）文化馆

文化人才待遇，鄞州区排名第11（指数值175.96），其中，文化馆文化人才待遇排名第1（指数值237.14）；柯桥区排名第7（指数值218.92），其中，文化馆文化人才待遇排名第2（指数值228.09）；莲都区排名第14（指数值166.32），其中，文化馆文化人才待遇排名第3（指数值228.06）；慈溪市排名第9（指数值184.37），其中，文化馆文化人才待遇排名第4（指数值227.23）；义乌市排名第13（指数值171.15），其中，文化馆文化人才待遇排名第5（指数值222.50）。这些县域文化馆文化人才待遇是重要贡献指标。

具体而言，文化馆工资福利支出（本年支出合计）鄞州区最多，为917.1万元。柯桥区等84个县域工资福利待遇支出100万~882.1万元。吴兴区等4个县域文化馆工资福利待遇不足100万元，分别是吴兴区98.9万元、秀洲区46万元、滨江区38万元、江山市33.9万元。全省各区、县（市）文化馆文化人才待遇的平均值为386.74万元。

（三）文化站

文化人才待遇，永嘉县排名第18（指数值151.59），其中，文化站文化人才待遇排名第 1（指数值 361.31）；莲都区排名第 14（指数值 166.32），其中，文化站文化人才待遇排名第 2（指数值 354.39）；海宁市排名第 3（指数值 261.96），其中，文化站文化人才待遇排名第 3（指数值 337.60）；嘉善县排名第 4（指数值 250.82），其中，文化站文化人才待遇排名第 4（指数值 333.97）；萧山区排名第 1（指数值 301.87），其中，文化站人才待遇排名第 5（指数值 280.29）。这些县域文化站文化人才待遇是重要的贡献指标。

具体而言，文化站工资福利支出（本年支出合计）排在前 4 位的分别是永嘉县 1 097.1 万元、莲都区 1 076.1 万元、海宁市 1 025.1 万元、嘉善县 1 014.1 万元。萧山区等 73 个县域工资福利待遇支出 100 万~851.1 万元，洞头区等 10 个县域 40.4 万~93.5 万元。全省各区、县（市）文化站文化人才待遇的平均值为 303.65 万元。本组数据中，西湖区、滨江区数据为"0"。

（四）博物馆

文化人才待遇，余杭区排名第 2（指数值 266.23），其中博物馆文化人才待遇排名第 1（指数值 543.92）；龙泉市排名第 15（指数值 158.69），博物馆文化人才待遇排名第 2（指数值 461.36）；余姚市排名第 6（指数值 231.11），博物馆文化人才待遇排名第 3（指数值 460.76）；安吉县排名第 10（指数值 176.68），博物馆文化人才待遇排名第 4（指数值 410.12）；萧山区排名第 1（指数值 301.87），其中，博物馆文化人才待遇排名第 5（指数值 348.52）这些县域博物馆文化人才待遇是重要的贡献指标。某些县域有 2~3 项指标共同支撑文化人才资源的指数排序。比如，义乌市排名第 13，图书馆排名第 3、文化馆排名第 5；柯桥区排名第 7，文化馆排名第 2、图书馆排名第 2；余杭区排名第 2，博物馆排名第 1，图书馆排名第 4。

具体而言，博物馆工资福利支出（本年支出合计）最多的是余杭区等 6 个县域，分别是余杭区 1 722.8 万元、龙泉市 1 461.3 万元、余姚市 1 459.4 万元、安吉县 1 299 万元、萧山区 1 103.9 万元、柯桥区 1 098.4 万元。海宁市等 55 个县域博物馆工资福利待遇支出 100 万~963.6 万元。上城区等 15 个县域博物馆 7.2 万~95.3 万元，其中南浔区最少 7.2 万元。全省各区、县（市）博物馆文化人才待遇的平均值为 316.74 万元。本组数据中，拱墅区等 13 个县域统计数据为"0"。

五、小结

具体而言，文化人才资源指数值大于 100 的优势空间主要集中县域为宁波 7 个、温州 6 个、嘉兴 5 个、湖州 3 个。其次杭州 4 个、台州 3 个；绍兴、金华、丽水均为 2 个。衢州、舟山指数值小于 100。其中，文化事业人才指数值大于 100 的县域温州、宁波、嘉兴最多，杭州、湖州、绍兴次之，文化人才素质指数值大于 100 的县域温州、嘉兴最高，杭州、宁波、丽水次之，文化人才待遇指数值大于 100 的县域宁波、嘉兴最好，温州、湖州、台州次之。

第九章 2020年县域社会文化参与指数测评结果与分析

社会文化参与指数反映了浙江省各县域在文化消费需求、文化活动供给、文化活动参与指数的综合情况。

一、社会文化参与指数

社会文化参与指数测评结果见表9-1。

表9-1 2020年县域社会文化参与指数测评结果

方阵	区域	社会文化参与 指数值	排名	文化消费需求 指数值	排名	文化活动供给 指数值	排名	文化活动参与 指数值	排名
第一方阵	宁海县	257.77	1	105.76	43	203.23	6	464.31	1
	鄞州区	224.87	2	99.85	57	411.18	1	163.56	13
	海宁市	202.16	3	128.72	13	231.30	2	246.45	5
	慈溪市	193.28	4	102.29	47	166.42	13	311.12	2
	长兴县	179.17	5	132.64	9	157.32	14	247.57	4
	永嘉县	178.14	6	101.11	50	202.25	8	231.06	6
	海曙区	175.68	7	100.60	52	201.64	9	224.79	7
	余杭区	173.81	8	107.65	40	192.85	10	220.93	8
	桐乡市	161.28	9	129.33	11	202.97	7	151.55	15
	萧山区	160.63	10	125.44	15	211.81	5	144.63	17
	上城区	159.82	11	0	84	218.45	4	261.02	3
	义乌市	159.81	12	154.67	2	221.41	3	103.35	31
	永康市	146.94	13	101.01	51	125.11	23	214.70	9
	泰顺县	146.52	14	124.04	18	147.46	17	168.05	12
	德清县	142.15	15	109.05	37	139.96	18	177.44	10
	安吉县	138.45	16	101.68	48	172.11	12	141.57	18
	平阳县	132.67	17	154.34	3	124.56	24	119.11	25
	乐清市	130.67	18	129.41	10	133.87	21	128.72	22
	柯城区	128.11	19	144.79	5	129.61	22	109.94	28

第九章　2020年县域社会文化参与指数测评结果与分析

续表

方阵	区域	社会文化参与 指数值	排名	文化消费需求 指数值	排名	文化活动供给 指数值	排名	文化活动参与 指数值	排名
第一方阵	瑞安市	126.49	20	122.22	21	148.16	16	109.09	29
	温岭市	126.31	21	108.20	39	135.33	19	135.39	19
	瓯海区	125.80	22	155.83	1	122.87	25	98.69	38
	象山县	121.13	23	89.75	67	110.14	30	163.49	14
	龙泉市	120.80	24	129.25	12	106.95	31	126.19	24
	平湖市	120.65	25	117.27	25	110.71	28	133.98	20
	椒江区	119.55	26	118.41	24	174.9	11	65.33	56
	海盐县	116.06	27	113.11	31	134.71	20	100.36	35
	上虞区	115.93	28	147.79	4	99.69	34	100.32	36
	诸暨市	111.46	29	112.16	32	104.79	33	117.43	26
	北仑区	108.16	30	103.02	46	119.52	26	101.94	32
第二方阵	富阳区	107.49	31	135.73	6	97.73	36	89.00	43
	仙居县	106.47	32	71.35	80	74.87	50	173.20	11
	临海市	102.57	33	133.51	8	78.70	48	95.50	40
	东阳市	102.35	34	100.18	55	79.76	46	127.11	23
	文成县	100.96	35	87.35	71	113.96	27	101.58	33
	余姚市	99.15	36	91.94	65	93.05	39	112.45	27
	武义县	98.39	37	99.11	59	105.16	32	90.90	42
	南浔区	96.60	38	124.62	16	66.81	57	98.37	39
	天台县	96.37	39	83.24	74	60.50	65	145.36	16
	常山县	94.71	40	100.30	53	110.55	29	73.28	48
	秀洲区	93.82	41	122.22	20	25.65	88	133.59	21
	嘉善县	92.86	42	121.55	22	94.09	38	62.95	57
	奉化区	92.77	43	73.10	77	98.94	35	106.25	30
	鹿城区	89.70	44	113.86	29	86.78	42	68.47	51
	龙湾区	88.79	45	128.51	14	89.11	40	48.74	67
	苍南县	87.24	46	99.86	56	69.42	55	92.44	41
	莲都区	86.80	47	105.31	44	54.98	69	100.10	37
	镇海区	85.86	48	95.21	64	94.81	37	67.57	54
	柯桥区	85.45	49	116.96	26	87.38	41	52.00	65

续表

方阵	区域	社会文化参与 指数值	排名	文化消费需求 指数值	排名	文化活动供给 指数值	排名	文化活动参与 指数值	排名
第二方阵	缙云县	85.20	50	89.55	68	80.93	45	85.11	44
	龙游县	84.37	51	123.38	19	73.37	52	56.35	63
	遂昌县	81.18	52	110.94	33	64.65	59	67.97	53
	建德市	79.93	53	89.53	69	81.87	44	68.40	52
	青田县	78.18	54	73.37	76	60.39	66	100.78	34
	黄岩区	77.93	55	84.01	73	75.98	49	73.80	47
	南湖区	76.32	56	99.58	58	72.91	54	56.47	61
	淳安县	75.24	57	86.83	72	73.23	53	65.67	55
	金东区	74.21	58	115.42	27	50.83	71	56.39	62
	兰溪市	74.15	59	96.86	61	63.50	61	62.08	58
	新昌县	73.65	60	106.38	42	66.02	58	48.54	68
第三方阵	临安区	71.97	61	69.70	81	73.81	51	72.39	49
	江干区	71.95	62	0	84	156.48	15	59.38	60
	松阳县	70.92	63	82.13	75	55.33	68	75.29	46
	衢江区	69.48	64	110.11	36	68.03	56	30.32	84
	洞头区	69.22	65	108.78	38	62.81	62	36.06	78
	江山市	67.88	66	113.38	30	50.56	72	39.70	74
	路桥区	67.80	67	118.45	23	47.03	75	37.91	77
	浦江县	67.42	68	71.72	79	48.13	74	82.41	45
	玉环市	65.41	69	107.22	41	64.08	60	24.94	86
	云和县	65.31	70	100.18	54	49.03	73	46.72	69
	定海区	64.48	71	97.78	60	57.09	67	38.56	75
	开化县	62.85	72	110.19	35	34.32	86	44.03	73
	越城区	61.78	73	115.37	28	31.60	87	38.37	76
	磐安县	61.21	74	110.69	34	39.17	85	33.79	82
	江北区	61.00	75	59.06	83	53.47	70	70.48	50
	岱山县	59.73	76	124.25	17	41.31	83	13.64	88
	三门县	59.62	77	101.43	49	42.88	82	34.56	80
	庆元县	59.12	78	72.92	78	44.05	79	60.38	59
	嵊州市	58.51	79	89.04	70	41.08	84	45.42	71

续表

方阵	区域	社会文化参与		文化消费需求		文化活动供给		文化活动参与	
		指数值	排名	指数值	排名	指数值	排名	指数值	排名
第三方阵	普陀区	58.15	80	96.17	62	43.07	81	35.20	79
	婺城区	56.22	81	104.13	45	44.24	78	20.30	87
	吴兴区	55.97	82	95.97	63	45.16	77	26.78	85
	桐庐县	55.38	83	91.03	66	43.81	80	31.31	83
	景宁自治县	54.88	84	66.67	82	46.36	76	51.60	66
	嵊泗县	54.86	85	134.51	7	23.41	89	6.66	89
	拱墅区	43.03	86	0	84	84.34	43	44.74	72
	西湖区	41.57	87	0	84	78.71	47	45.99	70
	下城区	39.52	88	0	84	62.25	63	56.31	64
	滨江区	31.82	89	0	84	61.21	64	34.25	81

从社会文化参与指数看，第一方阵指数值108.16~257.77，位于前30位的县域为宁海县、鄞州区、海宁市、慈溪市、长兴县、永嘉县、海曙区、余杭区、桐乡市、萧山区、上城区、义乌市、永康市、泰顺县、德清县、安吉县、平阳县、乐清市、柯城区、瑞安市、温岭市、瓯海区、象山县、龙泉市、平湖市、椒江区、海盐县、上虞区、诸暨市、北仑区。

从社会文化参与指数看，第二方阵指数值73.65~107.49，分别是富阳区、仙居县、临海市、东阳市、文成县、余姚市、武义县、南浔区、天台县、常山县、秀洲区、嘉善县、奉化区、鹿城区、龙湾区、苍南县、莲都区、镇海区、柯桥区、缙云县、龙游县、遂昌县、建德市、青田县、黄岩区、南湖区、淳安县、金东区、兰溪市、新昌县。

从社会文化参与指数看，第三方阵指数值31.82~71.97，分别是临安区、江干区、松阳县、衢江区、洞头区、江山市、路桥区、浦江县、玉环市、云和县、定海区、开化县、越城区、磐安县、江北区、岱山县、三门县、庆元县、嵊州市、普陀区、婺城区、吴兴区、桐庐县、景宁自治县、嵊泗县、拱墅区、西湖区、下城区、滨江区。

社会文化参与，整体上呈现由东向西减弱趋势，空间格局与文化共同富裕大体一致。优势空间集中在杭嘉湖地区、东南沿海部分地区、中部部分地区、西南部个别地区，弱势空间集中在西南部山区县、东部海岛地区，北部与中部也有零星地区。

以下对社会文化参与中各分项指标排名前5的贡献指标做分析。本组数据中，宁海县社会文化参与指数排名第1（指数值257.77），其中，文化活动参与排名第 1（指数值 464.31），文化活动供给排名第 6（指数值 203.23），而文化消费需求排名第 43（指数值 105.76），显然，文化活动参与是最重要的贡献指标，文化活动供给是贡献指标。慈溪市排名第 4（指数值 193.28），其中，文化活动参与排名第 2（指数值 311.12），是重要的贡献指标。上城区排名第 11（指数值 159.82），其中，文化活动参与排名第 3（指数值 261.02），其中，文化活动供给排名第 4（指数值 218.45），两者是重要的贡献指标。长兴县排名第 5（指数值 179.17），其中，文化活动参与排名第 4（指数值 247.57），是重要的贡献指标。5 个县域文化活动参与是社会文化参与最重要的贡献指标。考察排名前 10 的县域，我们发现，文化活动参与是社会文化参与指数最重要的贡献力量。

社会文化参与，鄞州区排名第 2（指数值 224.87），其中，文化活动供给排名第 1（指数值 411.18），是社会文化参与指数最重要的贡献指标。海宁市排名第 3（指数值 202.16），其中，文化活动供给排名第 2（指数值 231.30），文化活动参与排名第 5（指数值 246.45），两者是重要的贡献指标。萧山区排名第 10（指数值 160.63），文化活动供给排名第 5（指数值 211.81），是最重要的贡献指标。

社会文化参与，瓯海区排名第 22（指数值 125.80），其中，文化消费需求排名第 1（指数值 155.83），是社会文化参与指数重要的贡献指标。义乌市排名第 12（指数值 159.81），其中，文化消费需求排名第 2（指数值 154.67），文化活动供给排名第 3（指数值 221.41），两者是重要的贡献指标。平阳县排名第 17（指数值 132.67），上虞区排名第 28（指数值 115.93），柯城区排名第 19（指数值 128.11），其中，文化消费需求分别排名第 3（指数值 154.34）、排名第 4（指数值 147.79）、排名第 5（指数值 144.79），是社会文化参与指数重要的贡献指标。

二、文化消费需求指数

文化消费需求包括城镇人均教育文化娱乐消费支出、城镇人均教育文化娱乐消费支出占比、农村人均教育文化娱乐消费支出、农村人均教育文化娱乐消费支出占比 4 个指标（见表 9-2）。

表 9-2 2020 年县域文化消费需求指数测评结果

区域	文化消费需求		城镇人均教育文化娱乐消费支出		城镇人均教育文化娱乐消费支出占比		农村人均教育文化娱乐消费支出		农村人均教育文化娱乐消费支出占比	
	指数值	排名	指数值	排名	指数值	排名	指数值	排名	指数值	排名
瓯海区	155.83	1	136.09	9	122.59	25	214.41	1	150.22	6
义乌市	154.67	2	124.79	27	99.61	54	202.86	2	191.43	1

续表

区域	文化消费需求 指数值	排名	城镇人均教育文化娱乐消费支出 指数值	排名	城镇人均教育文化娱乐消费支出占比 指数值	排名	农村人均教育文化娱乐消费支出 指数值	排名	农村人均教育文化娱乐消费支出占比 指数值	排名
平阳县	154.34	3	160.13	1	165.88	2	131.21	20	160.15	3
上虞区	147.79	4	135.55	13	128.96	14	169.77	3	156.87	4
柯城区	144.79	5	126.00	22	147.80	3	133.14	19	172.22	2
富阳区	135.73	6	146.22	4	136.66	6	141.75	11	118.31	26
嵊泗县	134.51	7	155.95	3	167.32	1	107.47	38	107.28	43
临海市	133.51	8	115.45	37	113.29	32	163.35	5	141.95	11
长兴县	132.64	9	134.58	14	129.92	12	135.76	16	130.29	14
乐清市	129.41	10	157.89	2	124.15	21	127.69	22	107.92	42
桐乡市	129.33	11	124.76	28	131.55	10	136.24	15	124.78	17
龙泉市	129.25	12	106.59	43	109.17	39	145.33	9	155.93	5
海宁市	128.72	13	135.79	11	128.07	16	136.94	12	114.10	30
龙湾区	128.51	14	134.04	15	116.94	29	142.02	10	121.05	21
萧山区	125.44	15	121.31	31	105.94	45	164.47	4	110.05	39
南浔区	124.62	16	88.30	66	103.39	49	156.93	6	149.86	7
岱山县	124.25	17	101.30	50	118.07	28	153.24	7	124.38	18
泰顺县	124.04	18	130.17	20	136.53	7	101.27	42	128.19	16
龙游县	123.38	19	111.88	38	137.99	5	95.50	51	148.17	8
秀洲区	122.22	20	133.19	17	128.16	15	120.41	25	107.13	44
瑞安市	122.22	21	124.94	26	115.90	30	136.67	13	111.38	34
嘉善县	121.55	22	130.41	19	123.79	22	117.37	29	114.63	29
路桥区	118.45	23	104.32	47	89.53	67	151.10	8	128.84	15
椒江区	118.41	24	128.48	21	102.44	51	134.48	17	108.27	41
平湖市	117.27	25	125.60	24	122.15	26	115.98	31	105.34	46
柯桥区	116.96	26	120.22	32	112.79	33	124.96	23	109.85	40
金东区	115.42	27	116.81	35	131.40	11	109.13	36	104.34	47
越城区	115.37	28	122.88	30	122.63	24	112.29	34	103.68	48
鹿城区	113.86	29	145.71	6	103.81	48	116.72	30	89.19	61
江山市	113.38	30	99.27	53	135.05	8	100.58	43	118.62	23
海盐县	113.11	31	145.95	5	127.97	17	99.67	48	78.87	69

续表

区域	文化消费需求 指数值	排名	城镇人均教育文化娱乐消费支出 指数值	排名	城镇人均教育文化娱乐消费支出占比 指数值	排名	农村人均教育文化娱乐消费支出 指数值	排名	农村人均教育文化娱乐消费支出占比 指数值	排名
诸暨市	112.16	32	103.81	48	100.71	52	133.25	18	110.87	35
遂昌县	110.94	33	125.21	25	126.25	19	88.81	57	103.47	49
磐安县	110.69	34	109.16	39	126.57	18	84.37	62	122.64	20
开化县	110.19	35	91.44	58	140.13	4	76.09	72	133.09	12
衢江区	110.11	36	80.05	68	123.34	23	94.11	52	142.94	9
德清县	109.05	37	142.68	7	129.22	13	88.12	58	76.18	73
洞头区	108.78	38	90.87	61	98.01	55	127.85	21	118.40	25
温岭市	108.20	39	98.85	55	81.80	75	136.61	14	115.55	28
余杭区	107.65	40	133.49	16	107.50	40	114.21	32	75.38	76
玉环市	107.22	41	135.76	12	107.23	42	100.09	46	85.79	65
新昌县	106.38	42	106.95	42	111.57	36	100.26	45	106.75	45
宁海县	105.76	43	116.96	34	102.88	50	112.07	35	91.12	58
莲都区	105.31	44	105.95	44	105.19	47	108.38	37	101.71	52
婺城区	104.13	45	104.44	46	110.39	38	87.85	60	113.82	32
北仑区	103.02	46	137.06	8	124.75	20	81.70	64	68.58	80
慈溪市	102.29	47	117.83	33	100.45	53	104.48	39	86.40	64
安吉县	101.68	48	100.63	51	91.18	64	112.82	33	102.08	51
三门县	101.43	49	69.41	76	86.70	70	118.49	27	131.13	13
永嘉县	101.11	50	89.45	65	95.05	58	101.54	41	118.41	24
永康市	101.01	51	135.91	10	119.97	27	73.47	74	74.68	77
海曙区	100.60	52	99.18	54	82.79	73	119.02	26	101.41	54
常山县	100.30	53	89.60	63	131.57	9	60.53	80	119.49	22
云和县	100.18	54	91.05	60	111.52	37	87.96	59	110.20	37
东阳市	100.18	55	126.00	22	106.05	44	87.37	61	81.30	67
苍南县	99.86	56	92.20	57	113.37	31	83.15	63	110.71	36
鄞州区	99.85	57	132.22	18	94.71	59	96.62	49	75.85	74
南湖区	99.58	58	116.59	36	107.29	41	96.03	50	78.42	70
武义县	99.11	59	94.32	56	107.09	43	78.44	68	116.59	27
定海区	97.78	60	83.77	67	75.78	76	118.17	28	113.39	33

续表

区域	文化消费需求 指数值	排名	城镇人均教育文化娱乐消费支出 指数值	排名	城镇人均教育文化娱乐消费支出占比 指数值	排名	农村人均教育文化娱乐消费支出 指数值	排名	农村人均教育文化娱乐消费支出占比 指数值	排名
兰溪市	96.86	61	67.32	78	91.66	63	104.11	40	124.36	19
普陀区	96.17	62	103.63	49	112.10	34	91.75	53	77.19	72
吴兴区	95.97	63	124.00	29	112.03	35	76.41	71	71.42	79
镇海区	95.21	64	108.10	40	88.53	68	99.99	47	84.20	66
余姚市	91.94	65	104.59	45	94.39	61	91.43	54	77.36	71
桐庐县	91.03	66	70.95	75	82.46	74	100.52	44	110.18	38
象山县	89.75	67	100.24	52	105.91	46	78.49	67	74.37	78
缙云县	89.55	68	91.14	59	93.64	62	81.54	65	91.86	57
建德市	89.53	69	49.00	82	46.13	83	120.52	24	142.46	10
嵊州市	89.04	70	75.15	72	90.35	65	89.19	56	101.47	53
文成县	87.35	71	90.02	62	89.63	66	76.03	73	93.70	56
淳安县	86.83	72	68.02	77	88.12	69	77.32	70	113.85	31
黄岩区	84.01	73	89.60	63	86.70	71	78.44	68	81.28	68
天台县	83.24	74	77.66	70	95.95	56	71.65	75	87.71	63
松阳县	82.13	75	75.54	71	94.44	60	63.90	79	94.64	55
青田县	73.37	76	55.95	79	55.39	82	91.06	55	91.07	59
奉化区	73.10	77	107.50	41	95.25	57	44.11	83	45.55	82
庆元县	72.92	78	52.87	80	68.10	78	67.37	77	103.32	50
浦江县	71.72	79	71.22	74	83.54	72	56.68	81	75.46	75
仙居县	71.35	80	52.30	81	65.62	79	78.55	66	88.94	62
临安区	69.70	81	79.68	69	74.14	77	68.12	76	56.86	81
景宁自治县	66.67	82	48.82	83	61.89	81	65.98	78	90.00	60
江北区	59.06	83	71.28	73	65.56	80	56.30	82	43.10	83
上城区	0	84	0	84	0	84	0	84	0	84
下城区	0	84	0	84	0	84	0	84	0	84
江干区	0	84	0	84	0	84	0	84	0	84
拱墅区	0	84	0	84	0	84	0	84	0	84
西湖区	0	84	0	84	0	84	0	84	0	84
滨江区	0	84	0	84	0	84	0	84	0	84

文化消费需求指数排在前10位的分别是瓯海区、义乌市、平阳县、上虞区、柯城区、富阳区、嵊泗县、临海市、长兴县、乐清市。以下对排名前5的分项指标做分析。

（一）城镇人均教育文化娱乐消费支出与占比指数

平阳县文化消费需求排名第3（指数值154.34）、乐清市排名第10（指数值129.41）、嵊泗县排名第7（指数值134.51）、富阳区排名第6（指数值135.73）、海盐县排名第31（指数值113.11），其中，城镇人均教育文化娱乐消费支出分别排名第1（指数值160.13）、排名第2（指数值157.89）、排名第3（指数值155.95）、排名第4（指数值146.22）、排名第5（指数值145.95）。这些县域，城镇人均教育文化娱乐消费支出是重要的贡献指标。

具体而言，城镇人均教育文化娱乐消费支出排在前3位的分别是平阳县5 297元、乐清市5 223元、嵊泗县5 159元。富阳区等28个县域城镇人均教育文化娱乐消费支出在4 000~4 850元，柯桥区等30个县域城镇人均教育文化娱乐消费支出在3 000~3 990元，文成县等17个县域城镇人均教育文化娱乐消费支出在2 000~2 990元。青田县、庆元县、仙居县、建德市、景宁自治县5个县域最少，在1 615~1 851元。全省各区县的城镇人均教育文化娱乐消费支出的平均值为3 308.03元。

文化消费需求指数，嵊泗县排名第7（指数值134.51）、平阳县排名第3（指数值154.34）、柯城区排名第5（指数值144.79）、开化县排名第35（指数值110.19）、龙游县排名第19（指数值123.38），其中，城镇人均教育文化娱乐消费支出占比分别排名第1（指数值167.32）、排名第2（指数值165.88）、排名第3（指数值147.80）、排名第4（指标值140.13）、排名第5（指数值137.99）。这些县域城镇人均教育文化娱乐消费支出占比是文化消费需求重要的贡献指标。

具体而言，城镇人均教育文化娱乐消费支出占比排在前3位的分别是嵊泗县16.28%、平阳县16.14%、柯城区14.38%。开化县等20个县域城镇人均教育文化娱乐消费支出占比12%~13.63%，越城区等27个县域城镇人均教育文化娱乐消费支出占比10%~11.93%，椒江区等33个县域城镇人均教育文化娱乐消费支出占比4.49%~9.97%。全省各区县的城镇人均教育文化娱乐消费支出占比的平均值为9.73%。

（二）农村人均教育文化娱乐消费支出与占比指数

文化消费需求指数，瓯海区排名第1（指数值155.83），义乌排名第2（指数值154.67），上虞区排名第4（指数值147.79），萧山区排名第15（指数值125.44），临海市排名第8（指数值133.51），其中，农村人均教育文化娱乐消费支出指数分别排名第1（指数值214.41），排名第2（指数值202.86），排名第3（指数值169.77），排名第4（指数值164.47），排名第5（指数值163.35）。这些县域的农村人均教育文化娱乐消费支出是文化消费需求重要的贡献指标。

具体而言，农村人均教育文化娱乐消费支出最多的是瓯海区4 010元，其次为义乌市3 794元、上虞区3 175元、萧山区3 076元、临海市3 055元，南浔区等33个县域2 010~2 935元，慈溪市等44个县域1 053~1 954元，奉化区最少，仅为825元。上城区等6个县域统计数据为"0"。浙江省89个县域农村人均教育文化娱乐消费均值为1 870.22元。

文化消费需求指数，义乌排名第2（指数值154.67）、柯城区排名第5（指数值144.79）、平阳县排名第3（指数值154.34）、上虞区排名第4（指数值147.79）、龙泉市排名第12（指数值129.25），其中，农村人均教育文化娱乐消费支出占比分别排名第1（指数值191.43）、排名第2（指数值172.22）、排名第3（指数值160.15）、排名第4（指数值156.87）、排名第5（指数值155.93）。这些县域的农村人均教育文化娱乐消费支出占比是文化消费需求指数重要的贡献指标。

具体而言，农村人均教育文化娱乐消费支出占比排在前4位的分别是义乌市17.08%、柯城区15.37%、平阳县14.29%、上虞区14%，龙泉等4个县域农村人均教育文化娱乐消费支出占比13.22%~13.91%，衢江区等25个县域10.12%~12.76%，瑞安市等50个县域3.85%~9.94%。上城区等6个县域统计数据为"0"。全省各区县的农村人均教育文化娱乐消费支出占比的平均值为8.92%。

需要指出的是，某些县域文化消费需求指数经常会有2~3项指标共同起到较大的作用。比如，义乌市排名第2，其中，农村人均教育文化娱乐消费支出指数排名第2，农村人均教育文化娱乐消费支出占比指数排名第1，两项指标均起到重要的贡献作用。平阳县排名第3，其中，城镇人均教育文化娱乐消费支出排名第1，城镇人均教育文化娱乐消费支出占比排名第2，农村人均教育文化娱乐消费支出占比排名第3，三项指标对文化消费需求指数均起到突出的贡献作用。上虞区排名第4，其中，农村人均教育文化娱乐消费支出指数排名第3，农村人均教育文化娱乐消费支出占比指数排名第4，两项指标均起到重要贡献作用。柯城区排名第5，其中，城镇人均教育文化娱乐消费支出占比排名第3，农村人均教育文化娱乐消费支出占比排名第2，两项指标对文化消费需求指数均起到较大的作用。嵊泗县排名第7，其中城镇人均教育文化娱乐消费支出排名第3，城镇人均教育文化娱乐消费支出占比排名第1，两项指标对文化消费需求指数均起到较大的作用。在文化消费需求数据中，上城区、下城区、江干区、拱墅区、西湖区、滨江区6个区数据统计在杭州市区，统计数据为"0"。值得强调的是，全省各区县的城市、农村人均教育文化娱乐消费支出平均值的比值达到1∶0.57，城市、农村人均教育文化娱乐消费支出占比的平均值都在9%左右。

三、文化活动供给指数

文化活动供给指数包括图书馆文化活动供给、文化馆文化活动供给、文化站文化活动供给、博物馆文化活动供给4个指标。文化活动供给指数排在前十位的分别是鄞州区、海宁市、义乌市、上城区、萧山区、宁海县、桐乡市、永嘉县、海曙区、余杭区（见表9-3）。

表9-3 2020年县域文化活动供给指数测评结果

区域	文化活动供给 指数值	排名	图书馆 指数值	排名	文化馆 指数值	排名	文化站 指数值	排名	博物馆 指数值	排名
鄞州区	411.18	1	210.64	11	215.49	7	215.23	6	1003.37	1
海宁市	231.30	2	177.48	15	404.81	1	184.03	9	158.90	14
义乌市	221.41	3	253.32	5	367.68	2	235.91	4	28.71	67
上城区	218.45	4	565.57	1	122.95	23	42.49	81	142.80	18
萧山区	211.81	5	93.78	30	163.82	15	216.30	5	373.33	5
宁海县	203.23	6	239.84	7	311.13	3	185.59	8	76.36	41
桐乡市	202.97	7	427.71	2	209.52	9	108.85	31	65.81	46
永嘉县	202.25	8	375.26	3	214.01	8	137.68	19	82.04	38
海曙区	201.64	9	48.49	59	153.20	16	158.64	15	446.22	3
余杭区	192.85	10	206.58	12	86.46	41	253.51	3	224.84	7
椒江区	174.90	11	81.11	35	82.49	44	87.05	45	448.97	2
安吉县	172.11	12	101.58	28	107.78	30	89.24	43	389.83	4
慈溪市	166.42	13	53.62	56	228.90	6	265.48	2	117.70	27
长兴县	157.32	14	125.03	25	105.68	31	201.55	7	196.90	10
江干区	156.48	15	297.71	4	170.88	14	74.64	51	82.67	37
瑞安市	148.16	16	211.24	10	84.74	43	138.54	17	158.13	15
泰顺县	147.46	17	182.51	14	240.55	5	120.93	24	45.84	53
德清县	139.96	18	163.42	19	62.63	57	114.98	26	218.80	9
温岭市	135.33	19	75.60	39	39.65	72	386.39	1	39.67	58
海盐县	134.71	20	48.15	61	93.28	37	79.72	47	317.70	6
乐清市	133.87	21	223.91	9	90.14	38	112.63	28	108.82	30
柯城区	129.61	22	153.04	21	266.87	4	98.54	37	0	77
永康市	125.11	23	248.86	6	66.35	53	74.46	52	110.75	29
平阳县	124.56	24	231.84	8	65.91	54	121.44	23	79.07	40

续表

区域	文化活动供给 指数值	排名	图书馆 指数值	排名	文化馆 指数值	排名	文化站 指数值	排名	博物馆 指数值	排名
瓯海区	122.87	25	107.83	27	70.56	51	129.60	20	183.51	12
北仑区	119.52	26	70.03	44	110.78	26	163.22	11	134.06	22
文成县	113.96	27	124.78	26	129.13	21	127.24	21	74.69	42
平湖市	110.71	28	39.62	69	73.57	49	107.52	33	222.14	8
常山县	110.55	29	183.49	13	71.03	50	68.32	58	119.36	25
象山县	110.14	30	60.67	48	80.74	45	176.67	10	122.47	24
龙泉市	106.95	31	69.59	45	191.70	11	76.61	50	89.88	32
武义县	105.16	32	77.61	37	189.14	12	70.18	56	83.71	34
诸暨市	104.79	33	73.63	40	122.05	24	148.79	16	74.69	42
上虞区	99.69	34	32.35	74	110.02	27	105.46	35	150.92	17
奉化区	98.94	35	18.77	81	176.08	13	109.11	30	91.82	31
富阳区	97.73	36	127.92	23	42.04	69	138.15	18	82.81	35
镇海区	94.81	37	70.72	43	61.47	60	71.66	55	175.39	13
嘉善县	94.09	38	60.33	49	35.34	78	162.86	12	117.83	26
余姚市	93.05	39	13.29	85	45.61	65	159.68	14	153.62	16
龙湾区	89.11	40	164.61	18	85.87	42	56.50	68	49.45	50
柯桥区	87.38	41	78.14	36	52.46	64	102.14	36	116.79	28
鹿城区	86.78	42	71.66	42	109.98	28	122.32	22	43.14	55
拱墅区	84.34	43	130.95	22	124.73	22	81.66	46	0	77
建德市	81.87	44	126.36	24	56.63	62	63.47	65	81.00	39
缙云县	80.93	45	173.83	16	17.44	88	93.83	41	38.63	59
东阳市	79.76	46	172.68	17	77.28	48	50.13	74	18.93	70
西湖区	78.71	47	153.56	20	38.19	74	0.00	88	123.11	23
临海市	78.70	48	21.53	78	29.16	85	74.43	53	189.68	11
黄岩区	75.98	49	6.91	87	130.71	20	108.75	32	57.56	48
仙居县	74.87	50	97.87	29	42.47	68	114.05	27	45.08	54
临安区	73.81	51	17.15	82	95.56	35	115.18	25	67.35	45
龙游县	73.37	52	55.23	53	131.54	19	95.91	40	10.82	71
淳安县	73.23	53	82.84	34	33.37	82	111.18	29	65.54	47
南湖区	72.91	54	0.00	88	44.89	66	107.40	34	139.33	19

续表

区域	文化活动供给 指数值	排名	图书馆 指数值	排名	文化馆 指数值	排名	文化站 指数值	排名	博物馆 指数值	排名
苍南县	69.42	55	73.10	41	132.16	18	63.40	66	9.02	72
衢江区	68.03	56	92.28	32	88.01	40	91.82	42	0	77
南浔区	66.81	57	76.81	38	108.84	29	45.53	78	36.06	62
新昌县	66.02	58	32.88	72	43.73	67	52.65	73	134.83	21
遂昌县	64.65	59	88.53	33	13.92	89	73.34	54	82.81	35
玉环市	64.08	60	54.83	54	103.92	33	97.55	38	0	77
兰溪市	63.50	61	23.29	77	38.62	73	54.28	70	137.80	20
洞头区	62.81	62	53.06	57	62.49	58	47.46	75	88.22	33
下城区	62.25	63	46.71	64	95.24	36	66.63	60	40.43	56
滨江区	61.21	64	46.99	62	197.84	10	0.00	88	0.00	77
天台县	60.50	65	15.76	83	58.37	61	161.56	13	6.31	73
青田县	60.39	66	54.75	55	89.34	39	69.65	57	27.81	68
定海区	57.09	67	35.07	70	78.77	46	65.97	62	48.55	52
松阳县	55.33	68	30.86	76	40.49	70	78.87	49	71.09	44
莲都区	54.98	69	59.72	51	104.61	32	55.58	69	0	77
江北区	53.47	70	31.37	75	144.18	17	38.34	83	0	77
金东区	50.83	71	34.02	71	102.98	34	66.30	61	0	77
江山市	50.56	72	50.89	58	22.44	87	97.49	39	31.42	65
云和县	49.03	73	68.26	47	64.89	55	31.53	85	31.42	65
浦江县	48.13	74	59.12	52	61.48	59	46.68	77	25.24	69
路桥区	47.03	75	92.48	31	40.04	71	52.91	72	2.70	75
景宁自治县	46.36	76	32.41	73	33.85	80	67.93	59	51.25	49
吴兴区	45.16	77	13.82	84	77.30	47	88.62	44	0.90	76
婺城区	44.24	78	21.17	79	115.34	25	40.45	82	0	77
庆元县	44.05	79	12.23	86	63.38	56	63.77	64	36.83	60
桐庐县	43.81	80	60.05	50	35.83	76	79.37	48	0.00	77
普陀区	43.07	81	45.64	66	33.42	81	43.77	80	49.45	50
三门县	42.88	82	46.26	65	30.52	83	57.92	67	36.83	60
岱山县	41.31	83	41.01	68	70.46	52	20.56	87	33.22	63
嵊州市	41.08	84	48.16	60	35.78	77	47.18	76	33.22	63

续表

区域	文化活动供给		图书馆		文化馆		文化站		博物馆	
	指数值	排名	指数值	排名	指数值	排名	指数值	排名	指数值	排名
磐安县	39.17	85	46.89	63	36.86	75	32.47	84	40.43	56
开化县	34.32	86	69.55	46	22.59	86	45.14	79	0	77
越城区	31.60	87	18.96	80	53.80	63	53.65	71	0	77
秀洲区	25.65	88	0	88	33.86	79	65.13	63	3.61	74
嵊泗县	23.41	89	42.72	67	30.20	84	20.71	86	0	77

（一）图书馆文化活动供给

上城区文化活动供给排名第4（指数值218.45），图书馆文化活动供给指数排名第1（指数值565.57）；桐乡市排名第7（指数值202.97），图书馆排名第2（指数值427.71）；永嘉县排名第8（指数值202.25），图书馆排名第3（指数值375.26）；江干区排名第15（指数值156.48），图书馆排名第4（指数值297.71）；义乌市指数排名第3（指数值221.41），图书馆排名第5（指数值253.32）。这些县域图书馆文化活动供给是重要的贡献指标。

具体而言，2020年，组织各类讲座次数多的是上城区368次和桐乡市230次。东阳市等6个县域组织各类讲座100~150次，宁海县等66个县域组织各类讲座10~96次，萧山区等15个县域组织各类讲座1~9次。全省各区、县（市）图书馆组织各类讲座的平均值为43.14次/县。

举办展览排在前3位的分别是永康市146次、义乌市116次、鄞州区115次，海宁市等71个县域举办展览10~87次，越城区等13个县域举办展览2~9次。全省各区、县（市）图书馆举办展览的平均值为29.3次/县。

举办培训排在前两位的分别是永嘉县550次和上城区368次，桐乡市等15个县域举办培训100~282次，西湖区等41个县域举办培训10~98次，遂昌县等21个县域举办培训1~9次。全省各区、县（市）图书馆举办培训次数的平均值为56.7次/县。

本组数据中，南湖区、秀洲区图书馆组织各类讲座、举办展览次数为"0"，临安区、桐庐县、余姚市、南湖区、秀洲区、吴兴区、新昌县、江山市、黄岩区、庆元县图书馆举办培训次数为"0"。

（二）文化馆文化活动供给

海宁市文化活动供给排名第2（指数值231.30），文化馆文化活动供给排名第1（指数值404.81）；义乌市排名第3（指数值221.41），文化馆排名第2（指数值367.68）；宁海县排名第6（指数值203.23），文化馆排名第3（指数值311.13）；柯城区排名第22（指数值129.61），文化馆排名第4（指数值

266.87）；泰顺县排名第 17（指数值 147.46），文化馆排名第 5（指数值 240.55）。这些县域文化馆文化活动供给是重要贡献指标。

需要指出的是某些县域文化活动供给指数经常会有 2~3 项指标共同起到较大的推动作用。比如，义乌市文化活动供给排名第 3，其中图书馆文化活动供给排名第 5、文化馆文化活动供给排名第 2、文化站文化活动供给排名第 4，三项指标对指标总值均起到较大的贡献作用。

具体而言，组织品牌节庆活动排在前 5 位的分别是萧山区 42 次、龙泉市 41 次、龙游县 30 次、象山县 24 次、临安区 20 次。莲都区等 9 个县域组织品牌节庆活动 10~18 次。泰顺县等 68 个县域组织品牌节庆活动 1~9 次。全省各区、县（市）文化馆组织品牌节庆活动的平均值为 6.36 次。余杭区、富阳区、建德市、瓯海区、安吉县、三门县、温岭市等 9 个县域统计数据为"0"。

组织文艺活动次数多的是海宁市等 6 个县域为 1 000~1 573 次。武义县等 60 个县域组织文艺活动 100~738 次。镇海区等 23 个县域组织文艺活动 8~98 次。全省各区、县（市）文化馆组织文艺活动的平均值为 290.06 次。

举办训练班班次多的是义乌市 5 039 个、滨江区 2 522 个。海曙区等 4 个县域，举办训练班班次在 1 000~1 500 次。诸暨市等 55 个县域举办训练班班次 113~917 次。云和县等 28 个县域举办训练班班次在 6~95 次。全省各区、县（市）文化馆举办训练班班次的平均值为 356.64 次。

举办展览排在前 5 位的分别是：海宁市 225 次、武义县 220 次、宁海县 186 次、桐乡市 182 次、慈溪市 157 次。金东区等 66 个县域举办展览 10~80 次，浦江县等 17 个县域举办展览 2~9 次。全省各区、县（市）文化馆举办展览的平均值为 33.25 次。江山市的统计数据为"0"。

组织公益培训讲座（次）排在前 3 位的分别是：柯城区 460 次、永嘉县 247 次、海宁市 246 次。江北区等 8 个县域组织公益培训讲座 100~173 次，上城区等 55 个县域组织公益培训讲座 10~75 次，越城区等 23 个县域组织公益培训讲座 1~9 次。全省各区、县（市）文化馆组织公益培训讲座的平均值为 39.97 次。

线上群众文化活动次数排在前 2 位的是鄞州区 380 次和玉环市 322 次。泰顺县等 4 个县域线上群众文化活动 200~291 次。江干区等 12 个县域线上群众文化活动 100~191 次。龙湾区等 53 个县域线上群众文化活动 10~99 次。桐庐县等 14 个县域线上群众文化活动 1~9 次。全省各区、县（市）文化馆线上群众文化活动的平均值为 60.57 次。吴兴区、磐安县、路桥区、仙居县 4 个县域统计数据为"0"。

（三）文化站文化活动供给

温岭市文化活动供给虽然排名第 19（指数值 135.33），文化站文化活动供给却排名第 1（指数值 386.39）；慈溪市排名第 13（指数值 166.42），文化站文化活动供给排名第2（指数265.48）；余杭区排名第10（指数值192.85），文化站文化活动供给排名第3（指数值253.51）；义乌市排名第3（指数值221.41），文化站文化活动供给排名第4（指数值235.91）；萧山区排名第5（指数值211.81），文化站文化活动供给排名第5（指数值216.30）。以上县域，文化站文化活动供给是突出贡献指标。

组织文艺活动次数排在前3位的分别是：慈溪市4 416次、长兴县4 377次、义乌市3 012次。余杭区等9个县域文化站文化活动供给2 240~2 858次，乐清市等22个县域文化站文化活动供给1 000~1 960次，景宁自治县等53个县域文化站文化活动供给100~990次。全省各区、县（市）文化站线上群众文化活动供给的平均值为1 062.08次。

举办训练班班次排在前3位的分别是：温岭市4 426次、鄞州区2 234次、瓯海区2 098次。萧山区等10个县域举办训练班1 000~1 990次，瑞安市等71个县域举办训练班100~990次，磐安县、岱山县、云和县举办训练班班次最少，分别是91次、62次、49次。全省各区、县（市）文化站举办训练班班次的平均值为616.67次。

举办展览排在前5位的分别是：温岭市536个、象山县460个、慈溪市371个、萧山区341个、瑞安市304个。宁海县等15个县域举办展览100~286个，临安区等29个县域举办展览100~200个，武义县等38个县域举办展览14~100个。全省各区、县（市）文化站举办展览的平均值为137.23个。

接受戏曲进乡村活动服务次数排在前3位的分别是：慈溪市809次、长兴县644次、义乌市602次，宁海县等57个县域接受戏曲进乡村活动服务100~490次，三门县等27个县域接受戏曲进乡村活动服务19~98次。全省各区、县（市）文化站接受戏曲进乡村活动服务的平均值为185.37次。

本站指导群众业余团队多的是余杭区1 362支和温岭市1 180支。宁海县等81个县域指导群众业余团队100~904支，岱山县等4个县域指导群众业余团队70~100个。全省各区、县（市）文化站指导群众业余团队的平均值为307.8个。

本组数据中，西湖区、滨江区组织文艺活动次数、举办训练班班次、举办展览个数、接受戏曲进乡村活动服务次数、本站指挥群众业余团队数据为"0"。乐清市文化站指挥群众业余团队数据为"0"。

（四）博物馆文化活动供给

鄞州区文化活动供给指数排名第1（指数值411.18），博物馆文化活动供给排名第1（指数值1 003.37）；椒江区排名第11（指数值174.90），博物馆文化活动供给排名第2（指数值448.97）；海曙区排名第9（指数值201.64），博物馆文化活动供给排名第3（指数值446.22）；安吉县排名第12（指数值172.11），博物馆文化活动供给排名第4（指数值389.83）；萧山区排名第5（指数值

211.81），博物馆文化活动供给排名第 5（指数值 373.33）。这些县域博物馆文化活动供给是重要的贡献指标。

举办社会教育活动排在前两位的分别是椒江区 498 次和安吉县 309 次。鄞州区等 4 个县域举办社会教育活动 220~280 次，德清县等 7 个县域举办社会教育活动 100~181 次，长兴县等 52 个县域举办社会教育活动 10~95 次，常山县等 10 个县域举办社会教育活动 1~9 次。全省各区、县（市）文化站举办社会教育活动的平均值为 55.46 次。拱墅区等 14 个县域举办社会教育活动的次数为"0"。

文博单位举办新媒体情况中鄞州区最多，举办微信公众号、微博 27 个。海曙区等 64 个县域举办微信公众号、微博 1~7 个，拱墅区等 27 个县域为"0"。全省各区、县（市）举办微信公众号、微博的平均值为 1.8 个。

四、文化活动参与指数

文化活动参与指数包括图书馆文化活动参与、文化馆文化活动参与、文化站文化活动参与、博物馆文化活动参与 4 个指标。文化活动参与指数排在前十位的分别是宁海县、慈溪市、上城区、长兴县、海宁市、永嘉县、海曙区、余杭区、永康市、德清县（见表 9-4）。

表 9-4　2020 年县域文化活动参与指数测评结果

区域	文化活动参与		图书馆		文化馆		文化站		博物馆	
	指数值	排名	指数值	排名	指数值	排名	指数值	排名	指数值	排名
宁海县	464.31	1	825.55	1	604.70	2	180.09	12	246.90	9
慈溪市	311.12	2	750.69	2	163.95	12	249.09	5	80.77	37
上城区	261.02	3	68.23	45	236.68	7	22.89	84	716.27	1
长兴县	247.57	4	384.44	4	157.25	15	261.62	4	186.99	14
海宁市	246.45	5	236.22	5	284.46	4	173.07	14	292.05	6
永嘉县	231.06	6	87.93	29	612.50	1	124.44	24	99.37	28
海曙区	224.79	7	53.09	53	142.38	20	142.14	21	561.54	3
余杭区	220.93	8	222.05	7	87.74	38	247.86	6	326.09	5
永康市	214.70	9	102.83	24	101.49	33	55.21	66	599.27	2
德清县	177.44	10	509.10	3	23.83	75	65.64	54	111.19	23
仙居县	173.20	11	132.95	17	12.58	87	123.39	25	423.87	4
泰顺县	168.05	12	87.71	30	182.60	11	167.14	17	234.73	11
鄞州区	163.56	13	74.69	38	119.71	26	238.90	7	220.94	12
象山县	163.49	14	145.93	15	85.80	40	301.98	2	120.26	21

续表

区域	文化活动参与 指数值	文化活动参与 排名	图书馆 指数值	图书馆 排名	文化馆 指数值	文化馆 排名	文化站 指数值	文化站 排名	博物馆 指数值	博物馆 排名
桐乡市	151.55	15	173.39	12	215.99	10	105.40	28	111.43	22
天台县	145.36	16	34.02	69	44.45	56	499.09	1	3.88	74
萧山区	144.63	17	71.58	42	27.69	70	277.57	3	201.66	13
安吉县	141.57	18	167.49	13	38.65	61	85.73	37	274.39	7
温岭市	135.39	19	198.58	10	133.95	22	114.15	26	94.86	31
平湖市	133.98	20	213.41	8	109.42	30	125.83	23	87.24	35
秀洲区	133.59	21	0.00	88	468.88	3	49.98	67	15.50	72
乐清市	128.72	22	211.31	9	56.28	48	191.86	9	55.44	48
东阳市	127.11	23	158.00	14	260.41	6	62.78	57	27.27	64
龙泉市	126.19	24	76.33	37	145.68	18	142.46	20	140.28	19
平阳县	119.11	25	107.16	22	136.37	21	178.07	13	54.83	49
诸暨市	117.43	26	190.18	11	118.39	27	105.11	30	56.05	47
余姚市	112.45	27	44.45	61	22.97	76	142.60	19	239.77	10
柯城区	109.94	28	230.85	6	143.15	19	65.78	53	0.00	77
瑞安市	109.09	29	140.26	16	72.48	43	161.13	18	62.47	43
奉化区	106.25	30	64.10	47	148.46	17	182.47	11	29.99	62
义乌市	103.35	31	119.94	20	100.49	34	168.19	16	24.79	65
北仑区	101.94	32	34.35	68	68.51	45	201.87	8	103.04	27
文成县	101.58	33	88.80	27	217.82	8	67.83	50	31.89	59
青田县	100.78	34	88.11	28	159.54	13	90.75	36	64.73	42
海盐县	100.36	35	81.59	33	90.47	37	93.56	34	135.84	20
上虞区	100.32	36	123.70	19	53.96	49	80.62	43	143.00	18
莲都区	100.10	37	92.87	26	265.81	5	41.73	73	0.00	77
瓯海区	98.69	38	104.26	23	124.58	25	101.04	32	64.86	41
南浔区	98.37	39	51.20	55	26.96	73	41.20	74	274.12	8
临海市	95.50	40	115.50	21	35.32	66	62.36	59	168.83	16
苍南县	92.44	41	98.84	25	117.05	28	79.17	44	74.70	39
武义县	90.90	42	44.57	60	128.20	23	93.24	35	97.60	30
富阳区	89.00	43	63.10	48	48.70	52	186.33	10	57.89	46
缙云县	85.11	44	73.13	40	46.67	53	170.22	15	50.40	51

143

续表

区域	文化活动参与 指数值	排名	图书馆 指数值	排名	文化馆 指数值	排名	文化站 指数值	排名	博物馆 指数值	排名
浦江县	82.41	45	60.19	49	29.16	69	68.23	49	172.05	15
松阳县	75.29	46	47.00	58	40.02	58	110.39	27	103.77	26
黄岩区	73.80	47	11.56	82	152.51	16	85.27	38	45.87	53
常山县	73.28	48	87.61	31	106.30	31	67.79	51	31.42	60
临安区	72.39	49	82.25	32	30.18	68	73.18	47	103.96	25
江北区	70.48	50	31.04	70	216.99	9	33.87	81	0.00	77
鹿城区	68.47	51	40.77	65	102.76	32	55.49	64	74.87	38
建德市	68.40	52	70.33	43	52.56	50	57.50	60	93.20	32
遂昌县	67.97	53	53.42	52	16.78	83	135.41	22	66.27	40
镇海区	67.57	54	43.46	62	58.35	47	82.49	41	85.99	36
淳安县	65.67	55	22.61	78	126.49	24	79.08	45	34.51	58
椒江区	65.33	56	55.59	51	90.53	35	57.28	61	57.92	45
嘉善县	62.95	57	29.51	71	18.61	81	93.87	33	109.79	24
兰溪市	62.08	58	46.91	59	72.67	42	78.30	46	50.42	50
庆元县	60.38	59	5.43	87	48.74	51	36.10	79	151.23	17
江干区	59.38	60	71.83	41	39.25	60	102.28	31	24.15	66
南湖区	56.47	61	0.00	88	21.81	77	105.24	29	98.84	29
金东区	56.39	62	10.64	84	157.89	14	57.04	62	0.00	77
龙游县	56.35	63	40.47	66	90.49	36	65.97	52	28.47	63
下城区	56.31	64	69.95	44	86.72	39	64.63	55	3.95	73
柯桥区	52.00	65	77.59	36	17.00	82	70.93	48	42.48	56
景宁自治县	51.60	66	57.94	50	18.94	80	38.56	76	90.95	33
龙湾区	48.74	67	73.58	39	36.81	64	37.68	78	46.90	52
新昌县	48.54	68	28.93	72	41.61	57	83.27	39	40.36	57
云和县	46.72	69	64.36	46	72.11	44	48.98	68	1.44	76
西湖区	45.99	70	77.80	35	44.45	55	0.00	88	61.72	44
嵊州市	45.42	71	26.55	76	19.41	79	47.92	69	87.80	34
拱墅区	44.74	72	49.99	56	66.33	46	62.65	58	0.00	77
开化县	44.03	73	131.58	18	14.37	84	30.18	82	0.00	77
江山市	39.70	74	18.38	80	35.70	65	82.84	40	21.88	68

续表

区域	文化活动参与 指数值	排名	图书馆 指数值	排名	文化馆 指数值	排名	文化站 指数值	排名	博物馆 指数值	排名
定海区	38.56	75	40.94	64	24.90	74	43.92	72	44.49	55
越城区	38.37	76	43.35	63	84.75	41	25.38	83	0.00	77
路桥区	37.91	77	49.86	57	44.96	54	34.79	80	22.04	67
洞头区	36.06	78	81.12	34	19.71	78	12.85	86	30.54	61
普陀区	35.20	79	52.42	54	13.36	86	55.42	65	19.62	69
三门县	34.56	80	28.15	73	27.63	71	63.05	56	19.39	71
滨江区	34.25	81	23.61	77	113.40	29	0.00	88	0.00	77
磐安县	33.79	82	12.42	81	39.40	59	38.11	77	45.24	54
桐庐县	31.31	83	34.72	67	9.76	88	80.75	42	0.00	77
衢江区	30.32	84	26.57	75	38.61	62	56.09	63	0.00	77
吴兴区	26.78	85	20.57	79	38.14	63	46.44	70	1.97	75
玉环市	24.94	86	28.15	74	27.48	72	44.17	71	0.00	77
婺城区	20.30	87	9.59	85	31.05	67	40.56	75	0.00	77
岱山县	13.64	88	11.10	83	13.61	85	10.36	87	19.50	70
嵊泗县	6.66	89	7.70	86	4.79	89	14.14	85	0.00	77

（一）图书馆文化活动参与指数

文化活动参与，宁海县排名第1（指数值464.31），图书馆文化活动参与排名第1（指数值825.55）；慈溪市排名第2（指数值311.12），图书馆文化活动参与排名第2（指数值750.69）；德清县排名第10（指数值177.44），图书馆文化活动参与排名第3（指数值509.10）；长兴县排名第4（指数值247.57），图书馆文化活动参与排名第4（指数值384.44）；海宁市排名第5（指数值246.45），图书馆文化活动参与排名第5（指数值236.22）。这些县域图书馆文化活动参与是重要的贡献指标。另外，以上县域文化活动参与指数经常会有两项指标共同起到较大的推动作用。比如，宁海县文化活动参与排名第1，其中图书馆排名第1、文化馆排名第2，图书馆和文化馆指数值均是重要贡献指标。慈溪市排名第2，除了排名第2的图书馆外，排名第5的文化站对文化活动参与总值也起到相当作用。长兴县排名第4，其中，图书馆、文化站文化活动参与均排名第4，两项都是重要的贡献指标。海宁市排名第5，其中，图书馆排名第5、文化馆排名第4，两项都是重要的贡献指标。

图书馆文化活动参与又可以分为图书馆总流通人次、为读者举办各类活动、开展基层培训辅导人次、网络服务4个三级指标。

1. 图书馆总流通人次

图书馆总流通人次排在前4位的分别是：余杭区318.10万人次、桐乡市294.12万人次、乐清市247.19万人次、瑞安市223.36万人次。海宁市等12个县域图书馆总流通100万~188万人次。永嘉县等68个县域11万人次~99.91万人次。图书馆总流通最少的是岱山县4.71万人次、吴兴区4.1万人次、嵊泗县3.34万人次。全省各区、县（市）图书馆总流通人次的平均值为67.44万人次。

2. 为读者举办各类活动

图书馆组织各类讲座参与人排在前4位的分别是：海宁市9.75人次、诸暨市9万人次、安吉县7.64万人次、东阳市7.45万人次。宁海县等14个县域组织各类讲座参与人1万~4.61万人次，镇海区等53个县域1 000~9 495人次，奉化区等16个县域56~979人次。全省各区、县（市）图书馆组织各类讲座参与人的平均值为8 849.08人次。

图书馆举办展览参观者东阳市最多，为18.63万人次。东阳市等9个县域举办展览参观者11万~18.63万人次，文成县等52个县域举办展览参观者1万~9.69万人次。海曙区等23个县域举办展览参观者1 200~8 407人次。临海市、吴兴区、黄岩区举办展览参观者最少，分别是920人次、640人次、90人次。全省各区、县（市）图书馆举办展览参观者的平均值为38 246.56人次。

举办培训参加者最多的是柯城区5.91万人次，乐清市等5个县域1.1万~2.14万人次。缙云县等34个县域1 000~9 539人次。诸暨市等36个县域100~973人次。洞头区、越城区、玉环市举办培训参加者最少，仅30~88人次。全省各区、县（市）图书馆举办培训参加者的平均值为3 084.93人次。

本组数据中，南湖区、秀洲区的图书馆总流通人次、图书馆组织各类讲座参加人次、图书馆举办展览参观人次的数据为"0"，临安区、桐庐县、余姚市、南湖区、秀洲区、吴兴区、新昌县、江山市、黄岩区、庆元县10个县域举办培训参与人次的统计数据为"0"。

3. 开展基层培训辅导人次

图书馆开展基层培训辅导的参加者排在前两位的分别是宁海县1.15万人次和长兴县4 950人次。开化县、仙居县、象山县、平湖市开展基层培训辅导的参加者为1 166~1 881人次。临海市等41个县域开展基层培训辅导的参加者为100~740人次，江山市等29个县域为12~100人次，临安区最少，仅4人次。全省各区、县（市）图书馆开展基层培训辅导的平均值为414.62人次。

本组数据中，南湖区、秀洲区、嘉善县、新昌县、婺城区、金东区、兰溪市、龙游县、黄岩区、路桥区、三门县、庆元县12个县域图书馆开展基层培训辅导的参加人次为"0"。

4. 网络服务

图书馆开展网络服务分为两类。

其一，音视频资源线上服务对象，德清县最多为2 059.64万人次。温岭市等13个县域开展音视频资源线上服务100万~736.57万人次，诸暨市等38个县域11万~89.59万人次，西湖区等17个县域1万~8.95万人次。衢江区等5个县域3 000~9 294人次。全省各区、县（市）图书馆开展网络服务的平均值为73.79万次。本组数据中，上城区、滨江区、富阳区、江北区、镇海区、永嘉县、南湖区、秀洲区、嘉善县、桐乡市、吴兴区、金东区、路桥区、临海市、庆元县15个县域图书馆开展音视频资源线上服务人次为"0"。

其二，图书馆网站访问量最多的是慈溪市为1 516万页次。其次是平湖市和德清县，分别是164.57万页次、113.22万页次。建德市等13个县域图书馆网站访问量10.98万~73.24万页次。上虞区等31个县域1万~9.01万页次。鹿城区等12个县域1 755~9 627页次。全省各区、县（市）图书馆网站访问量的平均值为27.19万页次。上城区等30个县图书馆网站访问量的数据为"0"。

（二）文化馆文化活动参与指数

文化活动参与，永嘉县排名第6（指数值231.06），文化馆文化活动参与排名第1（指数值612.50）；宁海县排名第1（指数值464.31），文化馆文化活动参与排名第2（指数值604.70）；秀洲区排名第21（指数值133.59），文化馆文化活动参与排名第3（指数值468.88）；海宁市排名第5（指数值246.45），文化馆文化活动参与排名第4（指数值284.46）；莲都区虽然排名第37（指数值100.10），文化馆文化活动参与排名第5（指数值265.81）。这些县域文化馆的文化活动参与是文化活动参与的重要贡献指标。

文化馆文化活动参与又可以分为组织文艺活动观众人次、举办训练班培训人次、举办展览参观人次、组织公益性讲座参加人次、线上服务人次5个三级指标。

1. 组织文艺活动观众人次

组织文艺活动观众人数排在前2位的是永嘉县320万人次和龙泉市101.77万人次，东阳市等48个县域组织文艺活动观众人数10万~59.82万人次，象山县等37个县域组织文艺活动观众人数1.1万~9.8万人次，玉环市、桐庐县人数最少，仅为6 148人次和5 000人次。全省各县域组织文艺活动观众人数的平均值为20.79万人次。

2. 举办训练班培训人次

举办训练班培训的人数东阳市最多为10.25万人次。宁海县等38个县域举办训练班培训人数1万~7.83万人次,江干区等45个县域举办训练班培训人数1 000~9 945人次,柯桥区等5个县域举办训练班培训人数470~916人次。全省各县域举办训练班培训人数的平均值为1.52万人次。

3. 举办展览参观人次

莲都区等6个县域举办展览参观人数10.53万~31.19万人次。泰顺县等57个县域举办展览参观人数1万~9.86万人次。拱墅区等24个县域举办展览参观人数1 000~8 400人次。玉环市人数仅756人次,江山市数据为"0"。全省各县域举办展览参观人数平均值为3.89万人次。

4. 组织公益性讲座参加人次

组织公益性讲座参加人数排名第1位的是宁海县为8.55万人次。上城区等10个县域组织公益性讲座参加人数1.1万~3.1万人次,永嘉县等48个县域组织公益性讲座参加人数1 000~9 200人次,嘉善县等29个县域组织公益性讲座参加人数100~800人次。柯桥区仅20人次。全省各县域组织公益性讲座参加人数4 801.74人次。

5. 线上服务人次

文化馆线上服务排名第1位的是秀洲区为680万人次。永嘉县等6个县域线上服务100万~300万人次。鹿城区等24个县域线上服务10万~89.21万人次,苍南县等35个县域线上服务1万~8.45万人次,景宁自治县等19个县域线上服务300~9 822人次。吴兴区、磐安县、路桥区、仙居县线上服务统计数据为"0"。全省各区、县(市)文化馆线上服务的平均值为30.75万人次。

(三)文化站文化活动参与指数

文化活动参与,天台县排名第16(指数值145.36),其中,文化站排名第1(指数值499.09);象山县排名第14(指数值163.49),其中,文化站排名第2(指数值301.98);萧山区排名第17(指数值144.63),其中,文化站排名第3(指数值277.57);长兴县排名第4(指数值247.57),其中,文化站排名第4(指数值261.62)。这些县域的文化站是文化活动参与的重要贡献指标。

文化站文化活动参与又具体可以分为组织文艺活动观众人次、举办训练班培训人次、举办展览参观人次、戏曲进乡村服务惠及人次4个三级指标。

1. 组织文艺活动观众人次

文化站组织文艺活动观众人数长兴县排第1位为193.19万人次。慈溪市等5个县域组织文艺活动观众达100万~144.23万人次,萧山区等73个县域组织文艺活动观众达到10万~84.67万人次,江北区等8个县域观众达到4.8万~9.39万人次。全省各县域文化站组织文艺活动观众人数的平均值为37.80万人次。

2. 举办训练班培训人次

举办训练班培训人数排在前3位的分别是萧山区15.44万人次、鄞州区13.71万人次、遂昌县12.73万人次。江干区等75个县域举办训练班培训人数达到1万~9.13万人次。路桥区等9个县域举办训练班培训人数2 000~9 700人次。全省各县域文化站举办训练班培训人数的平均值为3.75万人次。

3. 举办展览参观人次

举办展览参观人数最多的象山县达到49.78万人次。富阳区等17个县域举办展览参观人数达到10万~25.64万人次。海宁市等65个县域举办展览参观人数达到1.1万~9.74万人次。越城区等4个县域举办展览参观人数达到1 645~8 093人次。全省各县域文化站举办展览参观人数的平均值为7.68万人次。

4. 戏曲进乡村服务惠及人次

戏曲进乡村服务惠及人数最多的天台县达到77.34万人次。长兴县等11个县域戏曲进乡村服务惠及人数10万~22.92万人次，镇海区等69个县域戏曲进乡村服务惠及人数1万~9.45万人次，江干区等6个县域戏曲进乡村服务惠及人数2 000~9 260人次。全省各县域戏曲进乡村服务惠及人数的平均值为6.14万人次。

本组数据中西湖区、滨江区文化站文化活动参与统计数据为"0"。

（四）博物馆文化活动参与指数

文化活动参与，上城区排名第3（指数值261.02），博物馆文化活动参与排名第1（指数值716.27）；永康市排名第9（指数值214.70），博物馆文化活动参与排名第2（指数值599.27）；海曙区排名第7（指数值224.79），博物馆文化活动参与排名第3（指数值561.54）；仙居县排名第11（指数值173.20），博物馆文化活动参与排名第4（指数值423.87）；余杭区排名第8（指数值220.93），博物馆文化活动参与排名第5（指数值326.09）。这些县域的博物馆是文化活动参与的重要贡献指标。

博物馆文化活动参与可以分为参观人次、举办社会教育活动参加人次、文博单位举办新媒体情况。

1. 参观人次

博物馆参观人数最多的余姚市为127.16万人次。长兴县等59个县域参观人数10万~90.09万人次。义乌市等14个县域参观人数1.1万~9.5万人次。吴兴区、云和县参观人数最少，分别是9 897人次和4 562人次。本组数据中，拱墅区等13个县域统计数据为"0"。全省各区、县（市）博物馆参观人数的平均值为23.09万人次。

2. 举办社会教育活动参加人次

永康市等 5 个县域博物馆举办社会教育活动参加人数达到 10 万~34.08 万人次。浦江县等 27 个县域举办社会教育活动参加人数 1.1 万~9.12 万人次，遂昌县等 36 个县域举办社会教育活动参加人数 1 100~9 311 人次，下城区等 5 个县域举办社会教育活动参加人数 200~863 人次，江山市、义乌市人数最少，分别是 90 人次和 40 人次。本组数据中，拱墅区等 14 个县域统计数据为"0"。全省各区、县（市）举办社会教育活动参加人数的平均值为 2.34 万人次。

3. 文博单位举办新媒体情况

博物馆举办微信公众号、微博关注人数上城区最多为 32.50 万人次。海曙区等 3 个县域 11.36 万~16.24 万人次，泰顺县等 23 个县域举办微信公众号、微博关注人数 1 万~7.56 万人次，龙泉市等 24 个县域 1 662~9 477 人次，三门县等 9 个县域举办微信公众号、微博关注人数 50~918 人次。本组数据中，拱墅区等 29 个县域文博单位举办新媒体统计数据为"0"。全省各区县（市）博物馆举办微信公众号、微博关注人数平均值为 1.71 万人次。

五、小结

根据社会文化参与指数值大于 100 的县域统计，地级市下辖的县域中温州 7 个、宁波 6 个、嘉兴 4 个、湖州 3 个，属于社会文化参与好的地区；台州、绍兴、金华、杭州属于社会文化参与一般或者偏弱的地区；丽水、衢州、舟山属于社会文化参与很差的地区。

（一）提升社会公共文化服务均等共享

《浙江省文化改革发展"十四五"规划》提出"扩大高品质公共文化供给"，"推动公共文化服务高水平均等共享"。"十三五"期间，浙江省公共文化服务体系已经建立，就社会文化参与而言，大型公共文化服务机构举办的活动可以分为三类：举办讲座、展览、培训，举办文艺活动、民俗活动、品牌节庆活动、接受戏曲进乡村活动，举办新媒体。

具体而言，全省各区、县（市）图书馆组织各类讲座次数的平均值为 43.14 次，参加人数的平均值达到 8 849.08 人次；举办展览数的平均值为 29.3 次，参观人数的平均值达到 3.82 万人次；举办培训次数的平均值为 56.7 次，参加人数的平均值为 3 084.933 人次。

全省各区、县（市）文化馆组织品牌节庆活动的平均值为 6.36 次；全省各区、县（市）文化馆组织文艺活动的平均值为 290.056 次，观众人数的平均值为 20.79 万人次；举办训练班班次的平均值为 356.64 次，培训人数的平均值为 1.52 万人次；举办展览的平均值为 33.25 次，参观人数平均值为 3.89 万人次。

组织公益培训座次的平均值为 39.97 次，参加人次 4 801.74 人次。线上群众文化活动次数的平均值为 60.57 次，线上服务人数的平均值为 30.75 万人次。

全省各区、县（市）文化站线上群众文化活动的平均值为 1 062.08 次，参与者的平均值达到 37.80 万人次；举办训练班班次的平均值为 616.674 次，培训人数的平均值达到 3.75 万人次；举办展览的平均值为 137.23 个，参观人数的平均值达到 7.68 万人次；接受戏曲进乡村活动服务的平均值为 185.37 个，惠及人数的平均值达到 6.14 万人次；全省各区、县（市）文化站指挥群众业余团队的平均值为 307.8 个。全省各区、县（市）文化站举办社会教育活动的平均值为 55.46 次，参加活动的人数平均值为 2.34 万人次；举办微信公众号、微博的平均值为 1.8 个，关注人数平均值 1.71 万人次。

"十三五"期间浙江省在创新公共文化服务供给机制，提高公共文化资源配置利用效能，满足人民群众日益多样化的精神生活上取得了很大进步。

（二）社会公共文化服务发展存在的问题

1. 社会公共文化服务区域发展不均衡

从社会文化参与指数看，第一梯队指数值 107.47~256.82，第二梯队指数值 72.75~106.28，第三梯队指数值 31.82~71.95，三大方阵差距明显。位于第 1 名的宁海县与名列第 89 名的滨江区，指数值相差 225 个百分点。

从文化消费需求指数看，第一梯队指数值 112.44~161.77，第二梯队指数值 94.67~110.93，第三梯队指数值 57.65~93.97。位列第 1 的海盐县与指数值位列第 83 的江北区指数值相差 104.12 个百分点。

从文化活动供给指数看，第一梯队指数值 110.14~411.18，第二梯队指数值 64.08~106.95，第三梯队指数值 23.41~63.50。位于第 1 名的鄞州区与位于第 89 名的嵊泗县指数值相差 387.77 个百分点。三大方阵差距非常大，全省各县域文化活动供给均衡性较差。

从文化活动参与指数看，第一梯队指数值 106.25~464.31，第二梯队指数值 59.38~103.35，第三梯队指数值 6.66~56.47。位于第 1 名的宁海县与位于第 89 名的嵊泗县指数值相差 457.65 百分点。三大方阵差距显著，全省各县域文化活动参与均衡性较差。

2. 社会公共文化服务优质供给不足

浙江县域公共文化服务和产品目前仍以基础性为主，地方特色明显不足。比如，文化站举办的接受戏曲进乡村活动服务次数，宁海县等 57 个县域 500 次以下，三门县等 27 个县域不足 100 次，全省各区、县（市）平均值为 185.37 次；戏曲进乡村服务惠及人次，镇海区等 69 个县域 1 万至 10 万人次，江干区等 6 个县域不足 1 万人次，全省各县域平均值达到 6.14 万人次。对于广袤的乡村地区，这种地方特色文化活动的量是不够充分的。

公共文化服务体系建设的一项重要任务是做强公共文化服务创新品牌，比如，组织品牌节庆活动指标反映了企业、公益组织等社会力量的积极参与程度，反映了公共文化产品和服务供给的多元化程度。泰顺县等68个县域文化馆组织品牌节庆活动不足10个，9个县域统计数据为"0"，全省89个区、县（市）文化馆组织品牌节庆活动的平均值为6.36个，显然不能充分彰显地方文化产业的发展特色。

此外，浙江省县域艺术表演不能充分满足市场需求，社会公共文化服务数字化覆盖不广，社会公共文化特殊群体（老年人、未成年人、残疾人、农民工）服务在数量和精准度上均欠缺。

习近平总书记明确指出："全体人民共同富裕是一个总体概念。"文化发展共同富裕的现代化就是要解决区域、城乡、群体三大差距问题。文旅融合是实现文化共同富裕的一个重要路径，指数研究有助于打造全流域文旅融合公共文化服务场域一体生态补偿机制，提升公共文化服务效能，保障公民文化权利的充分实现；促进文旅融合，实现旅游富民。

第十章 2020年县域非遗保护传承指数测评结果与分析

非遗保护传承指数反映了浙江省各县域在非遗保护基础、非遗保护管理、非遗传承体验设施、非遗传承交流、调查成果五个指数上的整体水平。

一、非遗保护传承指数

非遗保护传承指数（表10-1）排在第一方阵的分别是：鄞州区、安吉县、西湖区、泰顺县、临海市、嘉善县、龙泉市、慈溪市、桐庐县、鹿城区、永嘉县、缙云县、天台县、桐乡市、新昌县、萧山区、洞头区、龙湾区、象山县、拱墅区、南浔区、余姚市、平阳县、长兴县、苍南县、淳安县、龙游县、瑞安市、富阳区、宁海县。

非遗保护传承指数排在第二方阵的分别是：乐清市、永康市、莲都区、东阳市、海曙区、建德市、松阳县、仙居县、下城区、浦江县、黄岩区、临安区、德清县、普陀区、北仑区、岱山县、青田县、磐安县、义乌市、文成县、余杭区、海宁市、奉化区、武义县、婺城区、上城区、温岭市、江北区、海盐县、吴兴区。

非遗保护传承指数排在第三方阵的分别是：镇海区、遂昌县、玉环市、云和县、三门县、越城区、定海区、椒江区、南湖区、江干区、瓯海区、路桥区、嵊泗县、滨江区、秀洲区、平湖市、柯桥区、诸暨市、上虞区、嵊州市、金东区、兰溪市、柯城区、衢江区、常山县、开化县、江山市、庆元县、景宁自治县。有15个县域非遗保护传承指数为"0"。

表10-1 2020年县域非遗保护传承指数测评结果

方阵	区域	非遗保护传承 指数值	排名	非遗保护基础 指数值	排名	非遗保护管理 指数值	排名	非遗传承体验设施 指数值	排名	非遗传承交流 指数值	排名	调查成果 指数值	排名
第一方阵	鄞州区	395.58	1	374.89	3	368.67	5	555.12	4	217.26	10	461.95	4
	安吉县	313.47	2	436.81	2	117.26	28	275.31	7	68.54	48	669.44	3
	西湖区	310.86	3	209.99	13	101.81	35	1 078.99	1	110.74	29	52.76	36
	泰顺县	276.44	4	235.24	10	197.87	11	39.67	47	223.68	9	685.72	2
	临海市	273.03	5	115.45	35	213.79	10	772.34	2	263.60	7	0	73

续表

方阵	区域	非遗保护传承		非遗保护基础		非遗保护管理		非遗传承体验设施		非遗传承交流		调查成果	
		指数值	排名	指数值	排名	指数值	排名	指数值	排名	指数值	排名	指数值	排名
第一方阵	嘉善县	233.01	6	89.38	50	79.50	43	157.73	15	129.01	24	709.43	1
	龙泉市	230.80	7	268.41	7	81.57	42	383.61	6	279.38	6	141.04	18
	慈溪市	220.84	8	101.51	45	67.05	51	59.64	38	840.94	1	35.05	49
	桐庐县	216.85	9	137.40	27	122.81	27	185.31	12	228.27	8	410.44	6
	鹿城区	206.83	10	465.42	1	173.25	13	153.43	16	209.26	12	32.81	51
	永嘉县	204.32	11	176.05	22	158.51	17	77.43	34	191.09	14	418.53	5
	缙云县	199.83	12	129.85	32	107.29	31	528.36	5	44.20	59	189.46	17
	天台县	196.90	13	211.54	12	116.20	29	177.58	13	82.13	39	397.03	7
	桐乡市	185.89	14	183.42	19	176.10	12	201.70	10	113.04	28	255.21	11
	新昌县	181.70	15	140.90	25	398.66	4	70.38	35	182.13	15	116.43	21
	萧山区	171.73	16	103.92	43	155.94	18	25.97	55	474.37	2	98.46	23
	洞头区	165.03	17	108.58	38	405.70	3	103.52	26	141.67	19	65.69	30
	龙湾区	161.89	18	104.35	40	82.72	41	596.56	3	25.83	65	0	73
	象山县	153.59	19	181.19	21	427.69	1	84.93	32	36.27	63	37.87	46
	拱墅区	153.05	20	96.38	46	421.19	2	101.66	28	66.35	49	79.66	25
	南浔区	145.14	21	121.33	34	48.42	61	36.41	50	169.43	17	350.13	9
	余姚市	144.95	22	182.78	20	130.02	24	48.21	42	132.71	23	231.06	13
	平阳县	144.80	23	290.38	6	105.36	34	124.58	17	202.09	13	1.57	72
	长兴县	140.64	24	206.44	14	125.89	26	47.83	43	89.15	36	233.90	12
	苍南县	139.86	25	264.70	8	219.67	9	36.20	51	109.28	30	69.48	28
	淳安县	139.51	26	94.71	47	73.60	46	80.31	33	105.14	31	343.79	10
	龙游县	138.86	27	250.75	9	31.96	70	14.09	63	43.98	60	353.52	8
	瑞安市	134.03	28	357.68	4	154.96	19	48.89	41	78.93	41	29.68	53
	富阳区	132.65	29	138.61	26	170.86	15	273.49	8	56.49	54	23.82	57
	宁海县	125.03	30	231.11	11	133.88	22	101.77	27	101.95	32	56.46	34
第二方阵	乐清市	119.64	31	199.57	16	173.04	14	120.50	18	78.25	42	26.86	55
	永康市	118.65	32	158.53	23	229.01	7	0	73	179.57	16	26.13	56
	莲都区	118.53	33	80.87	57	149.00	20	230.08	9	80.45	40	52.27	37
	东阳市	114.35	34	87.59	51	159.40	16	108.10	21	24.36	67	192.32	16

154

第十章 2020年县域非遗保护传承指数测评结果与分析

续表

方阵	区域	非遗保护传承 指数值	排名	非遗保护基础 指数值	排名	非遗保护管理 指数值	排名	非遗保护体验设施 指数值	排名	非遗传承交流 指数值	排名	调查成果 指数值	排名
第二方阵	海曙区	112.84	35	103.93	42	106.67	32	186.25	11	132.84	22	34.53	50
	建德市	110.64	36	86.30	52	86.53	39	103.90	25	71.86	47	204.61	15
	松阳县	110.38	37	331.87	5	45.99	63	65.01	37	72.20	45	36.85	47
	仙居县	107.21	38	134.83	29	19.90	73	107.20	22	139.85	20	134.27	19
	下城区	104.36	39	80.19	58	110.96	30	24.42	58	293.19	3	13.06	66
	浦江县	103.23	40	187.45	18	73.38	47	113.27	19	125.34	26	16.72	62
	黄岩区	99.83	41	85.82	54	56.19	57	20.91	60	290.24	4	45.98	40
	临安区	99.78	42	129.19	33	106.34	33	15.73	62	24.78	66	222.84	14
	德清县	97.62	43	94.38	48	83.61	40	158.72	14	90.14	35	61.24	32
	普陀区	96.07	44	66.88	62	238.09	6	85.24	31	72.18	46	17.96	60
	北仑区	95.51	45	60.80	67	50.16	60	105.21	24	217.19	11	44.19	42
	岱山县	95.11	46	64.03	65	64.96	52	39.51	48	287.08	5	19.99	59
	青田县	91.22	47	194.51	17	76.70	44	97.86	29	72.43	44	14.59	64
	磐安县	87.60	48	204.92	15	64.24	54	29.60	54	60.87	53	78.38	27
	义乌市	85.87	49	112.73	36	87.18	38	36.55	49	153.51	18	39.39	45
	文成县	82.20	50	104.18	41	128.56	25	43.73	45	65.43	50	69.29	29
	余杭区	79.50	51	101.69	44	220.05	8	11.64	64	0	74	64.10	31
	海宁市	78.62	52	135.98	28	147.03	21	66.79	36	16.11	69	27.18	54
	奉化区	77.57	53	106.34	39	71.36	49	106.74	23	63.72	52	39.68	44
	武义县	75.03	54	129.91	31	74.74	45	0.29	72	126.65	25	43.55	43
	婺城区	72.31	55	77.12	59	64.74	53	29.74	53	82.85	38	107.10	22
	上城区	69.98	56	141.30	24	130.24	23	9.89	66	55.59	55	12.90	67
	温岭市	69.77	57	110.34	37	71.10	50	45.44	44	98.60	34	23.37	58
	江北区	69.65	58	53.30	69	63.30	55	85.70	30	101.58	33	44.36	41
	海盐县	68.45	59	65.30	64	71.85	48	8.79	67	139.08	21	57.24	33
	吴兴区	62.64	60	70.76	60	57.48	56	1.92	70	52.66	56	130.39	20
第三方阵	镇海区	60.76	61	49.79	71	43.51	65	4.15	68	122.83	27	83.51	24
	遂昌县	59.49	62	82.54	55	43.45	66	109.39	20	44.75	58	17.33	61
	玉环市	57.46	63	65.49	63	51.01	59	31.98	52	83.26	37	55.56	35

155

续表

方阵	区域	非遗保护传承 指数值	排名	非遗保护基础 指数值	排名	非遗保护管理 指数值	排名	非遗传承体验设施 指数值	排名	非遗传承交流 指数值	排名	调查成果 指数值	排名
第三方阵	云和县	47.62	64	66.93	61	53.58	58	23.57	59	63.99	51	30.05	52
	三门县	47.62	65	86.27	53	99.00	36	1.87	71	4.33	73	46.61	39
	越城区	46.04	66	133.92	30	36.47	69	10.11	65	40.66	62	9.02	68
	定海区	45.78	67	60.79	68	28.95	71	25.45	56	34.96	64	78.73	26
	椒江区	45.56	68	52.56	70	42.35	67	54.60	39	73.49	43	4.82	71
	南湖区	43.14	69	63.50	66	41.61	68	51.07	40	11.10	72	48.43	38
	江干区	42.15	70	42.50	72	46.67	62	43.70	46	42.43	61	35.45	48
	瓯海区	39.77	71	91.77	49	89.44	37	0	73	12.70	71	4.95	70
	路桥区	38.38	72	81.69	56	43.79	64	3.05	69	50.14	57	13.23	65
	嵊泗县	20.30	73	31.33	73	23.59	72	24.61	57	16.81	68	5.14	69
	滨江区	14.83	74	22.05	74	6.60	74	16.76	61	13.06	70	15.66	63
	秀洲区	0	75	0	75	0	75	0	73	0	74	0	73
	平湖市	0	75	0	75	0	75	0	73	0	74	0	73
	柯桥区	0	75	0	75	0	75	0	73	0	74	0	73
	诸暨市	0	75	0	75	0	75	0	73	0	74	0	73
	上虞区	0	75	0	75	0	75	0	73	0	74	0	73
	嵊州市	0	75	0	75	0	75	0	73	0	74	0	73
	金东区	0	75	0	75	0	75	0	73	0	74	0	73
	兰溪市	0	75	0	75	0	75	0	73	0	74	0	73
	柯城区	0	75	0	75	0	75	0	73	0	74	0	73
	衢江区	0	75	0	75	0	75	0	73	0	74	0	73
	常山县	0	75	0	75	0	75	0	73	0	74	0	73
	开化县	0	75	0	75	0	75	0	73	0	74	0	73
	江山市	0	75	0	75	0	75	0	73	0	74	0	73
	庆元县	0	75	0	75	0	75	0	73	0	74	0	73
	景宁自治县	0	75	0	75	0	75	0	73	0	74	0	73

三大方阵数据显示，浙江非遗保护传承空间分布呈现非均衡性。非遗保护传承优势与次优地区集中在浙江北部杭嘉湖地区、东南沿海、中部地区、南部部分

地区。非遗保护传承弱势地区主要集中在北部的绍兴地区、西南部地区、东部海岛地区。三大方阵整体分布比较斑驳。

以下就非遗保护传承指数中各二级指标位列前5的贡献指标做分析。

非遗保护传承指数，鄞州区排名第1（指数值395.58），其中，非遗保护基础排名第3（指数值374.89）、非遗保护管理排名第5（指数值368.67）、非遗传承体验设施排名第4（指数值555.12）、调查成果排名第4（指数值461.95），多项指标对非遗保护传承起到突出的贡献作用。安吉县排名第2（指数值313.47），其中，非遗保护基础排名第2（指数值436.81）、调查成果排名第3（指数值669.44），两项指标对非遗保护传承指数起到重要的贡献作用。

非遗保护传承指数，鹿城区排名第10（指数值206.83）、瑞安市排名第28（指数值134.03）、松阳县排名第37（指数值110.38），其中，非遗保护基础分别排名第1（指数值465.42）、排名第4（指数值357.68）、排名第5（指数值331.87）。县域的非遗保护基础是非遗保护传承指数的重要贡献指标。

非遗保护传承指数，象山县排名第19（指数值153.59）、拱墅区排名第20（指数值153.05）、洞头区排名第17（指数值165.03）、新昌县排名第15（指数值181.70），其中，非遗保护管理分别排名第1（指数值427.69）、排名第2（指数值421.19）、排名第3（指数值405.70）、排名第4（指数值398.66）。这些县域的非遗保护管理是非遗保护传承指数的重要贡献指标。

非遗保护传承指数，西湖区排名第3（指数值310.86）、临海市排名第5（指数值273.03）、龙湾区排名第18（指数值161.89）、缙云县排名第12（指数值199.83），以上区（县）非遗传承体验设施分别排名第1（指数值1 078.99）、排名第2（指数值772.34）、排名第3（指数值596.56）、排名第5（指数值528.36），这些县域非遗传承体验设施是非遗保护传承指数的重要贡献指标。

非遗保护传承指数，慈溪市排名第8（指数值220.84）、萧山区排名第16（指数值171.73）、下城区排名第39（指数值104.36）、黄岩区排名第41（指数值99.83）、岱山县排名第46（指数值95.11），其中，非遗传承交流分别排名第1（指数值840.94）、排名第2（指数值474.37）、排名第3（指数值293.19）、排名第4（指数值290.24）、排名第5（指数值287.08）。这些县域非遗传承交流是非遗保护传承指数的重要贡献指标。

非遗保护传承指数，嘉善县排名第6（指数值233.01）、泰顺县排名第4（指数值276.44）、永嘉县排名第11（指数值204.32），其中，调查成果分别排名第1（指数值709.43）、排名第2（指数值685.72）、排名第5（指数值418.53）。这些县域调查成果是非遗保护传承指数的重要贡献指标。

二、非遗保护基础指数

非遗保护基础指数反映了非遗项目数量和非遗代表性传承人2个指数的平均

水平（表10-2）。

表 10-2　2020 年县域非遗保护基础指数测评结果

区域	非遗保护基础 指数值	排名	非遗项目数量 指数值	排名	非遗代表性传承人 指数值	排名
鹿城区	465.42	1	147.47	17	783.38	1
安吉县	436.81	2	163.93	12	709.69	2
鄞州区	374.89	3	184.37	9	565.41	4
瑞安市	357.68	4	200.14	6	515.23	5
松阳县	331.87	5	82.82	60	580.93	3
平阳县	290.38	6	245.81	4	334.94	8
龙泉市	268.41	7	100.54	48	436.28	6
苍南县	264.70	8	254.92	2	274.47	12
龙游县	250.75	9	140.73	24	360.78	7
泰顺县	235.24	10	256.28	1	214.20	17
宁海县	231.11	11	141.62	23	320.61	10
天台县	211.54	12	161.26	13	261.82	15
西湖区	209.99	13	144.70	20	275.27	11
长兴县	206.44	14	140.01	25	272.86	13
磐安县	204.92	15	88.87	58	320.97	9
乐清市	199.57	16	248.98	3	150.15	27
青田县	194.51	17	124.07	32	264.95	14
浦江县	187.45	18	184.19	10	190.71	20
桐乡市	183.42	19	198.72	7	168.12	23
余姚市	182.78	20	108.72	44	256.84	16
象山县	181.19	21	210.21	5	152.17	25
永嘉县	176.05	22	154.62	14	197.49	19
永康市	158.53	23	194.09	8	122.97	34
上城区	141.30	24	147.84	16	134.76	29
新昌县	140.90	25	109.63	43	172.17	22
富阳区	138.61	26	145.73	19	131.48	31
桐庐县	137.40	27	111.62	41	163.18	24
海宁市	135.98	28	134.55	27	137.41	28
仙居县	134.83	29	141.77	22	127.90	32

续表

区域	非遗保护基础 指数值	非遗保护基础 排名	非遗项目数量 指数值	非遗项目数量 排名	非遗代表性传承人 指数值	非遗代表性传承人 排名
越城区	133.92	30	116.53	36	151.31	26
武义县	129.91	31	127.37	30	132.45	30
缙云县	129.85	32	172.07	11	87.63	44
临安区	129.19	33	134.60	26	123.77	33
南浔区	121.33	34	153.75	15	88.91	43
临海市	115.45	35	133.71	28	97.19	39
义乌市	112.73	36	146.53	18	78.93	48
温岭市	110.34	37	144.36	21	76.32	49
洞头区	108.58	38	126.75	31	90.41	42
奉化区	106.34	39	99.75	50	112.93	35
龙湾区	104.35	40	100.26	49	108.43	36
文成县	104.18	41	129.02	29	79.34	47
海曙区	103.93	42	110.28	42	97.57	38
萧山区	103.92	43	112.23	40	95.62	40
余杭区	101.69	44	0	73	203.38	18
慈溪市	101.51	45	103.53	47	99.48	37
拱墅区	96.38	46	98.52	51	94.23	41
淳安县	94.71	47	113.36	38	76.06	50
德清县	94.38	48	113.23	39	75.53	53
瓯海区	91.77	49	118.53	34	65.00	59
嘉善县	89.38	50	117.68	35	61.09	61
东阳市	87.59	51	0	73	175.17	21
建德市	86.30	52	91.62	53	80.98	45
三门县	86.27	53	114.38	37	58.16	63
黄岩区	85.82	54	105.76	45	65.89	58
遂昌县	82.54	55	98.29	52	66.78	56
路桥区	81.69	56	119.64	33	43.74	67
莲都区	80.87	57	85.87	59	75.86	52
下城区	80.19	58	80.54	63	79.84	46
婺城区	77.12	59	90.81	55	63.44	60

续表

区域	非遗保护基础 指数值	非遗保护基础 排名	非遗项目数量 指数值	非遗项目数量 排名	非遗代表性传承人 指数值	非遗代表性传承人 排名
吴兴区	70.76	60	89.85	56	51.67	64
云和县	66.93	61	57.98	66	75.88	51
普陀区	66.88	62	89.13	57	44.62	66
玉环市	65.49	63	81.85	62	49.13	65
海盐县	65.30	64	91.46	54	39.14	69
岱山县	64.03	65	104.22	46	23.84	72
南湖区	63.50	66	61.02	65	65.98	57
北仑区	60.80	67	49.85	69	71.74	55
定海区	60.79	68	81.92	61	39.66	68
江北区	53.30	69	46.17	70	60.42	62
椒江区	52.56	70	66.51	64	38.61	70
镇海区	49.79	71	24.20	72	75.39	54
江干区	42.50	72	51.10	68	33.89	71
嵊泗县	31.33	73	52.82	67	9.85	74
滨江区	22.05	74	24.73	71	19.38	73
秀洲区	0	75	0	73	0	75
平湖市	0	75	0	73	0	75
柯桥区	0	75	0	73	0	75
诸暨市	0	75	0	73	0	75
上虞区	0	75	0	73	0	75
嵊州市	0	75	0	73	0	75
金东区	0	75	0	73	0	75
兰溪市	0	75	0	73	0	75
柯城区	0	75	0	73	0.	75
衢江区	0	75	0	73	0	75
常山县	0	75	0	73	0	75
开化县	0	75	0	73	0	75
江山市	0	75	0	73	0	75
庆元县	0	75	0	73	0	75
景宁自治县	0	75	0	73	0	75

第十章　2020年县域非遗保护传承指数测评结果与分析

（一）非遗项目数量指数

非遗保护基础，平阳县排名第6（指数值290.38），其中，非遗项目数量排名第4（指数值245.81）；苍南县排名第8（指数值264.70），其中，非遗项目数量排名第2（指数值254.92）；泰顺县排名第10（指数值235.24），其中，非遗项目数量排名第1（指数值256.28）；乐清市排名第16（指数值199.57），其中，非遗项目数量排名第3（指数值248.98）；象山县排名第21（指数值181.19），其中非遗项目数量排名第5（指数值210.21）。这些县域非遗项目数量是非遗保护基础指数的突出贡献指标。

非遗项目数量又可以区分为国家级、省级、市级、县级。

国家级的非遗项目数量象山县、泰顺县、浦江县、永康市均有6个，其次是乐清市5个，上城区、西湖区、鄞州区、宁海县、平阳县、瑞安市、青田县均有4个，下城区等50个县域有1~3个。全省各区、县（市）的国家级非遗项目平均数为1.69个。本组数据中，滨江区等27个县域的统计数据为"0"。

省级非遗项目数量前9位分别是苍南县（24个）、平阳县与临海市（各21个）、鄞州区与桐乡市（各20个）、上城区、临安区、乐清市、缙云县（各19个）。省级非遗项目数量10~16个以上的还有：永康市、富阳区、象山县等33个县域。吴兴区、路桥区等个位数的县域有30个。全省各区、县（市）的省级非遗项目平均数为8.73个。本组数据中，余杭区等17个县域的统计数据为"0"。

市级非遗项目数量排在前4位的分别是苍南县（127个）、平阳县（110个）、乐清市（108个）、泰顺县（106个）。数量在10~100个的有瑞安市等66个县域。滨江区、江北区数量均是8个。全省各区、县（市）的市级非遗项目平均数为34.91个。本组数据中，余杭区等17个县域的统计数据为"0"。

县级非遗项目数量排在前3位的分别是苍南县（233个）、安吉县（215个）、路桥区（207个）。数量在100~200的有南浔区等35个县域。数量在100以内的有宁海县等34个县域。全省各区、县（市）的县级非遗项目平均数为88.82个。本组数据中，余杭区等17个县域的统计数据为"0"。

（二）非遗代表性传承人指数

非遗保护基础，鹿城区排名第1（指数值465.42）、安吉县排名第2（指数值436.81）、鄞州区排名第3（指数值374.89）瑞安市排名第4（指数值357.68）、松阳县排名第5（指数值331.87），其中，非遗代表性传承人分别排名第1（指数值783.38）、排名第2（指数值709.69）、排名第4（指数值565.41）、排名第5（指数值515.23）、排名第3（指数值580.93）。这些县域，非遗代表性传承人是非遗保护基础指数重要的贡献指标。

非遗代表性传承人分为传承人、学徒两个指标，又可以分为国家级、省级、市级、县级。

1. 传承人

国家级非遗传承人排在前6位的分别是乐清市和东阳市（各7人）、泰顺县（6人），瑞安市、青田县、龙泉市（各4人）。上城区等48个县域国家级非遗传承人1~3人。全省各区、县（市）的国家级非遗传承人平均数为1.34名。本组数据中，滨江区等33个县域统计数据为"0"。

省级非遗传承人排在前5位的分别是平阳县（34人）、苍南县（31人）泰顺县与乐清市（各24人）、东阳市（23人）。永康市等29个县域省级非遗传承人10~20人，拱墅区等38个县域省级非遗传承人1~9人。全省各区、县（市）的省级非遗传承人平均数为8.54人。本组数据中，滨江区等17个县域统计数据为"0"。

市级非遗传承人排在前3位的分别是平阳县（120人）、苍南县（115人）、东阳市（103人）。拥有40~70人的市级非遗传承人的县域有瑞安市等24个县域，拥有10~39人的市级非遗传承人的县域有武义县等42个县域，拥有个位数的市级非遗传承人分别是江干区与江北区（各8人）、嵊泗县（6人）。全省各区、县（市）的市级非遗传承人平均数为29.51人。本组数据中，滨江区等17个县域统计数据为"0"。

县级非遗传承人排在前3位的分别是苍南县（416人）、泰顺县（379人）、平阳县（323人）。东阳市等21个县域拥有县级非遗传承人100~200人。临海市等47个县域拥有县级非遗传承人15~99人。滨江区最少，仅9人。全省各区、县（市）的县级非遗传承人平均数为74.39人。本组数据中，秀洲区等17个县域统计数据为"0"。

2. 学徒

国家级学徒人数排在前5位的分别是安吉县（260人）、龙泉市（257人）、瑞安市（186人）、宁海县（152人）、松阳县（105人）。青田县等49个县域拥有国家级学徒100人以下。全省各区、县（市）的国家级非遗传承人学徒平均数为19.90人。本组数据中，滨江区等34个县域统计数据为"0"。

省级学徒人数排在前7位的分别是鄞州区（550人）、鹿城区（520人）、安吉县（450人）、龙游县（445人）、磐安县（340人）、松阳县（340人）、瑞安市（335人）。龙泉市等13个县域拥有100~210名省级学徒，上城区等51个县域拥有100名以下省级学徒。全省各区、县（市）的省级非遗传承人学徒平均数为77.17人。本组数据中，滨江区等17个县域统计数据为"0"。

市级学徒人数排在前3位的分别是鹿城区（3 755人）、安吉县（1 400人）、松阳县（1 200人）。鄞州区等31个县域为100~1 000人。龙湾区等38个县域市级非遗学徒在100人以下。全省各区、县（市）的市级非遗传承人学徒平均数为

208.74人。本组数据中,滨江区等17个县域统计数据为"0"。

拥有千名以上的县级非遗学徒有8个县域,分别是鹿城区(3 922人)、松阳县(3 760人)、安吉县(3 200人)、鄞州区(1 655人)、西湖区(1 621人)、瑞安市(1 203人)、天台县(1 035人)、余姚市(1 000人)。长兴县等47个县域拥有100~1 000名县级非遗学徒,北仑区等16个县域拥有30~92名县级非遗学徒。全省各区、县(市)的县级非遗传承人学徒平均数为349.88人。本组数据中,江北区等18个县域统计数据为"0"。

需要指出的是,综合89个县域排名看,代表性传承人的指数排名与非遗保护基础指数排名比较一致,说明该指标是非遗保护基础的主要贡献指标。

三、非遗保护管理指数

非遗保护管理指数包括非遗保护单位数、非遗保护经费2个指标(见表10-3)。

表10-3 2020年县域非遗保护管理指数测评结果

区域	非遗保护管理 指数值	排名	非遗保护单位数 指数值	排名	非遗保护经费 指数值	排名
象山县	427.69	1	238.85	6	616.53	4
拱墅区	421.19	2	106.03	42	736.35	1
洞头区	405.70	3	148.40	21	663.01	3
新昌县	398.66	4	119.01	34	678.30	2
鄞州区	368.67	5	263.83	4	473.50	5
普陀区	238.09	6	109.24	40	366.94	6
永康市	229.01	7	92.10	44	365.92	7
余杭区	220.05	8	255.57	5	184.54	11
苍南县	219.67	9	307.21	1	132.12	17
临海市	213.79	10	101.21	43	326.36	8
泰顺县	197.87	11	295.92	2	99.83	28
桐乡市	176.10	12	233.02	7	119.18	21
鹿城区	173.25	13	173.32	13	173.17	14
乐清市	173.04	14	288.56	3	57.51	44
富阳区	170.86	15	168.38	15	173.34	13
东阳市	159.40	16	219.20	8	99.60	29
永嘉县	158.51	17	186.17	11	130.85	18

续表

区域	非遗保护管理 指数值	排名	非遗保护单位数 指数值	排名	非遗保护经费 指数值	排名
萧山区	155.94	18	120.94	33	190.93	10
瑞安市	154.96	19	128.12	29	181.81	12
莲都区	149.00	20	88.70	47	209.31	9
海宁市	147.03	21	154.66	19	139.40	15
宁海县	133.88	22	199.14	10	68.61	36
上城区	130.24	23	157.21	16	103.27	26
余姚市	130.02	24	141.42	23	118.62	22
文成县	128.56	25	155.93	18	101.18	27
长兴县	125.89	26	169.04	14	82.75	33
桐庐县	122.81	27	135.10	26	110.52	24
安吉县	117.26	28	213.65	9	20.86	61
天台县	116.20	29	180.47	12	51.92	46
下城区	110.96	30	88.30	48	133.61	16
缙云县	107.29	31	91.14	45	123.43	20
海曙区	106.67	32	123.99	31	89.34	31
临安区	106.34	33	156.10	17	56.57	45
平阳县	105.36	34	106.10	41	104.62	25
西湖区	101.81	35	136.09	25	67.52	38
三门县	99.00	36	138.24	24	59.76	43
瓯海区	89.44	37	141.43	22	37.45	53
义乌市	87.18	38	113.36	35	61.01	41
建德市	86.53	39	112.47	37	60.58	42
德清县	83.61	40	133.36	27	33.86	55
龙湾区	82.72	41	121.40	32	44.04	49
龙泉市	81.57	42	39.25	69	123.88	19
嘉善县	79.50	43	45.38	67	113.62	23
青田县	76.70	44	87.47	49	65.92	39
武义县	74.74	45	149.49	20	0	72

续表

区域	非遗保护管理 指数值	非遗保护管理 排名	非遗保护单位数 指数值	非遗保护单位数 排名	非遗保护经费 指数值	非遗保护经费 排名
淳安县	73.60	46	133.01	28	14.20	63
浦江县	73.38	47	77.19	52	69.58	35
海盐县	71.85	48	112.78	36	30.92	58
奉化区	71.36	49	67.65	57	75.07	34
温岭市	71.10	50	109.33	39	32.88	57
慈溪市	67.05	51	127.91	30	6.18	68
岱山县	64.96	52	40.16	68	89.77	30
婺城区	64.74	53	110.70	38	18.78	62
磐安县	64.24	54	45.49	66	82.99	32
江北区	63.30	55	58.92	61	67.68	37
吴兴区	57.48	56	72.13	55	42.82	51
黄岩区	56.19	57	86.20	51	26.17	60
云和县	53.58	58	66.84	59	40.31	52
玉环市	51.01	59	66.95	58	35.08	54
北仑区	50.16	60	54.51	62	45.80	48
南浔区	48.42	61	89.35	46	7.49	67
江干区	46.67	62	59.88	60	33.47	56
松阳县	45.99	63	26.13	72	65.85	40
路桥区	43.79	64	73.47	54	14.11	64
镇海区	43.51	65	74.34	53	12.67	65
遂昌县	43.45	66	86.90	50	0	72
椒江区	42.35	67	36.59	71	48.12	47
南湖区	41.61	68	71.54	56	11.68	66
越城区	36.47	69	46.09	65	26.86	59
龙游县	31.96	70	20.58	73	43.34	50
定海区	28.95	71	53.08	63	4.82	69
嵊泗县	23.59	72	47.19	64	0	72
仙居县	19.90	73	38.60	70	1.20	70

续表

区域	非遗保护管理		非遗保护单位数		非遗保护经费	
	指数值	排名	指数值	排名	指数值	排名
滨江区	6.60	74	12.50	74	0.71	71
秀洲区	0	75	0	75	0	72
平湖市	0	75	0	75	0	72
柯桥区	0	75	0	75	0	72
诸暨市	0	75	0	75	0	72
上虞区	0	75	0	75	0	72
嵊州市	0	75	0	75	0	72
金东区	0	75	0	75	0	72
兰溪市	0	75	0	75	0	72
柯城区	0	75	0	75	0	72
衢江区	0	75	0	75	0	72
常山县	0	75	0	75	0	72
开化县	0	75	0	75	0	72
江山市	0	75	0	75	0	72
庆元县	0	75	0	75	0	72
景宁自治县	0	75	0	75	0	72

（一）非遗保护单位数指数

非遗保护单位数指数又可以分为国家级、省级、市级、县级。

非遗保护管理，苍南县排名第9（指数值219.67），其中，非遗保护单位数排名第1（指数值307.21）；泰顺县排名第11（指数值197.87），其中，非遗保护单位数排名第2（指数值295.92）；乐清市排名第14（指数值173.04），其中，非遗保护单位数排名第3（指数值288.56）；鄞州区排名第5（指数值368.67），其中，非遗保护单位数排名第4（指数值263.83）。余杭区排名第8（指数值220.05），其中，非遗保护单位数排名第5（指数值255.57）。这些县域，非遗保护单位数是非遗保护管理的重要贡献指标。有些县域是两项指标均起到较大作用，比如，鄞州区排名第5，其中，非遗保护单位数排名第4，非遗保护经费排名第5，两项均是贡献指标。

国家级非遗保护单位数排在前9位的分别是余杭区、象山县、宁海县、泰顺县（均是6个），鄞州区、乐清市（均是5个），上城区、西湖区、东阳市（均是4个)。下城区等55个县域有1~3个。全省各区、县（市）的国家级非遗保护单位数平均为1.69个。本组数据中，滨江区等25个县域统计数为"0"。

省级非遗保护单位数排在前4位的分别是鄞州区（27个）、苍南县（24个）、余杭区（23个）、桐乡市（20个）。临安区等28个县域拥有10~20个，吴兴区等42个县域拥有1~9个。全省各区、县（市）的省级非遗保护单位数平均为7.75个。

市级非遗保护单位数排在前3位的分别是苍南县（127个）、乐清市（108个）、泰顺县（106个）。永嘉县等63个县域拥有10~80个，龙泉市等7个县域数少于10个。全省各区、县（市）的市级非遗保护单位数平均数为28.35个。

县级非遗保护单位数排在前两位的分别是苍南县（233个）和安吉县（215个），泰顺县等24个县域拥有100~172个，莲都区等45个县域拥有10~99个。滨江区、岱山县、龙游县分别是9个、8个、2个。全省各区、县（市）的县级非遗保护单位平均数为66.08个。

本组数据中，秀洲区等15个县域省级、市级、县级非遗保护单位统计数据为"0"。

（二）非遗保护经费指数

非遗保护经费具体可以分为中央财政投入、省级财政投入、市级财政投入、县级财政投入、其他投入指数。

非遗保护管理，拱墅区排名第2（指数值421.19），其中，非遗保护经费排名第1（指数值736.35）；新昌县排名第4（指数值398.66），其中，非遗保护经费排名第2（指数值678.30）；洞头区排名第3（指数值405.70），其中，非遗保护经费排名第3（指数值663.01）；象山县排名第1（指数值427.69），其中，非遗保护经费排名第4（指数值616.53）；鄞州区排名第5（指数值368.67），其中，非遗保护经费排名第5（指数值473.50）。这些县域非遗保护经费是非遗保护管理的重要贡献指标。有些县域是两项指标均起到较大作用，比如，象山县排名第1，其中，非遗保护经费排名第4，非遗保护单位数排名第6，两项均是贡献指标。

中央财政投入多的是象山县（514万元）、鄞州区（106万元）。富阳区等27个县域中央财政投入在15万~87万元，泰顺县等23个县域中央财政投入在2万~8万元，淳安县、安吉县、定海区3个县域中央财政投入仅2000元。全省各区、县（市）的中央财政投入平均值为19.77万元。本组数据中，滨江区等34个县域统计数据为"0"。

省级财政投入排在前5位的是永嘉县171万元、平阳县117.5万元、苍南县110.5万元、乐清市110.5万元、浦江县108万元。新昌县等50个县域非遗省级财政投入达到10万~100万元，鄞州区等11个县域非遗省级财政投入在10万元以内。全省各区、县（市）的省级财政投入平均值为 39.40 万元。本组数据中，滨江区等 23 个县域统计数据为"0"。

市级财政投入排在前两位的是新昌县 279 万元和永康市 140.5 万元。象山县等 25 个县域市级财政投入在 10 万~50 万元，临安区等 15 个县域市级财政投入在 10 万元以内。全省各区、县（市）的市级财政投入平均值为 11.37 万元。本组数据中，下城区等 47 个县域统计数据为"0"。

县级财政投入排在前 3 位的是临海市 2 034.3 万元、普陀区 1 550 万元、莲都区 1 459 万元。23 个县域县级财政投入在 100 万~950 万元，桐乡市等 31 个县域县级财政投入在 10 万~82 万元，7 个县域县级财政投入在 10 万元以内。全省各区、县（市）的县级财政投入平均值为 141.5 万元。本组数据中，江干区等 25 个县域统计数据为"0"。

其他投入排在前 4 位的分别是拱墅区 8 963.2 万元、洞头区 7 288 万元、鄞州区 3 500 万元、普陀区 1 400 万元。下城区等 9 个县域其他投入在 150 万~733.1 万元。路桥区等 7 个县域其他投入在 15.6 万~88 万元，平阳县等 6 个县域其他投入 0.1 万~2.8 万元。全省各区、县（市）的其他投入平均值为 291.48 万元。本组数据中，上城区等 63 个县域统计数据为"0"。

需要指出的是国家级、省级、市级、县级、其他相加的总和并没有统计在指数计算中，但我们依然把非遗保护经费总数计算出来。非遗保护经费总数最多的是拱墅区 9 252.1 万元、洞头区 8 138.4 万元，其次是鄞州区 4 281.5 万元、普陀区 3 018 万元、临海市 2 108.8 万元、莲都区 1 504 万元、新昌县 1 330 万元，7 个县域均超过 1 000 万元。下城区等 46 个县域非遗保护经费总数投入在 100 万~1 000 万元。临安区等 16 个县域非遗保护经费总数投入在 11.7 万~99.7 万元。定海区、滨江区分别为 6.8 万元、5 万元。全省各区、县（市）的非遗保护经费总数投入平均值为 504.27 万元。本组数据中，秀洲区等 18 个县域统计数据为"0"。

四、非遗传承体验设施指数

非遗传承体验设施指数包括体验机构、代表性项目数、收藏实物数、场馆面积、参观人数、培训学徒 6 个指标（见表 10-4）。

（一）体验机构指数

非遗传承体验设施，临海市排名第 2（指数值 772.34），其中，体验机构排名第 1（指数值 1 313.79），是非遗传承体验设施的重要贡献指标。仙居县排名第 22（指数值 107.20）、东阳市排名第 21（指数值 108.10）、鄞州区排名第 4（指数值 555.12）、龙泉市排名第 6（指数值 383.61），其中，体验机构分别排名第 2（指数值 547.02）、第 3（指数值 536.18）、第 4（指数值 527.35）、第 5（指

表10-4 2020年县域非遗传承体验设施指数测评结果

区域	非遗传承体验设施 指数值	排名	体验机构 指数值	排名	代表性项目数 指数值	排名	收藏实物数 指数值	排名	场馆面积 指数值	排名	参观人数 指数值	排名	培训学徒 指数值	排名
西湖区	1 078.99	1	67.31	36	14.61	39	148.09	17	2 874.67	1	3 059.78	1	309.49	8
临海市	772.34	2	1 313.79	1	3 277.60	2	6.19	58	35.10	43	1.34	63	0	64
龙湾区	596.56	3	8.29	62	3 350.95	1	0.09	67	193.39	12	26.64	43	0	64
鄞州区	555.12	4	527.35	4	18.45	32	2 313.84	1	307.06	5	103.23	18	60.80	28
缙云县	528.36	5	55.60	40	3.24	57	18.02	49	217.55	10	128.66	15	2 747.09	1
龙泉市	383.61	6	455.41	5	3.42	56	1 073.90	2	168.70	13	533.32	2	66.88	24
安吉县	275.31	7	199.54	12	28.27	20	713.94	3	222.85	8	49.50	29	437.78	4
富阳区	273.49	8	121.82	22	46.70	10	166.29	15	638.64	2	406.03	4	261.45	10
莲都区	230.08	9	299.25	7	1 022.60	3	16.14	50	17.73	51	0.47	64	24.32	42
桐乡市	201.70	10	145.27	17	55.10	6	323.42	4	200.91	11	120.66	16	364.82	6
海曙区	186.25	11	151.29	16	28.63	19	185.35	11	367.42	4	365.83	5	18.97	47
桐庐县	185.31	12	132.41	20	14.62	38	240.83	8	35.72	42	201.87	13	486.43	3
天台县	177.58	13	368.61	6	40.52	12	175.66	13	88.59	21	330.07	6	62.02	26
德清县	158.72	14	238.60	10	20.45	26	126.51	19	491.22	3	14.59	50	60.92	27
嘉善县	157.73	15	62.58	37	10.01	44	21.81	45	33.32	45	408.87	3	409.81	5
鹿城区	153.43	16	176.62	14	17.85	33	81.54	23	85.77	22	37.10	35	521.69	2
平阳县	124.58	17	126.67	21	11.47	41	53.71	29	150.77	15	40.05	32	364.82	6
乐清市	120.50	18	220.49	11	37.27	15	226.66	10	82.17	23	83.46	24	72.96	22

续表

区域	非遗传承体验设施 指数值	排名	体验机构 指数值	排名	代表性项目数 指数值	排名	收藏实物数 指数值	排名	场馆面积 指数值	排名	参观人数 指数值	排名	培训学徒 指数值	排名
浦江县	113.27	19	80.93	31	35.56	16	296.27	5	111.11	18	78.56	25	77.22	20
遂昌县	109.39	20	51.26	43	2.92	58	270.98	7	64.32	27	113.01	17	153.83	14
东阳市	108.10	21	536.18	3	38.50	14	6.01	59	4.98	61	2.13	62	60.80	28
仙居县	107.20	22	547.02	2	0.52	67	22.18	44	37.45	41	4.43	59	31.62	37
奉化区	106.74	23	170.67	15	27.09	22	295.51	6	110.72	19	7.02	57	29.43	39
北仑区	105.21	24	80.67	32	3.76	53	25.57	42	235.45	7	12.17	52	273.61	9
建德市	103.90	25	195.89	13	47.05	9	2.10	64	4.44	63	252.33	7	121.61	15
洞头区	103.52	26	57.73	39	29.67	18	167.50	14	49.44	35	252.33	7	64.45	25
宁海县	101.77	27	44.12	46	4.65	49	239.19	9	115.07	17	100.56	21	107.01	18
拱墅区	101.66	28	85.11	28	15.78	36	21.27	46	157.42	14	208.76	11	121.61	15
青田县	97.86	29	92.34	27	2.02	59	74.91	25	251.00	6	92.07	22	74.79	21
江北区	85.70	30	92.48	26	25.78	23	57.01	28	220.35	9	70.92	26	47.67	31
普陀区	85.24	31	69.79	35	11.46	42	156.05	16	55.84	30	205.53	12	12.77	50
象山县	84.93	32	292.76	8	62.94	4	29.38	37	59.90	29	28.36	42	36.24	35
淳安县	80.31	33	97.80	25	21.74	25	58.19	27	39.61	40	228.01	9	36.48	33
永嘉县	77.43	34	100.94	24	4.62	50	106.56	20	79.75	25	102.18	19	70.53	23
新昌县	70.38	35	240.60	9	53.91	7	25.81	41	43.73	38	52.62	27	5.59	56
海宁市	66.79	36	27.70	52	1.69	61	97.05	21	15.74	53	32.36	38	226.19	11

第十章 2020年县域非遗保护传承指数测评结果与分析

续表

区域	非遗传承体验设施		体验机构		代表性项目数		收藏实物数		场馆面积		参观人数		培训学徒	
	指数值	排名	指数值	排名	指数值	排名	指数值	排名	指数值	排名	指数值	排名	指数值	排名
松阳县	65.01	37	41.61	47	24.13	24	23.27	43	70.08	26	12.09	53	218.89	12
慈溪市	59.64	38	78.91	33	20.21	27	10.63	52	14.37	54	14.82	49	218.89	12
椒江区	54.60	39	40.75	48	1.79	60	135.62	18	60.95	28	87.75	23	0.73	60
南湖区	51.07	40	23.52	54	8.12	48	18.65	48	10.04	58	221.74	10	24.32	42
瑞安市	48.89	41	53.54	41	52.67	8	78.70	24	34.52	44	49.81	28	24.08	46
余姚市	48.21	42	76.27	34	9.72	46	30.87	36	90.18	20	38.43	34	43.78	32
长兴县	47.83	43	83.60	30	32.25	17	41.75	32	81.37	24	22.48	45	25.54	40
温岭市	45.44	44	83.68	29	15.06	37	21.26	47	118.44	16	33.60	37	0.61	61
文成县	43.73	45	5.54	66	10.51	43	184.60	12	32.13	46	29.59	40	0	64
江干区	43.70	46	39.86	49	19.54	28	36.81	34	51.97	34	102.08	20	11.92	52
泰顺县	39.67	47	60.88	38	38.78	13	26.23	40	46.15	36	49.43	30	16.54	48
岱山县	39.51	48	3.62	68	0.81	65	40.71	33	12.87	56	177.81	14	1.22	59
义乌市	36.55	49	3.28	71	60.53	5	5.41	60	17.69	52	10.76	54	121.61	15
南浔区	36.41	50	46.93	44	9.87	45	52.67	30	23.56	49	30.74	39	54.72	30
苍南县	36.20	51	108.27	23	19.01	29	9.52	53	52.40	32	15.24	48	12.77	50
玉环市	31.98	52	44.62	45	3.47	55	87.72	22	27.31	47	12.62	51	16.17	49
黎城区	29.74	53	37.08	51	14.19	40	27.91	38	26.54	48	36.25	36	36.48	33
磐安县	29.60	54	39.06	50	18.87	30	59.11	26	52.08	33	8.45	56	0	64

续表

区域	非遗传承体验设施 指数值	排名	体验机构 指数值	排名	代表性项目数 指数值	排名	收藏实物数 指数值	排名	场馆面积 指数值	排名	参观人数 指数值	排名	培训学徒 指数值	排名
萧山区	25.97	55	139.29	18	16.52	35	0	68	0.00	69	0.00	66	0	64
定海区	25.45	56	23.04	55	27.94	21	36.52	35	13.72	55	21.08	46	30.40	38
嵊泗县	24.61	57	12.56	59	18.59	31	7.86	55	4.45	62	25.18	44	79.04	19
下城区	24.42	58	135.42	19	8.27	47	2.31	63	0.49	67	0	66	0	64
云和县	23.57	59	24.09	53	3.90	52	44.38	31	19.05	50	15.92	47	34.05	36
黄岩区	20.91	60	6.74	64	43.98	11	26.95	39	8.70	59	38.69	33	0.36	62
滨江区	16.76	61	13.05	58	0.61	66	9.06	54	11.76	57	41.75	31	24.32	42
临安区	15.73	62	3.46	69	0	70	12.92	51	52.48	31	0	66	25.54	40
龙游县	14.09	63	20.82	56	1.65	62	7.58	56	40.70	39	9.38	55	4.38	57
余杭区	11.64	64	52.95	42	16.90	34	0	68	0.00	69	0	66	0.00	64
越城区	10.11	65	20.30	57	3.75	54	0.74	65	6.60	60	4.93	58	24.32	42
上城区	9.89	66	3.46	69	0	70	0	68	44.19	37	0	66	11.67	53
海盐县	8.79	67	4.83	67	0.95	64	7.40	57	4.31	64	28.56	41	6.69	54
镇海区	4.15	68	6.02	65	4.23	51	4.16	62	0.64	66	3.74	60	6.08	55
路桥区	3.05	69	8.57	61	0.19	68	4.63	61	2.35	65	2.20	61	0.36	62
吴兴区	1.92	70	10.03	60	1.50	63	0	68	0	69	0	66	0	64
三门县	1.87	71	7.74	63	0.05	69	0.56	66	0	68	0	65	2.80	58
武义县	0.29	72	1.73	72	0	70	0	68	0	69	0	66	0	64

第十章 2020年县域非遗保护传承指数测评结果与分析

续表

区域	非遗传承体验设施 指数值	排名	体验机构 指数值	排名	代表性项目数 指数值	排名	收藏实物数 指数值	排名	场馆面积 指数值	排名	参观人数 指数值	排名	培训学徒 指数值	排名
瓯海区	0	73	0	73	0	70	0	68	0	69	0	66	0	64
秀洲区	0	73	0	73	0	70	0	68	0	69	0	66	0	64
平湖市	0	73	0	73	0	70	0	68	0	69	0	66	0	64
柯桥区	0	73	0	73	0	70	0	68	0	69	0	66	0	64
诸暨市	0	73	0	73	0	70	0	68	0	69	0	66	0	64
上虞区	0	73	0	73	0	70	0	68	0	69	0	66	0	64
嵊州市	0	73	0	73	0	70	0	68	0	69	0	66	0	64
金东区	0	73	0	73	0	70	0	68	0	69	0	66	0	64
兰溪市	0	73	0	73	0	70	0	68	0	69	0	66	0	64
永康市	0	73	0	73	0	70	0	68	0	69	0	66	0	64
柯城区	0	73	0	73	0	70	0	68	0	69	0	66	0	64
衢江区	0	73	0	73	0	70	0	68	0	69	0	66	0	64
常山县	0	73	0	73	0	70	0	68	0	69	0	66	0	64
开化县	0	73	0	73	0	70	0	68	0	69	0	66	0	64
江山市	0	73	0	73	0	70	0	68	0	69	0	66	0	64
庆元县	0	73	0	73	0	70	0	68	0	69	0	66	0	64
景宁自治县	0	73	0	73	0	70	0	68	0	69	0	66	0	64

数值455.41）。这些县域体验机构是非遗传承体验设施指数的重要贡献指标。

具体而言，非物质文化遗产馆排在前两位的分别是东阳市224个和天台县118个；萧山区等32个县域拥有非物质文化遗产馆的数量10~66个；玉环市等36个县域拥有非遗馆的数量1~9个。全省各区、县（市）所拥有的非物质文化遗产馆的平均数为14.44个。本组数据中，瓯海区等19个县域没有非物质文化遗产馆的记录，统计数为"0"。

民营非物质文化遗产馆拥有量排在前5位的是：临海市3 580个、仙居县1 500个、莲都区750个、东阳市222个、天台县117个；萧山区等8个县域拥有10~50个民营非物质文化遗产馆；鹿城区等37个县域拥有1~10个民营非物质文化遗产馆；全省各区、县（市）所拥有的民营非物质文化遗产馆的平均数为72.98个。本组数据中，上城区等39个县域民营非物质文化遗产馆的统计数为"0"。

传承体验中心排在前5位的是：龙泉市105个、鄞州区95个、象山县52个、新昌县45个、鹿城区41个；建德市等19个县域10~31个；洞头区等33个县域1~8个。全省各区、县（市）所拥有的传承体验中心的平均数为9.12个。本组数据中，上城区等32个县域传承体验中心统计数为"0"。

传承所拥有量排在前两位的是鄞州区129个和龙泉市101个；象山县等38个县域拥有10~100个；拱墅区等24个县域拥有1~9个。全省各区、县（市）所拥有传承所的平均数为16.16个。本组数据中，上城区等25个县域统计数为"0"。

（二）代表性项目数指数

非遗传承体验设施，龙湾区排名第3（指数值596.56）、临海市排名第2（指数值772.34）、莲都区排名第9（指数值230.08）、象山县排名第32（指数值84.93）、义乌市排名第49（指数值36.55），其中，代表性项目数排名分别为第1（指数值3 350.95）、第2（指数值3 277.60）、第3（指数值1 022.60）、第4（指数值62.94）、第5（指数值60.53）。这些县域，代表性项目数是非遗传承体验设施的重要贡献指标。

非物质文化遗产馆（包括民营）代表性项目数排在前两位的是临海市7 200个和莲都区1 500个。象山县等11个县域非物质文化遗产馆（包括民营）代表性项目100~161个。乐清市等39个县域非物质文化遗产馆（包括民营）代表性项目10~99个。北仑区等15个县域非物质文化遗产馆（包括民营）代表性项目数1~9个。全省各区、县（市）所拥有的非物质文化遗产馆（包括民营）代表性项目的平均数为133.17个。本组数据中，22个县域非物质文化遗产馆（包括民营）代表性项目数为"0"。

传承体验中心代表性项目排在前3位的有龙湾区70 000个、临海市12 000

个、莲都区9 600个；义乌市等3个县域数量在100～150个；浦江县等32个县域10～100个；岱山县等26个县域1～10个。全省各区、县（市）所拥有的传承体验中心代表性项目平均数为1 044.83个。本组数据中，上城区等25个县域统计数为"0"。

（三）收藏实物数指数

非遗传承体验设施，鄞州区排名第4（指数值555.12），其中，收藏实物数排名第1（指数值2 313.84）。龙泉市排名第6（指数值383.61），其中，收藏实物数排名第2（指数值1 073.90）。安吉县排名第7（指数值275.31），其中收藏实物数排名第3（指数值713.94）。桐乡市排名第10（指数值201.70）、浦江县排名第19（指数值113.27），其中，收藏实物数分别排名第4（指数值323.42）、第5（指数值296.27）。这些县域，收藏实物数是非遗传承体验设施的重要贡献指标。

非物质文化遗产馆收藏实物排在前两位的是安吉县1.92万件和龙泉市1.53万件。奉化区等23个县域非物质文化遗产馆收藏实物1 000～6 500件；江北区等29个县域非物质文化遗产馆收藏实物100～980件；临海市等9个县域非物质文化遗产馆收藏实物1～90件。全省各区、县（市）所拥有的非物质文化遗产馆收藏实物的平均数为1 354.30件。本组数据中，上城区等26个县域统计数为"0"。

非遗传承体验中心收藏实物数排在前两位的是鄞州区5万件和龙泉市1.1万件；浦江县等11个县域收藏实物1 000～4 500件；天台县等37个县域收藏实物100～900件；苍南县等14个县域收藏实物2～86件。全省各区、县（市）所拥有的非遗体验中心收藏实物的平均数为1 080.47件。本组数据中，上城区等25个县域非遗体验中心收藏实物数为"0"。

（四）场馆面积指数

非遗传承体验设施，西湖区排名第1（指数值1 078.99），其中，场馆面积排名第1（指数值2 874.67）。富阳区排名第8（指数值273.49），其中，场馆面积排名第2（指数值638.64）；德清县排名第14（指数值158.72），其中，场馆面积排名第3（指数值491.22）。海曙区排名第11（指数值186.25），其中，场馆面积排名第4（指数值367.42）。鄞州区排名第4（指数值555.12），其中，场馆面积排名第5（指数值307.06）。这些县域的场馆面积是非遗传承体验设施的重要贡献指标，有些地区有2～3项指标共同起到重要的推动作用。

非遗传承体验设施，非物质文化遗产馆（包括民营）场馆面积最大的是富阳区12万平方米。海曙区等17个县域非物质文化遗产馆（包括民营）场馆面积在1万～7.65万平方米，鹿城区等33个县域非物质文化遗产馆（包括民营）场馆面积在1 000～9 991平方米，慈溪市等11个县域非物质文化遗产馆（包括民营）场馆面积60～720平方米。全省各区、县（市）所拥有的非物质文化遗产馆

（包括民营）场馆面积的平均数为7 751.87平方米。本组数据中，下城区27个县域非物质文化遗产馆（包括民营）场馆面积统计数为"0"。

传承体验中心场馆面积排在前3位的分别是西湖区1 150万平方米、平阳县12.38万平方米、温岭市10.07万平方米；鄞州区等12个县域传承体验中心场馆面积在1.16万~7万平方米；桐乡市等40个县域传承体验中心场馆面积在1 000~7 250平方米；路桥区等8个县域传承体验中心场馆面积在200~700平方米；三门县仅20平方米。全省各区、县（市）所拥有的传承体验中心场馆面积的平均数为13.71万平方米。本组数据中，上城区等25个县域传承体验中心场馆面积统计数为"0"。

传承所场馆面积大的是德清县8.78万平方米，其次是北仑区4.14万平方米、青田县4.05万平方米、龙湾区3.5万平方米；缙云县等12个县域1.05万~2.69万平方米；象山县等36个县域传承所场馆面积在1 000~9 600平方米；嵊泗县等11个县域传承所场馆面积在235~750平方米；传承所场馆面积小的是黄岩区（65平方米）和镇海区（30平方米）。全省各区、县（市）所拥有的传承所场馆面积的平均数为6 125.61平方米。本组数据中，下城区等24个县域传承所场馆面积统计数为"0"。

（五）参观人数指数

非遗传承体验设施，西湖区排名第1（指数值1 078.99）、龙泉市排名第6（指数值383.61）、嘉善县排名第15（指数值157.73）、富阳区排名第8（指数值273.49）、海曙区排名第11（指数值186.25），其中，参观人数排名分别为第1（指数值3 059.78）、第2（指数值533.32）、第3（指数值408.87）、第4（指数值406.03）、第5（指数值365.83）。这些县域，参观人数是非遗传承体验设施的重要贡献指标。

非物质文化遗产馆参观人数排在前5位的是龙泉市51万人次、海曙区37万人次、富阳区30万人次、嘉善县28.33万人次、天台县28.32万人次；淳安县等10个县域非物质文化遗产馆参观人数10万~22万人次；青田县等35个县域非物质文化遗产馆参观人数1万~9万人次；苍南县等10个县域非物质文化遗产馆参观人数1 000~9 200人次；莲都区、磐安县、奉化区3个县域非物质文化遗产馆参观人数135~474人次。全省各区、县（市）非物质文化遗产馆参观人数的平均数为5.07万人次。本组数据中，上城区等26个县域非物质文化遗产馆参观人统计数为"0"。

传承体验中心参观人数西湖区最多522万人次；南湖区等7个县域传承体验中心参观人数10万~40万人次；永嘉县等33个县域传承体验中心参观人数1.1万~9.6万人次；慈溪市等18个县域传承体验中心参观人数1 000~9 000人次；三门县传承体验中心参观人数仅有130人次；龙湾区、临海市、莲都区参观人数仅个位数。全省各区、县（市）传承体验中心参观人数的平均数为9.08万人次。本组数据中，上城区等26个县域统计数为"0"。

（六）培训学徒（传承所）指数

非遗传承体验设施，缙云县排名第5（指数值528.36）、鹿城区排名第16（指数值153.43）、桐庐县排名第12（指数值185.31）、安吉县排名第7（指数值275.31）、嘉善县排名第15（指数值157.73），其中，培训学徒排名分别为第1（指数值2 747.09）、第2（指数值521.69）、第3（指数值486.43）、第4（指数值437.78）、第5（指数值409.81）。这些县域，培训学徒是非遗传承体验设施的重要贡献指标。

缙云县传承所培训学徒人数最多2.26万人次；鹿城区等16个县域传承所培训学徒1 000~4 290人次；宁海县等34个县域传承所培训学徒105~880人次；江干区等8个县域传承所培训学徒10~98人次；椒江区等4个县域传承所培训学徒仅个位数，分别是椒江区6人、温岭市5人、黄岩区3人、路桥区3人。全省各区、县（市）传承所培训学徒的平均数为822.33人次。本组数据中，下城区等26个县域传承所培训学徒统计数为"0"。

五、非遗传承交流指数

非遗传承交流指数分为非遗活动供给、非遗活动参与两个指标（见表10-5）。

表10-5　2020年县域非遗传承交流指数测评结果

区域	非遗传承交流 指数值	排名	非遗活动供给 指数值	排名	非遗活动参与 指数值	排名
慈溪市	840.94	1	1 662.40	1	19.48	65
萧山区	474.37	2	658.84	2	289.89	6
下城区	293.19	3	169.31	13	417.08	2
黄岩区	290.24	4	273.65	5	306.82	5
岱山县	287.08	5	387.35	4	186.80	17
龙泉市	279.38	6	66.96	37	491.80	1
临海市	263.60	7	526.80	3	0.40	73
桐庐县	228.27	8	134.60	16	321.94	3
泰顺县	223.68	9	236.90	9	210.46	13
鄞州区	217.26	10	170.83	12	263.70	8
北仑区	217.19	11	117.50	19	316.89	4

续表

区域	非遗传承交流 指数值	非遗传承交流 排名	非遗活动供给 指数值	非遗活动供给 排名	非遗活动参与 指数值	非遗活动参与 排名
鹿城区	209.26	12	239.58	8	178.93	18
平阳县	202.09	13	226.08	10	178.10	19
永嘉县	191.09	14	111.61	20	270.57	7
新昌县	182.13	15	145.14	15	219.13	12
永康市	179.57	16	108.08	21	251.06	10
南浔区	169.43	17	87.69	25	251.17	9
义乌市	153.51	18	272.49	6	34.53	59
洞头区	141.67	19	44.62	50	238.73	11
仙居县	139.85	20	255.28	7	24.43	64
海盐县	139.08	21	86.80	26	191.35	15
海曙区	132.84	22	75.23	31	190.45	16
余姚市	132.71	23	148.39	14	117.04	31
嘉善县	129.01	24	128.58	17	129.43	26
武义县	126.65	25	174.69	11	78.62	44
浦江县	125.34	26	93.58	23	157.09	21
镇海区	122.83	27	40.43	57	205.22	14
桐乡市	113.04	28	76.09	30	149.99	22
西湖区	110.74	29	93.00	24	128.47	27
苍南县	109.28	30	69.96	33	148.59	24
淳安县	105.14	31	72.46	32	137.81	25
宁海县	101.95	32	53.99	42	149.91	23
江北区	101.58	33	35.14	62	168.01	20
温岭市	98.60	34	102.53	22	94.67	36
德清县	90.14	35	86.22	27	94.06	37
长兴县	89.15	36	55.88	41	122.43	28
玉环市	83.26	37	126.34	18	40.17	56
婺城区	82.85	38	67.12	36	98.58	35
天台县	82.13	39	49.00	47	115.27	32

续表

区域	非遗传承交流 指数值	非遗传承交流 排名	非遗活动供给 指数值	非遗活动供给 排名	非遗活动参与 指数值	非遗活动参与 排名
莲都区	80.45	40	41.89	56	119.01	30
瑞安市	78.93	41	36.20	60	121.67	29
乐清市	78.25	42	67.80	35	88.69	39
椒江区	73.49	43	45.76	49	101.21	33
青田县	72.43	44	78.94	29	65.92	50
松阳县	72.20	45	53.45	43	90.94	38
普陀区	72.18	46	44.48	52	99.88	34
建德市	71.86	47	62.72	39	81.00	43
安吉县	68.54	48	53.16	44	83.92	42
拱墅区	66.35	49	48.58	48	84.12	41
文成县	65.43	50	43.70	53	87.17	40
云和县	63.99	51	51.55	46	76.43	45
奉化区	63.72	52	60.64	40	66.80	49
磐安县	60.87	53	79.26	28	42.48	54
富阳区	56.49	54	44.54	51	68.43	48
上城区	55.59	55	69.64	34	41.54	55
吴兴区	52.66	56	35.94	61	69.38	47
路桥区	50.14	57	37.92	59	62.36	52
遂昌县	44.75	58	18.74	65	70.75	46
缙云县	44.20	59	42.51	55	45.90	53
龙游县	43.98	60	24.69	64	63.27	51
江干区	42.43	61	51.69	45	33.18	61
越城区	40.66	62	42.73	54	38.60	57
象山县	36.27	63	64.22	38	8.32	70
定海区	34.96	64	39.36	58	30.56	62
龙湾区	25.83	65	16.34	67	35.32	58
临安区	24.78	66	16.13	68	33.44	60
东阳市	24.36	67	29.35	63	19.38	66

续表

区域	非遗传承交流 指数值	非遗传承交流 排名	非遗活动供给 指数值	非遗活动供给 排名	非遗活动参与 指数值	非遗活动参与 排名
嵊泗县	16.81	68	15.34	69	18.29	68
海宁市	16.11	69	13.17	71	19.06	67
滨江区	13.06	70	18.29	66	7.84	71
瓯海区	12.70	71	0.00	73	25.40	63
南湖区	11.10	72	13.44	70	8.76	69
三门县	4.33	73	6.69	72	1.96	72
余杭区	0	74	0	73	0	74
秀洲区	0	74	0	73	0	74
平湖市	0	74	0	73	0	74
柯桥区	0	74	0	73	0	74
诸暨市	0	74	0	73	0	74
上虞区	0	74	0	73	0	74
嵊州市	0	74	0	73	0	74
金东区	0	74	0	73	0	74
兰溪市	0	74	0	73	0	74
柯城区	0	74	0	73	0	74
衢江区	0	74	0	73	0	74
常山县	0	74	0	73	0	74
开化县	0	74	0	73	0	74
江山市	0	74	0	73	0	74
庆元县	0	74	0	73	0	74
景宁自治县	0	74	0	73	0	74

（一）非遗活动供给指数

非遗传承交流，慈溪市排名第1（指数值840.94）、萧山区排名第2（指数值474.37）、临海市排名第7（指数值263.60）、岱山县排名第5（指数值287.08）、黄岩区排名第4（指数值290.24），其中，非遗活动供给排名分别为第1（指数值1 662.40）、第2（指数值658.84）、第3（指数值526.80）、第4（指数值387.35）、第5（指数值273.65）。这些县域，非遗活动供给是非遗传承交流指数的重要贡献指标。需要指出的是，黄岩区的文化活动供给、文化活动参与均排名第5，对非遗传承交流均起到重要的作用。

举办展览次数排在前4位的是：仙居县242次、萧山区211次、武义县193次、玉环市141次。青田县等46个县域举办展览10~74次，海曙区等21个县域举办展览次数1~9次。全省各区、县（市）举办展览的平均数为23.25次。本组数据中，余杭区等18个县域统计数为"0"。

举办演出排在第1位的是义乌市1 023次，其次是临海市963次、泰顺县565次，余姚市等14个县域举办演出104~330次，黄岩区等41个县域举办演出10~94次，江北区等14个县域举办演出10次以内。全省各区、县（市）举办演出的平均数为75.89次。本组数据中，余杭区等17个县域统计数为"0"。

举办民俗活动最多的是慈溪市5 000次，其次是下城区200次，松阳县120次；临海市等32个县域举办民俗活动10~86次，江北区等37个县域举办民俗活动数1~9次。全省各区、县（市）举办民俗活动的平均数为72.80次。本组数据中，余杭区等17个县域统计数为"0"。

开展非遗工作人员培训排在前两位的是萧山区121次、临海市80次。慈溪市等66个县域开展非遗工作人员培训1~30次。全省各区、县（市）开展非遗工作人员培训的平均数为6.44次。本组数据中，余杭区等21个县域统计数为"0"。

开展传承人培训排在前5位的是：岱山县353次、黄岩区276次、慈溪市200次、鹿城区132次、平阳县120次，永康市等65个县域开展传承人培训1~89次。全省各区、县（市）开展传承人培训的平均数为23.04次。本组数据中，余杭区等19个县域统计数为"0"。

（二）非遗活动参与指数

非遗传承交流，龙泉市排名第6（指数值279.38）、下城区排名第3（指数值293.19）、桐庐县排名第8（指数值228.27）、北仑区排名第11（指数值217.19）、黄岩区排名第4（指数值290.24），其中，非遗活动参与排名分别为第1（指数值491.80）、第2（指数值417.08）、第3（指数值321.94）、第4（指数值316.89）、第5（指数值306.82）。这些县域，非遗活动参与是非遗传承交流指数的重要贡献指标。

举办展览参观人数排在前3位的是：龙泉市51万人次、下城区20万人次、宁海县10.5万人次；武义县等44个县域举办展览参观人数在1万~9.65万人次；余姚市等21个县域举办展览参观人数在1 000~9 900人次。举办展览参观人数最少的分别是南湖区500人次、三门县320人次、临海市33人次、萧山区10人次。全省各区、县（市）举办展览参观人数的平均数为28 423.13人。本组数据中，余杭区等17个县域统计数为"0"。

举办演出观众人数排在前3位的是：新昌县34.76万人次、桐庐县23万人次、海曙区20万人次，其次是莲都区等6个县域13.45万~19.8万人次；北仑区等42个县域在1万~9.5万人次；桐乡市等22个县域600~8 640人次。全省各区、县（市）举办演出观众人数的平均数为3.91万人次。本组数据中，余杭区等16个县域统计数据为"0"。

举办民俗活动参加人数超过10万人次的有12个县域，其中，参加人数多的是下城区40万人次、萧山区32万人次、洞头区30万人次；瑞安市等35个县域1万~9.31万人次，磐安县等23个县域1 000~9 000人次。举办民俗活动参加人数最少的分别是临海市120人次、慈溪市3人次。全省各区、县（市）举办民俗活动参加人数的平均数为4.14人次。本组数据中，余杭区等17个县域统计数为"0"。

桐乡市等28个县域开展非遗工作人员培训数量100~800人次，其中，桐乡市最多800人次。浦江县等27个县域在10~82人次，乐清市等12个县域在1~8人次。全省各区、县（市）开展非遗工作人员培训的平均数为133.19人。本组数据中，余杭区等22个县域统计数为"0"。

开展传承人培训人员数量多的是黄岩区9 126人次、北仑区5 500人次；黄岩区等17个县域在1 000~9 200人次；富阳区等34个县域在100~820人次；奉化区等18个县域在2~90人次。全省各区、县（市）开展传承人培训的平均数为686.96人次。本组数据中，余杭区等20个县域统计数为"0"。

六、调查结果指数

调查结果指数包括项目资源总量（累计）、征集实物、征集文本资料、录音资料、录像资料、调查报告、出版成果、资源清单8项指标指数（见表10-6）。

（一）项目资源总量（累计）

非遗调查结果，永嘉县排名第5（指数值418.53）、临安区排名第14（指数值222.84）、建德市排名第15（指数值204.61）、吴兴区排名第20（指数值130.39）、南浔区排名第9（指数值350.13），其中，项目资源总量（累计）分别排名第1（指数值2 576.36）、排名第2（指数值1 736.82）、排名第3（指数值1 565.06）、排名第4（指数值831.49）、排名第5（指数值773.13）。这些县域，项目资源总量（累计）是非遗调查结果指数的重要贡献指标。

具体而言，项目资源总量（累计）排在前5位的是：永嘉县91 560个、临安区61 724个、建德市55 620个、吴兴区29 550个、南浔区27 476个；桐庐县等12个县域1 000~7 700个；龙游县等27个县域100~999个；宁海县等17个县域5~99个。全省各区、县（市）项目资源总量（累计）的平均数为3 553.85个。本组数据中，萧山区等28个县域统计数为"0"。

第十章 2020年县域非遗保护传承指数测评结果与分析

表10-6 2020年县域非遗调查结果指数测评结果

区域	非遗调查成果 指数值	非遗调查成果 排名	项目资源总量（累计）指数值	项目资源总量（累计）排名	征集实物 指数值	征集实物 排名	征集文本资料 指数值	征集文本资料 排名	录音资料 指数值	录音资料 排名	录像资料 指数值	录像资料 排名	调查报告 指数值	调查报告 排名	出版成果 指数值	出版成果 排名	资源清单 指数值	资源清单 排名
嘉善县	709.43	1	7.03	29	154.09	17	13.12	46	57.32	24	45.99	29	32.78	27	4963.47	1	401.62	6
泰顺县	685.72	2	101.47	11	541.41	4	1067.13	2	1162.36	2	1438.57	1	590.06	3	6.45	11	578.34	5
安吉县	669.44	3	42.21	14	158.31	16	437.35	6	275.12	11	110.38	19	3523.94	1	4.96	15	803.25	3
鄞州区	461.95	4	3.12	40	105.54	22	349.88	9	298.04	9	183.96	12	983.43	2	4.47	18	1767.15	1
永嘉县	418.53	5	2576.36	1	1.06	59	2.19	59	11.46	48	55.19	26	65.56	20	9.93	8	626.53	4
桐庐县	410.44	6	215.29	6	338.78	7	4.30	55	1375.58	1	1103.76	2	16.39	45	4.47	18	224.91	12
天台县	397.03	7	4	36	243.79	10	360.81	8	820.76	3	884.85	3	32.78	27	9.93	8	819.31	2
龙游县	353.52	8	28.11	18	699.72	2	1410.44	1	252.19	12	404.71	5	16.39	45	0.50	49	16.06	31
南浔区	350.13	9	773.13	5	1055.38	1	437.35	6	229.26	13	174.76	13	131.12	12	0	60	0	46
淳安县	343.79	10	117.90	9	105.54	22	109.34	17	11.46	48	18.40	43	32.78	27	1985.39	2	369.49	7
桐乡市	255.21	11	0	62	230.07	13	524.82	4	366.82	7	367.92	7	245.86	6	0.99	41	305.23	10
长兴县	233.90	12	151.78	7	633.23	3	502.95	5	43.56	33	18.40	43	262.25	5	1.99	32	257.04	11
余姚市	231.06	13	28.14	16	422.15	6	728.18	3	183.41	15	195	11	180.29	8	14.89	6	96.39	21
临安区	222.84	14	1736.82	2	0	60	10.93	50	0	66	0	69	16.39	45	2.48	28	16.06	31
建德市	204.61	15	1565.06	3	0	60	0	65	11.46	48	9.20	55	0	61	2.98	25	48.19	24
东阳市	192.32	16	3.85	37	58.05	37	135.58	15	458.53	4	9.20	55	376.98	4	496.35	4	0	46
缙云县	189.46	17	4.16	35	0	60	69.98	22	57.32	24	45.99	29	49.17	22	1240.87	3	48.19	24
龙泉市	141.04	18	28.11	18	0	60	37.17	37	442.48	6	390.00	6	32.78	27	4.96	15	192.78	13
仙居县	134.27	19	4.50	34	21.10	48	4.37	55	458.53	4	551.88	4	32.78	27	0.99	41	0	46

183

续表

区域	非遗调查成果 指数值	非遗调查成果 排名	项目资源总量（累计）指数值	项目资源总量（累计）排名	征集实物 指数值	征集实物 排名	征集文本资料 指数值	征集文本资料 排名	录音资料 指数值	录音资料 排名	录像资料 指数值	录像资料 排名	调查报告 指数值	调查报告 排名	出版成果 指数值	出版成果 排名	资源清单 指数值	资源清单 排名
吴兴区	130.39	20	831.49	4	140.37	18	43.73	33	9.17	54	18.40	43	0	61	0	60	0	46
新昌县	116.43	21	105.58	10	130.87	20	157.44	14	188.00	14	150.85	17	147.51	10	2.98	25	48.19	24
婺城区	107.10	22	27.58	20	527.69	5	54.67	28	22.93	38	11.04	53	131.12	12	1.49	36	80.32	22
萧山区	98.46	23	0	62	0	60	262.41	10	0	66	0	69	163.90	9	7.94	10	353.43	8
镇海区	83.51	24	10.16	28	52.77	38	54.67	28	286.58	10	229.95	10	16.39	45	1.49	36	16.06	31
拱墅区	79.66	25	140.69	8	211.08	14	21.87	42	45.85	28	18.40	43	32.78	27	5.96	13	160.65	15
定海区	78.73	26	2.05	54	37.99	43	2.19	59	311.8	8	242.83	9	16.39	45	0.50	49	16.06	31
磐安县	78.38	27	19.98	25	299.73	8	15.31	45	22.93	38	36.79	35	98.34	15	5.46	14	128.52	18
苍南县	69.48	28	2.25	52	68.60	32	131.20	16	137.56	17	165.56	15	0	61	2.48	28	48.19	24
文成县	69.08	29	25.32	21	242.74	11	74.35	20	36.68	34	134.29	18	32.78	27	645	11	0	46
洞头区	65.69	30	1.83	55	63.32	34	65.6	24	22.93	38	16.56	51	16.39	45	1.49	36	337.36	9
余杭区	64.10	31	0	62	0	60	0	65	110.05	19	174.76	13	81.95	18	1.49	36	144.58	17
德清县	61.24	32	2.73	46	284.95	9	61.23	27	6.88	55	101.18	22	16.39	45	0.50	49	16.06	31
海盐县	57.24	33	0.34	60	94.98	27	48.11	32	64.19	22	55.19	26	65.56	20	0.99	41	128.52	18
宁海县	56.46	34	2.79	45	59.10	36	87.47	19	142.14	16	110.38	19	32.78	27	0.99	41	160.65	15
玉环市	55.56	35	0	62	12.66	50	218.67	13	13.76	44	18.40	43	16.39	45	3.97	22	16.06	31
西湖区	52.76	36	5.80	32	77.04	31	262.41	10	2.29	63	7.36	60	49.17	22	1.99	32	160.65	15
莲都区	52.27	37	3.55	39	31.66	45	10.93	50	91.71	21	165.56	15	114.73	14	0	60	0	46
南湖区	48.43	38	23.66	22	136.14	19	13.12	46	18.34	42	27.59	42	147.51	10	4.96	15	16.06	31

184

第十章 2020年县域非遗保护传承指数测评结果与分析

续表

区域	非遗调查成果 指数值	非遗调查成果 排名	项目资源总量（累计）指数值	项目资源总量（累计）排名	征集实物 指数值	征集实物 排名	征集文本资料 指数值	征集文本资料 排名	录音资料 指数值	录音资料 排名	录像资料 指数值	录像资料 排名	调查报告 指数值	调查报告 排名	出版成果 指数值	出版成果 排名	资源清单 指数值	资源清单 排名
三门县	46.61	39	2.34	50	12.66	50	32.80	39	45.85	28	36.79	35	49.17	22	0.50	49	192.78	13
黄岩区	45.98	40	0	62	10.55	53	255.85	12	2.29	63	14.72	52	32.78	27	3.47	23	48.19	24
江北区	44.36	41	6.75	31	63.32	34	34.99	38	11.46	48	9.20	55	213.08	7	0	60	16.06	31
北仑区	44.19	42	28.14	16	105.54	22	74.35	20	45.85	28	45.99	29	49.17	22	4.47	18	0	46
武义县	43.55	43	1.66	56	52.77	38	13.12	46	137.56	17	110.38	19	16.39	45	0.50	49	16.06	31
奉化区	39.68	44	6.78	30	195.24	15	43.73	33	34.39	35	36.79	35	0	61	0.50	49	0	46
义乌市	39.39	45	0	62	68.60	32	0	65	0	66	246.51	8	0	61	0.50	49	0	46
象山县	37.87	46	0	62	240.63	12	13.12	46	4.59	58	44.15	32	16.39	45	0	60	128.52	18
松阳县	36.85	47	2.42	49	5.28	56	4.37	55	45.85	28	91.98	24	98.34	15	0.99	41	16.06	31
江干区	35.4F	48	22.45	23	78.10	30	52.48	30	11.46	48	3.68	65	81.95	18	4.47	18	48.19	24
慈溪市	35.05	49	2.59	47	52.77	38	65.60	24	13.76	44	11.04	53	32.78	27	3.47	23	16.06	31
海曙区	34.53	50	2.14	53	124.53	21	10.93	50	45.85	28	40.47	33	49.17	22	44.67	5	0	46
鹿城区	32.81	51	4.56	33	0	60	52.48	30	61.90	23	49.67	28	98.34	15	2.98	25	0	46
云和县	30.05	52	3.60	38	23.22	47	21.87	42	57.3	24	33.11	39	32.78	27	2.48	28	32.13	30
瑞安市	29.68	53	2.98	42	36.94	44	41.55	36	48.15	27	40.47	33	16.39	45	0.99	41	0	46
海宁市	27.18	54	2.56	48	105.54	22	0	65	0	66	91.98	24	32.78	27	0	60	0	46
乐清市	26.86	55	45.02	13	0	60	104.96	18	13.76	44	18.40	43	0	61	0.50	49	0	46
永康市	26.13	56	2.84	43	0	60	0	65	110.05	19	95.66	23	32.78	27	0	60	0	46
富阳区	23.82	57	15.48	27	52.77	38	43.73	33	22.93	38	36.79	35	16.39	45	2.48	28	0	46

185

续表

区域	非遗调查成果 指数值	非遗调查成果 排名	项目资源总量（累计）指数值	项目资源总量（累计）排名	征集实物 指数值	征集实物 排名	征集文本资料 指数值	征集文本资料 排名	录音资料 指数值	录音资料 排名	录像资料 指数值	录像资料 排名	调查报告 指数值	调查报告 排名	出版成果 指数值	出版成果 排名	资源清单 指数值	资源清单 排名
温岭市	23.37	58	59.09	12	31.66	45	26.24	41	27.5	37	9.20	55	32.78	27	0.50	49	0	46
岱山县	19.99	59	20.60	24	93.93	28	2.19	59	13.76	44	29.43	41	0	61	0	60	0	46
普陀区	17.96	60	0.14	61	15.83	49	2.19	59	6.88	55	5.52	61	32.78	27	0	60	80.32	22
遂昌县	17.33	61	2.28	51	93.93	28	2.19	59	2.29	63	5.52	61	16.39	45	0	60	16.06	31
浦江县	16.72	62	19.70	26	52.77	38	4.37	55	4.59	58	18.40	43	16.39	45	1.49	36	16.06	31
滨江区	15.66	63	3.04	41	105.54	22	6.56	54	4.59	58	5.52	61	0	61	0	60	0	46
青田县	14.59	64	0	62	0	60	32.80	39	16.05	43	33.11	39	32.78	27	1.99	32	0	46
路桥区	13.23	65	0	62	10.55	53	8.75	53	34.39	35	18.40	43	32.78	27	0.99	41	0	46
下城区	13.06	66	2.81	44	0	60	65.60	24	6.88	55	1.84	68	16.39	45	10.92	7	0	46
上城区	12.90	67	1.55	57	0	60	67.79	23	11.46	48	5.52	61	16.39	45	0.50	49	0	46
越城区	9.02	68	0.62	59	2.11	57	21.87	42	4.59	58	9.20	55	32.78	27	0.99	41	16.06	31
嵊泗县	5.14	69	1.44	58	12.66	50	2.19	59	4.59	58	3.68	65	0	61	0.50	49	0	46
临海区	4.95	70	39.59	15	0	60	0	65	0	66	0	69	0	61	0	60	0	46
椒江区	4.82	71	0	62	2.11	57	0	65	0	66	3.68	65	32.78	27	0	60	0	46
平阳县	1.57	72	0	62	10.55	53	0	65	0	66	0	69	0	61	1.99	32	0	46
龙湾区	0	73	0	62	0	60	0	65	0	66	0	69	0	61	0	60	0	46
秀洲区	0	73	0	62	0	60	0	65	0	66	0	69	0	61	0	60	0	46
平湖市	0	73	0	62	0	60	0	65	0	66	0	69	0	61	0	60	0	46
柯桥区	0	73	0	62	0	60	0	65	0	66	0	69	0	61	0	60	0	46

第十章 2020年县域非遗保护传承指数测评结果与分析

续表

区域	非遗调查成果 指数值	非遗调查成果 排名	项目资源总量（累计）指数值	项目资源总量（累计）排名	征集实物 指数值	征集实物 排名	征集文本资料 指数值	征集文本资料 排名	录音资料 指数值	录音资料 排名	录像资料 指数值	录像资料 排名	调查报告 指数值	调查报告 排名	出版成果 指数值	出版成果 排名	资源清单 指数值	资源清单 排名
诸暨市	0	73	0	62	0	60	0	65	0	66	0	69	0	61	0	60	0	46
上虞区	0	73	0	62	0	60	0	65	0	66	0	69	0	61	0	60	0	46
嵊州市	0	73	0	62	0	60	0	65	0	66	0	69	0	61	0	60	0	46
金东区	0	73	0	62	0	60	0	65	0	66	0	69	0	61	0	60	0	46
兰溪市	0	73	0	62	0	60	0	65	0	66	0	69	0	61	0	60	0	46
柯城区	0	73	0	62	0	60	0	65	0	66	0	69	0	61	0	60	0	46
衢江区	0	73	0	62	0	60	0	65	0	66	0	69	0	61	0	60	0	46
常山县	0	73	0	62	0	60	0	65	0	66	0	69	0	61	0	60	0	46
开化县	0	73	0	62	0	60	0	65	0	66	0	69	0	61	0	60	0	46
江山市	0	73	0	62	0	60	0	65	0	66	0	69	0	61	0	60	0	46
临海市	0	73	0	62	0	60	0	65	0	66	0	69	0	61	0	60	0	46
庆元县	0	73	0	62	0	60	0	65	0	66	0	69	0	61	0	60	0	46
景宁自治县	0	73	0	62	0	60	0	65	0	66	0	69	0	61	0	60	0	46

(二) 征集实物

非遗调查结果，南浔区排名第 9（指数值 350.13）、龙游县排名第 8（指数值 353.52）、长兴县排名第 12（指数值 233.90）、泰顺县排名第 2（指数值 685.72）、婺城区排名第 22（指数值 107.10），其中，征集实物分别排名第 1（指数值 1 055.38）、排名第 2（指数值 699.72）、排名第 3（指数值 633.23）、排名第 4（指数值 541.41）、排名第 5（指数值 527.69）。这些县域，征集实物是非遗调查结果指数的重要贡献指标。

具体而言，征集实物的数量南浔区（1 000 个）最多。龙游县等 24 个县域征集实物在 100~663 个，海盐县等 33 个县域在 1~90 个。全省各区、县（市）征集实物的平均数为 94.75 个。本组数据中，上城区等 30 个县域统计数为 "0"。

(三) 征集文本资料

非遗调查结果，龙游县排名第 8（指数值 353.52）、泰顺县排名第 2（指数值 685.72）、余姚市排名第 13（指数值 231.06）、桐乡市排名第 11（指数值 255.21）、长兴县排名第 12（指数值 233.90），其中，征集文本资料分别排名第 1（指数值 1 410.44）、排名第 2（指数值 1 067.13）、排名第 3（指数值 728.18）、排名第 4（指数值 524.82）、排名第 5（指数值 502.95）。这些县域，征集文本资料是非遗调查结果指数的重要贡献指标。

具体而言，征集文本资料最多的是龙游县 645 件，龙游县等 13 个县域征集文本资料在 100~645 件，新昌县等 31 个县域征集文本资料 10~72 件，磐安县等 20 个县域征集文本资料 1~7 件。全省各区、县（市）征集文本资料的平均数为 45.73 件。本组数据中，余杭区等 25 个县域统计数为 "0"。

(四) 录音资料

非遗调查结果，桐庐县排名第 6（指数值 410.44）、泰顺县排名第 2（指数值 685.72）、天台县排名第 7（指数值 397.03）、东阳市排名第 16（指数值 192.32）、仙居县排名第 19（指数值 134.27），其中，录音资料排名第 1（指数值 1 375.58）、排名第 2（指数值 1 162.36）、排名第 3（指数值 820.76）、排名第 4（指数值 458.53）、排名第 4（指数值 458.53），这些县域的录音资料是非遗调查结果指数的重要贡献指标。

具体而言，桐庐县等 13 个县域录音资料 100~600 件，其中，排在前两位的是桐庐县 600 件和泰顺县 507 件。新昌县等 28 个县域录音资料 10~82 件。南湖区等 24 个县域录音资料 1~8 件。全省各区、县（市）录音资料的平均数为 43.62 件。本组数据中，萧山区等 24 个县域统计数为 "0"。

(五) 录像资料

非遗调查结果，泰顺县排名第 2（指数值 685.72）、桐庐县排名第 6（指数值410.44)、天台县排名第7（指数值397.03）、仙居县排名第19（指数值134.27）、龙游县排名第8（指数值353.52），其中，录像资料排名第1（指数值1 438.57）、排名第2（指数值1 103.76）、排名第3（指数值884.85）、排名第4（指数值551.88）、排名第5（指数值404.71）。这些县域的录像资料是非遗调查结果指数的重要贡献指标。

具体而言，录像资料最多的是泰顺县782件。泰顺县等12个县域录像资料100~782件，余杭区等38个县域录像资料有10~95件。洞头区等18个县域录像资料1~9件。全省各区、县（市）录像资料的平均数为54.36件。本组数据中，萧山区等21个县域统计数为"0"。

（六）调查报告

非遗调查结果，安吉县排名第3（指数值669.44）、鄞州区排名第4（指数值461.95）、泰顺县排名第2（指数值685.72）、东阳市排名第16（指数值192.32）、长兴县排名第12（指数值233.90），其中，调查报告排名第1（指数值3 523.94）、排名第2（指数值983.43）、排名第3（指数值590.06）、排名第4（指数值376.98）、排名第5（指数值262.25）。这些县域的调查报告是非遗调查结果指数的重要贡献指标。

具体而言，调查报告最多的是安吉县215件，鄞州区等8个县域调查报告10~60件，南湖区等51个县域调查报告1~9件。全省各区、县（市）调查报告的平均数为6.10件。本组数据中，滨江区等29个县域统计数为"0"。

（七）出版成果

非遗调查结果，嘉善县排名第1（指数值709.43）、淳安县排名第10（指数值343.79）、缙云县排名第17（指数值189.46）、东阳市排名第16（指数值192.32）、鹿城区排名第51（指数值32.81），其中，出版成果排名第1（指数值4 963.47）、排名第2（指数值1 985.39）、排名第3（指数值1 240.87）、排名第4（指数值496.35）、排名第5（指数值44.67），这些县域的出版成果是非遗调查结果指数的重要贡献指标。

具体而言，出版成果排在前4位的是嘉善县1万件、淳安县4 000件、缙云县2 500件、东阳市1 000件。鹿城区等13个县域出版成果10~90件，桐庐县等42个县域出版成果1~9件。全省各区、县（市）出版成果的平均数为201.47件。本组数据中，滨江区等30个县域统计数为"0"。

（八）资源清单

非遗调查结果，鄞州区排名第4（指数值461.95）、天台县排名第7（指数值397.03）、安吉县排名第3（指数值669.44）、永嘉县排名第5（指数值418.53）、泰顺县排名第2（指数值685.72），其中，资源清单分别排名第1（指数值 1 767.15)、排名第 2 (指数值 819.31)、排名第 3 (指数值 803.25)、排名第 4 (指数值 626.53)、排名第 5 (指数值 578.34),这些县域的资源清单是非遗调查结果指数重要的贡献指标。

资源清单最多的是鄞州区 110 件,天台县等 15 个县域资源清单在 10~51 件,余杭区等 29 个县域资源清单 1~9 件,全省各区、县 (市) 资源清单的平均数为 6.22 件。本组数据中,上城区等 44 个县域统计数为 "0"。

需要强调的是,调查结果数据中,前 5 名的分项指标有些是多项指标共同对非遗调查结果起到了突出贡献作用。比如,泰顺县排名第 2,其中,征集实物排名第 4、征集文本资料排名第 2、录音资料排名第 2、录像资料排名第 1、调查报告排名第 3、资源清单排名第 5;安吉县排名第 3,其中,调查报告排名第 1、资源清单排名第 3;鄞州区排名第 4,其中,调查报告排名第 2、资源清单排名第 1;永嘉县排名第 5,其中项目资源总量(累计)排名第 1、资源清单排名第 4;桐庐县排名第 6,其中,录音资料排名第 1、录像资料排名第 2;天台县排名第 7,其中,录音资料排名第 3、录像资料排名第 3、资源清单排名第 2;龙游县排名第 8,其中,征集实物排名第 2、征集文本资料排名第 1、录像资料排名第 5;南浔区排名第 9,其中,项目资源总量(累计)排名第 5、征集实物排名第 1;长兴县排名第 12,其中,征集实物排名第 3、征集文本资料排名第 5、调查报告排名第 5;东阳市排名第 16,其中,录音资料排名第 4、调查报告排名第 4、出版成果排名第 4;仙居县排名第 19,其中,录音资料排名第 4、录像资料排名第 4。

七、小结

从地理学视角出发,基于县域非遗保护传承优势区域的流布范围,对非物质文化遗产进行空间解构,以反映非遗保护基础、非遗保护管理、非遗传承体验设施、非遗传承交流、调查结果的集中分布情况。

非遗保护传承指数值大于 100 的优势空间主要集中在温州 (9 个)、杭州 (8 个)、宁波 (6 个),丽水、湖州、金华、台州、嘉兴、绍兴、衢州的非遗保护传承指数值大于 100 的县域均有 1~4 个。舟山指数值小于 100。

(一) 非遗保护基础、非遗保护管理相对完善

非遗保护基础包括非遗项目数量、非遗代表性传承人两个指标。根据指数值大于 100 的县域多寡,非遗保护基础县域多的是温州 10 个、杭州 7 个、宁波 7 个,其次是金华 5 个、台州 4 个、丽水 4 个、湖州 3 个,最后为嘉兴 2 个、绍兴 2 个、衢州 1 个。舟山指数值小于 100。其中,第一,非遗项目数量,温州、杭州、宁波数量多或者比较多。湖州 5 个县域中有 4 个指数值大于 100,台州 9 个县域中有 7 个指数值大于 100,两个地区也是非遗项目数量集中优势地区。第二,

非遗代表性传承人，温州数量多，杭州比较多。金华代表性传承人有5个县域指数值大于100，数量总体比较好。值得指出的是，虽然某些地区的文化基础设施指数一般或者不太好，但个别县域的某些指标特别突出，比如，湖州的安吉县、长兴县，丽水的松阳县、龙泉市、青田县。这些县域非遗学徒指数特别高。

非遗保护管理指数包括非遗保护单位数、非遗保护经费两个指标。非遗保护管理指数值大于100的县域多的是杭州9个、温州9个、宁波5个，其次是湖州、金华、台州、丽水、嘉兴均有2个，绍兴、舟山均有1个。衢州指数值小于100。具体而言，非遗保护单位指数，杭州、温州非常好，宁波、湖州比较好；非遗保护经费指数，杭州、温州比较充足，嘉兴相对充足。

（二）非遗传承体验、非遗传承交流、非遗调查结果不均衡、不充分

非遗传承体验指数值大于100的县域的是杭州、宁波、温州，均为5个，丽水4个，台州3个，嘉兴、湖州、金华均为2个。绍兴、衢州、舟山指数值小于100。

非遗传承交流指数值大于100的县域是宁波8个，其次温州6个、杭州5个、金华4个，最后是嘉兴、台州均为3个，湖州、舟山、丽水均有1个。绍兴、衢州指数值小于100。

非遗调查成果指数值大于100的县域是湖州、杭州，均为4个；宁波、温州、嘉兴、金华、台州、丽水，均为2个；绍兴、衢州，均为1个。舟山指数值小于100。

详细梳理指数值大于100的非遗保护传承优势空间，我们发现一级指标中非遗保护基础、非遗保护管理指数相对比较好，而非遗传承交流、非遗传承体验、非遗调查结果指数明显不充分、不均衡，各地区非遗保护传承资源禀赋存在极大的差异性。总体而言，杭州的非遗保护基础、非遗保护管理方面比较好，非遗传承体验、非遗传承交流、非遗调查结果一般。温州的非遗保护基础、非遗保护管理方面比较好，非遗传承体验、非遗传承交流一般，非遗调查成果比较弱。宁波的非遗保护基础、非遗传承交流比较好，非遗保护管理、非遗传承体验一般，非遗调查成果比较弱。湖州的非遗保护基础、非遗调查成果比较好，非遗保护管理、非遗传承体验一般，非遗传承交流比较弱。金华的非遗保护基础、非遗传承交流有4~5项指数值大于100，均达到一般水平，其余比较弱。台州的非遗保护基础达到一般水平，其余比较弱。丽水的非遗保护传承达到一般水平，其余比较弱。嘉兴、绍兴、衢州、舟山整体较弱。

第十一章 2020年县域文化经济流量指数测评分析

文化经济流量指数反映了浙江省各县域公益性文化机构经营能力。从文化机构的经营能力看，财政支持是其发展的主要收入来源。文化机构主要分为公益性和经营性两种类型，前者以图书馆、博物馆、群众文化机构为主要代表，后者以艺术表演团体和艺术表演场馆为主要代表。对于公益性文化机构，获取经营收入并不是主要目标，财政补助是这类机构可持续发展的主要收入来源，因此，这类机构的资源利用效率成为它们的主要考核目标。为此，本报告以"单位财政收入占总收入比例"为主要指标，度量文化机构提供服务并通过良好服务获得机构持续运营的能力。

一、文化经济流量指数

文化经济流量指标通过图书馆单位财政收入/总收入、博物馆单位财政收入/总收入、文化馆单位财政收入/总收入、文化站单位财政收入/总收入进行衡量（见表11-1）。

表11-1 2020年县域文化经济流量测评结果

方阵	区域	文化经济流量 指数值	排名	图书馆单位财政收入/总收入 指数值	排名	博物馆单位财政收入/总收入 指数值	排名	文化馆单位财政收入/总收入 指数值	排名	文化站单位财政收入/总收入 指数值	排名
第一方阵	东阳市	114.69	1	107.77	1	137.78	1	105.86	1	107.36	1
	常山县	114.69	1	107.77	1	137.78	1	105.86	1	107.36	1
	玉环市	114.69	1	107.77	1	137.78	1	105.86	1	107.36	1
	余杭区	114.68	4	107.74	47	137.75	26	105.86	1	107.36	1
	仙居县	114.52	5	107.77	1	137.78	1	105.86	1	106.67	27
	海盐县	114.46	6	107.32	55	137.78	1	105.39	51	107.36	1
	龙湾区	114.43	7	107.77	1	137.78	1	104.82	55	107.36	1
	义乌市	114.35	8	107.77	1	137.78	1	105.86	1	105.98	32
	路桥区	114.34	9	107.77	1	137.78	1	105.86	1	105.93	34
	萧山区	114.29	10	107.76	45	136.97	29	105.86	1	106.55	29
	天台县	114.25	11	107.77	1	136.01	35	105.86	1	107.36	1

续表

方阵	区域	文化经济流量		图书馆单位财政收入/总收入		博物馆单位财政收入/总收入		文化馆单位财政收入/总收入		文化站单位财政收入/总收入	
		指数值	排名	指数值	排名	指数值	排名	指数值	排名	指数值	排名
第一方阵	庆元县	114.22	12	107.55	53	137.78	1	104.19	59	107.36	1
	磐安县	114.17	13	107.77	1	137.78	1	105.86	1	105.27	40
	淳安县	114.15	14	107.76	44	137.39	28	105.86	1	105.60	38
	缙云县	114.12	15	107.77	1	137.78	1	104.18	60	106.75	25
	文成县	113.93	16	107.77	1	137.78	1	105.86	1	104.30	43
	临海市	113.91	17	107.75	46	134.69	38	105.86	1	107.36	1
	黄岩区	113.69	18	107.77	1	133.85	40	105.79	45	107.36	1
	建德市	113.44	19	107.77	1	137.78	1	105.86	1	102.35	57
	兰溪市	113.36	20	107.77	1	137.78	1	105.86	1	102.05	59
	浦江县	113.30	21	107.67	50	136.46	34	105.43	50	103.66	50
	平阳县	113.26	22	107.77	1	136.71	32	105.86	1	102.71	54
	临安区	113.22	23	107.77	1	137.78	1	105.86	1	101.46	64
	余姚市	113.17	24	107.77	1	133.07	43	105.86	1	105.97	33
	平湖市	113.10	25	107.73	48	136.77	31	105.86	1	102.03	60
	德清县	112.99	26	107.77	1	135.39	37	103.14	63	105.66	36
	嵊州市	112.86	27	107.77	1	137.78	1	104.29	58	101.62	63
	诸暨市	112.84	28	107.77	1	136.00	36	105.86	1	101.73	61
	富阳区	112.26	29	107.77	1	129.12	47	105.86	1	106.28	30
	柯桥区	112.13	30	107.77	1	133.71	41	105.86	1	101.17	65
第二方阵	泰顺县	112.05	31	107.77	1	137.78	1	98.48	70	104.18	47
	温岭市	112.00	32	107.77	1	127.01	49	105.86	1	107.36	1
	洞头区	111.87	33	106.35	61	131.45	44	105.47	49	104.22	45
	上虞区	111.82	34	104.78	68	136.84	30	105.86	1	99.81	70
	苍南县	111.48	35	107.77	1	134.25	39	105.86	1	98.05	73
	南浔区	111.37	36	105.67	65	137.78	1	105.86	1	96.16	78
	镇海区	111.11	37	107.77	1	137.78	1	105.10	53	93.79	79
	慈溪市	110.61	38	104.06	71	125.81	50	105.86	1	106.73	26
	桐乡市	110.53	39	107.52	54	137.76	24	104.85	54	91.98	80
	青田县	110.28	40	94.94	76	137.76	25	105.86	1	102.55	56

续表

方阵	区域	文化经济流量		图书馆单位财政收入/总收入		博物馆单位财政收入/总收入		文化馆单位财政收入/总收入		文化站单位财政收入/总收入	
		指数值	排名	指数值	排名	指数值	排名	指数值	排名	指数值	排名
第二方阵	武义县	110.23	41	90.39	80	137.78	1	105.55	48	107.23	20
	瓯海区	109.37	42	107.77	1	133.19	42	95.83	72	100.69	69
	海宁市	109.36	43	105.06	67	136.58	33	88.56	79	107.26	19
	下城区	109.34	44	107.77	1	116.59	57	105.62	47	107.36	1
	新昌县	108.68	45	107.71	49	113.80	60	105.86	1	107.36	1
	长兴县	108.24	46	107.31	56	123.64	51	104.78	56	97.22	77
	嘉善县	108.22	47	106.21	62	137.62	27	105.14	52	83.91	84
	海曙区	108.05	48	92.52	78	130.96	45	104.43	57	104.29	44
	三门县	107.67	49	107.77	1	109.69	62	105.86	1	107.36	1
	乐清市	107.53	50	107.17	58	120.77	53	103.60	61	98.58	71
	普陀区	107.27	51	106.10	63	129.31	46	88.31	80	105.34	39
	鄞州区	106.74	52	100.46	74	122.01	52	101.35	66	103.15	52
	松阳县	105.83	53	78.87	83	137.78	1	105.86	1	100.81	68
	奉化区	104.61	54	107.62	51	113.41	61	105.86	1	91.56	81
	宁海县	103.54	55	106.84	60	99.36	64	105.86	1	102.10	58
	江山市	103.29	56	104.59	69	137.78	1	63.73	86	107.05	21
	北仑区	102.88	57	102.07	73	114.02	59	92.88	76	102.57	55
	椒江区	102.83	58	107.21	57	114.60	58	91.75	77	97.76	74
	遂昌县	102.45	59	107.77	1	116.98	56	102.71	64	82.33	85
	龙泉市	102.00	60	107.77	1	90.66	65	105.79	46	103.78	49
第三方阵	象山县	99.60	61	107.77	1	77.42	67	105.86	1	107.36	1
	永康市	99.38	62	107.77	1	76.52	68	105.86	1	107.36	1
	瑞安市	98.96	63	107.77	1	117.79	55	95.31	73	74.97	86
	安吉县	97.21	64	107.77	1	82.41	66	97.76	71	100.91	67
	岱山县	97.10	65	77.24	84	137.78	1	68.77	84	104.61	42
	景宁自治县	96.64	66	80.82	82	118.35	54	84.28	82	103.12	53
	龙游县	87.59	67	41.12	85	128.37	48	76.76	83	104.11	48
	永嘉县	86.65	68	107.77	1	25.99	72	105.86	1	106.99	23
	吴兴区	82.71	69	107.77	1	10.21	73	105.86	1	107.01	22

续表

方阵	区域	文化经济流量		图书馆单位财政收入/总收入		博物馆单位财政收入/总收入		文化馆单位财政收入/总收入		文化站单位财政收入/总收入	
		指数值	排名	指数值	排名	指数值	排名	指数值	排名	指数值	排名
第三方阵	上城区	81.41	70	107.77	1	6.20	74	105.86	1	105.80	35
	江干区	81.34	71	107.77	1	4.39	75	105.86	1	107.36	1
	定海区	81.34	72	98.86	75	32.29	71	90.02	78	104.21	46
	江北区	79.93	73	107.77	1	0	76	105.86	1	106.11	31
	西湖区	78.78	74	107.77	1	101.49	63	105.86	1	0	88
	开化县	77.27	75	104.52	70	0	76	101.04	67	103.53	51
	拱墅区	77.13	76	105.13	66	0	76	105.86	1	97.52	76
	嵊泗县	75.93	77	103.31	72	0	76	93.55	75	106.87	24
	婺城区	74.83	78	93.39	77	0	76	99.32	68	106.60	28
	云和县	74.81	79	107.56	52	0	76	93.92	74	97.74	75
	莲都区	73.57	80	105.80	64	0	76	102.55	65	85.92	83
	越城区	73.55	81	90.98	79	0	76	98.49	69	104.75	41
	桐庐县	72.56	82	106.92	59	0	76	85.27	81	98.06	72
	金东区	70.27	83	107.77	1	0	76	67.70	85	105.60	37
	秀洲区	68.79	84	0	88	64.40	69	103.39	62	107.36	1
	鹿城区	60.36	85	33.88	86	0	76	105.86	1	101.69	62
	衢江区	54.58	86	86.29	81	0	76	58.84	88	73.18	87
	滨江区	53.41	87	107.77	1	0	76	105.86	1	0	88
	南湖区	47.14	88	0	88	37.36	70	60.87	87	90.32	82
	柯城区	42.38	89	15.18	87	0	76	53.25	89	101.09	66

文化经济流量位于第一方阵（指数值112.13～114.69）的县域是：东阳市、常山县、玉环市、余杭区、仙居县、海盐县、龙湾区、义乌市、路桥区、萧山区、天台县、庆元县、磐安县、淳安县、缙云县、文成县、临海市、黄岩区、建德市、兰溪市、浦江县、平阳县、临安区、余姚市、平湖市、德清县、嵊州市、诸暨市、富阳区、柯桥区。

文化发展综合指数东阳市排名第31、玉环市排名第69、常山县排名第78，但文化经济流量均排名第1（指数值114.69），是综合指数最重要的贡献指标。其中，图书馆、博物馆、文化馆、文化站文化机构的经营能力（单位财政收入/总收入）指数值均为第1名。第一方阵中，图书馆、博物馆、文化馆、文化站的经营能力指数值均有 1~3 项排在第 1 名。

文化经济流量位于第二方阵（指数值 102.00~112.05）的县域是：泰顺县、温岭市、洞头区、上虞区、苍南县、南浔区、镇海区、慈溪市、桐乡市、青田县、武义县、瓯海区、海宁市、下城区、新昌县、长兴县、嘉善县、海曙区、三门县、乐清市、普陀区、鄞州区、松阳县、奉化区、宁海县、江山市、北仑区、椒江区、遂昌县、龙泉市。

文化经济流量位于第三方阵（指数值 42.38~99.60）的县域可以分为三档。第一档（指数值 80.00~99.99）的县域是：象山县、永康市、瑞安市、安吉县、岱山县、景宁自治县、龙游县、永嘉县、吴兴区、上城区、江干区、定海区；第二档（指数值 60.00~79.99）的县域是：江北区、西湖区、开化县、拱墅区、嵊泗县、婺城区、云和县、莲都区、越城区、桐庐县、金东区、秀洲区、鹿城区；第三档（指数值小于 60.00）的县域时：衢江区、滨江区、南湖区、柯城区。需要指出的是，后 10 位县域中，金东区图书馆经营能力（指数值 107.77）、秀洲区文化站经营能力（指数值 107.36）、鹿城区文化馆经营能力（指数值 105.86）、滨江区的图书馆（指数值 107.77）和文化馆（指数值 105.86）经营能力均排在第 1 名。文化经济流量排在第 1 名的东阳市、常山县、玉环市（指数值 114.69）与最后一名柯城区（指数值 42.38）数值相差 72.31。

文化经济流量的空间布局呈现中部强，北部、东北沿海、南部部分地区次强，中部部分地区与南部部分地区弱势的空间结构特征。

二、公益性文化机构经营能力指数

（一）图书馆

图书馆经营能力指数中，有 43 个县域指数值为 107.77，并列第 1。分别是东阳市、常山县、玉环市、仙居县、龙湾区、义乌市、路桥区、天台县、磐安县、缙云县、文成县、黄岩区、建德市、兰溪市、平阳县、临安区、余姚市、德清县、嵊州市、诸暨市、富阳区、柯桥区、泰顺县、温岭市、苍南县、镇海区、瓯海区、下城区、三门县、遂昌县、龙泉市、象山县、永康市、瑞安市、安吉县、永嘉县、吴兴区、上城区、江干区、江北区、西湖区、金东区、滨江区。

图书馆财政拨款排在前 6 位的是萧山区、海宁市、余杭区、桐乡市、义乌市、嘉善县，金额 2 000 万~2 801.7 万元。乐清市等 20 个县域图书馆财政拨款 1 000 万~1 961.2 万元，越城区等 59 个县域图书馆财政拨款 213 万~981.6 万元。金东区、柯城区图书馆财政拨款最少，分别是 82 万元、32.4 万元。

图书馆总收入排在前 6 位的与财政拨款前 6 位一致，萧山区等 6 个县域图书馆总收入 2 000 万~2 802.1 万元。乐清市等 21 个县域图书馆总收入 1 000 万~1 972.2 万元，桐庐县等 59 个县域图书馆总收入 213 万~989.2 万元，金东区仅

82万元。

财政收入占总收入比例，上城区等43个县域为100%，淳安县等32个县域91%~99.99%，青田县等9个县域71%~88.09%。龙游县、鹿城区、柯城区财政收入占总收入比例最少，仅为38.15%、31.44%、14.09%。

本组数据中，浙江省有一半的县域，其财政拨款预算收入是图书馆的全部收入，财政拨款是浙江省绝大多数县级行政区划图书馆的主要收入来源，图书馆的经营能力高度依赖地方财政拨款。秀洲区、南湖区图书馆的经营能力统计数为"0"。

（二）博物馆

博物馆经营能力指数中，有23个县域指数值为137.78，并列第1，分别是东阳市、常山县、玉环市、仙居县、海盐县、龙湾区、义乌市、路桥区、庆元县、磐安县、缙云县、文成县、建德市、兰溪市、临安区、嵊州市、泰顺县、南浔区、镇海区、武义县、松阳县、江山市、岱山县。排名靠后的县域是南湖区、定海区、永嘉县、吴兴区、上城区、江干区，指数值不足60.00。

博物馆财政拨款平湖市最高17 467万元。萧山区等23个县或博物馆财政拨款1 000万~6 493.8万元，德清县等40个县域100万~885.7万元，象山县等7个县域10万~75.8万元。上城区、江干区、吴兴区博物馆财政拨款最少，分别是5.3万元、5万元、1.4万元。

博物馆总收入平湖市最高17 596万元。博物馆总收入排在前3位的与财政拨款前3位一致，分别是平湖市、萧山区、余杭区。萧山区等25个县域博物馆总收入1 000万~6 531.9万元，鄞州区等42个县域110万~963.3万元，下城区等7个县域11万~70.9万元。鹿城区博物馆总收入最少，仅2.5万元。

财政收入占总收入比例，临安区等23个县域为100%，桐乡市等27个县域为91%~99.99%，财政拨款是大多数县域博物馆收入的主要来源。长兴县等15个县域财政收入占总收入比例65.81%~89.74%，安吉县等10个县域为3.18%~59.81%。

本组数据中，拱墅区等14个县域博物馆的经营能力统计数为"0"。

（三）文化馆

文化馆经营能力指数中，有44个县域指数值为105.86，并列第1，分别是东阳市、常山县、玉环市、余杭区、仙居县、义乌市、路桥区、萧山区、天台县、磐安县、淳安县、文成县、临海市、建德市、兰溪市、平阳县、临安区、余姚市、平湖市、诸暨市、富阳区、柯桥区、温岭市、上虞区、苍南县、南浔区、慈溪市、青田县、新昌县、三门县、松阳县、奉化区、宁海县、象山县、永康市、永嘉县、吴兴区、上城区、江干区、江北区、西湖区、拱墅区、鹿城区、滨江区。衢江区、柯城区指数值不足60.00，排名靠后。

文化馆财政拨款排在前两位的分别是黄岩区 3 616.6 万元、义乌市 2 177.5 万元。余杭区等 14 个县域文化馆财政拨款 1 000 万~1 697.2 万元,临安区等 73 个县域 100 万~997.6 万元。

文化馆总收入排在前 2 位的与财政拨款前 2 位相同,黄岩区 3 618.9 万元、义乌市 2 177.5 万元。海宁市等 15 个县域文化馆总收入 1 000 万~1 869.8 万元,临安区等 72 个县域文化馆总收入 100 万~997.6 万元。

财政收入占总收入比例,滨江区等 44 个县域为 100%,黄岩区等 29 个县域为 90.04%~99.94%。财政拨款是大多数县域文化馆收入的主要来源。云和县等 13 个县域为 60%~88.72%。南湖区、衢江区、柯城区财政收入占总收入的比例分别是 57.50%、55.59%、50.30%。

(四) 文化站

文化站经营能力指数中,有 18 个县域指数值为 107.36,并列第 1,分别是东阳市、常山县、玉环市、余杭区、海盐县、龙湾区、天台县、庆元县、临海市、黄岩区、温岭市、下城区、新昌县、三门县、象山县、永康市、江干区、秀洲区。排名在后的是瑞安市(指数值 74.97)、衢江区(指数值 73.18)。

文化站财政拨款萧山区最多为 16 468.2 万元。海宁市等 50 个县域文化站财政拨款 1 000 万~8 914.5 万元,嵊泗县等 36 个县域 352.5 万~994.4 万元。本组数据中,西湖区、滨江区文化站财政拨款的统计数为"0"。

文化站总收入萧山区最多为 16 592.2 万元。排在前 5 位的县域与财政拨款前 5 位的相同,分别是萧山区、海宁市、余杭区、秀洲区、桐乡市。海宁市等 54 个县域 1 000 万~8 922.4 万元,嵊泗县等 34 个县域 193 万~998.9 万元。

财政收入占总收入比例,下城区等 18 个县域为 100%,海宁市等 59 个县域为 90%~99.91%。南浔区等 10 个县域为 68%~89.57%。财政拨款是大多数县域文化站收入的主要来源。

三、经营性文化机构的经营能力

经营性文化机构,分为艺术表演团体和艺术表演场馆两个指标,艺术表演在县域发展非常不完善,因此没有统计在指标体系中,但有些地区还是值得一提。

(一) 艺术表演团体(事业)

艺术表演团体(事业)总收入排在前 3 位的分别是义乌市 3 036 万元、柯桥区 2 978.6 万元、余姚市 2 622.1 万元。嵊州市、萧山区、余杭区、永嘉县、新昌县、诸暨市、上虞区、乐清市 8 个县域艺术表演团体(事业)总收入 1 000 万~1 770 万元,江山市、宁海县、平阳县、兰溪市、桐庐县、富阳区、建德市、鄞州区、桐乡市、三门县 10 个县域为 120 万~977.9 万元,椒江区 62 万元,海盐县 0.5 万元。

艺术表演团体（事业）财政拨款排在前3位的与总收入前3位相同，义乌市2 613.3万元、柯桥区2 427.7万元、余姚市2 216.4万元。萧山区等5个县域财政拨款1 295.1万~1 765.7万元，上虞区等13个县域120万元~920.7万元，椒江区62万元，海盐县0.5万元。

艺术表演团体（事业）演出收入排在前4位的分别是柯桥区550.9万元、余姚市385.3万元、乐清市319万元、诸暨市280.9万元。宁海县、嵊州市、鄞州区、富阳区、余杭区、建德市、桐庐县、兰溪市8个县域艺术表演团体（事业）演出收入100万~166.9万元，新昌县、上虞区、江山市90万~98.9万元，义乌市7万元。

（二）艺术表演团体（企业）

艺术表演团体（企业）总收入海宁市最高，排在前4位的是海宁市634.4万元、慈溪市460万元、景宁畲族自治县200.1万元、瑞安市192.8万元。桐乡市、上虞区均为98.6万元，海盐县8万元，东阳市0.7万元。

艺术表演团体（企业）财政拨款排在前4位的分别是海宁市634.2万元、慈溪市460万元、瑞安市191万元、景宁畲族自治县143.4万元。桐乡市、上虞区均为68.6万元，海盐县6.3万元。

艺术表演团体（企业）演出收入排在前两位的是宁海县3 263.9万元、鄞州区796.4万元。海盐县等4个县域124.6万~175.2万元，瑞安市80.5万元，上虞区39.7万元。

（三）艺术表演场馆（事业）

艺术表演场馆（事业）总收入排在第1位的是东阳市1 920.6万元。开化县等13个县域艺术表演场馆总收入153.7万~666.1万元，新昌县等5个县域13.7万~94万元。

艺术表演场馆（事业）财政拨款最多的是东阳市1 919.9万元。余杭区等7个县域艺术表演场馆总收入109万~631.8万元，兰溪市等8个县域12万~54.3万元，文成县4.8万元。

艺术表演场馆仅有5个县域有演出收入，分别是上虞区38.4万元、仙居县30万元、兰溪市20万元、诸暨市10.2万元、泰顺县8.5万元。

（四）艺术表演场馆（企业）

艺术表演场馆（企业）总收入排在前5位的分别是海曙区5 837.3万元、鄞州区2 560.8万元、慈溪市2 371.1万元、长兴县1 708.2万元、镇海区1 573.9万元。北仑区等9个县域总收入101.6万~829.1万元。

艺术表演场馆（企业）财政拨款排在前2位的分别是慈溪市1 850万元、鄞州区1 419万元。海曙区等6个县域151.8万~409.6万元。不足100万元的分别是海盐县89.2万元、玉环市70.8万元、奉化区50万元、温岭市5.4万元、镇海区2.5万元。

艺术表演场馆（企业）演出收入排在前5位的分别是海曙区5 837.3万元、鄞州区2 560.8万元、慈溪市2 371.1万元、长兴县1 708.2万元、镇海区1 573.9万元。演出收入不足100万元的县域有奉化区53.9万元、桐乡市42.2万元、象山县30.6万元、慈溪市22.4万元、玉环市15.7万元。

本组艺术表演团体、场馆数据中，除了以上县域，其余地区的艺术表演团体和艺术表演场馆统计数为"0"。

四、小结

"单位财政收入占总收入比例"是一个双向指标。图书馆财政收入占总收入比例，上城区等43个县域为100%，淳安县等32个县域91.00%~99.99%；博物馆财政收入占总收入比例，临安区等23个县域为100%，桐乡市等27个县域91.00%~99.99%；文化馆财政收入占总收入比例，滨江区等44个县域为100%，黄岩区等29个县域为90.04%~99.94%；文化站财政收入占总收入比例，下城区等18个县域为100%，海宁市等59个县域为90.00%~99.91%。以上数据显示，公益性文化机构的收入主要依赖于政府财政拨款，图书馆、博物馆、文化馆、文化站收入占比很高，显示了文化机构资源利用效率好，是一个正向指标数据。但另一方面也暴露了中国基层文化机构在满足人民群众精神文化生活公益性需求时，公共文化资源利用市场化不足的短板。如何充分盘活公共文化资源以服务于共同富裕目标的实现？基层公共文化基础设施、文化服务文旅融合是实现文化共同富裕的重要抓手。

按照《浙江省文化改革发展"十四五"规划》要求，新时代文化高地建设目标"县有四馆一院"，院为"剧院（场）"，经营性文化机构演出数据显示，浙江省县域还远没有完成该项基础指标的建设，各类演出比如话剧、歌剧等文化服务，很多县域没有，群众只有到市区才能获得相应的文化享受。

第三部分
浙江文化强省农村文化共同富裕指数报告

第十二章 2020年浙江文化强省农村文化共同富裕指数报告

一、浙江文化强省农村文化共同富裕指数编制方法

农村文化共同富裕发展指数由 7 个一级指标、17 个二级指标、55 个三级指标构成。其中 7 个一级指标从基础指标、文化基础设施、文化财政支持、文化人才资源、社会文化参与、非遗文化保护传承、文化经济流量七个方面全面测评各地农村文化共同富裕发展状况，其余分别是对上一级指标的细化和实现（见表 12-1）。

表 12-1 2020 年浙江文化强省县域共同富裕农村发展指数一、二级指标构成表

	一级指标	二级指标
浙江文化强省农村文化共同富裕指数	基础指标	人口状况
		经济状况
	文化基础设施	公共阅读供给
		文物展品供给
		群众文化服务供给
	文化财政支持	地方文化财政支出
	文化人才资源	文化事业人才
		文化人才素质
		文化人才待遇
	社会文化参与	文化消费需求
		文化活动供给
		文化活动参与
	非遗文化保护传承	非遗保护基础
		非遗保护管理
		非遗传承体验设施
		非遗传承交流
	文化经济流量	公益性文化机构的经营能力（单位财政收入/总收入）

农村文化共同富裕发展指数与县域文化共同富裕发展指数相区别的地方在于地区划分不同，意在反映"十三五"收官之年浙江农村文化发展共同富裕的真实情况。新中国成立以来，经历多次全国行政区划的调整，20 世纪 80 年代市领导县体制全面推行之后，我国开始实行"省地县乡"四级制。本报告农村指数中"县级区域"参考了 80 年代"省地县乡"四级制的划分，80 年代设立的"市级"地区，本报告不划分在农村范围；90 年代设立的"市级"地区，仍旧以农村地区来统计。"县市级"区域，本报告以农村地区而论。

二、浙江文化强省农村文化共同富裕指数结果分析

浙江文化强省农村文化共同富裕指数结果（见表 12-2）显示，农村文化共同富裕位列第一方阵（指数值 118.68~221.17）的县域分别是鄞州区、临海市、慈溪市、余杭区、萧山区、桐乡市、安吉县、海宁市、温岭市、义乌市、永嘉县、龙泉市、长兴县、莲都区、宁海县、平阳县、富阳区、乐清市、瑞安市、天台县、东阳市、余姚市、泰顺县、德清县、苍南县、嘉善县、象山县、新昌县、缙云县、诸暨市。

农村文化共同富裕位列第二方阵（指数值 84.16~117.90）的县域分别是洞头区、黄岩区、平湖市、文成县、永康市、淳安县、秀洲区、柯桥区、奉化区、上虞区、海盐县、浦江县、桐庐县、建德市、遂昌县、南浔区、青田县、岱山县、松阳县、临安区、仙居县、景宁自治县、武义县、江山市、椒江区、三门县、玉环市、瓯海区、龙游县、磐安县。

农村文化共同富裕位列第三方阵（指数值 3.65~81.26）的县域分别是嵊州市、路桥区、庆元县、兰溪市、金东区、嵊泗县、云和县、常山县、开化县、衢江区、滨江区、普陀区、鹿城区、海曙区、吴兴区、越城区、婺城区、南湖区、柯城区、江北区、定海区、龙湾区、镇海区、北仑区、拱墅区、江干区、西湖区、下城区、上城区。

三大方阵指数值差距明显。

三大方阵数据显示，浙江文化强省农村文化共同富裕空间格局呈现由东向西梯次减弱趋势，农村文化共同富裕资源优势分布极不均衡。指数显示，农村文化共同富裕地区分布与县域文化共同富裕地区分布基本一致，集中在杭嘉湖平原、东部沿海，浙江省中部的金华、南部的丽水、温州的部分地区，经济发达地区农村文化发展共同富裕程度也比较高。

根据指数值大于 100 的县域统计，嘉兴、湖州、温州属于农村文化共同富裕发展最好的地区。嘉兴下辖 7 个县域，有 6 个县域农村文化共同富裕的指数值大于 100，其中，基础指标、社会文化参与、地方文化财政支出、文化人才资源、文化经济流量都很好，文化基础设施、非遗文化保护传承偏弱。湖州下辖 5 个县

表12-2 2020年浙江文化强省农村文化共同富裕指数测评结果

方阵	区域	农村文化共同富裕 指数值	排名	基础指标 指数值	排名	文化基础设施 指数值	排名	文化财政支持 指数值	排名	文化人才资源 指数值	排名	社会文化参与 指数值	排名	非遗文化保护传承 指数值	排名	文化经济流量 指数值	排名
第一方阵	鄞州区	221.17	1	102.96	39	221.79	6	286.86	4	178.07	14	255.22	2	378.53	2	124.79	43
	临海市	215.26	2	205.85	1	142.64	16	174.61	12	157.34	18	119.72	28	573.16	1	133.49	15
	慈溪市	191.99	3	120.99	18	91.80	49	298.92	3	203.58	8	203.62	5	295.41	4	129.61	34
	余杭区	191.86	4	118.94	19	102.67	42	477.87	1	245.01	4	164.01	12	100.16	38	134.38	4
	萧山区	191.84	5	132.02	12	120.31	33	252.84	5	302.84	2	190.04	8	211.30	9	133.52	14
	桐乡市	183.49	6	157.53	7	196.61	10	138.17	19	298.97	15	190.89	7	170.45	16	131.79	29
	安吉县	165.24	7	107.88	29	212.76	8	116.92	31	177.95	2	171.85	11	254.89	5	114.42	54
	海宁市	163.02	8	150.30	9	134.27	23	154.06	17	257.20	3	244.40	3	73.07	49	127.81	37
	温岭市	149.53	9	164.74	5	119.41	34	233.12	6	135.52	21	150.17	15	112.51	32	131.27	30
	义乌市	147.13	10	111.86	26	94.33	47	218.32	8	190.97	11	182.59	10	97.82	40	134.01	7
	永嘉县	146.40	11	163.06	6	88.80	53	169.11	13	133.36	24	205.70	4	162.75	18	102.00	59
	龙泉市	144.43	12	69.61	72	201.01	9	94.93	41	135.00	22	144.18	19	246.83	6	119.48	50
	长兴县	143.51	13	107.22	31	126.58	29	131.78	25	177.33	16	201.80	6	133.21	23	126.62	40
	莲都区	141.29	14	71.32	69	70.72	62	205.13	10	128.11	28	96.29	41	328.79	3	88.64	65
	宁海县	140.99	15	103.85	36	136.38	21	118.25	29	107.46	35	280.13	1	119.56	30	121.30	47
	平阳县	140.63	16	152.11	8	126.77	28	78.32	51	142.95	20	154.52	14	196.93	12	132.84	21
	富阳区	139.51	17	101.07	43	255.56	2	127.90	26	97.96	44	113.51	33	186.26	14	94.30	61
	乐清市	139.46	18	164.84	4	109.53	39	137.54	20	181.28	13	139.24	20	118.88	31	124.89	42
	瑞安市	139.15	19	178.98	2	114.99	35	123.42	27	202.92	9	130.08	23	111.51	33	112.16	57
	天台县	137.07	20	117.71	20	245.00	4	85.42	47	109.75	32	110.16	34	157.56	19	133.88	8
	东阳市	136.34	21	130.73	14	215.20	7	162.21	14	108.77	34	116.18	31	86.91	44	134.39	1
	余姚市	135.69	22	93.13	46	126.82	27	133.06	24	233.99	5	103.17	36	126.92	26	132.75	22
	奉顺县	135.07	23	94.34	44	138.80	20	63.71	58	131.52	26	186.36	9	199.53	11	131.25	31
	德清县	131.66	24	103.63	37	140.06	19	136.29	22	129.95	27	147.04	16	132.29	25	132.38	26
	苍南县	131.04	25	145.65	10	101.11	44	100.68	38	189.95	12	102.20	38	172.68	15	105.03	58
	嘉善县	130.28	26	107.55	30	101.84	43	153.54	18	194.86	10	94.38	45	132.81	24	126.96	39
	象山县	124.52	27	115.28	24	100.97	45	134.42	23	146.52	19	146.67	17	110.85	34	116.90	52
	新昌县	124.42	28	91.52	49	141.54	17	86.27	46	109.55	33	81.63	51	233.00	7	127.43	38
	缙云县	123.45	29	72.33	68	133.66	24	104.09	36	93.04	47	99.32	40	228.05	8	133.65	12
	诸暨市	118.68	30	172.43	3	136.00	22	90.20	44	171.54	17	127.96	24	0	75	132.64	23

204

第十二章　2020年浙江文化强省农村文化共同富裕指数报告

续表

方阵	区域	农村文化共同富裕 指数值	农村文化共同富裕 排名	基础指标 指数值	基础指标 排名	文化基础设施 指数值	文化基础设施 排名	文化财政支持 指数值	文化财政支持 排名	文化人才资源 指数值	文化人才资源 排名	社会文化参与 指数值	社会文化参与 排名	非遗文化保护传承 指数值	非遗文化保护传承 排名	文化经济流量 指数值	文化经济流量 排名
第二方阵	洞头区	117.90	31	70.85	70	259.54	1	46.65	71	54.16	66	74.10	59	191.77	13	128.26	36
	黄岩区	115.99	32	106.77	33	124.00	30	119.29	28	114.65	30	80.54	52	133.45	22	133.24	17
	平湖市	115.33	33	106.06	34	99.55	46	113.47	32	223.82	6	131.26	22	0.00	75	133.13	18
	文成县	113.15	34	101.18	41	120.80	32	93.01	43	102.67	39	118.53	29	122.32	29	133.57	13
	永康市	112.15	35	101.15	42	104.04	41	108.79	33	105.55	37	161.88	13	86.98	43	116.64	53
	淳安县	111.38	36	88.55	52	161.99	13	78.99	50	120.58	29	92.87	46	102.87	37	133.81	10
	秀洲区	111.07	37	122.43	17	55.73	68	364.22	2	55.62	64	99.98	39	0	75	79.51	69
	柯桥区	109.80	38	103.25	38	91.36	51	175.54	11	209.91	7	95.30	43	0	75	93.22	62
	奉化区	107.89	39	91.28	50	110.87	38	156.22	16	102.42	40	84.36	49	91.96	41	118.11	51
	上虞区	107.63	40	125.77	15	113.43	36	137.23	21	113.22	31	131.66	21	0	75	132.13	28
	海盐县	106.81	41	102.40	40	77.83	58	94.05	42	134.57	23	123.88	26	80.85	48	134.11	6
	浦江县	106.47	42	80.02	61	189.34	11	56.96	67	88.68	49	72.56	61	125.22	28	132.50	25
	桐庐县	106.13	43	86.67	54	92.84	48	103.46	37	98.63	41	64.63	69	210.97	10	85.72	67
	建德市	105.35	44	92.42	48	123.49	31	73.74	54	98.04	43	107.96	35	108.76	35	133.03	19
	遂昌县	104.42	45	63.96	77	235.30	5	58.89	65	77.33	57	90.78	47	83.87	46	120.78	48
	南浔区	102.27	46	111.53	27	88.51	54	100.51	39	63.33	62	117.35	30	103.93	36	130.76	32
	青田县	100.01	47	86.62	55	113.19	37	98.24	40	89.66	48	95.88	42	86.53	45	129.94	33
	岱山县	99.93	48	80.30	60	131.25	26	65.97	57	95.62	46	73.18	60	140.34	20	112.82	56
	松阳县	99.70	49	67.14	74	133.41	25	59.17	63	97.51	45	78.31	54	138.67	21	123.68	44
	临安区	98.91	50	105.34	35	81.02	57	108.07	34	132.47	25	79.74	53	53.11	59	132.59	24
	仙居县	98.85	51	112.01	25	86.26	56	59.88	62	73.43	59	126.42	25	99.77	39	134.16	5
	景宁自治县	97.50	52	53.82	80	250.89	3	89.82	45	106.47	36	68.62	64	0	75	112.89	55
	武义县	96.62	53	74.08	66	104.15	40	66.80	56	98.09	42	115.83	32	88.48	42	128.93	35
	江山市	90.92	54	116.66	22	73.18	60	161.51	15	87.69	50	77.20	57	0	75	120.23	49
	椒江区	90.06	55	84.20	58	71.39	61	62.05	60	87.66	51	121.05	27	80.96	47	123.12	45
	三门县	89.10	56	122.74	16	91.70	50	62.95	59	86.38	52	76.48	58	57.20	56	126.25	41
	玉环市	86.90	57	84.59	56	77.46	59	106.53	35	86.03	54	67.16	66	58.14	54	134.39	1
	瓯海区	86.58	58	78.33	63	57.68	66	75.99	53	80.97	53	144.35	18	45.73	63	123.01	46
	龙游县	84.43	59	93.93	45	86.90	55	82.53	48	79.29	55	94.83	44	51.54	60	101.96	60
	磐安县	84.16	60	72.73	67	153.80	14	53.43	70	47.95	69	66.77	67	60.62	51	133.83	9

205

续表

方阵	区域	农村文化共同富裕 指数值	农村文化共同富裕 排名	基础指标 指数值	基础指标 排名	文化基础设施 指数值	文化基础设施 排名	文化财政支持 指数值	文化财政支持 排名	文化人才资源 指数值	文化人才资源 排名	社会文化参与 指数值	社会文化参与 排名	非遗文化保护传承 指数值	非遗文化保护传承 排名	文化经济流量 指数值	文化经济流量 排名
第三方阵	嵊州市	81.26	61	130.87	13	90.56	52	67.00	55	78.60	56	69.62	63	0	75	132.15	27
	路桥区	80.53	62	84.29	57	55.32	69	77.04	52	75.86	58	77.88	55	59.94	52	133.36	16
	庆元县	79.46	63	53.41	81	167.32	12	58.32	66	71.46	60	71.88	62	0	75	133.81	10
	兰溪市	79.37	64	116.68	21	57.42	67	60.84	61	103.85	38	83.80	50	0	75	133.02	20
	金东区	79.27	65	87.64	53	47.07	70	230.06	7	30.18	70	77.77	56	0	75	82.17	68
	嵊泗县	75.88	66	110.26	28	141.17	18	55.13	69	52.42	67	49.93	72	33.11	67	89.15	64
	云和县	74.48	67	45.09	83	151.59	15	55.91	68	55.48	65	67.36	65	57.94	55	88.02	66
	常山县	74.31	68	77.18	64	69.00	63	80.45	49	55.96	63	103.17	36	0	75	134.39	1
	开化县	70.76	69	89.56	51	62.88	65	118.03	30	68.45	61	65.43	68	0	75	90.96	63
	衢江区	62.28	70	106.85	32	66.42	64	59.11	64	52.02	68	88.09	48	0	75	63.45	71
	滨江区	58.13	71	0.07	85	40.86	71	216.20	9	14.98	74	39.82	78	29.23	68	65.77	70
	普陀区	55.99	72	144.65	11	6.01	80	0	72	12.71	78	37.10	80	162.78	17	28.71	72
	鹿城区	38.61	73	64.52	75	5.34	82	0	72	7.28	81	38.90	79	125.53	27	28.71	72
	海曙区	35.74	74	70.74	71	18.25	73	0	72	19.01	73	58.27	71	56.01	57	27.88	81
	吴兴区	34.69	75	116.38	23	10.04	76	0	72	13.32	76	32.87	82	41.60	65	28.63	77
	越城区	33.81	76	92.53	47	16.46	74	0	72	13.71	75	42.46	75	43.34	64	28.20	79
	婺城区	33.09	77	59.74	78	28.58	72	0	72	21.24	72	43.15	74	50.22	61	28.71	72
	南湖区	27.98	78	79.60	62	9.98	77	0	72	24.94	71	41.89	76	17.40	73	22.07	83
	柯城区	27.56	79	75.53	65	16.27	75	0	72	13.26	77	60.72	70	0	75	27.14	82
	江北区	25.79	80	64.12	76	3.11	84	0	72	5.77	82	18.12	84	61.37	50	28.02	80
	定海区	23.82	81	68.17	73	7.32	79	0	72	5.27	84	41.05	77	16.72	74	28.23	78
	龙湾区	21.56	82	47.98	82	0	86	0	72	0	85	43.84	73	59.11	53	0	85
	镇海区	20.84	83	53.92	79	8.87	78	0	72	5.71	83	35.35	81	22.85	71	19.15	84
	北仑区	19.77	84	81.30	59	5.64	81	0	72	0	85	25.05	83	26.42	69	0	85
	拱墅区	12.37	85	0	86	1.90	85	0	72	8.45	80	0	85	47.53	62	28.71	72
	江干区	9.04	86	0	86	3.81	83	0	72	10.43	79	0	85	20.30	72	28.71	72
	西湖区	8.54	87	6.56	84	0	86	0	72	0	85	0	85	53.21	58	0	85
	下城区	4.74	88	0	86	0	86	0	72	0	85	0	85	33.17	66	0	85
	上城区	3.65	89	0	86	0	86	0	72	0	85	0	85	25.57	70	0	85

域，有 4 个县域的指数值大于 100，其中，基础指标、地方文化财政支出、社会文化参与、非遗文化保护传承、文化经济流量很好，文化基础设施、文化人才资源一般。温州下辖 11 个县域，有 8 个县域的指数值大于 100，其中，非遗文化保护传承、社会文化参与、文化经济流量建设好，文化基础设施、文化人才资源基础指标较好，地方文化财政支出偏弱。

绍兴、宁波属于农村文化共同富裕发展较好的地区。绍兴下辖 6 个县域，有 4 个县域农村文化共同富裕的指数值大于 100，其中，基础指标、文化人才资源、文化经济流量较好，文化基础设施、地方文化财政支出、社会文化参与一般或者偏弱，非遗文化保护传承偏弱，有 4 个县域指数值为"0"。宁波下辖 10 个县域，有 6 个县域的指数值大于 100，其中，地方文化财政支出、文化人才资源、文化经济流量较好，基础指标、文化基础设施、社会文化参与、非遗文化保护传承均为一般水平。

杭州、金华、台州、丽水属于农村文化共同富裕发展一般的地区。杭州下辖 13 个县域，有 6 个县域农村文化共同富裕的指数值大于 100，其中，地方文化财政支出、非遗文化保护传承、文化经济流量为一般水平；文化基础设施、基础指标、文化人才资源、社会文化参与偏弱。金华下辖 9 个县域，有 4 个县域的指数值大于 100，其中，文化基础设施、文化经济流量较好，基础指标、地方文化财政支出、文化人才资源、社会文化参与基本为一般水平，非遗文化保护传承偏弱。台州下辖 9 个县域，有 4 个县域的指数值大于 100，其中，基础指标、文化经济流量好，其余指标基本为一般水平。丽水下辖 9 个县域，有 4 个县域的指数值大于 100，其中基础指标、文化基础设施很好，文化经济流量好，非遗文化保护传承基本为一般水平，地方文化财政支出、文化人才资源、社会文化参与很弱。

舟山、衢州属于农村文化共同富裕发展差的地区，所有指标指数值均小于 100。舟山基础指标、文化基础设施、非遗保护传承基本为一般水准外，其余指标弱或者很弱。衢州除了文化经济流量基本为一般水准，其余指标弱或者很弱。

三、浙江文化强省农村文化共同富裕优势空间影响因素

2020 年，从浙江文化强省农村文化共同富裕指数测评结果（见表 12-2）看，第一方阵分析显示，文化财政支持、非遗文化保护传承、文化人才资源、社会文化参与是最重要的动力因素，基础指标、文化基础设施、文化经济流量是重要支持性因素。以下就一级指标中各分项排名前 5 的贡献指标做具体分析。

（一）文化财政支持、非遗文化保护传承、文化人才资源、社会文化参与是重要的动力因素

农村文化共同富裕指数，余杭区排名第 4（指数值 191.86）、秀洲区排名第

37（指数值111.07）、慈溪市排名第3（指数值191.99）、鄞州区排名第1（指数值221.17）、萧山区排名第5（指数值191.84），其中，文化财政支持分别排名第1（指数值477.87）、排名第2（指数值364.22）、排名第3（指数值298.92）、排名第4（指数值286.86）、排名第5（指数值252.84）。这些县域的文化财政支持是农村文化共同富裕的重要贡献指标。相比于县域文化共同富裕，文化财政投入对农村地区文化共同富裕的影响更大。

农村文化共同富裕指数，临海市排名第2（指数值215.26）、鄞州区排名第1（指数值221.17）、莲都区排名第14（指数值141.29）、慈溪市排名第3（指数值191.99）、安吉县排名第7（指数值165.24），其中，非遗文化保护传承排名第1（指数值573.16）、排名第2（指数值378.53）、排名第3（指数值328.79）、排名第4（指数值295.41）、排名第5（指数值254.89）。这些县域的非遗文化保护传承是农村文化共同富裕重要的贡献指标。广大的农村地区蕴含着非常丰富的非遗资源，非遗资源的转化利用是农村经济文化脱贫的一个重要抓手。

农村文化共同富裕指数，萧山区排名第5（指数值191.84）、桐乡市排名第6（指数值183.49）、海宁市排名第8（指数值163.02）、余杭区排名第4（指数值191.86）、余姚市排名第22（指数值135.69），其中，文化人才资源排名第1（指数值302.84）、排名第2（指数值298.97）、排名第3（指数值257.20）、排名第4（指数值245.01）、排名第5（指数值233.99），这些县域的文化人才资源是农村文化共同富裕的重要贡献指标。

农村文化共同富裕指数，宁海县排名第15（指数值140.99）、鄞州区排名第1（指数值221.17）、海宁市排名第8（指数值163.02）、永嘉县排名第11（指数值146.40）、慈溪市排名第3（指数值191.99），其中，社会文化参与分别排名第1（指数值280.13）、排名第2（指数值255.22）、排名第3（指数值244.40）、排名第4（指数值205.70）、排名第5（指数值203.62），这些县域社会文化参与是农村文化共同富裕的贡献指标。

（二）基础指标、文化基础设施、文化经济流量是重要支持性因素

农村文化共同富裕指数，临海市排名第2（指数值215.26）、瑞安市排名第19（指数值139.15）、诸暨市排名第30（指数值118.68）、乐清市排名第18（指数值139.46）、温岭市排名第9（指数值149.53），其中，基础指标分别排名第1（指数值205.85）、排名第2（指数值178.98）、排名第3（指数值172.43）、排名第4（指数值164.84）、排名第5（指数值164.74）。这些县域的基础指标是农村文化共同富裕的重要贡献指标。

农村文化共同富裕指数，洞头区排名第31（指数值117.90）、富阳区排名第17（指数值139.51）、景宁自治县排名第52（指数值97.50）、天台县排名第20（指数值137.07）、遂昌县排名第45（指数值104.42），其中，文化基础设施排名第 1（指数值 259.54）、排名第 2（指数值 255.56）、排名第 3（指数值 250.89）、排名第 4（指数值 245.00）、排名第 5（指数值 235.30）。这些县域的文化基础设施是农村文化共同富裕重要贡献指标。

农村文化共同富裕指数，东阳市排名第 21（指数值 136.34）、玉环市排名第 57（指数值 86.90）、常山县排名第 68（指数值 74.31），文化经济流量排名并列第 1；农村文化共同富裕指数，余杭区排名第 4（指数值 191.86）、仙居县排名第 51（指数值 98.85），文化经济流量排名分别排第 4（指数值 134.38）、第 5（指数值 134.16）。这些县域的文化经济流量是农村文化共同富裕的重要贡献指标。

需要指出的是，有些农村地区是多项指标共同对农村文化共同富裕起到重要贡献作用的。比如，鄞州区综合指数排名第 1，其中，非遗文化保护传承排名第 2、社会文化参与排名第 2、文化财政支出排名第 4，三项指标共同对综合指数起着突出贡献作用。临海市综合指数排名第 2，其中，基础指标、非遗文化保护传承均排名第 1，两项指标共同对综合指数起着突出贡献作用。慈溪市综合指数排名第 3，其中，文化财政支出排名第 3、非遗文化保护传承排名第 4、社会文化参与排名第 5，三项指标共同对综合指数起着突出贡献作用。余杭区综合指数排名第 4，其中，文化财政支出排名第 1、文化人才资源、文化经济流量均排名第 4，三项指标共同对综合指数起着突出贡献作用。萧山区综合指数排名第 5，其中，文化人才资源排名第 1、文化财政支出排名第 5，两项指标共同对综合指数起着突出贡献作用。海宁市综合指数排名第 8，其中，文化人才资源、社会文化参与均排名第 3，两项指标共同对综合指数起着突出贡献作用。

四、浙江文化强省农村文化共同富裕弱势空间分析与建议

（一）农村文化共同富裕弱势空间资源禀赋

舟山、衢州地区属于山区（海岛），共 28 县，在农村文化发展共同富裕中处于劣势地区。

舟山市位于浙江省东北部，舟山群岛地处中国东南沿海。舟山背靠上海、杭州、宁波等大中城市和长江三角洲等辽阔腹地，面向太平洋，具有较强的地缘优势。舟山人口基数比较小，城镇化率 71.89%。普陀区、岱山县、嵊泗县经济状况指数值均大于 100，乡村居民的收入水平 37 620~39 238 元，乡村居民的消费水平 20 995~25 820 元，整体情况良好。舟山地区岱山县、嵊泗县的农村文化基础设施情况良好，普陀区和岱山县农村非遗文化保护传承情况比较好，岱山县文化经济流量情况好。但是，舟山地区的农村文化财政支出、文化人才资源、社会文化参与比较少。

衢州市位于浙江省西部，钱塘江源头，浙闽赣皖四省边际，有"四省通衢、

五路总头"之称，是"全国十佳生态休闲旅游城市"之一。衢州市基础指标较差，其中，乡村居民的收入水平2万~3万元，乡村居民的消费水平1万~2万元，整体情况比较差。文化财政支出除开化县、江山市较好外，其他县域比较差；社会文化参与，除了常山县外，其余县域特别差；文化经济流量比较好；文化基础设施、文化人才、非遗保护传承整体情况不乐观。

丽水、金华、台州属于浙江文化共同富裕次弱势空间地区。丽水市地处浙江省西南部山区，是浙江省陆域面积最大的地级市，自然资源丰富，生态环境优越，有"浙江绿谷"的美誉。丽水以山地居多，全市90%以上的辖区面积是山地，素有"九山半水半分田"之称，丽水市全境都是山区县。丽水市基础指标差，其中乡村居民的收入水平2万~3万元，乡村居民的消费水平1万~2万元，整体情况较差。丽水文化财政支持除了莲都区、缙云县情况比较好外，其他县域明显不足。丽水文化基础设施情况良好。除了龙泉市、莲都区、景宁自治县以外，其余县域文化人才资源发展不足。除了龙泉以外，社会文化参与普遍不好。非遗文化保护传承，除了莲都区、龙泉市、缙云县、松阳县以外，其余县域比较差。

金华市位于浙江省中部地区，作为水路和陆路交通的交会点，是浙江省内与浙江通向西部各省份的交通要塞，其中，武义县和磐安县是山区县。金华基础指标约一半县域指数值大于100，乡村居民的收入水平2万~4万元，乡村居民的消费水平1万~2万元。总体而言，基础指标、文化人才资源、文化基础设施、文化财政支持、社会文化参与一般，文化经济流量较好。非遗文化保护传承除了浦江县外，其余比较差，传统文化资源的有效转化和利用需要加强。金华地区中义乌、东阳、永康整体情况比较好。

台州位于浙江省中部沿海，平原丘陵相间，形成"七山一水二分田"的格局，地势由西向东倾斜。台州的山区县有三门县、天台县、仙居县。台州的基础指标情况好，乡村人口基数大，乡村居民收入水平3万元左右，乡村居民消费水平2万元左右。文化经济流量情况好。文化基础设施、文化财政支持、文化人才资源、社会文化参与、非遗保护传承一般。

（二）优化农村文化共同富裕弱势空间区域配置路径

浙江农村文化发展共同富裕优势地区与弱势地区差距明显，文化资源空间分布具有非均衡性。这种文化发展不平衡表现在各方面，既有文化财政投入、文化基础设施建设、文化人才资源储备上的差别，也有社会文化参与、非遗保护传承、文化经济流量上的差距。一般来说，经济发达地区，文化共同富裕发展情况比较好，文化财政投入多，文化基础设施建设夯实，文化人才资源比较充足，社会文化参与度相对较高，非遗保护情况良好。反之，经济落后地区对文化财政的投入越少，农村居民的文化消费需求、社会文化的参与度就越低，物质财富的丰沛与否很大程度上决定了农村居民精神生活的丰富程度,文化发展与经济发展呈正相关关系。

农村文化共同富裕的实现有五条基本路径。

第一,充分发挥政府在建设中的主导作用,扩大公共财政对舟山、衢州、丽水以及绍兴地区的文化建设投资规模,尤其需要加大对文旅、公共文化服务重点县的倾斜力度。

第二,构建现代公共文化服务体系,满足人民群众日益增长的精神文化需求,搭建文旅融合一体化公共文化产品与服务平台。从整体上看,浙江省农村文化基础设施建设中,图书馆、文化馆、乡镇文化站建设普遍较好,博物馆、非遗馆建设较弱。衢州地区文化基础设施最差,需要进一步完善且优化基层公共文化设施布局,构建"村庄半小时"文化生活服务圈。就社会文化参与而言,全省有一半县域农村人均教育文化娱乐消费支出不足2 000元,农村人均教育文化娱乐消费支出占整个消费支出不足10%,文化活动供给与文化活动参与普遍不高。舟山、衢州、丽水地区社会文化参与情况最差,其中丽水文化消费需求水平低,舟山、衢州、丽水地区优质文化活动供给严重不足,舟山、衢州地区群众文化活动参与普遍不足。要丰富文化活动供给,持续推进文化下乡系列活动,进一步扩大文化惠民活动覆盖面,广泛开展群众文化活动。需要指出的是,基层公共文化服务空间建设应该考虑文旅融合路径以提升文化服务的经济效能,推动文化共同富裕的实现。

第三,优化文旅融合人才引进机制,加大人才培养力度。文旅融合是实现农村文化共同富裕的重要抓手,针对丽水、衢州、舟山地区文化人才资源普遍不足的情况,建立文化旅游服务人才培养计划,面向文化和旅游各行业输送高质量服务型人才是有效举措。

第四,健全非遗保护体系,积极推动非遗文化融入文旅产品,加强文化保护传承利用。嘉兴、绍兴、金华、衢州地区非遗文化保护传承情况严重欠缺,主要体现在非遗传承交流、非遗传承体验上,这两项都是非遗文化融入旅游经济的重要切入点。

第五,推进公共文化服务数字化建设,比如,建设乡村智慧文旅系统、健全数字管理体系、推进智慧景区建设。

第十三章 2020年浙江农村文化基础性指数测评结果与分析

一、基础指标

（一）基础指标

基础指标包括人口状况和经济状况两个指标。人口状况通过乡村人口数衡量；经济状况指标通过各地区农村经济在国民经济中的地位、乡村居民收入水平、乡村居民消费水平衡量（见表13-1）。

表13-1 2020年农村基础指标指数测评结果

方阵	区域	基础指标 指数值	排名	人口状况 指数值	排名	经济状况 指数值	排名
第一方阵	临海市	205.85	1	305.95	1	105.75	16
	瑞安市	178.98	2	265.34	2	92.62	43
	诸暨市	172.43	3	241.56	4	103.30	20
	乐清市	164.84	4	239.79	5	89.90	49
	温岭市	164.74	5	213.00	8	116.48	6
	永嘉县	163.06	6	252.60	3	73.51	78
	桐乡市	157.53	7	221.85	7	93.21	40
	平阳县	152.11	8	227.78	6	76.45	76
	海宁市	150.30	9	205.65	9	94.96	37
	苍南县	145.65	10	204.49	10	86.81	60
	普陀区	144.65	11	125.24	26	164.06	2
	萧山区	132.02	12	148.72	16	115.33	7
	嵊州市	130.87	13	165.58	12	96.16	34
	东阳市	130.73	14	175.43	11	86.03	64
	上虞区	125.77	15	150.30	15	101.24	25
	三门县	122.74	16	111.50	34	133.98	5
	秀洲区	122.43	17	155.38	13	89.48	53
	慈溪市	120.99	18	143.18	19	98.81	26

第十三章　2020年浙江农村文化基础性指数测评结果与分析

续表

方阵	区域	基础指标 指数值	排名	人口状况 指数值	排名	经济状况 指数值	排名
第一方阵	余杭区	118.94	19	129.36	24	108.51	11
	天台县	117.71	20	154.76	14	80.65	72
	兰溪市	116.68	21	144.53	17	88.84	56
	江山市	116.66	22	137.21	21	96.11	35
	吴兴区	116.38	23	143.22	18	89.54	52
	象山县	115.28	24	84.37	52	146.20	3
	仙居县	112.01	25	139.25	20	84.77	66
	义乌市	111.86	26	134.37	22	89.35	54
	南浔区	111.53	27	117.74	31	105.31	17
	嵊泗县	110.26	28	8.85	84	211.66	1
	安吉县	107.88	29	114.24	32	101.52	24
	嘉善县	107.55	30	118.20	29	96.89	30
第二方阵	长兴县	107.22	31	111.93	33	102.50	21
	衢江区	106.85	32	122.28	27	91.43	45
	黄岩区	106.77	33	130.94	23	82.60	70
	平湖市	106.06	34	121.86	28	90.27	47
	临安区	105.34	35	99.38	43	111.31	9
	宁海县	103.85	36	99.30	44	108.39	12
	德清县	103.63	37	103.07	39	104.19	19
	柯桥区	103.25	38	109.31	36	97.20	29
	鄞州区	102.96	39	110.08	35	95.84	36
	海盐县	102.40	40	102.38	40	102.43	22
	文成县	101.18	41	118.16	30	84.20	68
	永康市	101.15	42	126.59	25	75.71	77
	富阳区	101.07	43	95.38	46	106.76	14
	泰顺县	94.34	44	105.58	37	83.11	69
	龙游县	93.93	45	103.23	38	84.63	67
	余姚市	93.13	46	84.64	51	101.62	23
	越城区	92.53	47	99.46	42	85.61	65
	建德市	92.42	48	80.48	54	104.37	18

续表

方阵	区域	基础指标 指数值	基础指标 排名	人口状况 指数值	人口状况 排名	经济状况 指数值	经济状况 排名
第二方阵	新昌县	91.52	49	96.49	45	86.56	63
第二方阵	奉化区	91.28	50	88.87	48	93.68	39
第二方阵	开化县	89.56	51	99.72	41	79.39	73
第二方阵	淳安县	88.55	52	67.47	61	109.63	10
第二方阵	金东区	87.64	53	77.63	55	97.65	28
第二方阵	桐庐县	86.67	54	76.79	57	96.55	31
第二方阵	青田县	86.62	55	91.87	47	81.36	71
第二方阵	玉环市	84.59	56	55.77	66	113.42	8
第二方阵	路桥区	84.29	57	77.56	56	91.02	46
第二方阵	椒江区	84.20	58	70.05	60	98.35	27
第二方阵	北仑区	81.30	59	74.28	59	88.32	57
第二方阵	岱山县	80.30	60	25.06	77	135.55	4
第三方阵	浦江县	80.02	61	87.68	50	72.35	80
第三方阵	南湖区	79.60	62	66.12	63	93.08	41
第三方阵	瓯海区	78.33	63	60.16	64	96.50	32
第三方阵	常山县	77.18	64	88.14	49	66.22	82
第三方阵	柯城区	75.53	65	80.67	53	70.39	81
第三方阵	武义县	74.08	66	75.28	58	72.87	79
第三方阵	磐安县	72.73	67	57.43	65	88.03	58
第三方阵	缙云县	72.33	68	67.36	62	77.30	74
第三方阵	莲都区	71.32	69	51.00	69	91.63	44
第三方阵	洞头区	70.85	70	35.56	73	106.13	15
第三方阵	海曙区	70.74	71	51.92	68	89.57	51
第三方阵	龙泉市	69.61	72	32.06	75	107.15	13
第三方阵	定海区	68.17	73	46.38	70	89.96	48
第三方阵	松阳县	67.14	74	41.22	71	93.07	42
第三方阵	鹿城区	64.52	75	40.18	72	88.85	55
第三方阵	江北区	64.12	76	31.95	76	96.30	33
第三方阵	遂昌县	63.96	77	33.64	74	94.28	38
第三方阵	婺城区	59.74	78	55.39	67	64.09	83

续表

方阵	区域	基础指标		人口状况		经济状况	
		指数值	排名	指数值	排名	指数值	排名
第三方阵	镇海区	53.92	79	19.82	79	88.01	59
	景宁自治县	53.82	80	17.86	80	89.78	50
	庆元县	53.41	81	20.01	78	86.80	61
	龙湾区	47.98	82	9.39	83	86.56	62
	云和县	45.09	83	13.36	81	76.83	75
	西湖区	6.56	84	12.39	82	0.72	84
	滨江区	0.07	85	0	85	0.15	85
	上城区	0	86	0	85	0	86
	下城区	0	86	0	85	0	86
	江干区	0	86	0	85	0	86
	拱墅区	0	86	0	85	0	86

基础指标位列第一方阵（指数值107.55~205.85）的县域是：临海市、瑞安市、诸暨市、乐清市、温岭市、永嘉县、桐乡市、平阳县、海宁市、苍南县、普陀区、萧山区、嵊州市、东阳市、上虞区、三门县、秀洲区、慈溪市、余杭区、天台县、兰溪市、江山市、吴兴区、象山县、仙居县、义乌市、南浔区、嵊泗县、安吉县、嘉善县。

基础指标位列第二方阵（指数值80.30~107.22）的县域是：长兴县、衢江区、黄岩区、平湖市、临安区、宁海自治县、德清县、柯桥区、鄞州区、海盐县、文成县、永康市、富阳区、泰顺县、龙游县、余姚市、越城区、建德市、新昌县、奉化区、开化县、淳安县、金东区、桐庐县、青田县、玉环市、路桥区、椒江区、北仑区、岱山县。

基础指标位列第三方阵（指数值0~80.02）的县域分别是：浦江县、南湖区、瓯海区、常山县、柯城区、武义县、磐安县、缙云县、莲都区、洞头区、海曙区、龙泉市、定海区、松阳县、鹿城区、江北区、遂昌县、婺城区、镇海区、景宁自治县、庆元县、龙湾区、云和县、西湖区、滨江区、上城区、下城区、江干区、拱墅区。

正面对人口状况、经济状况前五项指标做详细分析。

基础指标，临海市排列第1（指数值205.85）、瑞安市排列第2（指数值178.98）、永嘉县排列第6（指数值163.06）、诸暨市排列第3（指数值172.43）、乐清市排列第4（指数值164.84），其中，人口状况分别排名第1（指数值305.95）、排名第2（指数值265.34）、排名第3（指数值252.60）、排名第4

(指数值241.56)、排名第5(指数值239.79),这些县域的人口状况是基础指标重要的贡献指标。

基础指标,嵊泗县排列第28(指数值110.26)、普陀区排列第11(指数值144.65)、象山县排列第24(指数值115.28)、岱山县排列第60(指数值80.30)、三门县排列第16(指数值122.74),其中,经济状况分别排名第1(指数值211.66)、排名第2(指数值164.06)、排名第3(指数值146.20)、排名第4(指数值135.55)、排名第5(指数值133.98)。这些县域经济状况是基础指标指数重要的贡献指标。

总体说,人口状况指数排名与基础指标指数排名比较一致,也就是,说人口状况决定了基础指标指数排名。农村人口状况与经济发展状况并不一致。

(二)人口状况

基础指标中的人口状况指的是乡村人口数量,位列第一方阵(107.55~205.85)的县域是:临海市、瑞安市、永嘉县、诸暨市、乐清市、平阳县、桐乡市、温岭市、海宁市、苍南县、东阳市、嵊州市、秀洲区、天台县、上虞区、萧山区、兰溪市、吴兴区、慈溪市、仙居县、江山市、义乌市、黄岩区、余杭区、永康市、普陀区、衢江区、平湖市、嘉善县、文成县。

人口状况位列第二方阵(70.05~117.74)的县域是:南浔区、安吉县、长兴县、三门县、鄞州区、柯桥区、泰顺县、龙游县、德清县、海盐县、开化县、越城区、临安区、宁海自治县、新昌县、富阳区、青田县、奉化区、常山县、浦江县、余姚市、象山县、柯城区、建德市、金东区、路桥区、桐庐县、武义县、北仑区、椒江区。

人口状况位列第三方阵(0~67.47)的县域是:淳安县、缙云县、南湖区、瓯海区、磐安县、玉环市、婺城区、海曙区、莲都区、定海区、松阳县、鹿城区、洞头区、遂昌县、龙泉市、江北区、岱山县、庆元县、镇海区、景宁自治县、云和县、西湖区、龙湾区、嵊泗县、上城区、下城区、江干区、拱墅区、滨江区。

具体而言,乡村人口数,临海市排名第1,有79.49万人;瑞安市等4个县域62.3万~68.94万人;平阳县等9个县域40.21万~59.18万人;上虞区等17个县域30.59万~39.05万人;安吉县等25个县域20.15万~29.68万人;桐庐县等16个县域10.44万~19.95万人;洞头区等12个县域2.3万~9.24万人。

(三)经济状况

经济状况指标通过各地区农村经济在国民经济中的地位、乡村居民收入水平、乡村居民消费水平来衡量(见表13-2)。

第十三章 2020年浙江农村文化基础性指数测评结果与分析

表13-2 2020年农村经济状况指数测评结果

方阵	区域	经济状况 指数值	排名	农村经济在国民经济中的地位 指数值	排名	乡村居民收入水平 指数值	排名	乡村居民消费水平 指数值	排名
第一方阵	嵊泗县	211.66	1	407.29	1	121.92	34	105.77	48
	普陀区	164.06	2	241.60	2	125.07	25	125.50	19
	象山县	146.20	3	211.92	4	115.24	42	111.44	42
	岱山县	135.55	4	149.41	6	127.17	20	130.08	9
	三门县	133.98	5	214.80	3	91.75	57	95.40	56
	温岭市	116.48	6	107.15	16	117.46	37	124.83	22
	萧山区	115.33	7	42.15	55	142.10	2	161.73	1
	玉环市	113.42	8	95.06	24	122.00	33	123.19	27
	临安区	111.31	9	91.37	26	116.08	40	126.49	17
	淳安县	109.63	10	184.38	5	72.81	73	71.70	76
	余杭区	108.51	11	22.59	71	142.98	1	159.97	2
	宁海县	108.39	12	78.11	33	117.21	38	129.86	10
	龙泉市	107.15	13	140.48	8	82.56	66	98.40	54
	富阳区	106.76	14	70.34	37	123.44	29	126.50	16
	洞头区	106.13	15	99.72	21	104.66	51	114.00	37
	临海市	105.75	16	91.57	25	104.19	52	121.49	29
	南浔区	105.31	17	85.30	28	120.08	35	110.56	43
	建德市	104.37	18	124.08	11	99.70	53	89.32	63
	德清县	104.19	19	66.12	41	124.31	26	122.13	28
	诸暨市	103.30	20	45.94	52	137.08	5	126.88	14
	长兴县	102.50	21	74.95	34	122.55	32	110.01	46
	海盐县	102.43	22	43.14	54	130.72	14	133.42	7
	余姚市	101.62	23	52.59	49	127.49	18	124.79	23
	安吉县	101.52	24	72.18	36	115.70	41	116.69	32
	上虞区	101.24	25	66.18	40	123.30	31	114.26	36
	慈溪市	98.81	26	36.03	58	132.71	10	127.67	13
	椒江区	98.35	27	54.14	47	109.77	46	131.14	8
	金东区	97.65	28	87.60	27	94.91	55	110.42	44
	柯桥区	97.20	29	30.65	64	140.85	3	120.10	30
	嘉善县	96.89	30	50.55	50	132.04	11	108.10	47

续表

方阵	区域	经济状况		农村经济在国民经济中的地位		乡村居民收入水平		乡村居民消费水平	
		指数值	排名	指数值	排名	指数值	排名	指数值	排名
第二方阵	桐庐县	96.55	31	82.56	30	110.76	45	96.32	55
	瓯海区	96.50	32	11.54	79	127.25	19	150.70	3
	江北区	96.30	33	16.34	76	134.64	7	137.93	5
	嵊州市	96.16	34	84.30	29	111.38	44	92.80	59
	江山市	96.11	35	106.72	17	92.09	56	89.52	62
	鄞州区	95.84	36	14.36	78	138.69	4	134.49	6
	海宁市	94.96	37	24.88	68	133.29	9	126.71	15
	遂昌县	94.28	38	120.07	14	72.15	74	90.62	60
	奉化区	93.68	39	65.55	42	113.25	43	102.24	51
	桐乡市	93.21	40	33.56	60	130.80	13	115.28	34
	南湖区	93.08	41	24.02	70	125.93	22	129.29	12
	松阳县	93.07	42	140.50	7	67.42	79	71.28	77
	瑞安市	92.62	43	32.05	62	116.26	39	129.55	11
	莲都区	91.63	44	63.98	43	98.41	54	112.51	40
	衢江区	91.43	45	128.50	9	76.26	70	69.51	79
	路桥区	91.02	46	29.69	65	119.55	36	123.83	26
	平湖市	90.27	47	25.25	67	129.32	16	116.24	33
	定海区	89.96	48	32.73	61	127.13	21	110.03	45
	乐清市	89.90	49	21.39	72	123.38	30	124.91	21
	景宁自治县	89.78	50	121.84	13	70.08	76	77.40	74
	海曙区	89.57	51	15.51	77	129.27	17	123.92	24
	吴兴区	89.54	52	31.79	63	123.86	27	112.95	39
	秀洲区	89.48	53	25.92	66	123.85	28	118.68	31
	义乌市	89.35	54	19.53	73	136.63	6	111.89	41
	鹿城区	88.85	55	2.66	83	125.70	23	138.18	4
	兰溪市	88.84	56	103.52	18	74.61	72	88.38	64
	北仑区	88.32	57	4.96	82	134.22	8	125.78	18
	磐安县	88.03	58	123.55	12	67.90	78	72.64	75
	镇海区	88.01	59	7.50	80	131.15	12	125.37	20
	苍南县	86.81	60	98.06	23	83.06	65	79.30	73

续表

方阵	区域	经济状况 指数值	排名	农村经济在国民经济中的地位 指数值	排名	乡村居民收入水平 指数值	排名	乡村居民消费水平 指数值	排名
第三方阵	庆元县	86.80	61	125.55	10	66.00	82	68.85	80
	龙湾区	86.56	62	5.27	81	130.55	15	123.87	25
	新昌县	86.56	63	54.02	48	106.49	49	99.16	53
	东阳市	86.03	64	35.45	59	109.17	47	113.46	38
	越城区	85.61	65	17.27	74	125.20	24	114.34	35
	仙居县	84.77	66	81.83	31	79.25	68	93.24	58
	龙游县	84.63	67	99.24	22	86.60	61	68.05	81
	文成县	84.20	68	100.39	19	66.53	81	85.67	67
	泰顺县	83.11	69	99.96	20	65.94	83	83.41	69
	黄岩区	82.60	70	38.63	56	107.28	48	101.89	52
	青田县	81.36	71	50.31	51	88.20	59	105.57	49
	天台县	80.65	72	70.23	38	85.46	64	86.25	66
	开化县	79.39	73	110.90	15	66.91	80	60.36	82
	缙云县	77.30	74	62.12	44	76.05	71	93.72	57
	云和县	76.83	75	74.84	35	71.37	75	84.27	68
	平阳县	76.45	76	56.19	46	86.65	60	86.50	65
	永康市	75.71	77	16.92	75	106.37	50	103.86	50
	永嘉县	73.51	78	44.48	53	85.52	63	90.54	61
	武义县	72.87	79	79.27	32	68.30	77	71.03	78
	浦江县	72.35	80	56.90	45	80.85	67	79.31	72
	柯城区	70.39	81	38.37	57	91.19	58	81.62	70
	常山县	66.22	82	67.29	39	77.89	69	53.48	83
	婺城区	64.09	83	24.69	69	86.08	62	81.49	71
	西湖区	0.72	84	2.16	84	0	84	0	84
	滨江区	0.15	85	0.44	85	0	84	0	84
	上城区	0	86	0	86	0	84	0	84
	下城区	0	86	0	86	0	84	0	84
	江干区	0	86	0	86	0	84	0	84
	拱墅区	0	86	0	86	0	84	0	84

经济状况位列第一方阵（指数值96.89~211.66）的县域是：嵊泗县、普陀区、象山县、岱山县、三门县、温岭市、萧山区、玉环市、临安区、淳安县、余杭区、宁海县、龙泉市、富阳区、洞头区、临海市、南浔区、建德市、德清县、诸暨市、长兴县、海盐县、余姚市、安吉县、上虞区、慈溪市、椒江区、金东区、柯桥区、嘉善县。

经济状况位列第二方阵（指数值86.81~96.55）的县域是：桐庐县、瓯海区、江北区、嵊州市、江山市、鄞州区、海宁市、遂昌县、奉化区、桐乡市、南湖区、松阳县、瑞安市、莲都区、衢江区、路桥区、平湖市、定海区、乐清市、景宁自治县、海曙区、吴兴区、秀洲区、义乌市、鹿城区、兰溪市、北仑区、磐安县、镇海区、苍南县。

经济状况位列第三方阵（指数值0~86.80）的县域是：庆元县、龙湾区、新昌县、东阳市、越城区、仙居县、龙游县、文成县、泰顺县、黄岩区、青田县、天台县、开化县、缙云县、云和县、平阳县、永康市、永嘉县、武义县、浦江县、柯城区、常山县、婺城区、西湖区、滨江区、上城区、下城区、江干区、拱墅区。

以下就各地区农村经济在国民经济中的地位、乡村居民收入水平、乡村居民消费水平前五项指标做详细分析。

经济状况，嵊泗县排名第1（指数值211.66）、普陀区排名第2（指数值164.06）、三门县排名第5（指数值133.98）、象山县排名第3（指数值146.20）、淳安县排名第10（指数值109.63），其中，农村经济在国民经济中的地位分别排名第1（指数值407.29）、排名第2（指数值241.60）、排名第3（指数值214.80）、排名第4（指数值211.92）、排名第5（指数值184.38），农村经济在国民经济中的地位是经济状况重要的贡献指标，决定了县域经济状况。

各地区农村经济在国民经济中的地位通过农林牧副渔生产总值/各地区生产总值表示。具体而言，农林牧副渔生产总值占比排在前两位的分别是嵊泗县0.50%、普陀区0.30%，三门县等31个县域占比0.1%~0.26%。长兴县等49个县域占比0.01%~0.09%。县域中上城区、下城区、江干区、拱墅区统计数据为"0"。

经济状况，余杭区排名第11（指数值108.51），萧山区排名第7（指数值115.33）、柯桥区排名第29（指数值97.20）、鄞州区排名第36（指数值95.84）、诸暨市排名第20（指数值103.30），其中，乡村居民收入水平分别排名第1（指数值142.98）、排名第2（指数值142.10）、排名第3（指数值140.85）、排名第4（指数值138.69）、排名第5（指数值137.08），这些县域乡村居民收入水平是经济状况重要的贡献指标。余杭区等排名前5的县域乡村居民收入水平42 296~44 117元。

经济状况，萧山区排名第7（指数值115.33）、余杭区排名第11（指数值

108.51)、瓯海区排名第32（指数值96.50）、鹿城区排名第55（指数值88.85）、江北区排名第33（指数值96.30），其中，乡村居民消费水平分别排名第1（指数值161.73）、排名第2（指数值159.97）、排名第3（指数值150.70）、排名第4（指数值138.18）、排名第5（指数值137.93），这些县域乡村居民消费水平是经济状况重要的贡献指标。萧山区等5个排名前5的县域乡村居民消费水平27 378~32 102元。

二、农村文化基础设施指数

文化基础设施（农村）包括公共阅读供给、文物产品供给、群众文化服务供给（文化馆）、非物质文化遗产供给、群众文化服务供给（乡镇文化站）五个二级指标（见表13-3）。其中，公共阅读供给指标通过县市级图书馆数量、农村人均县市级图书馆数量、县市级图书馆藏品量、农村人均县市级图书馆藏品量衡量；文物产品供给通过县市级博物馆数量、农村人均县市级博物馆数量、县市级博物馆藏品量、农村人均县市级博物馆藏品量衡量；群众文化服务供给（文化馆）通过县市级文化馆数量、农村人均县市级文化馆数量、县市级文化馆建筑面积、农村人均县市级文化馆建筑设施面积衡量；非物质文化遗产供给通过县级非遗馆数量、农村人均县级非遗馆数量、县级非遗馆建筑面积、农村人均县级非遗馆建筑设施面积衡量；群众文化服务供给（乡镇文化站）通过乡镇文化站数量、人均乡镇文化站数量衡量[①]。

文化基础设施（农村）指数位于第一方阵（指数值124.00~259.54）的县域是：洞头区、富阳区、景宁自治县、天台县、遂昌县、鄞州区、东阳市、安吉县、龙泉市、桐乡市、浦江县、庆元县、淳安县、磐安县、云和县、临海市、新昌县、嵊泗县、德清县、泰顺县、宁海县、诸暨市、海宁市、缙云县、松阳县、岱山县、余姚市、平阳县、长兴县、黄岩区。

以下就公共阅读供给、文物产品供给、群众文化服务供给（文化馆）、非物质文化遗产供给、群众文化服务供给（乡镇文化站）前五项指标做详细分析。

文化基础设施指数（农村），洞头区排名第1（指数值259.54），其中，文物产品供给排名第1（指数值742.16）、公共阅读供给排名第2（指数值204.46），两项是文化基础设施重要的贡献指标。文物产品供给中洞头区农村人均县市级博物馆藏品量多，有2 527.62件/万人，远超位列第2名的景宁自治县（642.43件/万人）。临海市排名第16（指数值142.64），其中，文物产品供给

[①] 乡镇文化站是面向农村人口的基层群众文化服务供给机构，人均计算以乡村人口数为参考值。县市级公共图书馆、博物馆、文化馆和非遗馆的服务对象既有农村人口，也有城市人口，因此人均计算以区县常住人口为参考值。杭州市、宁波市、舟山市、丽水市各县域的乡村人口数均为第七次人口普查数据，来自网络；其他地区的乡村人口数来自各地级市政府官方网站的"统计年鉴"。

表 13-3　2020 年农村文化基础设施测评结果

方阵	区域	农村文化基础设施 指数值	排名	公共阅读供给 指数值	排名	文物产品供给 指数值	排名	群众文化服务供给（文化馆） 指数值	排名	非物质文化遗产供给 指数值	排名	群众文化服务供给（乡镇文化站） 指数值	排名
第一方阵	洞头区	259.54	1	204.46	2	742.16	1	181.82	9	140.31	23	28.93	78
	富阳区	255.56	2	89.33	61	29.22	58	77.00	61	923.07	1	159.20	10
	景宁畲族自治县	250.89	3	192.28	4	305.51	4	274.85	4	0	54	481.81	1
	天台县	245.00	4	112.06	42	289.30	8	78.29	57	661.44	3	83.88	47
	遂昌县	235.30	5	143.05	17	154.01	23	326.34	2	252.64	9	300.44	4
	鄞州区	221.79	6	191.37	5	309.56	3	160.39	11	376.56	6	71.06	59
	东阳市	215.20	7	85.32	67	45.15	53	103.94	40	760.87	2	80.73	53
	安吉县	212.76	8	100.52	56	206.63	13	77.67	59	570.07	4	108.94	29
	龙泉市	201.01	9	118.25	33	240.85	10	135.74	22	261.76	8	248.43	6
	桐乡市	196.61	10	180.41	7	214.11	11	84.25	55	447.46	5	56.84	62
	浦江县	189.34	11	120.02	32	136.64	27	374.46	1	211.21	17	104.36	33
	庆元县	167.32	12	154.89	12	116.74	33	168.81	10	0	54	396.15	2
	淳安县	161.99	13	158.58	11	35.91	57	105.56	38	282.76	7	227.15	7
	磐安县	153.80	14	146.39	15	75.01	42	155.92	13	240.88	11	150.80	12
	云和县	151.59	15	197.91	3	52.37	51	223.18	7	0	54	183.65	9
	临海市	142.64	16	117.69	36	370.80	2	69.22	66	100.82	28	88.32	45
	新昌县	141.54	17	178.73	9	135.39	28	91.86	48	67.17	35	75.03	56
	嵊泗县	141.17	18	289.49	1	0	66	88.01	51	226.67	12	306.30	3
	德清县	140.06	19	111.35	43	125.62	30	159.29	12	22.06	43	89.20	44
	泰顺县	138.80	20	145.39	16	36.20	56	138.45	20	214.84	16	152.56	11
	宁海县	136.82	21	88.27	64	119.05	31	117.15	30	221.39	14	115.30	27
	诸暨市	136.00	22	98.60	57	177.83	19	279.80	3	242.15	10	123.77	21
	海宁市	134.27	23	180.19	8	300.32	6	106.28	37	0	54	51.50	64
	缙云县	133.66	24	117.51	37	59.24	48	127.42	28	33.08	38	148.27	13
	松阳县	133.41	25	134.89	26	57.36	49	226.65	6	215.83	15	223.28	8
	岱山县	131.25	26	150.25	13	200.66	15	149.24	15	24.86	42	129.76	20
	余姚市	126.82	27	88.61	63	153.41	24	57.65	69	26.34	40	132.57	18
	平阳县	126.77	28	102.10	52	82.52	37	154.33	14	201.86	18	100.40	37
	长兴县	126.58	29	103.02	50	210.09	12	135.94	21	194.52	19	101.97	35
	黄岩区	124.00	30	112.29	41	196.14	16	204.96	8	25.23	41	81.35	51

第十三章 2020年浙江农村文化基础性指数测评结果与分析

续表

方阵	区域	农村文化基础设施		公共阅读供给		文物产品供给		群众文化服务供给（文化馆）		非物质文化遗产供给		群众文化服务供给（乡镇文化站）	
		指数值	排名	指数值	排名	指数值	排名	指数值	排名	指数值	排名	指数值	排名
	建德市	123.49	31	141.03	19	24.57	59	108.21	35	226.00	13	117.64	25
	文成县	120.80	32	142.63	18	77.36	40	142.82	18	110.62	25	130.58	19
	萧山区	120.31	33	187.16	6	101.48	34	54.80	71	166.04	22	92.05	41
	温岭市	119.41	34	137.52	23	127.73	29	73.58	64	188.04	20	70.18	60
	瑞安市	114.99	35	122.34	29	301.30	5	56.61	70	21.97	44	72.73	57
	上虞区	113.43	36	83.84	68	298.60	7	64.74	68	0	54	119.96	24
	青田县	113.19	37	89.76	60	24.03	60	105.44	39	91.20	30	255.51	5
	奉化区	110.87	38	102.82	48	189.53	17	143.25	17	80.27	32	34.58	75
	乐清市	109.53	39	102.82	51	61.96	46	96.46	46	181.05	21	105.38	31
	武义县	104.15	40	114.47	39	154.12	22	106.58	36	5.42	53	140.18	16
	永康市	104.04	41	98.29	58	248.12	9	91.43	49	0	54	82.35	49
	余杭区	102.67	42	95.31	59	162.09	21	131.89	24	72.05	34	52.00	63
	嘉善县	101.84	43	169.75	10	100.25	35	96.48	45	96.64	29	46.08	68
	苍南县	101.11	44	121.93	31	118.07	32	132.28	23	17.22	47	116.06	26
	象山县	100.97	45	106.84	47	136.65	26	111.18	33	17.41	46	132.77	17
第二方阵	平湖市	99.55	46	140.13	21	182.30	18	129.75	27	0	54	45.55	69
	义乌市	94.33	47	134.93	25	21.93	63	247.90	5	15.57	49	51.30	65
	桐庐县	92.84	48	135.55	24	18.91	65	95.76	47	112.19	24	101.81	36
	慈溪市	91.80	49	89.04	62	177.62	20	85.42	53	6.52	52	100.39	38
	三门县	91.70	50	127.72	27	151.84	25	100.39	42	0	54	78.56	54
	柯桥区	91.36	51	140.53	20	89.61	36	131.65	25	0	54	95.01	40
	嵊州市	90.56	52	100.52	55	204.67	14	72.34	65	0	54	75.29	55
	永嘉县	88.80	53	103.03	49	69.34	43	146.60	16	33.15	37	91.89	42
	南浔区	88.51	54	115.96	38	77.10	41	77.35	60	102.92	27	69.22	61
	龙游县	86.90	55	101.43	53	54.01	50	98.61	44	75.08	33	105.35	32
	仙居县	86.26	56	138.30	22	41.57	55	119.96	29	8.38	51	123.05	23
	临安区	81.02	57	123.76	28	41.96	54	111.31	32	21.05	45	107.03	30
	海盐县	77.83	58	149.65	14	79.02	39	109.65	34	10.16	50	40.66	71
	玉环市	77.46	59	118.00	35	20.17	64	102.14	41	59.39	36	87.60	46
	江山市	73.18	60	86.33	65	79.70	38	76.21	62	0	54	123.68	22

223

续表

方阵	区域	农村文化基础设施 指数值	农村文化基础设施 排名	公共阅读供给 指数值	公共阅读供给 排名	文物产品供给 指数值	文物产品供给 排名	群众文化服务供给（文化馆）指数值	群众文化服务供给（文化馆）排名	非物质文化遗产供给 指数值	非物质文化遗产供给 排名	群众文化服务供给（乡镇文化站）指数值	群众文化服务供给（乡镇文化站）排名
	椒江区	71.39	61	109.52	44	66.84	44	65.53	67	105.38	26	9.69	83
	莲都区	70.72	62	75.99	69	0	66	141.07	19	32.77	39	103.76	34
	常山县	69.00	63	112.98	40	23.11	61	113.45	31	0	54	95.44	39
	衢江区	66.42	64	101.18	54	0	66	86.85	52	0	54	144.07	14
	开化县	62.88	65	108.94	46	0	66	90.38	50	0	54	115.10	28
	瓯海区	57.68	66	122.19	30	59.97	47	74.74	63	0	54	31.49	76
	兰溪市	57.42	67	85.76	66	51.74	52	78.12	58	0	54	71.48	58
	秀洲区	55.73	68	50.43	71	62.72	45	130.58	26	0	54	34.91	74
	路桥区	55.32	69	118.17	34	22.21	62	99.40	43	0	54	36.84	72
	金东区	47.07	70	67.36	70	0	66	85.14	54	15.80	48	82.86	48
	滨江区	40.86	71	109.00	45	0	66	79.49	56	0	54	142.90	15
	黎城区	28.58	72	0	72	0	66	0	72	0	54	91.27	43
	海曙区	18.25	73	0	72	0	66	0	72	0	54	82.31	50
	越城区	16.46	74	0	72	0	66	0	72	0	54	81.35	52
第三方阵	柯城区	16.27	75	0	72	0	66	0	72	0	54	50.19	66
	吴兴区	10.04	76	0	72	0	66	0	72	0	54	49.90	67
	南湖区	9.98	77	0	72	0	66	0	72	0	54	44.35	70
	镇海区	8.87	78	0	72	0	66	0	72	0	54	36.61	73
	定海区	7.32	79	0	72	0	66	0	72	0	54	30.06	77
	普陀区	6.01	80	0	72	0	66	0	72	0	54	28.22	79
	北仑区	5.64	81	0	72	0	66	0	72	0	54	26.70	80
	鹿城区	5.34	82	0	72	0	66	0	72	0	54	19.04	81
	江干区	3.81	83	0	72	0	66	0	72	0	54	15.57	82
	江北区	3.11	84	0	72	0	66	0	72	0	54	9.52	84
	拱墅区	1.90	85	0	72	0	66	0	72	0	54	0	85
	上城区	0	86	0	72	0	66	0	72	0	54	0	85
	下城区	0	86	0	72	0	66	0	72	0	54	0	85
	西湖区	0	86	0	72	0	66	0	72	0	54	0	85
	龙湾区	0	86	0	72	0	66	0	72	0	54	0	85

排名第2（指数值370.80），是文化基础设施（农村）最重要的贡献指标。临海市县市级博物馆的数量最多，有18个。鄞州区排名第6（指数值221.79），其中，文物产品供给排名第3（指数值309.56）、公共阅读供给排名第5（指数值191.37）。两项是文化基础设施（农村）重要的贡献指标。瑞安市排名第35（指数值114.99），其中，文物产品供给排名第5（指数值301.30），是文化基础设施（农村）最重要的贡献指标。

嵊泗县排名第18（指数值141.17），其中，公共阅读供给排名第1（指数值289.49）、群众文化服务供给（乡镇文化站）排名第3（指数值306.30），这两项是文化基础设施（农村）重要的贡献指标。公共阅读供给中嵊泗县人均县市级图书馆数量最多，有0.15个/万人。云和县排名第15（指数值151.59），其中，公共阅读供给排名第3（指数值197.91），是文化基础设施（农村）最重要的贡献指标。

浦江县排名第11（指数值189.34），其中，群众文化服务供给（文化馆）排名第1（指数值374.46），是文化基础设施（农村）最重要的贡献指标。浦江县人均县级文化馆建筑设施面积最大，有835.55平方米/万人。遂昌县排名第5（指数值235.30），其中，群众文化服务供给（文化馆）排名第2（指数值326.34）、群众文化服务供给（乡镇文化站）排名第4（指数值300.44），两项是文化基础设施（农村）重要的贡献指标。诸暨市排名第22（指数值136.00），其中，群众文化服务供给（文化馆）排名第3（指数值279.80），是文化基础设施（农村）最重要的贡献指标。诸暨市文化馆建筑面积最大，有41 493平方米，远超位列第2的浦江县（33 489平方米）。义乌市排名第47（指数值94.33），其中，群众文化服务供给（文化馆）排名第5（指数值247.90），是文化基础设施（农村）最重要的贡献指标。

富阳区排名第2（指数值255.56），其中，非物质文化遗产供给排名第1（指数值923.07），是文化基础设施（农村）最重要的贡献指标。非遗供给中富阳区建筑面积最大，非遗馆建筑面积120 000平方米，远超位列第2名的鄞州区（51 000平方米）；富阳区人均县级非遗馆建筑设施面积位列第1（指数值1 442.31），是文化基础设施（农村）最重要的贡献指标。东阳市排名第7（指数值215.20），其中非遗供给排名第2（指数值760.87），是文化基础设施（农村）最重要的贡献指标。非物质文化遗产供给中东阳市县级非遗馆数量排名第1，有224个；人均县级非遗馆数量排名第1，为2.63个/万人。天台县排名第4（指数值245.00），其中，非物质文化遗产供给排名第3（指数值661.44），是文化基础设施（农村）的重要贡献指标。安吉县排名第8（指数值212.76），其中，非物质文化遗产供给排名第4（指数值570.07），是文化基础设施（农村）最重要的贡献指标。桐乡市排名第10（指数值196.61），其中，非物质文化遗产供给排名第5（指数值447.46），是文化基础设施（农村）最重要的贡献指标。

景宁自治县排名第3（指数值250.89），其中，群众文化服务供给（乡镇文化站）排名第1（指数值481.81）、公共阅读供给排名第4（指数值192.28）、文物产品供给排名第4（指数值305.51）、群众文化服务供给（文化馆）排名第4（指数值274.85），这4项是文化基础设施（农村）重要的贡献指标。群众文化服务供给（乡镇文化站）中景宁自治县人均乡镇文化站数量最多，为4.31个/万人；景宁自治县人均县市级博物馆数量最多，为0.27个/万人；景宁自治县人均县市级文化馆数量最多，为0.09个/万人。这三项排名第1，主要得益于景宁自治县人口基数小。庆元县排名第12（指数值167.32），其中，群众文化服务供给（乡镇文化站）排名第2（指数值396.15），是文化基础设施（农村）最重要的贡献指标。青田县排名第37（指数值113.19），其中，群众文化服务供给（乡镇文化站）排名第5（指数值255.51），青田县乡镇文化站数量最多为30个，是文化基础设施（农村）最重要的贡献指标。

文化基础设施（农村）指数位于第二方阵（指数值73.18~123.49）的县域是：建德市、文成县、萧山区、温岭市、瑞安市、上虞区、青田县、奉化区、乐清市、武义县、永康市、余杭区、嘉善县、苍南县、象山县、平湖市、义乌市、桐庐县、慈溪市、三门县、柯桥区、嵊州市、永嘉县、南浔区、龙游县、仙居县、临安区、海盐县、玉环市、江山市。

文化基础设施（农村）指数位于第三方阵（指数值0.00~71.39）的县域是：椒江区、莲都区、常山县、衢江区、开化县、瓯海区、兰溪市、秀洲区、路桥区、金东区、滨江区、婺城区、海曙区、越城区、柯城区、吴兴区、南湖区、镇海区、定海区、普陀区、北仑区、鹿城区、江干区、江北区、拱墅区、上城区、下城区、西湖区、龙湾区。

乡镇文化站是农村公共文化设施建设的重要空间载体，下面对乡镇文化站统计数据做具体分析。乡镇文化站通过乡镇文化站数量、每万人的人均乡镇文化站数量衡量。乡镇文化站数量青田县最多，有30个；淳安县等49个县域10~23个；鄞州区等34个县域1~9个。上城区、下城区、西湖区、滨江区、龙湾区乡镇文化站数量统计数据为"0"。人均乡镇文化站数量排在前4位的是景宁自治县、庆元县、嵊泗县、遂昌县，分别是4.31个/万人、3.46个/万人、3.04个/万人、2.29个/万人；龙泉市等6个县域人均乡镇文化站数量1.08个~1.92个/万人；磐安县等72个县域0.05个~0.94个/万人。每万人的平均乡镇文化站数量，上城区、下城区、江干区、拱墅区①、西湖区、滨江区、龙湾区统计数据为"0"。

---

① 江干区、拱墅区有乡镇文化站的统计数据，但这两个区乡村人口数统计数据为"0"，因此"人均乡镇文化站数量"指标数据为"0"。

三、文化财政支持指数

文化财政支持以地方文化财政支出为衡量指标（见表13-4）。

表13-4　2020年农村文化财政支持指数测评结果

方阵	区域	文化财政支持 指数值	排名	区域	文化财政支持 指数值	排名
第一方阵	余杭区	477.87	1	奉化区	156.22	16
	秀洲区	364.22	2	海宁市	154.06	17
	慈溪市	298.92	3	嘉善县	153.54	18
	鄞州区	286.86	4	桐乡市	138.17	19
	萧山区	252.84	5	乐清市	137.54	20
	温岭市	233.12	6	上虞区	137.23	21
	金东区	230.06	7	德清县	136.29	22
	义乌市	218.32	8	象山县	134.42	23
	滨江区	216.20	9	余姚市	133.06	24
	莲都区	205.13	10	长兴县	131.78	25
	柯桥区	175.54	11	富阳区	127.90	26
	临海市	174.61	12	瑞安市	123.42	27
	永嘉县	169.11	13	黄岩区	119.29	28
	东阳市	162.21	14	宁海县	118.25	29
	江山市	161.51	15	开化县	118.03	30
第二方阵	安吉县	116.92	31	新昌县	86.27	46
	平湖市	113.47	32	天台县	85.42	47
	永康市	108.79	33	龙游县	82.53	48
	临安区	108.07	34	常山县	80.45	49
	玉环市	106.53	35	淳安县	78.99	50
	缙云县	104.09	36	平阳县	78.32	51
	桐庐县	103.46	37	路桥区	77.04	52
	苍南县	100.68	38	瓯海区	75.99	53
	南浔区	100.51	39	建德市	73.74	54
	青田县	98.24	40	嵊州市	67.00	55
	龙泉市	94.93	41	武义县	66.80	56
	海盐县	94.05	42	岱山县	65.97	57

续表

方阵	区域	文化财政支持 指数值	排名	区域	文化财政支持 指数值	排名
第二方阵	文成县	93.01	43	泰顺县	63.71	58
	诸暨市	90.20	44	三门县	62.95	59
	景宁自治县	89.82	45	椒江区	62.05	60
第三方阵	兰溪市	60.84	61	西湖区	0	76
	仙居县	59.88	62	海曙区	0	77
	松阳县	59.17	63	江北区	0	78
	衢江区	59.11	64	北仑区	0	79
	遂昌县	58.89	65	镇海区	0	80
	庆元县	58.32	66	鹿城区	0	81
	浦江县	56.96	67	龙湾区	0	82
	云和县	55.91	68	南湖区	0	83
	嵊泗县	55.13	69	吴兴区	0	84
	磐安县	53.43	70	越城区	0	85
	洞头区	46.65	71	婺城区	0	86
	上城区	0	72	柯城区	0	87
	下城区	0	73	定海区	0	88
	江干区	0	74	普陀区	0	89
	拱墅区	0	75	—	—	—

文化财政支持第一方阵（指数值118.03~477.87）的县域分别是：余杭区、秀洲区、慈溪市、鄞州区、萧山区、温岭市、金东区、义乌市、滨江区、莲都区、柯桥区、临海市、永嘉县、东阳市、江山市、奉化区、海宁市、嘉善县、桐乡市、乐清市、上虞区、德清县、象山县、余姚市、长兴县、富阳区、瑞安市、黄岩区、宁海县、开化县。

文化财政支持第二方阵（指数值62.05~116.92）的县域分别是：安吉县、平湖市、永康市、临安区、玉环市、缙云县、桐庐县、苍南县、南浔区、青田县、龙泉市、海盐县、文成县、诸暨市、景宁自治县、新昌县、天台县、龙游县、常山县、淳安县、平阳县、路桥区、瓯海区、建德市、嵊州市、武义县、岱山县、泰顺县、三门县、椒江区。

文化财政支持第三方阵（指数值0~60.84）的县域分别是：兰溪市、仙居县、松阳县、衢江区、遂昌县、庆元县、浦江县、云和县、嵊泗县、磐安县、洞头区、上城区、下城区、江干区、拱墅区、西湖区、海曙区、江北区、北仑区、镇海区、鹿城区、龙湾区、南湖区、吴兴区、越城区、婺城区、柯城区、定海区、普陀区。

排名前4的县域余杭区、秀洲区、慈溪市、鄞州区地方文化财政支出分别为72 304万元、55 108万元、45 228万元、43 403万元。经济发达地区，地方文化财政支出相应较高。萧山区等52个县域地方文化财政支出10 107万~38 256万元；岱山县等15个县域7 059万~9 982万元。上城区等18个县域统计数据为"0"。

四、文化人才资源指数

文化人才资源（农村）包括：文化事业人才、文化人才素质、文化人才待遇三个两级指标（见表13-5）。其中，文化事业人才通过县级文化馆从业人员数量、乡镇文化站从业人员数量、县级图书馆从业人员数量、县级博物馆从业人员数量衡量；文化人才素质通过县级文化馆专业技术人才数量、乡镇文化站专业技术人才数量、县级图书馆专业技术人才数量、县级博物馆专业技术人才数量衡量；文化人才待遇通过县级文化馆工资福利待遇、乡镇文化站工资福利待遇、县级图书馆工资福利待遇、县级博物馆工资福利待遇衡量。

表13-5 2020年农村文化人才资源指数测评结果

方阵	区域	文化人才资源 指数值	排名	文化事业人才 指数值	排名	文化人才素质 指数值	排名	文化人才待遇 指数值	排名
第一方阵	萧山区	300.29	1	282.21	2	275.94	1	342.73	1
	桐乡市	294.16	2	370.95	1	233.25	3	278.26	4
	海宁市	253.38	3	239.89	4	221.13	5	299.11	2
	余杭区	242.32	4	237.30	5	221.13	4	268.53	5
	余姚市	230.45	5	236.29	6	193.12	10	261.94	6
	平湖市	220.56	6	191.46	10	244.19	2	226.04	8
	柯桥区	206.22	7	170.06	14	196.04	8	252.56	7
	慈溪市	201.17	8	234.67	7	152.38	18	216.44	9
	瑞安市	198.67	9	242.94	3	202.40	6	150.68	20
	嘉善县	190.47	10	111.83	31	167.53	12	292.03	3
	义乌市	187.00	11	208.87	8	156.13	16	196.00	13
	苍南县	185.27	12	162.44	16	194.70	9	198.67	12
	乐清市	177.03	13	178.79	13	160.01	13	192.28	14
	安吉县	175.69	14	192.97	9	131.40	23	202.69	11

续表

方阵	区域	文化人才资源		文化事业人才		文化人才素质		文化人才待遇	
		指数值	排名	指数值	排名	指数值	排名	指数值	排名
第一方阵	长兴县	174.78	15	190.78	11	152.79	17	180.76	15
	鄞州区	174.11	16	157.33	18	159.38	14	205.60	10
	诸暨市	168.98	17	185.90	12	201.84	7	119.21	29
	临海市	155.78	18	165.94	15	176.16	11	125.25	27
	象山县	144.82	19	160.28	17	102.17	40	172.02	17
	平阳县	140.68	20	149.65	21	158.23	15	114.16	30
	龙泉市	133.72	21	104.68	36	121.40	26	175.09	16
	温岭市	132.83	22	141.69	22	110.94	31	145.85	21
	海盐县	131.60	23	123.70	27	110.18	32	160.91	19
	泰顺县	130.25	24	132.54	25	132.90	21	125.31	26
	永嘉县	130.25	25	133.50	24	116.97	27	140.27	22
	临安区	130.20	26	149.78	20	126.69	24	114.14	31
	德清县	128.39	27	152.64	19	95.94	46	136.59	23
	莲都区	126.41	28	84.00	50	134.26	20	160.98	18
	淳安县	118.60	29	112.53	30	132.03	22	111.23	32
	黄岩区	112.67	30	99.28	41	105.42	35	133.30	24
第二方阵	上虞区	111.09	31	137.74	23	109.73	33	85.80	44
	天台县	108.62	32	116.66	29	100.27	42	108.93	33
	新昌县	107.28	33	91.07	44	107.97	34	122.80	28
	东阳市	106.92	34	107.21	35	114.73	29	98.84	38
	宁海县	106.33	35	132.45	26	98.02	44	88.50	42
	景宁自治县	104.91	36	103.61	37	115.56	28	95.57	40
	永康市	104.00	37	108.53	34	98.02	45	105.44	35
	兰溪市	101.87	38	98.28	42	111.20	30	96.12	39
	奉化区	101.28	39	85.63	49	91.08	50	127.14	25
	文成县	100.97	40	87.34	48	137.63	19	77.95	49
	富阳区	96.82	41	90.41	46	101.01	41	99.05	37
	建德市	96.48	42	100.74	40	103.23	38	85.47	45
	武义县	96.39	43	119.75	28	95.55	47	73.86	51
	桐庐县	96.37	44	110.71	33	88.15	51	90.23	41

续表

方阵	区域	文化人才资源 指数值	排名	文化事业人才 指数值	排名	文化人才素质 指数值	排名	文化人才待遇 指数值	排名
第二方阵	松阳县	96.09	45	79.28	53	105.24	36	103.76	36
	岱山县	93.35	46	111.11	32	87.84	53	81.12	47
	缙云县	91.48	47	62.73	61	125.34	25	86.38	43
	青田县	87.96	48	88.60	47	94.34	49	80.95	48
	浦江县	86.84	49	90.73	45	102.75	39	67.04	57
	江山市	86.27	50	83.58	51	103.57	37	71.67	53
	三门县	85.53	51	94.15	43	77.96	56	84.47	46
	椒江区	85.25	52	75.87	55	73.33	59	106.54	34
	瓯海区	79.27	53	101.33	39	72.63	60	63.85	59
	玉环市	79.04	54	101.36	38	64.05	62	71.70	52
	龙游县	78.30	55	70.15	59	99.77	43	64.96	58
	嵊州市	77.19	56	72.27	57	88.14	52	71.14	54
	遂昌县	75.78	57	70.17	58	95.33	48	61.83	61
	路桥区	73.45	58	77.62	54	79.81	54	62.93	60
	仙居县	71.45	59	83.32	52	60.60	64	70.43	55
	庆元县	70.46	60	57.87	64	78.67	55	74.86	50
第三方阵	开化县	67.46	61	54.26	66	77.76	57	70.36	56
	南浔区	60.78	62	59.65	62	76.30	58	46.38	66
	秀洲区	55.62	63	73.00	56	63.23	63	30.63	70
	常山县	54.97	64	66.17	60	51.67	67	47.08	65
	云和县	54.06	65	46.89	69	54.48	65	60.81	62
	洞头区	52.74	66	59.34	63	44.83	68	54.06	63
	衢江区	51.59	67	53.70	67	64.63	61	36.45	68
	嵊泗县	51.43	68	52.30	68	53.76	66	48.22	64
	磐安县	47.24	69	56.41	65	40.62	69	44.69	67
	金东区	29.89	70	37.59	70	34.15	70	17.93	74
	南湖区	24.94	71	26.66	71	17.40	73	30.76	69
	婺城区	21.24	72	21.33	73	22.62	71	19.77	71
	海曙区	19.01	73	25.48	72	12.18	75	19.36	72
	滨江区	14.69	74	19.89	75	11.18	76	13.01	76

续表

方阵	区域	文化人才资源		文化事业人才		文化人才素质		文化人才待遇	
		指数值	排名	指数值	排名	指数值	排名	指数值	排名
第三方阵	越城区	13.71	75	14.22	79	15.66	74	11.24	77
	吴兴区	13.32	76	19.55	76	10.44	77	9.95	78
	柯城区	13.26	77	17.78	78	19.14	72	2.87	83
	普陀区	12.71	78	13.63	80	5.22	79	19.29	73
	江干区	10.43	79	9.48	81	6.96	78	14.84	75
	拱墅区	8.45	80	18.37	77	3.48	82	3.51	82
	鹿城区	7.28	81	20.74	74	0	84	1.11	84
	江北区	5.77	82	6.52	82	5.22	79	5.57	80
	镇海区	5.71	83	6.52	82	1.74	83	8.88	79
	定海区	5.27	84	5.33	84	5.22	79	5.26	81
	上城区	0	85	0	85	0	84	0	85
	下城区	0	86	0	85	0	84	0	85
	西湖区	0	87	0	85	0	84	0	85
	北仑区	0	88	0	85	0	84	0	85
	龙湾区	0	89	0	85	0	84	0	85

文化人才资源（农村）第一方阵（指数值112.67~300.29）的县域是：萧山区、桐乡市、海宁市、余杭区、余姚市、平湖市、柯桥区、慈溪市、瑞安市、嘉善县、义乌市、苍南县、乐清市、安吉县、长兴县、鄞州区、诸暨市、临海市、象山县、平阳县、龙泉市、温岭市、海盐县、泰顺县、永嘉县、临安区、德清县、莲都区、淳安县、黄岩区。

以下就文化事业人才、文化人才素质、文化人才待遇排名前五的指标做详细分析。

文化人才资源（农村）指数，萧山区排名第1（指数值300.29），其中，文化人才素质排名第1（指数值275.94）、文化人才待遇排名第1（指数值342.73），文化事业人才排名第2（指数值282.21），三项指标是文化人才资源重要的贡献指标。萧山区文化事业从业人员中乡镇文化站数量最多，有132名；文化人才素质中县级博物馆专业技术人员数量最多，有63名；文化人才待遇中县级图书馆工资福利待遇最好，有14 062元，远超第2名柯桥区（9 671元）。

桐乡市排名第2（指数值294.16），其中，文化人才事业排名第1（指数值370.95），是最重要的贡献指标；文化人才素质排名第3（指数值233.25）、文化人才待遇排名第4（指数值278.26），三项指标对文化人才资源指数起到较为重要的贡献作用。桐乡市文化人才事业中县级图书馆从业人员数量最多，有148名；文化人才素质中县级图书馆专业技术人才最多，有34名。

海宁市排名第3（指数值253.38），其中，文化人才待遇排名第2（指数值299.11）、文化事业人才排名第4（指数值239.89）、文化人才素质排名第5（指数值221.13），三项指标是文化人才资源重要的贡献指标。

余杭区排名第4（指数值242.32），其中，文化事业人才排名第5（指数值237.30）、文化人才素质排名第4（指数值221.13）、文化人才待遇排名第5（指数值268.53），三项指标是文化人才资源重要的贡献指标。余杭区文化事业人才中县级博物馆从业人员数量最多，有177名。

平湖市排名第6（指数值220.56），其中，文化人才素质排名第2（指数值244.19），是文化人才资源最重要的贡献指标。文化人才素质中平湖市乡镇文化站专业技术人才数量最多，有52名。

瑞安市排名第9（指数值198.67），其中，文化事业人才排名第3（指数值242.94），是文化人才资源最重要的贡献指标。

嘉善县排名第10（指数值190.47），其中，文化人才待遇排名第3（指数值292.03），是文化人才资源最重要的贡献指标。嘉善县乡镇文化站的工资福利待遇最好，有8 410元。

文化人才资源（农村）第二方阵（指数值70.46~111.09）的县域是：上虞区、天台县、新昌县、东阳市、宁海县、景宁自治县、永康市、兰溪市、奉化区、文成县、富阳区、建德市、武义县、桐庐县、松阳县、岱山县、缙云县、青田县、浦江县、江山市、三门县、椒江区、瓯海区、玉环市、龙游县、嵊州市、遂昌县、路桥区、仙居县、庆元县。

文化人才资源（农村）第三方阵（0~67.46）的县域是：开化县、南浔区、秀洲区、常山县、云和县、洞头区、衢江区、嵊泗县、磐安县、金东区、南湖区、婺城区、海曙区、滨江区、越城区、吴兴区、柯城区、普陀区、江干区、拱墅区、鹿城区、江北区、镇海区、定海区、上城区、下城区、西湖区、北仑区、龙湾区。其中，上城区、下城区、西湖区、北仑区、龙湾区的文化人才资源（农村）指数为"0"。

下面对文化人才资源（农村）中有关乡镇文化站统计数据做具体分析。文化事业人才中乡镇文化站从业人员数量排在前3位的是：萧山区132人、平阳县116人、苍南县110人。平湖市等75个县域11~98人。有5个县域乡镇文化站数量不足10人，分别是奉化区9人、定海区9人、云和县8人、洞头区4人、椒江区3人。上城区、下城区、西湖区、滨江区、北仑区、龙湾区6个区域从业人员数量统计数据为"0"。

文化人才素质中乡镇文化站专业技术人才排在前4位的是：平湖市52人、

文成县43人、苍南县和泰顺县均为40人。平阳县等50个县域乡镇文化站统计数据10~37人，余姚市等28个县域1~9人，上城区、下城区、西湖区、滨江区、北仑区、龙湾区、鹿城区7个区域乡镇文化站专业技术人才数量统计数据为"0"。

文化人才待遇中乡镇文化站工资福利待遇排在前5位的是：嘉善县8 410元、海宁市8 097元、桐乡市7 558元、象山县7 101元、苍南县7 040元。萧山区等58个县域乡镇文化站工资福利待遇1 002~6 434元，越城区等18个县域120~961元，不足百元的有鹿城区95元、洞头区70元。上城区、下城区、西湖区、滨江区、北仑区、龙湾区6个区域乡镇文化站工资福利待遇统计数据为"0"。

五、文化经济流量

文化经济流量指数通过县市级图书馆单位财政收入/总收入、县市级博物馆单位财政收入/总收入、县市级文化馆单位财政收入/总收入、乡镇文化站单位财政收入/总收入进行衡量。"单位财政收入占总收入比例"主要度量文化机构提供服务并通过良好服务获得机构持续运营的能力（见表13-6）。

表13-6　2020年农村文化经济流量指数测评结果

方阵	区域	文化经济流量 指数值	排名	图书馆单位财政收入/总收入 指数值	排名	博物馆单位财政收入/总收入 指数值	排名	文化馆单位财政收入/总收入 指数值	排名	乡镇文化站单位财政收入/总收入 指数值	排名
第一方阵	东阳市	134.39	1	131.40	1	159.69	1	131.66	1	114.82	1
	常山县	134.39	1	131.40	1	159.69	1	131.66	1	114.82	1
	玉环市	134.39	1	131.40	1	159.69	1	131.66	1	114.82	1
	余杭区	134.38	4	131.36	39	159.66	24	131.66	1	114.82	1
	仙居县	134.16	5	131.40	1	159.69	1	131.66	1	113.88	31
	海盐县	134.11	6	130.85	47	159.69	1	131.08	43	114.82	1
	义乌市	134.01	7	131.40	1	159.69	1	131.66	1	113.30	34
	天台县	133.88	8	131.40	1	157.64	33	131.66	1	114.82	1
	磐安县	133.83	9	131.40	1	159.69	1	131.66	1	112.59	41
	淳安县	133.81	10	131.39	36	159.24	26	131.66	1	112.95	36
	庆元县	133.81	11	131.13	45	159.69	1	129.58	48	114.82	1
	缙云县	133.65	12	131.40	1	159.69	1	129.57	49	113.96	30
	文成县	133.57	13	131.40	1	159.69	1	131.66	1	111.55	45
	萧山区	133.52	14	131.38	37	158.76	27	131.66	1	112.30	42
	临海市	133.49	15	131.38	38	156.11	36	131.66	1	114.82	1

续表

方阵	区域	文化经济流量		图书馆单位财政收入/总收入		博物馆单位财政收入/总收入		文化馆单位财政收入/总收入		乡镇文化站单位财政收入/总收入	
		指数值	排名	指数值	排名	指数值	排名	指数值	排名	指数值	排名
第一方阵	路桥区	133.36	16	131.40	1	159.69	1	131.66	1	110.67	51
	黄岩区	133.24	17	131.40	1	155.14	38	131.58	38	114.82	1
	平湖市	133.13	18	131.34	40	158.52	29	131.66	1	111.01	49
	建德市	133.03	19	131.40	1	159.69	1	131.66	1	109.37	58
	兰溪市	133.02	20	131.40	1	159.69	1	131.66	1	109.35	59
	平阳县	132.84	21	131.40	1	158.45	30	131.66	1	109.86	54
	余姚市	132.75	22	131.40	1	154.24	40	131.66	1	113.68	32
	诸暨市	132.64	23	131.40	1	157.63	34	131.66	1	109.86	53
	临安区	132.59	24	131.40	1	159.69	1	131.66	1	107.61	65
	浦江县	132.5	25	131.27	42	158.16	32	131.13	42	109.45	57
	德清县	132.38	26	131.40	1	156.92	35	128.27	52	112.94	37
	嵊州市	132.15	27	131.40	1	159.69	1	129.71	47	107.8	64
	上虞区	132.13	28	127.76	58	158.60	28	131.66	1	110.52	52
	桐乡市	131.79	29	131.10	46	159.67	22	130.41	45	105.99	68
	温岭市	131.27	30	131.40	1	147.21	43	131.66	1	114.82	1
第二方阵	泰顺县	131.25	31	131.40	1	159.69	1	122.48	57	111.43	47
	南浔区	130.76	32	128.84	56	159.69	1	131.66	1	102.85	70
	青田县	129.94	33	115.75	64	159.67	23	131.66	1	112.66	40
	慈溪市	129.61	34	126.87	61	145.82	44	131.66	1	114.10	29
	武义县	128.93	35	110.20	65	159.69	1	131.27	40	114.56	24
	洞头区	128.26	36	129.67	53	152.36	41	131.17	41	99.85	73
	海宁市	127.81	37	128.09	57	158.30	31	110.15	64	114.71	23
	新昌县	127.43	38	131.32	41	131.90	52	131.66	1	114.82	1
	嘉善县	126.96	39	129.49	54	159.51	25	130.77	44	88.07	77
	长兴县	126.62	40	130.83	48	143.30	45	130.32	46	102.02	71
	三门县	126.25	41	131.40	1	127.13	54	131.66	1	114.82	1
	乐清市	124.89	42	130.67	50	139.98	47	128.85	50	100.07	72
	鄞州区	124.79	43	122.48	63	141.42	46	126.05	55	109.21	60
	松阳县	123.68	44	96.16	68	159.69	1	131.66	1	107.20	66

续表

方阵	区域	文化经济流量		图书馆单位财政收入/总收入		博物馆单位财政收入/总收入		文化馆单位财政收入/总收入		乡镇文化站单位财政收入/总收入	
		指数值	排名	指数值	排名	指数值	排名	指数值	排名	指数值	排名
第二方阵	椒江区	123.12	45	130.71	49	132.82	51	114.11	63	114.82	1
	瓯海区	123.01	46	131.40	1	154.37	39	119.18	59	87.09	78
	宁海县	121.3	47	130.26	52	115.16	55	131.66	1	108.14	63
	遂昌县	120.78	48	131.40	1	135.59	50	127.75	53	88.40	75
	江山市	120.23	49	127.52	59	159.69	1	79.26	70	114.45	26
	龙泉市	119.48	50	131.40	1	105.08	56	131.57	39	109.85	55
	奉化区	118.11	51	131.21	43	131.45	53	131.66	1	78.11	79
	象山县	116.9	52	131.40	1	89.73	58	131.66	1	114.82	1
	永康市	116.64	53	131.40	1	88.69	59	131.66	1	114.82	1
	安吉县	114.42	54	131.40	1	95.52	57	121.58	58	109.19	61
	景宁自治县	112.89	55	98.54	67	137.17	48	104.82	66	111.03	48
	岱山县	112.82	56	94.17	69	159.69	1	85.54	68	111.89	44
	瑞安市	112.16	57	131.40	1	136.53	49	118.54	60	62.17	82
	苍南县	105.03	58	131.40	1	155.60	37	131.66	1	1.46	83
	永嘉县	102.00	59	131.40	1	30.12	61	131.66	1	114.82	1
	龙游县	101.96	60	50.13	70	148.79	42	95.47	67	113.47	33
第三方阵	富阳区	94.30	61	131.40	1	0	62	131.66	1	114.13	28
	柯桥区	93.22	62	131.40	1	0	62	131.66	1	109.84	56
	开化县	90.96	63	127.43	60	0	62	125.67	56	110.73	50
	嵊泗县	89.15	64	125.96	62	0	62	116.35	62	114.3	27
	莲都区	88.64	65	128.99	55	0	62	127.54	54	98.03	74
	云和县	88.02	66	131.14	44	0	62	116.81	61	104.12	69
	桐庐县	85.72	67	130.36	51	0	62	106.05	65	106.48	67
	金东区	82.17	68	131.40	1	0	62	84.20	69	113.08	35
	秀洲区	79.51	69	0	71	74.64	60	128.59	51	114.82	1
	滨江区	65.77	70	131.40	1	0	62	131.66	1	0	84
	衢江区	63.45	71	105.21	66	0	62	73.18	71	75.39	81
	江干区	28.71	72	0	71	0	62	0	72	114.82	1
	拱墅区	28.71	73	0	71	0	62	0	72	114.82	1

续表

方阵	区域	文化经济流量		图书馆单位财政收入/总收入		博物馆单位财政收入/总收入		文化馆单位财政收入/总收入		乡镇文化站单位财政收入/总收入	
		指数值	排名	指数值	排名	指数值	排名	指数值	排名	指数值	排名
第三方阵	鹿城区	28.71	74	0	71	0	62	0	72	114.82	1
	婺城区	28.71	75	0	71	0	62	0	72	114.82	1
	普陀区	28.71	76	0	71	0	62	0	72	114.82	1
	吴兴区	28.63	77	0	71	0	62	0	72	114.51	25
	定海区	28.23	78	0	71	0	62	0	72	112.91	38
	越城区	28.20	79	0	71	0	62	0	72	112.80	39
	江北区	28.02	80	0	71	0	62	0	72	112.06	43
	海曙区	27.88	81	0	71	0	62	0	72	111.50	46
	柯城区	27.14	82	0	71	0	62	0	72	108.55	62
	南湖区	22.07	83	0	71	0	62	0	72	88.27	76
	镇海区	19.15	84	0	71	0	62	0	72	76.58	80
	上城区	0	85	0	71	0	62	0	72	0	84
	下城区	0	86	0	71	0	62	0	72	0	84
	西湖区	0	87	0	71	0	62	0	72	0	84
	北仑区	0	88	0	71	0	62	0	72	0	84
	龙湾区	0	89	0	71	0	62	0	72	0	84

（一）文化经济流量指数

文化经济流量第一方阵（指数值131.37~134.39）分别是：东阳市、常山县、玉环市、余杭区、仙居县、海盐县、义乌市、天台县、磐安县、淳安县、庆元县、缙云县、文成县、萧山区、临海市、路桥区、黄岩区、平湖市、建德市、兰溪市、平阳县、余姚市、诸暨市、临安区、浦江县、德清县、嵊州市、上虞区、桐乡市、温岭市。

以下分析位列前10的县域文化经济流量的贡献指标。

文化经济流量，东阳市、常山县、玉环市排名并列第1（指数值134.39），其中，县市级图书馆单位财政收入/总收入排名第1（指数值131.40）、县市级博物馆单位财政收入/总收入排名第1（指数值159.69）、县市级文化馆单位财政收入/总收入排名第1（指数值131.66）、乡镇文化站单位财政收入/总收入排名第1（指数值114.82），四项指标是文化经济流量的重要贡献指标，单位财政收入占总收入比例均为100%。余杭区排名第4（指数值134.38），其中，县市级文化馆单位财政收入/总收入、乡镇文化站单位财政收入/总收入均排名第1，两项指标是文化经济流量的重要贡献指标。仙居县排名第5（指数值134.16）、义乌市排名第7（指数值134.01），磐安县排名第9（指数值133.83），其中，县市级图书馆单位财政收入/总收入、县市级博物馆单位财政收入/总收入、县市级文化馆单位财政收入/总收入均排名第1，三项指标是文化经济流量的重要贡献指标。海盐县排名第6（指数值134.11），其中，县市级博物馆单位财政收入/总收入、乡镇文化站单位财政收入/总收入均排名第1，两项指标是文化经济流量的重要贡献指标。天台县排名第8（指数值133.88），其中，县市级图书馆单位财政收入/总收入、县市级文化馆单位财政收入/总收入、乡镇文化站单位财政收入/总收入均排名第1，三项指标是文化经济流量的重要贡献指标。淳安县排名第10（指数值133.81），其中，县市级文化馆单位财政收入/总收入排名第1，是文化经济流量重要贡献指标。从10个县域的经济流量的可以看出，文化机构的财政拨款是这些县域的主要收入来源，资源利用效率达到100%。

文化经济流量第二方阵（指数值101.96~131.25）是：泰顺县、南浔区、青田县、慈溪市、武义县、洞头区、海宁市、新昌县、嘉善县、长兴县、三门县、乐清市、鄞州区、松阳县、椒江区、瓯海区、宁海县、遂昌县、江山市、龙泉市、奉化区、象山县、永康市、安吉县、景宁自治县、岱山县、瑞安市、苍南县、永嘉县、龙游县。

文化经济流量第三方阵（指数值0~94.30）是：富阳区、柯桥区、开化县、嵊泗县、莲都区、云和县、桐庐县、金东区、秀洲区、滨江区、衢江区、江干区、拱墅区、鹿城区、婺城区、普陀区、吴兴区、定海区、越城区、江北区、海曙区、柯城区、南湖区、镇海区、上城区、下城区、西湖区、北仑区、龙湾区。

（二）乡镇文化站的经营能力

乡镇文化站财政拨款排在前3位的是：海宁市7 833.9万元、秀洲区7321.6万元、萧山区7 121.5万元，桐乡市等33个县域1 010.3万~4 790.9万元，嵊泗县等45个县域100万~994.4万元，鹿城区、椒江区分别为64万元、16万元。

乡镇文化站总收入苍南县排名第1，为16.75亿元。其次为海宁市7 841.8万元、秀洲区7 321.6万元、萧山区7 281.3万元。桐乡市等37个县域1 005.2万~5 190.1万元，嵊泗县等41个县域115万~998.9万元，鹿城区、椒江区分别为64万元、16万元。

乡镇文化站单位财政收入/总收入江干区等22个县域均为100%，海宁市等47个县域90.68%~99.90%，南浔区等12个县域65.66%~89.57%，瑞安市、苍南县分别为54.14%和1.27%。上城区、下城区、西湖区、滨江区、北仑区、龙湾区统计数据为"0"。

值得一提的是，本组乡镇文化站单位财政收入/总收入数据相比文化站单位财政收入/总收入数据，我们发现，文化站占比小于90%的县域有10个，而乡镇文化站占比小于90%的县域有14个。苍南县乡镇文化站表现尤其突出，总收入16.75亿元，远高于位列第2的海宁市（7 841.8万元），而财政拨款仅为2 131.1千元，单位财政收入/总收入仅为1.27%。这表明农村公益性文化机构正尝试从依赖财政补助转向寻求其他收入的新趋势。

六、小结

广袤的农村地区文化资源禀赋各不相同，具有极大的差异性。基础指标指数，嘉兴、湖州地区情况最好，指数值均大于100（嘉兴南湖区除外），主要得益于乡村人口数量众多，乡村居民收入水平、消费水平普遍较高，农村地区经济富裕。杭州、宁波、温州、绍兴地区除城市以外，农村地区指数值基本上也大于100，农村基础状况比较好。金华地区有4个县域基础指标指数值大于100，主要是因为乡村人口数量多，乡村居民的收入水平和消费水平比较高。台州地区有5个县域基础指标指数值大于100，主要是乡村人口数量多。丽水地区基础指标指数值最低，其中，山区乡村人口数量普遍少，经济状况中乡村居民收入水平、乡村居民消费水平普遍较低。但丽水地区农村经济在国民经济中的地位总体不差，遂昌县、松阳县、庆元县、景宁自治县、龙泉市5个县域农林牧副渔生产总值占比指数值达到120~140。

农村文化基础设施指数，丽水地区最好，除了非农村的莲都区，各县域指数值均大于100，其中，遂昌县、景宁自治县、龙泉市指数值均在200以上，丽水农村文化基础设施建设普遍较好。丽水地区县市级图书馆、县市级文化馆、乡镇文化站基础设施建设情况最好，但县市级博物馆、县级非遗馆建设差距较大，庆元县和景宁自治县县级非遗馆数据为"0"。农村文化基础设施指数，衢州地区最差，非农村的柯城区指数值为"0"，其余各县域指数值60~90。具体说，县市级公共图书馆、乡镇文化站建设情况比较好，县市级文化馆建设情况一般，县市级博物馆、县级非遗馆建设情况很差，尤其是县级非遗馆统计数据基本为"0"（除了龙游县）。温州11个区县中有7个县域指数值大于100，其中，县市级图书馆建设情况最好，县市级文化馆、县级非遗馆、乡镇文化站次之，县市级博物馆建设较弱。杭州、宁波、嘉兴、湖州、绍兴、金华、舟山、台州地区均有部分县域农村文化基础设施情况较好。总体而言，文化基础设施建设，县市级图书馆、县市级文化馆、乡镇文化站建设情况普遍较好，县市级博物馆、县级非遗馆建设较弱。

地方文化财政支出指数，杭州、宁波、湖州、嘉兴地区普遍较好；温州、金华、台州地区次之；绍兴、衢州、丽水地区再次之；舟山地区最低。经济发达地区，地方文化财政支持的力度较大。可见，要实现农村共同富裕，文化投资力度是关键要素。

文化人才资源指数,嘉兴、温州、绍兴、宁波、湖州地区最高,其中,文化事业人才、文化人才素质、文化人才待遇普遍比较好。杭州、湖州、金华、台州地区次之;丽水、衢州、舟山普遍较低。

第十四章 2020年农村浙江社会文化参与指数测评结果与分析

一、农村社会文化参与指数

社会文化参与指数反映了浙江省各县域在农村文化消费需求、文化活动供给、文化活动参与指数的综合情况（见表14-1）。

表14-1 2020年农村社会文化参与指数测评结果

方阵	区域	社会文化参与 指数值	排名	文化消费需求 指数值	排名	文化活动供给 指数值	排名	文化活动参与 指数值	排名
第一方阵	宁海县	280.13	1	101.59	47	245.72	5	493.06	1
	鄞州区	255.22	2	86.24	64	486.54	1	192.88	12
	海宁市	244.40	3	125.52	18	286.19	2	321.50	2
	永嘉县	205.70	4	109.98	35	254.91	4	252.21	6
	慈溪市	203.62	5	95.44	54	197.73	11	317.70	3
	长兴县	201.80	6	133.02	12	198.16	10	274.21	4
	桐乡市	190.89	7	130.51	15	260.42	3	181.74	15
	萧山区	190.04	8	137.26	11	240.47	6	192.39	13
	泰顺县	186.36	9	114.73	30	200.98	9	243.36	7
	义乌市	182.59	10	197.15	1	237.97	7	112.64	32
	安吉县	171.85	11	107.45	38	212.97	8	195.13	11
	余杭区	164.01	12	94.80	56	176.33	13	220.91	9
	永康市	161.88	13	74.08	78	150.63	20	260.93	5
	平阳县	154.52	14	145.68	8	168.69	17	149.18	21
	温岭市	150.17	15	126.08	17	175.51	15	148.90	22
	德清县	147.04	16	82.15	71	173.28	16	185.70	14
	象山县	146.67	17	76.43	76	133.37	23	230.21	8
	瓯海区	144.35	18	182.32	2	131.03	26	119.71	29
	龙泉市	144.18	19	150.63	7	132.65	24	149.27	20
	乐清市	139.24	20	117.80	26	176.03	14	123.88	26
	上虞区	131.66	21	163.32	3	120.45	29	111.23	34
	平湖市	131.26	22	110.66	33	131.13	25	151.99	19

续表

方阵	区域	社会文化参与 指数值	排名	文化消费需求 指数值	排名	文化活动供给 指数值	排名	文化活动参与 指数值	排名
第一方阵	瑞安市	130.08	23	124.02	20	165.94	18	100.28	39
	诸暨市	127.96	24	122.06	22	130.31	27	131.51	23
	仙居县	126.42	25	83.74	70	93.22	42	202.31	10
	海盐县	123.88	26	89.27	61	157.69	19	124.69	25
	椒江区	121.05	27	121.37	24	184.91	12	56.88	58
	临海市	119.72	28	152.65	6	97.52	40	109.00	36
	文成县	118.53	29	84.87	66	149.74	21	120.99	28
	南浔区	117.35	30	153.40	4	86.81	45	111.86	33
第二方阵	东阳市	116.18	31	84.33	69	97.54	39	166.65	17
	武义县	115.83	32	97.51	50	126.59	28	123.38	27
	富阳区	113.51	33	130.03	16	116.47	30	94.03	40
	天台县	110.16	34	79.68	73	78.37	52	172.44	16
	建德市	107.96	35	131.49	14	102.95	35	89.44	43
	常山县	103.17	36	90.01	60	138.14	22	81.35	47
	余姚市	103.17	37	84.39	68	100.1	36	125.00	24
	苍南县	102.20	38	96.93	51	99.13	38	110.55	35
	秀洲区	99.98	39	113.77	32	25.81	72	160.36	18
	缙云县	99.32	40	86.70	63	104.36	33	106.91	37
	莲都区	96.29	41	105.05	42	65.46	56	118.35	30
	青田县	95.88	42	91.06	59	80.06	49	116.5	31
	柯桥区	95.30	43	117.41	27	110.43	31	58.06	57
	龙游县	94.83	44	121.83	23	91.27	43	71.37	51
	嘉善县	94.38	45	116.00	28	93.60	41	73.53	49
	淳安县	92.87	46	95.59	53	99.50	37	83.54	46
	遂昌县	90.78	47	96.14	52	85.17	46	91.02	42
	衢江区	88.09	48	118.52	25	102.97	34	42.78	64
	奉化区	84.36	49	44.83	83	106.84	32	101.41	38
	兰溪市	83.80	50	114.23	31	71.91	53	65.24	54
	新昌县	81.63	51	103.50	45	80.48	48	60.91	56
	黄岩区	80.54	52	79.86	72	80.70	47	81.07	48

第十四章　2020年农村浙江社会文化参与指数测评结果与分析

续表

方阵	区域	社会文化参与 指数值	排名	文化消费需求 指数值	排名	文化活动供给 指数值	排名	文化活动参与 指数值	排名
第二方阵	临安区	79.74	53	62.49	81	87.53	44	89.19	44
	松阳县	78.31	54	79.27	74	69.15	54	86.51	45
	路桥区	77.88	55	139.97	9	52.81	66	40.86	65
	金东区	77.77	56	106.74	40	60.62	59	65.96	53
	江山市	77.20	57	109.60	36	66.17	55	55.82	59
	三门县	76.48	58	124.81	19	57.47	61	47.16	60
	洞头区	74.10	59	123.12	21	64.56	57	34.63	67
	岱山县	73.18	60	138.81	10	53.58	65	27.14	71
第三方阵	浦江县	72.56	61	66.07	80	59.04	60	92.59	41
	庆元县	71.88	62	85.34	65	56.98	62	73.31	50
	嵊州市	69.62	63	95.33	55	48.70	68	64.82	55
	景宁自治县	68.62	64	77.99	75	61.83	58	66.03	52
	云和县	67.36	65	99.08	49	56.89	63	46.10	62
	玉环市	67.16	66	92.94	57	79.62	50	28.92	70
	磐安县	66.77	67	103.51	44	50.34	67	46.46	61
	开化县	65.43	68	104.59	43	47.48	69	44.20	63
	桐庐县	64.63	69	105.35	41	54.23	64	34.30	68
	柯城区	60.72	70	152.68	5	17.83	73	11.66	75
	海曙区	58.27	71	110.22	34	30.87	71	33.73	69
	嵊泗县	49.93	72	107.38	39	31.35	70	11.06	76
	龙湾区	43.84	73	131.53	13	0	83	0	82
	婺城区	43.15	74	100.84	48	15.85	75	12.77	74
	越城区	42.46	75	107.99	37	13.59	77	5.80	79
	南湖区	41.89	76	87.23	62	17.54	74	20.89	72
	定海区	41.05	77	115.78	29	4.29	82	3.08	81
	滨江区	39.82	78	0	84	78.67	51	40.78	66
	鹿城区	38.90	79	102.96	46	10.20	79	3.53	80
	普陀区	37.10	80	84.47	67	10.95	78	15.89	73
	镇海区	35.35	81	92.10	58	7.07	80	6.89	78
	吴兴区	32.87	82	73.91	79	14.95	76	9.74	77

续表

方阵	区域	社会文化参与		文化消费需求		文化活动供给		文化活动参与	
		指数值	排名	指数值	排名	指数值	排名	指数值	排名
第三方阵	北仑区	25.05	83	75.14	77	0	83	0	82
	江北区	18.12	84	49.70	82	4.67	81	0	82
	上城区	0	85	0	84	0	83	0	82
	下城区	0	85	0	84	0	83	0	82
	江干区	0	85	0	84	0	83	0	82
	拱墅区	0	85	0	84	0	83	0	82
	西湖区	0	85	0	84	0	83	0	82

社会文化参与指数（农村）位于第一方阵（指数值117.35~280.13）的县域是：宁海县、鄞州区、海宁市、永嘉县、慈溪市、长兴县、桐乡市、萧山区、泰顺县、义乌市、安吉县、余杭区、永康市、平阳县、温岭市、德清县、象山县、瓯海区、龙泉市、乐清市、上虞区、平湖市、瑞安市、诸暨市、仙居县、海盐县、椒江区、临海市、文成县、南浔区。

社会文化参与指数（农村）位于第二方阵（指数值73.18~116.18）的县域是：东阳市、武义县、富阳区、天台县、建德市、常山县、余姚市、苍南县、秀洲区、缙云县、莲都区、青田县、柯桥区、龙游县、嘉善县、淳安县、遂昌县、衢江区、奉化区、兰溪市、新昌县、黄岩区、临安区、松阳县、路桥区、金东区、江山市、三门县、洞头区、岱山县。

社会文化参与指数（农村）位于第三方阵（指数值0~72.56）的县域是：浦江县、庆元县、嵊州市、景宁自治县、云和县、玉环市、磐安县、开化县、桐庐县、柯城区、海曙区、嵊泗县、龙湾区、婺城区、越城区、南湖区、定海区、滨江区、鹿城区、普陀区、镇海区、吴兴区、北仑区、江北区、上城区、下城区、江干区、拱墅区、西湖区。

以下就文化消费需求、文化活动供给、文化活动参与排名前五的指标做详细分析。

社会文化参与指数，义乌市排名第10（指数值182.59）、瓯海区排名第18（指数值144.35）、上虞区排名第21（指数值131.66）、南浔区排名第30（指数值117.35）、柯城区排名第70（指数值60.72），其中，文化消费需求分别排名第1（指数值197.15）、排名第2（指数值182.32）、排名第3（指数值163.32）、排名第4（指数值153.40）、排名第5（指数值152.68）。

社会文化参与指数，鄞州区排名第2（指数值255.22）、海宁市排名第3（指数值321.50）、桐乡市排名第7（指数值190.89）、永嘉县排名第4（指数值

205.70)、宁海县排名第1（指数值280.13），其中，文化活动供给分别排名第1（指数值486.54）、排名第2（指数值286.19）、排名第3（指数值260.42）、排名第4（指数值254.91），排名第5（指数值245.72）。这些县域文化活动供给是社会文化参与重要的贡献指标。

社会文化参与指数，宁海县排名第1（指数值280.13）、海宁市排名第3（指数值244.40）慈溪市排名第5（指数值203.62）、长兴县排名第6（指数值201.80）、永康市排名第13（指数值161.88），其中，文化活动参与分别排名第1（指数值493.06）、排名第2（指数值321.50）、排名第3（指数值317.70），第4（指数值274.21）、排名第5（指数值260.93）。这些县域文化活动参与是社会文化参与重要的贡献指标。

二、文化消费需求指数

文化消费需求包括农村人均教育文化娱乐消费支出、农村人均教育文化娱乐消费支出占比两个指标（见表14-2）。下面对两个指标排名前五的指标做详细分析。

表14-2　2020年农村文化消费需求指数测评结果

区域	文化消费需求		农村人均教育文化娱乐消费支出		农村人均教育文化娱乐消费支出占比	
	指数值	排名	指数值	排名	指数值	排名
义乌市	197.15	1	202.86	2	191.43	1
瓯海区	182.32	2	214.41	1	150.22	6
上虞区	163.32	3	169.77	3	156.87	4
南浔区	153.40	4	156.93	6	149.86	7
柯城区	152.68	5	133.14	19	172.22	2
临海市	152.65	6	163.35	5	141.95	11
龙泉市	150.63	7	145.33	9	155.93	5
平阳县	145.68	8	131.21	20	160.15	3
路桥区	139.97	9	151.10	8	128.84	15
岱山县	138.81	10	153.24	7	124.38	18
萧山区	137.26	11	164.47	4	110.05	39
长兴县	133.02	12	135.76	16	130.29	14
龙湾区	131.53	13	142.02	10	121.05	21
建德市	131.49	14	120.52	24	142.46	10

续表

区域	文化消费需求 指数值	文化消费需求 排名	农村人均教育文化娱乐消费支出 指数值	农村人均教育文化娱乐消费支出 排名	农村人均教育文化娱乐消费支出占比 指数值	农村人均教育文化娱乐消费支出占比 排名
桐乡市	130.51	15	136.24	15	124.78	17
富阳区	130.03	16	141.75	11	118.31	26
温岭市	126.08	17	136.61	14	115.55	28
海宁市	125.52	18	136.94	12	114.10	30
三门县	124.81	19	118.49	27	131.13	13
瑞安市	124.02	20	136.67	13	111.38	34
洞头区	123.12	21	127.85	21	118.40	25
诸暨市	122.06	22	133.25	18	110.87	35
龙游县	121.83	23	95.50	51	148.17	8
椒江区	121.37	24	134.48	17	108.27	41
衢江区	118.52	25	94.11	52	142.94	9
乐清市	117.80	26	127.69	22	107.92	42
柯桥区	117.41	27	124.96	23	109.85	40
嘉善县	116.00	28	117.37	29	114.63	29
定海区	115.78	29	118.17	28	113.39	33
泰顺县	114.73	30	101.27	42	128.19	16
兰溪市	114.23	31	104.11	40	124.36	19
秀洲区	113.77	32	120.41	25	107.13	44
平湖市	110.66	33	115.98	31	105.34	46
海曙区	110.22	34	119.02	26	101.41	54
永嘉县	109.98	35	101.54	41	118.41	24
江山市	109.60	36	100.58	43	118.62	23
越城区	107.99	37	112.29	34	103.68	48
安吉县	107.45	38	112.82	33	102.08	51
嵊泗县	107.38	39	107.47	38	107.28	43
金东区	106.74	40	109.13	36	104.34	47
桐庐县	105.35	41	100.52	44	110.18	38
莲都区	105.05	42	108.38	37	101.71	52
开化县	104.59	43	76.09	72	133.09	12

第十四章 2020年农村浙江社会文化参与指数测评结果与分析

续表

区域	文化消费需求 指数值	文化消费需求 排名	农村人均教育文化娱乐消费支出 指数值	农村人均教育文化娱乐消费支出 排名	农村人均教育文化娱乐消费支出占比 指数值	农村人均教育文化娱乐消费支出占比 排名
磐安县	103.51	44	84.37	62	122.64	20
新昌县	103.50	45	100.26	45	106.75	45
鹿城区	102.96	46	116.72	30	89.19	61
宁海县	101.59	47	112.07	35	91.12	58
婺城区	100.84	48	87.85	60	113.82	32
云和县	99.08	49	87.96	59	110.20	37
武义县	97.51	50	78.44	68	116.59	27
苍南县	96.93	51	83.15	63	110.71	36
遂昌县	96.14	52	88.81	57	103.47	49
淳安县	95.59	53	77.32	70	113.85	31
慈溪市	95.44	54	104.48	39	86.40	64
嵊州市	95.33	55	89.19	56	101.47	53
余杭区	94.80	56	114.21	32	75.38	76
玉环市	92.94	57	100.09	46	85.79	65
镇海区	92.10	58	99.99	47	84.20	66
青田县	91.06	59	91.06	55	91.07	59
常山县	90.01	60	60.53	80	119.49	22
海盐县	89.27	61	99.67	48	78.87	69
南湖区	87.23	62	96.03	50	78.42	70
缙云县	86.70	63	81.54	65	91.86	57
鄞州区	86.24	64	96.62	49	75.85	74
庆元县	85.34	65	67.37	77	103.32	50
文成县	84.87	66	76.03	73	93.70	56
普陀区	84.47	67	91.75	53	77.19	72
余姚市	84.39	68	91.43	54	77.36	71
东阳市	84.33	69	87.37	61	81.30	67
仙居县	83.74	70	78.55	66	88.94	62
德清县	82.15	71	88.12	58	76.18	73
黄岩区	79.86	72	78.44	68	81.28	68

续表

区域	文化消费需求		农村人均教育文化娱乐消费支出		农村人均教育文化娱乐消费支出占比	
	指数值	排名	指数值	排名	指数值	排名
天台县	79.68	73	71.65	75	87.71	63
松阳县	79.27	74	63.90	79	94.64	55
景宁自治县	77.99	75	65.98	78	90.00	60
象山县	76.43	76	78.49	67	74.37	78
北仑区	75.14	77	81.70	64	68.58	80
永康市	74.08	78	73.47	74	74.68	77
吴兴区	73.91	79	76.41	71	71.42	79
浦江县	66.07	80	56.68	81	75.46	75
临安区	62.49	81	68.12	76	56.86	81
江北区	49.70	82	56.30	82	43.10	83
奉化区	44.83	83	44.11	83	45.55	82
上城区	0	84	0	84	0	84
下城区	0	84	0	84	0	84
江干区	0	84	0	84	0	84
拱墅区	0	84	0	84	0	84
西湖区	0	84	0	84	0	84
滨江区	0	84	0	84	0	84

文化消费需求位于第一方阵（指数值114.73~197.15）的区域是：义乌市、瓯海区、上虞区、南浔区、柯城区、临海市、龙泉市、平阳县、路桥区、岱山县、萧山区、长兴县、龙湾区、建德市、桐乡市、富阳区、温岭市、海宁市、三门县、瑞安市、洞头区、诸暨市、龙游县、椒江区、衢江区、乐清市、柯桥区、嘉善县、定海区、泰顺县。

文化消费需求，义乌市排名第1（指数值197.15），其中，农村人均教育文化娱乐消费支出排名第2（指数值202.86）、农村人均教育文化娱乐消费支出占比排名第1（指数值191.43），两项指标是文化消费需求重要的贡献指标。上虞区排名第3（指数值163.32），其中，农村人均教育文化娱乐消费支出排名第3（指数值169.77）、农村人均教育文化娱乐消费支出占比排名第4（指数值156.87），两项指标是文化消费需求的重要贡献指标。

瓯海区排名第2（指数值182.32）、萧山区排名第11（指数值137.26）、临海市排名第6（指数值152.65），其中，农村人均教育文化娱乐消费支出分别排名第1（指数值214.41）、排名第4（指数值164.47）、排名第5（指数值163.35），是文化消费需求的重要贡献指标。

柯城区排名第5（指数值152.68）、平阳县排名第8（指数值145.68）、龙泉市排名第7（指数值150.63），其中，农村人均教育文化娱乐消费支出占比分别排名第2（指数值172.22）、排名第3（指数值160.15）、排名第5（指数值155.93），是文化消费需求重要贡献指标。

三、文化活动供给指数

文化活动供给指数包括农村图书馆文化活动供给、文化馆文化活动供给、乡镇文化站文化活动供给、博物馆文化活动供给4个指标（见表14-3）。

表14-3 2020年农村文化活动供给指数测评结果

方阵	地区	文化活动供给 指数值	排名	图书馆 指数值	排名	文化馆 指数值	排名	乡镇文化站 指数值	排名	博物馆 指数值	排名
第一方阵	鄞州区	486.54	1	259.71	10	281.65	7	190.52	11	1 214.27	1
	海宁市	286.19	2	220.92	15	518.23	1	212.41	5	193.19	12
	桐乡市	260.42	3	559.25	1	257.04	8	147.93	17	77.46	40
	永嘉县	254.91	4	499.32	2	290.68	6	133.09	24	96.55	32
	宁海县	245.72	5	309.10	4	390.52	3	190.91	10	92.34	34
	萧山区	240.47	6	115.90	26	203.21	13	195.99	7	446.79	4
	义乌市	237.97	7	316.85	3	453.82	2	146.19	19	35.03	55
	安吉县	212.97	8	127.58	22	137.54	20	123.04	29	463.74	3
	泰顺县	200.98	9	235.14	12	318.01	4	195.58	8	55.19	43
	长兴县	198.16	10	162.52	19	132.13	24	261.32	3	236.68	9
	慈溪市	197.73	11	65.56	48	292.86	5	290.25	2	142.23	20
	椒江区	184.91	12	104.88	29	103.68	33	2.67	81	528.40	2
	余杭区	176.33	13	263.11	9	109.14	32	63.52	59	269.57	6
	乐清市	176.03	14	292.31	7	117.72	27	163.56	16	130.54	24
	温岭市	175.51	15	95.37	33	49.33	56	510.67	1	46.69	47
	德清县	173.28	16	211.23	16	77.97	46	143.93	21	259.99	8
	平阳县	168.69	17	304.47	6	80.97	42	193.81	9	95.53	33
	瑞安市	165.94	18	272.05	8	109.93	30	90.72	43	191.05	13

续表

方阵	地区	文化活动供给 指数值	排名	图书馆 指数值	排名	文化馆 指数值	排名	乡镇文化站 指数值	排名	博物馆 指数值	排名
第一方阵	海盐县	157.69	19	61.78	51	115.78	29	74.34	51	378.86	5
	永康市	150.63	20	305.06	5	81.40	41	84.48	45	131.59	23
	文成县	149.74	21	163.00	18	172.30	14	174.51	14	89.14	35
	常山县	138.14	22	242.81	11	90.10	38	74.22	52	145.43	18
	象山县	133.37	23	75.92	41	98.74	34	213.45	4	145.38	19
	龙泉市	132.65	24	89.42	37	235.38	10	97.55	41	108.26	26
	平湖市	131.13	25	48.65	57	93.72	36	115.77	33	266.39	7
	瓯海区	131.03	26	140.06	21	89.79	39	74.59	50	219.68	11
	诸暨市	130.31	27	89.64	36	153.13	18	189.32	12	89.14	35
	武义县	126.59	28	98.31	31	229.31	12	78.99	49	99.75	28
	上虞区	120.45	29	39.68	61	136.15	22	123.39	28	182.56	15
	富阳区	116.47	30	166.05	17	54.37	52	146.77	18	98.69	29
第二方阵	柯桥区	110.43	31	100.36	30	66.38	49	133.81	23	141.17	21
	奉化区	106.84	32	23.21	65	229.56	11	65.30	58	109.30	25
	缙云县	104.36	33	228.72	13	21.40	70	120.61	31	46.70	46
	衢江区	102.97	34	121.33	24	109.31	31	181.23	13	0	64
	建德市	102.95	35	154.26	20	77.00	48	83.96	46	96.57	31
	余姚市	100.10	36	15.65	68	56.39	50	142.62	22	185.75	14
	淳安县	99.50	37	105.00	28	42.04	64	171.34	15	79.61	39
	苍南县	99.13	38	92.77	34	171.96	15	121.17	30	10.61	60
	东阳市	97.54	39	221.62	14	98.34	35	47.92	69	22.28	58
	临海市	97.52	40	27.30	64	37.60	66	97.01	42	228.19	10
	嘉善县	93.60	41	77.69	39	44.40	61	111.16	35	141.15	22
	仙居县	93.22	42	122.11	23	53.59	53	144.13	20	53.05	44
	龙游县	91.27	43	72.69	43	161.11	17	118.56	32	12.73	59
	临安区	87.53	44	20.82	66	117.74	26	129.81	26	81.73	38
	南浔区	86.81	45	97.21	32	137.08	21	70.50	54	42.44	50
	遂昌县	85.17	46	109.57	27	17.36	71	115.07	34	98.69	29
	黄岩区	80.70	47	8.85	70	162.84	16	82.11	48	68.98	41
	新昌县	80.48	48	40.89	60	56.22	51	62.41	61	162.39	17

250

第十四章　2020年农村浙江社会文化参与指数测评结果与分析

续表

方阵	地区	文化活动供给 指数值	排名	图书馆 指数值	排名	文化馆 指数值	排名	乡镇文化站 指数值	排名	博物馆 指数值	排名
第二方阵	青田县	80.06	49	67.37	46	116.49	28	102.40	38	33.97	56
	玉环市	79.62	50	71.17	45	141.32	19	106.00	36	0	64
	滨江区	78.67	51	62.27	50	252.42	9	0	82	0	64
	天台县	78.37	52	19.96	67	77.23	47	208.86	6	7.43	61
	兰溪市	71.91	53	29.30	63	52.37	54	42.57	71	163.42	16
	松阳县	69.15	54	38.79	62	49.70	55	103.20	37	84.90	37
	江山市	66.17	55	63.61	49	30.22	68	132.65	25	38.21	53
	莲都区	65.46	56	77.57	40	132.48	23	51.81	66	0	64
	洞头区	64.56	57	66.73	47	78.22	45	8.24	80	105.06	27
	景宁自治县	61.83	58	41.53	59	42.60	62	101.65	39	61.56	42
	金东区	60.62	59	44.77	58	128.24	25	69.49	56	0	64
	浦江县	59.04	60	73.67	42	79.01	44	53.76	65	29.71	57
第三方阵	三门县	57.47	61	59.79	53	37.60	67	87.92	44	44.58	48
	庆元县	56.98	62	15.20	69	84.19	40	83.94	47	44.58	48
	云和县	56.89	63	87.11	38	79.16	43	23.09	77	38.21	53
	桐庐县	54.23	64	71.47	44	44.79	59	100.67	40	0	64
	岱山县	53.58	65	51.58	56	90.93	37	31.48	75	40.34	51
	路桥区	52.81	66	118.35	25	47.92	57	41.78	72	3.18	63
	磐安县	50.34	67	56.95	54	45.95	58	49.63	67	48.82	45
	嵊州市	48.70	68	60.26	52	44.74	60	49.46	68	40.34	51
	开化县	47.48	69	92.20	35	28.71	69	69.02	57	0	64
	嵊泗县	31.35	70	54.67	55	38.40	65	32.34	74	0	64
	海曙区	30.87	71	0	71	0	72	123.49	27	0	64
	秀洲区	25.81	72	0	71	42.41	63	56.59	63	4.24	62
	柯城区	17.83	73	0	71	0	72	71.31	53	0	64
	南湖区	17.54	74	0	71	0	72	70.17	55	0	64
	婺城区	15.85	75	0	71	0	72	63.40	60	0	64
	吴兴区	14.95	76	0	71	0	72	59.79	62	0	64
	越城区	13.59	77	0	71	0	72	54.35	64	0	64
	普陀区	10.95	78	0	71	0	72	43.78	70	0	64

续表

方阵	地区	文化活动供给		图书馆		文化馆		乡镇文化站		博物馆	
		指数值	排名	指数值	排名	指数值	排名	指数值	排名	指数值	排名
第三方阵	鹿城区	10.20	79	0	71	0	72	40.81	73	0	64
	镇海区	7.07	80	0	71	0	72	28.29	76	0	64
	江北区	4.67	81	0	71	0	72	18.68	78	0	64
	定海区	4.29	82	0	71	0	72	17.16	79	0	64
	上城区	0	83	0	71	0	72	0	82	0	64
	下城区	0	84	0	71	0	72	0	82	0	64
	江干区	0	85	0	71	0	72	0	82	0	64
	拱墅区	0	86	0	71	0	72	0	82	0	64
	西湖区	0	87	0	71	0	72	0	82	0	64
	北仑区	0	88	0	71	0	72	0	82	0	64
	龙湾区	0	89	0	71	0	72	0	82	0	64

县级图书馆组织文化活动包括：各类讲座、举办展览、举办培训；县级文化馆组织品牌节庆活动、组织文艺活动、举办训练班、举办展览、组织公益培训、举办线上群众文化活动；乡镇文化站组织文艺活动、举办训练班、举办展览、接受戏曲进乡村活动服务、本站指挥群众业余团队；县级博物馆举办社会教育活动、举办微信公众号微博。

文化活动供给第一方阵（指数值116.47~486.54）县域包括鄞州区、海宁市、桐乡市、永嘉县、宁海县、萧山区、义乌市、安吉县、泰顺县、长兴县、慈溪市、椒江区、余杭区、乐清市、温岭市、德清县、平阳县、瑞安市、海盐县、永康市、文成县、常山县、象山县、龙泉市、平湖市、瓯海区、诸暨市、武义县、上虞区、富阳区。以下就县级图书馆、县级文化馆、乡镇文化站、县级博物馆排名前五的指标做详细分析。

桐乡市排名第3（指数值260.42），其中，图书馆排名第1（指数值559.25），图书馆组织各类讲座次数数量多，有230次。图书馆是农村文化活动供给指数最重要的贡献指标。永嘉县排名第4（指数值254.91），其中，图书馆排名第2（指数值499.32），永嘉县举办培训数量最多，有282次，图书馆是农村文化活动供给指数最重要的贡献指标。永康市排名第20（指数值150.63），其中，图书馆排名第5（指数值305.06），永康市举办展览数量最多，有146次，图书馆是农村文化活动供给指数最重要的贡献指标。

海宁市排名第2（指数值286.19），其中，文化馆排名第1（指数值518.23），是农村文化活动供给指数最重要的贡献指标。文化馆中海宁市组织文艺活动、举办展览最多，分别有1 573次、225个；组织公益培训座次排名第2，有246次。海宁市文化站排名第5（指数值212.41），对农村文化活动供给起到重要作用。义乌市排名第7（指数值237.97），其中，文化馆排名第2（指数值453.82）、图书馆排名第3（指数值316.85），两项是农村文化活动供给指数重要的贡献指标。义乌市文化馆举办训练班数量最多，有5 039次。

宁海县排名第5（指数值245.72），文化馆排名第3（指数值390.52）、图书馆排名第4（指数值309.10），两项是农村文化活动供给指数重要的贡献指标。泰顺县排名第9（指数值200.98），其中，文化馆排名第4（指数值318.01），是农村文化活动供给指数最重要的贡献指标。

温岭市排名第15（指数值175.51），其中，乡镇文化站排名第1（指数值510.67），是农村文化活动供给指数最重要的贡献指标。温岭市乡镇文化站举办训练班数量最多（3 854次），远超排名第2的鄞州区（1 065次）；举办展览数量最多，有480次；本站指挥群众业余团队次数最多，有956次。慈溪市排名第11（指数值197.73），其中，乡镇文化站排名第2（指数值290.25）、文化馆排名第5（指数值292.86），两项是农村文化活动供给指数重要的贡献指标。慈溪市乡镇文化站戏曲进乡村活动服务次数排名第2，有530次。长兴县排名第10（指数值198.16），其中，乡镇文化站排名第3（指数值261.32），是农村文化活动供给指数最重要的贡献指标。长兴县乡镇文化站戏曲进乡村活动服务次数最多，有544次。象山县排名第23（指数值133.37），其中，乡镇文化站排名第4（指数值213.45），是农村文化活动供给指数最重要的贡献指标。

文化活动供给指数，鄞州区排名第1（指数值486.54），其中，博物馆排名第1（指数值1214.27），是农村文化活动供给指数最重要的贡献指标。博物馆中鄞州区文博单位举办新媒体数量最多，有27个，超过第2名萧山区（6个）。椒江区排名第12（指数值184.91），其中，博物馆排名第2（指数值528.40），博物馆举办社会教育活动数量最多，有498次，博物馆是农村文化活动供给指数最重要的贡献指标。安吉县排名第8（指数值212.97），其中，博物馆排名第3（指数值463.74），博物馆举办社会教育活动数量排名第2，有309次，博物馆是农村文化活动供给指数最重要的贡献指标。萧山区排名第6（指数值240.47），其中，博物馆排名第4（指数值446.79），是农村文化活动供给指数最重要的贡献指标。海盐县排名第19（指数值157.69），其中，博物馆排名第5（指数值378.86），是农村文化活动供给指数最重要的贡献指标。

文化活动供给第二方阵（指数值59.04~110.43）县域有：柯桥区、奉化区、缙云县、衢江区、建德市、余姚市、淳安县、苍南县、东阳市、临海市、嘉善县、仙居县、龙游县、临安区、南浔区、遂昌县、黄岩区、新昌县、青田县、玉环市、滨江区、天台县、兰溪市、松阳县、江山市、莲都区、洞头区、景宁自治县、金东区、浦江县。

文化活动供给第三方阵（指数值0~57.47）中，图书馆、文化馆农村文化活动供给指数，非农村地区18个县域统计数据为"0"，分别是：上城区、下城区、江干区、拱墅区、西湖区、海曙区、江北区、北仑区、镇海区、鹿城区、龙湾区、南湖区、吴兴区、越城区、婺城区、柯城区、定海区、普陀区。博物馆农村文化活动供给指数除了18个非农村地区县级行政区划以外，滨江区、桐庐县、金东区、衢江区、开化县、嵊泗县、玉环市、莲都区统计数据为"0"；乡镇文化站农村文化活动供给指数，上城区、下城区、江干区、拱墅区、西湖区、滨江区、北仑区、龙湾区统计数据为"0"。其中，个别博物馆和乡镇文化站文化活动供给统计数据为"0"的县域属于文化活动供给第二方阵。

下面对文化活动供给中乡镇文化站做详细分析。组织文艺活动次数，长兴县排名第1、慈溪市排名第2，分别是3 594次、3 246次；诸暨市等16个县域1 012~1 936次，余姚市等59个县域101~984次，云和县等4个县域9~89次。举办训练班排在前3位的是：温岭市3 854个、鄞州区1 065个、海宁市1 061个；萧山区等68个县域104~797次；镇海区等10个县域8~98次。举办展览排在前3位的是：温岭市480次、衢江区466次、象山县378次；慈溪市等32个县域101~268次；柯城区等46个县域2~92次。戏曲进乡村活动服务次数排在前3位的是：长兴县544次、慈溪市530次、天台县403次；宁海县等40个县域101~338次，三门县等38个县域2~98次。本站指挥群众业余团队排在前3位的是：温岭市956支、淳安县821支、宁海县548支；天台县等62个县域101~463支，兰溪市等16个县域10~97支。

四、文化活动参与指数

文化活动参与指数包括农村的图书馆文化活动参与、文化馆文化活动参与、乡镇文化站文化活动参与、博物馆文化活动参与4个指标（见表14-4）。

表14-4　2020年农村文化活动参与指数测评结果

方阵	区域	文化活动参与 指数值	排名	图书馆 指数值	排名	文化馆 指数值	排名	乡镇文化站 指数值	排名	博物馆 指数值	排名
第一方阵	宁海县	493.06	1	778.48	1	747.49	1	170.23	14	276.06	10
第一方阵	海宁市	321.50	2	284.18	5	341.07	4	195.89	10	464.86	4
第一方阵	慈溪市	317.70	3	664.12	2	197.43	10	309.13	4	100.12	32
第一方阵	长兴县	274.21	4	362.70	4	186.90	14	324.98	3	222.27	12
第一方阵	永康市	260.93	5	163.37	19	119.89	29	57.85	57	702.60	1
第一方阵	永嘉县	252.21	6	94.88	30	712.31	2	91.65	37	110.01	30

续表

方阵	区域	文化活动参与		图书馆		文化馆		乡镇文化站		博物馆	
		指数值	排名	指数值	排名	指数值	排名	指数值	排名	指数值	排名
第一方阵	泰顺县	243.36	7	156.98	20	219.66	9	253.07	8	343.73	5
	象山县	230.21	8	282.16	7	104.17	33	354.83	2	179.68	16
	余杭区	220.91	9	211.06	11	102.24	34	80.78	44	489.56	2
	仙居县	202.31	10	178.54	17	15.07	69	149.15	17	466.47	3
	安吉县	195.13	11	282.41	6	44.99	51	115.46	29	337.68	6
	鄞州区	192.88	12	76.82	37	144.28	23	270.88	5	279.53	9
	萧山区	192.39	13	222.85	9	32.96	57	267.80	6	245.96	11
	德清县	185.70	14	457.68	3	28.04	59	91.93	35	165.13	19
	桐乡市	181.74	15	184.61	15	262.08	7	152.67	15	127.61	25
	天台县	172.44	16	33.62	59	53.62	44	598.08	1	4.43	62
	东阳市	166.65	17	261.20	8	310.81	6	63.51	54	31.08	56
	秀洲区	160.36	18	0	71	576.07	3	47.49	64	17.88	61
	平湖市	151.99	19	210.82	12	130.65	26	150.85	16	115.65	27
	龙泉市	149.27	20	80.54	34	165.98	16	182.05	11	168.50	18
	平阳县	149.18	21	103.46	28	160.52	17	267.78	7	64.97	40
	温岭市	148.90	22	197.44	13	157.34	18	131.51	22	109.33	31
	诸暨市	131.51	23	178.83	16	145.91	22	137.49	20	63.83	42
	余姚市	125.00	24	55.64	48	27.73	60	115.92	28	300.70	8
	海盐县	124.69	25	156.10	21	105.04	32	80.15	45	157.47	22
	乐清市	123.88	26	215.26	10	67.55	38	144.92	18	67.80	39
	武义县	123.38	27	106.74	27	148.37	21	123.64	25	114.76	28
	文成县	120.99	28	80.76	33	258.76	8	105.16	33	39.29	50
	瓯海区	119.71	29	193.29	14	149.96	19	42.16	68	93.42	33
	莲都区	118.35	30	113.17	25	311.36	5	48.89	62	0	64
第二方阵	青田县	116.50	31	80.01	35	188.88	13	111.36	32	85.76	36
	义乌市	112.64	32	171.07	18	119.96	28	125.24	24	34.31	54
	南浔区	111.86	33	51.33	53	32.13	58	62.06	56	301.92	7
	上虞区	111.23	34	121.22	24	63.66	40	75.79	50	184.23	15
	苍南县	110.55	35	93.22	31	141.90	24	121.22	26	85.87	35
	临海市	109.00	36	102.49	29	41.73	52	77.25	49	214.51	13

续表

方阵	区域	文化活动参与		图书馆		文化馆		乡镇文化站		博物馆	
		指数值	排名	指数值	排名	指数值	排名	指数值	排名	指数值	排名
第二方阵	缙云县	106.91	37	134.49	23	54.99	43	178.83	12	59.35	44
	奉化区	101.41	38	58.48	45	179.89	15	130.19	23	37.09	52
	瑞安市	100.28	39	145.38	22	85.83	36	91.90	36	78.00	37
	富阳区	94.03	40	57.88	46	55.64	42	176.42	13	86.20	34
	浦江县	92.59	41	54.93	49	34.13	55	90.48	38	190.82	14
	遂昌县	91.02	42	50.03	55	19.52	66	216.79	9	77.73	38
	建德市	89.44	43	62.97	42	64.24	39	83.29	43	147.27	23
	临安区	89.19	44	70.30	40	35.31	53	86.63	40	164.52	20
	松阳县	86.51	45	41.11	57	46.50	47	139.98	19	118.44	26
	淳安县	83.54	46	20.52	67	149.79	20	120.61	27	43.23	49
	常山县	81.35	47	88.95	32	124.06	27	77.53	48	34.85	53
	黄岩区	81.07	48	10.26	70	189.50	12	67.05	52	57.46	45
	嘉善县	73.53	49	31.21	62	22.35	63	80.05	46	160.52	21
	庆元县	73.31	50	20.95	66	56.29	41	46.86	65	169.16	17
	龙游县	71.37	51	59.34	43	108.19	30	85.74	41	32.22	55
	景宁自治县	66.03	52	73.68	38	22.51	62	55.68	59	112.24	29
	金东区	65.96	53	10.34	69	191.26	11	62.23	55	0	64
	兰溪市	65.24	54	59.10	44	87.63	35	53.62	60	60.61	43
	嵊州市	64.82	55	56.83	47	22.31	64	38.96	70	141.18	24
	新昌县	60.91	56	26.86	64	51.33	46	112.33	31	53.11	47
	柯桥区	58.06	57	72.74	39	19.58	65	87.35	39	52.58	48
	椒江区	56.88	58	54.75	50	107.03	31	1.12	79	64.61	41
	江山市	55.82	59	37.83	58	45.12	49	115.02	30	25.31	58
	三门县	47.16	60	52.67	52	33.50	56	79.42	47	23.06	60
第三方阵	磐安县	46.46	61	29.73	63	45.02	50	56.39	58	54.69	46
	云和县	46.10	62	63.64	41	83.77	37	35.22	72	1.79	63
	开化县	44.20	63	112.92	26	17.23	67	46.67	66	0	64
	衢江区	42.78	64	50.92	54	46.17	48	74.02	51	0	64
	路桥区	40.86	65	48.79	56	53.55	45	35.77	71	25.33	57
	滨江区	40.78	66	23.11	65	140.02	25	0	80	0	64

第十四章　2020年农村浙江社会文化参与指数测评结果与分析

续表

方阵	区域	文化活动参与		图书馆		文化馆		乡镇文化站		博物馆	
		指数值	排名	指数值	排名	指数值	排名	指数值	排名	指数值	排名
第三方阵	洞头区	34.63	67	77.94	36	23.09	61	0	80	37.47	51
	桐庐县	34.30	68	32.09	61	12.01	70	93.10	34	0	64
	海曙区	33.73	69	0	71	0	72	134.94	21	0	64
	玉环市	28.92	70	33.47	60	34.46	54	47.75	63	0	64
	岱山县	27.14	71	52.71	51	16.06	68	15.59	76	24.18	59
	南湖区	20.89	72	0	71	0	72	83.57	42	0	64
	普陀区	15.89	73	0	71	0	72	63.58	53	0	64
	婺城区	12.77	74	0	71	0	72	51.06	61	0	64
	柯城区	11.66	75	0	71	0	72	46.64	67	0	64
	嵊泗县	11.06	76	16.04	68	5.63	71	22.57	75	0	64
	吴兴区	9.74	77	0	71	0	72	38.98	69	0	64
	镇海区	6.89	78	0	71	0	72	27.57	73	0	64
	越城区	5.80	79	0	71	0	72	23.19	74	0	64
	鹿城区	3.53	80	0	71	0	72	14.12	77	0	64
	定海区	3.08	81	0	71	0	72	12.34	78	0	64
	上城区	0	82	0	71	0	72	0	80	0	64
	下城区	0	83	0	71	0	72	0	80	0	64
	江干区	0	84	0	71	0	72	0	80	0	64
	拱墅区	0	85	0	71	0	72	0	80	0	64
	西湖区	0	86	0	71	0	72	0	80	0	64
	江北区	0	87	0	71	0	72	0	80	0	64
	北仑区	0	88	0	71	0	72	0	80	0	64
	龙湾区	0	89	0	71	0	72	0	80	0	64

具体包括农村的图书馆总流通人次、为读者举办各类活动人次（组织各类讲座、举办展览、举办培训）、开展基层培训辅导人次、图书馆延伸服务（流动服务借阅人次、流动服务借阅册次）、网络服务（音视频资源线上服务、图书馆网站访问量）；农村的文化馆组织文艺活动观众人次、举办训练班培训人次、举办展览参观人次、组织公益性讲座参加人次、线上服务人次；乡镇文化站组织文艺活动观众人次、举办训练班培训人次、举办展览参观人次、戏曲进乡村服务惠及人次；博物馆参观人次、举办社会教育参加活动人次、举办、微信公众号微博关

注人数。

文化活动参与指数位列第一方阵（指数值 118.35~493.68）的有：宁海县、海宁市、慈溪市、长兴县、永康市、永嘉县、泰顺县、象山县、余杭区、仙居县、安吉县、鄞州区、萧山区、德清县、桐乡市、天台县、东阳市、秀洲区、平湖市、龙泉市、平阳县、温岭市、诸暨市、余姚市、海盐县、乐清市、武义县、文成县、瓯海区、莲都区。以下就县级图书馆、县级文化馆、乡镇文化站、县级博物馆排名前五的指标做详细分析。

文化活动参与指数，宁海县排名第1（指数值493.06），其中，图书馆文化活动参与排名第1（指数值778.48）、文化馆文化活动参与排名第1（指数值747.49），两项是文化活动参与指数重要的贡献指标。宁海县县级图书馆开展基层培训辅导人次数量最多，高达11 526人次，远超排名第2的长兴县（4 950人次）。宁海县县级文化馆组织公益性讲座参加人次数量最多，有85 530人次，超过排名第2的黄岩区（26 000人次）。

海宁市排名第2（指数值321.50），其中，图书馆文化活动参与排名第5（指数值284.18）、文化馆文化活动参与排名第4（指数值341.07）、博物馆排名第4（指数值464.86），三项对文化活动参与指数做出了重要贡献。海宁市县级图书馆组织各类讲座有97 490人次参加，排名第1；县级博物馆举办微信公众号、微博关注人数有128 684人次，排名第1。

慈溪市排名第3（指数值317.70），其中，图书馆文化活动参与排名第2（指数值664.12）、乡镇文化站文化活动参与排名第4（指数值309.13），两项是文化活动参与指数重要的贡献指标。慈溪市县级图书馆网站访问量最多，高达1 516万页次，大大超过排名第2的平湖市（164.57万页次）。

长兴县排名第4（指数值274.21），其中，图书馆文化活动参与排名第4（指数值362.70）、乡镇文化站文化活动参与排名第3（指数值324.98），两项是文化活动参与指数最重要的贡献指标。长兴县乡镇文化站组织文艺活动观众人次数量最多，有156.19万人次。

德清县排名第14（指数值185.70），其中，图书馆排名第3（指数值457.68），是文化活动参与指数最重要的贡献指标。德清县县级图书馆音视频资源线上服务人次排名第1，有2 059.64万人次，远超排名第2的温岭市（736.57万人次）。

永康市排名第5（指数值260.93），其中，博物馆文化活动参与排名第1（指数值702.60），是文化活动参与指数最重要的贡献指标。永康市县级博物馆举办社会教育活动参加人次数量最多，有34.08万人次。余杭区排名第9（指数值220.91），其中，博物馆文化活动参与排名第2（指数值489.56），是文化活动参与指数最重要的贡献指标。仙居县排名第10（指数值202.31），其中，博物馆文化活动参与排名第 3（指数值 466.47），是文化活动参与指数最重要的贡献指标。

天台县排名第 16（指数值 172.44），其中，乡镇文化站文化活动参与排名第 1（指数值 598.08），是文化活动参与指数最重要的贡献指标。天台县乡镇文化站戏曲进乡村服务惠及人次最多，有 71.49 万人次，远超排列第 2 的长兴县（19.49 万人次）。象山县排名第 8（指数值 230.21），其中，乡镇文化站文化活动参与排名第 2（指数值 354.83），是文化活动参与指数最重要的贡献指标。象山县乡镇文化站举办展览参观人次最多，有 35.97 万人次。鄞州区排名第 12（指数值 192.88），其中，乡镇文化站文化活动参与排名第 5（指数值 270.88），是文化活动参与指数最重要的贡献指标。

秀洲区排名第 18（指数值 160.36），其中，文化馆文化活动参与排名第 3（指数值 576.07），是文化活动参与指数最重要的贡献指标。秀洲区县级文化馆线上服务人次高达 680 万人次，排名第 1，远超排名第 2 的永嘉县（300 万人次）。莲都区排名第 30（指数值 118.35），其中，文化馆文化活动参与排名第 5（指数值 311.36），是文化活动参与指数最重要的贡献指标。莲都区县级文化馆举办展览参观人次数量最多，有 31.19 万人次。

文化活动参与指数位列第二方阵（指数值 47.16~116.50）的有：青田县、义乌市、南浔区、上虞区、苍南县、临海市、缙云县、奉化区、瑞安市、富阳区、浦江县、遂昌县、建德市、临安区、松阳县、淳安县、常山县、黄岩区、嘉善县、庆元县、龙游县、景宁自治县、金东区、兰溪市、嵊州市、新昌县、柯桥区、椒江区、江山市、三门县。

文化活动参与指数位列第三方阵中统计数据为"0"的县域基本与文化活动供给一致。

下面对文化活动参与中乡镇文化站做详细分析。组织文艺活动观众人次排在前两位的是：长兴县 156.19 万人次、慈溪市 118.63 万人次；象山县等 60 个县域 10.13 万~92.36 万人次；嵊州市等 15 个县域 1.55 万~9.71 万人次；不足 1 万人次的有鹿城区 9 500 人次、椒江区 850 人次。举办训练班培训人次遂昌县最多，有 12.73 万人次；萧山区等 58 个县域 1.02 万~7.90 万人次；秀洲区等 20 个县域 300~9 744 人次。举办展览参观人次（人）排在前 3 位的是：象山县 35.97 万人次、平阳县 23.97 万人次、萧山区 20.30 万人次；泰顺县等 8 个县域 10.03 万~17.78 万人次；海曙区等 57 个县域 1.26 万~9.83 万人次；莲都区等 11 个县域 500~9 770 人次；戏曲进乡村服务惠及人次排在第 1 名的是天台县 71.49 万人次；长兴县等 6 个县域 10.66 万~19.49 万人次；缙云县等 65 个县域 1.10 万~8.85 万人次；柯城区等 7 个县域 800~9 300 人次。本组数据中，乡镇文化站文化活动供给统计数据为"0"的县域分别是上城区、下城区、江干区、拱墅区、西湖区、滨江区、北仑区、龙湾、江北区、洞头区。

五、小结

社会文化参与，嘉兴、湖州、温州地区情况最好，主要是农村文化消费需求即农村人均教育文化娱乐消费支出及占比普遍高，文化活动供给与文化活动参与情况较好。社会文化参与，舟山、衢州、丽水地区情况最差。舟山社会文化参与指数普遍最低，其中，文化活动供给与文化活动参与情况较差，但是农村文化消费需求即农村人均教育文化娱乐消费支出及占比较高，人口基数小是主要原因。丽水地区除了龙泉市（指数高达 141.57）以外，其余县域普遍较低，其中，文化消费需求普遍最低（除龙泉市），文化活动供给次之（除了龙泉 132.65、缙云县 104.36 以外），但文化活动参与情况不算差（有 4 个县域指数值在 100 以上）。衢州地区文化活动参与除了常山县（指数值 101.85）以外，指数普遍低，其中，农村文化消费需求情况比较好，6 个县域中有 4 个县域文化消费需求指数值超过 100 外，文化活动供给比较低（除了衢江区、常山县指数值超过 100 外），文化活动参与普遍很低。就社会文化参与而言，全省有一半县域农村人均教育文化娱乐消费支出不足 2 000 元、农村人均教育文化娱乐消费支出占比整个消费支出不足 10%，文化活动供给与文化活动参与普遍不高。

第十五章 2020年农村非遗保护传承指数测评结果与分析

一、非遗保护传承指数

农村非遗保护传承采用了县一级的非遗统计数据,包括县级非遗保护基础设施、县级非遗保护管理、县级非遗传承体验设施、县级非遗传承交流四个二级指标(见表15-1)。

表15-1 2020年农村非遗保护传承指数测评结果

方阵	区域	非遗保护传承(县级) 指数值	排名	非遗保护基础设施 指数值	排名	非遗保护管理 指数值	排名	非遗传承体验设施 指数值	排名	非遗传承交流 指数值	排名
第一方阵	临海市	573.16	1	127.60	23	749.86	1	1 115.84	1	299.36	6
	鄞州区	378.53	2	219.72	8	327.29	6	688.41	2	278.67	8
	莲都区	328.79	3	107.52	30	590.46	3	521.24	4	95.93	34
	慈溪市	295.41	4	107.34	31	74.87	41	75.31	32	924.10	1
	安吉县	254.89	5	403.79	1	175.41	11	355.07	7	85.30	39
	龙泉市	246.83	6	119.56	27	20.69	67	474.46	5	372.62	4
	新昌县	233.00	7	160.25	12	424.22	4	130.91	22	216.61	14
	缙云县	228.05	8	103.44	35	106.73	31	646.03	3	56.00	48
	萧山区	211.30	9	87.64	46	152.66	14	29.24	47	575.68	2
	桐庐县	210.97	10	159.92	13	149.09	15	245.16	11	289.73	7
	泰顺县	199.53	11	235.84	5	232.13	8	55.03	37	275.13	9
	平阳县	196.93	12	235.12	6	43.89	52	253.74	10	254.97	10
	洞头区	191.77	13	85.50	47	343.97	5	152.75	16	184.85	15
	富阳区	186.26	14	138.63	21	134.52	21	399.88	6	72.00	44
	苍南县	172.68	15	313.69	4	190.44	10	48.52	41	138.06	24
	桐乡市	170.45	16	142.44	18	139.45	17	254.36	9	145.56	23
	普陀区	162.78	17	46.68	70	604.45	2	0.00	56	0.00	57
	永嘉县	162.75	18	151.21	14	129.15	23	130.82	23	239.81	11

续表

方阵	区域	非遗保护传承（县级） 指数值	排名	非遗保护基础设施 指数值	排名	非遗保护管理 指数值	排名	非遗传承体验设施 指数值	排名	非遗传承交流 指数值	排名
第一方阵	天台县	157.56	19	188.60	9	100.94	32	240.10	12	100.59	31
	岱山县	140.34	20	48.06	69	13.12	70	141.36	19	358.83	5
	松阳县	138.67	21	369.30	2	14.38	68	81.23	31	89.79	37
	黄岩区	133.45	22	81.18	56	47.68	49	27.47	48	377.48	3
	长兴县	133.21	23	181.48	10	175.03	12	61.38	36	114.95	28
	嘉善县	132.81	24	85.39	48	32.15	62	255.16	8	158.54	20
	德清县	132.29	25	106.90	32	97.63	35	210.77	13	113.88	29
	余姚市	126.92	26	150.22	15	131.83	22	64.26	34	161.36	19
	鹿城区	125.53	27	367.00	3	135.11	20	0	56	0	57
	浦江县	125.22	28	138.71	20	38.34	58	165.68	14	158.12	21
	文成县	122.32	29	122.83	26	231.62	9	51.50	38	83.32	40
	宁海县	119.56	30	103.50	34	115.51	26	126.08	25	133.15	25
第二方阵	乐清市	118.88	31	96.00	41	116.62	25	162.75	15	100.16	33
	温岭市	112.51	32	148.70	16	41.37	54	136.34	20	123.63	27
	瑞安市	111.51	33	221.34	7	61.41	45	62.84	35	100.44	32
	象山县	110.85	34	146.76	17	143.03	16	112.65	28	40.97	49
	建德市	108.76	35	92.37	44	99.56	33	152.00	17	91.09	36
	南浔区	103.93	36	137.00	22	7.92	73	49.85	39	220.96	13
	淳安县	102.87	37	85.37	49	92.12	36	105.98	29	128.01	26
	余杭区	100.16	38	84.29	53	303.31	7	13.03	52	0	57
	仙居县	99.77	39	95.75	42	21.16	66	116.02	27	166.14	18
	义乌市	97.82	40	124.83	25	46.97	50	49.21	40	170.29	17
	奉化区	91.96	41	84.57	52	69.63	42	134.89	21	78.74	42
	武义县	88.48	42	115.19	28	81.72	39	0.33	55	156.66	22
	永康市	86.98	43	100.90	37	13.62	69	0	56	233.42	12
	东阳市	86.91	44	64.86	59	128.40	24	124.14	26	30.23	51
	青田县	86.53	45	89.28	45	37.84	59	130.11	24	88.87	38
	遂昌县	83.87	46	99.61	38	34.05	61	144.21	18	57.60	46
	椒江区	80.96	47	99.34	39	57.86	47	72.92	33	93.71	35

续表

方阵	区域	非遗保护传承（县级）		非遗保护基础设施		非遗保护管理		非遗传承体验设施		非遗传承交流	
		指数值	排名	指数值	排名	指数值	排名	指数值	排名	指数值	排名
第二方阵	海盐县	80.85	48	56.51	64	69.61	43	18.34	51	178.96	16
	海宁市	73.07	49	79.72	58	110.27	28	82.12	30	20.17	53
	江北区	61.37	50	92.60	43	152.88	13	0	56	0	57
	磐安县	60.62	51	84.95	50	43.13	53	39.48	43	74.93	43
	路桥区	59.94	52	142.16	19	30.67	64	5.23	53	61.69	45
	龙湾区	59.11	53	97.04	40	139.41	18	0	56	0	57
	玉环市	58.14	54	64.72	60	25.01	65	40.80	42	102.02	30
	云和县	57.94	55	58.91	62	61.55	44	31.70	46	79.58	41
	三门县	57.20	56	106.54	33	114.77	27	2.30	54	5.17	56
	海曙区	56.01	57	84.75	51	139.29	19	0	56	0	57
	西湖区	53.21	58	174.09	11	38.75	56	0	56	0	57
	临安区	53.11	59	82.35	55	77.54	40	20.60	50	31.96	50
	龙游县	51.54	60	125.07	24	3.28	74	21.26	49	56.56	47
第三方阵	婺城区	50.22	61	102.53	36	98.37	34	0	56	0	57
	拱墅区	47.53	62	80.63	57	109.50	29	0	56	0	57
	瓯海区	45.73	63	84.24	54	81.77	38	0	56	16.91	54
	越城区	43.34	64	115.06	29	58.29	46	0	56	0	57
	吴兴区	41.60	65	57.98	63	108.41	30	0	56	0	57
	下城区	33.17	66	42.46	72	90.22	37	0	56	0	57
	嵊泗县	33.11	67	36.75	74	38.59	57	36.30	44	20.80	52
	滨江区	29.23	68	59.58	61	8.58	72	32.84	45	15.94	55
	北仑区	26.42	69	53.67	67	52.03	48	0	56	0	57
	上城区	25.57	70	56.05	65	46.24	51	0	56	0	57
	镇海区	22.85	71	50.42	68	40.97	55	0	56	0	57
	江干区	20.30	72	43.37	71	37.83	60	0	56	0	57
	南湖区	17.40	73	37.83	73	31.78	63	0	56	0	57
	定海区	16.72	74	54.83	66	12.06	71	0	56	0	57
	秀洲区	0	75	0	75	0	75	0	56	0	57
	平湖市	0	75	0	75	0	75	0	56	0	57

263

续表

方阵	区域	非遗保护传承（县级）		非遗保护基础设施		非遗保护管理		非遗传承体验设施		非遗传承交流	
		指数值	排名	指数值	排名	指数值	排名	指数值	排名	指数值	排名
第三方阵	柯桥区	0	75	0	75	0	75	0	56	0	57
	诸暨市	0	75	0	75	0	75	0	56	0	57
	上虞区	0	75	0	75	0	75	0	56	0	57
	嵊州市	0	75	0	75	0	75	0	56	0	57
	金东区	0	75	0	75	0	75	0	56	0	57
	兰溪市	0	75	0	75	0	75	0	56	0	57
	柯城区	0	75	0	75	0	75	0	56	0	57
	衢江区	0	75	0	75	0	75	0	56	0	57
	常山县	0	75	0	75	0	75	0	56	0	57
	开化县	0	75	0	75	0	75	0	56	0	57
	江山市	0	75	0	75	0	75	0	56	0	57
	庆元县	0	75	0	75	0	75	0	56	0	57
	景宁自治县	0	75	0	75	0	75	0	56	0	57

农村非遗保护传承指数位列第一方阵（指数值119.56~573.16）的地区是：临海市、鄞州区、莲都区、慈溪市、安吉县、龙泉市、新昌县、缙云县、萧山区、桐庐县、泰顺县、平阳县、洞头区、富阳区、苍南县、桐乡市、普陀区、永嘉县、天台县、岱山县、松阳县、黄岩区、长兴县、嘉善县、德清县、余姚市、鹿城区、浦江县、文成县、宁海县。下面对第一方阵中三级指标排名前5的贡献指标做较为详细的分析。

农村非遗保护传承指数，安吉县排名第5（指数值254.89），松阳县排名第21（指数值138.67），鹿城区排名第27（指数值125.53），苍南县排名第15（指数值172.68），泰顺县排名第11（指数值199.53），其中，非遗保护基础设施分别排名第1（指数值403.79）、排名第2（指数值369.30）、排名第3（指数值367.00）、排名第4（指数值313.69）、排名第5（指数值235.84），非遗保护基础设施是这些县域非遗保护传承（农村）指数重要的贡献指标。

农村非遗保护传承指数，临海市排名第1（指数值573.16）、普陀区排名第17（指数值162.78）、莲都区排名第3（指数值328.79）、新昌县排名第7（指数值233.00）、洞头区排名第13（指数值191.77），其中，非遗保护管理分别排名第1（749.86）、第2（指数值604.45）、第3（指数值590.46）、排名第4（指数值424.22)、排名第5(指数值343.97),非遗保护管理是这些县域非遗保护传承(农村)指数最重要的贡献指标。

农村非遗保护传承指数,临海市排名第1(指数值573.16)、鄞州区排名第2(指数值378.53)、缙云县排名第8(指数值228.05)、莲都区排名第3(指数值328.79)、龙泉市排名第6(指数值246.83),其中,非遗传承体验设施分别排名第1(指数值1 115.84)、排名第2(指数值688.41)、排名第3(指数值646.03)、排名第4(指数值521.24)、排名第5(指数值474.46),非遗传承体验设施是这些县域农村非遗保护传承指数重要的贡献指标。

农村非遗保护传承指数,慈溪市排名第4(指数值295.41),萧山区排名第9(指数值211.30),黄岩区排名第22(指数值133.45)、龙泉市排名第6(指数值246.83)、岱山县排名第20(指数值140.34),其中,非遗传承交流分别排名第1(指数值924.10)、排名第2(指数值575.68)、排名第3(指数值377.48)、排名第4(指数值372.62)、排名第5(指数值358.83),非遗传承交流是这些县域农村非遗保护传承指数的重要贡献指标。

农村非遗保护传承指数位列第二方阵(51.54~118.88)的地区是:乐清市、温岭市、瑞安市、象山县、建德市、南浔区、淳安县、余杭区、仙居县、义乌市、奉化区、武义县、永康市、东阳市、青田县、遂昌县、椒江区、海盐县、海宁市、江北区、磐安县、路桥区、龙湾区、玉环市、云和县、三门县、海曙区、西湖区、临安区、龙游县。

农村非遗保护传承指数位列第三方阵(指数值0~50.22)的地区分别是婺城区、拱墅区、瓯海区、越城区、吴兴区、下城区、嵊泗县、滨江区、北仑区、上城区、镇海区、江干区、南湖区、定海区、秀洲区、平湖市、柯桥区、诸暨市、上虞区、嵊州市、金东区、兰溪市、柯城区、衢江区、常山县、开化县、江山市、庆元县、景宁区。

需要指出的是,农村非遗保护传承指数中有15个县域的农村非遗保护基础指数、非遗保护管理指数统计数据为"0",分别是秀洲区、平湖市、柯桥区、诸暨市、上虞区、嵊州市、金东区、兰溪市、柯城区、衢江区、常山县、开化县、江山市、庆元县、景宁区。农村非遗传承体验设施指数、非遗传承交流指数除了非农村地区18个县级行政区划以外(上城区、下城区、江干区、拱墅区、西湖区、海曙区、江北区、北仑区、镇海区、鹿城区、龙湾区、南湖区、吴兴区、越城区、婺城区、柯城区、定海区、普陀区),有14个县域统计数据为"0",分别是秀洲区、平湖市、柯桥区、诸暨市、上虞区、嵊州市、金东区、兰溪市、衢江区、常山县、开化县、江山市、庆元县、景宁区。另外,农村非遗传承体验设施指数瓯海区、永康市数据为"0",农村非遗传承交流指数余杭区为"0"。也就是说,浙江省有16个县域的基层非遗保护传承缺位。

二、非遗保护基础设施指数

农村非遗保护基础设施指数反映了县级非遗项目数量和县级非遗代表性传承人两个指数的平均水平。其中，县级非遗代表性传承人包括县级传承人、县级学徒两个指标（见表15-2）。

表15-2　2020年县级非遗保护基础设施指数测评结果

方阵	区域	非遗保护基础设施 指数值	排名	县级非遗项目数量 指数值	排名	县级非遗代表性传承人 指数值	排名
第一方阵	安吉县	403.79	1	242.06	2	565.51	3
	松阳县	369.30	2	105.83	42	632.77	1
	鹿城区	367.00	3	110.34	40	623.66	2
	苍南县	313.69	4	262.33	1	365.05	4
	泰顺县	235.84	5	193.65	6	278.02	8
	平阳县	235.12	6	190.27	8	279.97	7
	瑞安市	221.34	7	156.50	20	286.18	6
	鄞州区	219.72	8	124.97	30	314.48	5
	天台县	188.60	9	151.99	22	225.20	10
	长兴县	181.48	10	177.89	11	185.08	12
	西湖区	174.09	11	92.32	55	255.85	9
	新昌县	160.25	12	150.87	23	169.63	15
	桐庐县	159.92	13	166.63	15	153.20	17
	永嘉县	151.21	14	179.01	10	123.40	20
	余姚市	150.22	15	95.70	52	204.74	11
	温岭市	148.70	16	198.15	5	99.24	30
	象山县	146.76	17	181.27	9	112.25	23
	桐乡市	142.44	18	164.38	17	120.50	22
	路桥区	142.16	19	233.06	3	51.26	55
	浦江县	138.71	20	105.83	42	171.60	13
	富阳区	138.63	21	132.85	27	144.40	18
	南浔区	137.00	22	199.28	4	74.72	41
	临海市	127.60	23	171.13	13	84.06	35
	龙游县	125.07	24	191.40	7	58.73	48
	义乌市	124.83	25	161.00	18	88.66	33

续表

方阵	区域	非遗保护基础设施 指数值	排名	县级非遗项目数量 指数值	排名	县级非遗代表性传承人 指数值	排名
第一方阵	文成县	122.83	26	171.13	13	74.53	42
	龙泉市	119.56	27	68.68	62	170.44	14
	武义县	115.19	28	121.59	32	108.79	25
	越城区	115.06	29	108.08	41	122.04	21
	莲都区	107.52	30	129.48	29	85.57	34
第二方阵	慈溪市	107.34	31	103.58	45	111.10	24
	德清县	106.90	32	113.71	37	100.09	28
	三门县	106.54	33	157.62	19	55.46	52
	宁海县	103.50	34	111.46	39	95.54	32
	缙云县	103.44	35	166.63	15	40.26	62
	婺城区	102.53	36	146.36	25	58.69	49
	永康市	100.90	37	102.45	47	99.34	29
	遂昌县	99.61	38	91.20	56	108.02	26
	椒江区	99.34	39	148.61	24	50.07	57
	龙湾区	97.04	40	112.59	38	81.50	38
	乐清市	96.00	41	172.26	12	19.75	69
	仙居县	95.75	42	122.72	31	68.77	45
	江北区	92.60	43	115.96	34	69.23	44
	建德市	92.37	44	137.36	26	47.39	59
	青田县	89.28	45	95.70	52	82.87	37
	萧山区	87.64	46	99.08	49	76.19	40
	洞头区	85.50	47	99.08	49	71.92	43
	嘉善县	85.39	48	156.50	20	14.29	73
	淳安县	85.37	49	117.09	33	53.64	53
	磐安县	84.95	50	64.17	64	105.72	27
	海曙区	84.75	51	85.57	57	83.94	36
	奉化区	84.57	52	72.06	60	97.09	31
	余杭区	84.29	53	0.00	73	168.57	16
	瓯海区	84.24	54	114.84	36	53.64	54
	临安区	82.35	55	104.71	44	59.99	47
	黄岩区	81.18	56	131.73	28	30.63	63

续表

方阵	区域	非遗保护基础设施 指数值	排名	县级非遗项目数量 指数值	排名	县级非遗代表性传承人 指数值	排名
第二方阵	拱墅区	80.63	57	103.58	45	57.69	50
	海宁市	79.72	58	102.45	47	56.99	51
	东阳市	64.86	59	0	73	129.72	19
	玉环市	64.72	60	99.08	49	30.37	65
第三方阵	滨江区	59.58	61	41.66	71	77.50	39
	云和县	58.91	62	68.68	62	49.14	58
	吴兴区	57.98	63	115.96	34	0	74
	海盐县	56.51	64	94.57	54	18.44	70
	上城区	56.05	65	61.92	65	50.18	56
	定海区	54.83	66	82.19	58	27.47	67
	北仑区	53.67	67	61.92	65	45.41	60
	镇海区	50.42	68	33.78	72	67.07	46
	岱山县	48.06	69	77.69	59	18.44	70
	普陀区	46.68	70	70.93	61	22.43	68
	江干区	43.37	71	56.29	68	30.44	64
	下城区	42.46	72	43.91	70	41.02	61
	南湖区	37.83	73	47.29	69	28.37	66
	嵊泗县	36.75	74	57.42	67	16.08	72
	秀洲区	0	75	0	73	0	74
	平湖市	0	75	0	73	0	74
	柯桥区	0	75	0	73	0	74
	诸暨市	0	75	0	73	0	74
	上虞区	0	75	0	73	0	74
	嵊州市	0	75	0	73	0	74
	金东区	0	75	0	73	0	74
	兰溪市	0	75	0	73	0	74
	柯城区	0	75	0	73	0	74
	衢江区	0	75	0	73	0	74
	常山县	0	75	0	73	0	74
	开化县	0	75	0	73	0	74

续表

方阵	区域	非遗保护基础设施		县级非遗项目数量		县级非遗代表性传承人	
		指数值	排名	指数值	排名	指数值	排名
第三方阵	江山市	0	75	0	73	0	74
	庆元县	0	75	0	73	0	74
	景宁自治县	0	75	0	73	0	74

农村非遗保护基础指数位于第一方阵（指数值107.52~403.79）的是：安吉县、松阳县、鹿城区、苍南县、泰顺县、平阳县、瑞安市、鄞州区、天台县、长兴县、西湖区、新昌县、桐庐县、永嘉县、余姚市、温岭市、象山县、桐乡市、路桥区、浦江县、富阳区、南浔区、临海市、龙游县、义乌市、文成县、龙泉市、武义县、越城区、莲都区。

下面对第一方阵中三级指标排名前5的贡献指标做较为详细的分析。

非遗保护基础设施指数，安吉县排名第1（指数值403.79），其中，县级非遗项目数量排名第2（指数值242.06）、县级非遗代表性传承人排名第3（指数值565.51），两项均是贡献指标。

松阳县、鹿城区的非遗保护基础设施指数分别排名第2（指数值369.30）、排名第3（指数值367.00），其中，县级非遗代表性传承人分别排名第1（指数值632.77）、排名第2（指数值623.66），而县级非遗项目数量仅分别排名第42、第40，可见县级非遗代表性传承人是非遗保护基础设施的重要贡献指标。需要指出的是，松阳县、鹿城区的非遗代表性传承人中最突出的是学徒数量众多，分别排名第2（3 760人），排名第1（3 922人）。

苍南县非遗保护基础设施指数排名第4（指数值313.69），其中，县级非遗项目数量排名第1（指数值262.33）、县级非遗代表性传承人排名第4（指数值365.05），两项均是贡献指标。

鄞州区非遗保护基础设施指数排名第8（指数值219.72），其中，县级非遗代表性传承人分别排名第5（指数值314.48），是重要贡献指标，同样是学徒数量众多。

温岭市非遗保护基础设施指数排名第16（指数值148.70），其中，县级非遗项目数量排名第5（指数值198.15），是重要的贡献指标。南浔区非遗保护基础设施指数排名第22（指数值137.00），其中，县级非遗项目数量排名第4（指数值199.28），是重要贡献指标。

该组数据中有一个现象值得一提，非遗代表性传承人中学徒数量众多，成为某些县域非遗保护基础设施指数的突出贡献因子，该人才培养指标说明基层对非遗的重视程度。

农村非遗保护基础指数位于第二方阵（指数值64.72~107.34）的是：慈溪市、德清县、三门县、宁海县、缙云县、婺城区、永康市、遂昌县、椒江区、龙湾区、乐清市、仙居县、江北区、建德市、青田县、萧山区、洞头区、嘉善县、淳安县、磐安县、海曙区、奉化区、余杭区、瓯海区、临安区、黄岩区、拱墅区、海宁市、东阳市、玉环市。

农村非遗保护基础指数位于第三方阵[①]（指数值0~59.58）的是：滨江区、云和县、吴兴区、海盐县、上城区、定海、北仑区、镇海区、岱山县、普陀区、江干区、下城区、南湖区、嵊泗县、秀洲区、平湖市、柯桥区、诸暨市、上虞区、嵊州市、金东区、兰溪市、柯城区、衢江区、常山县、开化县、江山市、庆元县、景宁自治县。该方阵中，有15个县域统计数据为"0"：秀洲区、平湖市、柯桥区、诸暨市、上虞区、嵊州市、金东区、兰溪市、柯城区、衢江区、常山县、开化县、江山市、庆元县、景宁区。

三、非遗保护管理指数

农村非遗保护管理反映了县级非遗保护单位数、县级非遗保护经费2个指标的平均水平（见表15-3）。

表15-3　2020年县级非遗保护管理指数测评结果

方阵	区域	非遗保护管理		县级非遗保护单位数		县级非遗保护经费	
		指数值	排名	指数值	排名	指数值	排名
第一方阵	临海市	749.86	1	62.05	54	1 437.67	1
	普陀区	604.45	2	113.50	35	1 095.41	2
	莲都区	590.46	3	149.82	27	1 031.10	3
	新昌县	424.22	4	177.06	18	671.38	4
	洞头区	343.97	5	133.17	34	554.77	5
	鄞州区	327.29	6	195.22	15	459.36	6
	余杭区	303.31	7	207.33	12	399.29	7
	泰顺县	232.13	8	260.30	3	203.96	9
	文成县	231.62	9	230.03	8	233.22	8
	苍南县	190.44	10	352.61	1	28.27	38
	安吉县	175.41	11	325.37	2	25.44	41
	长兴县	175.03	12	239.11	6	110.95	19

---

① 非遗保护基础与非遗保护管理2个二级指标均有县级数据，因此农村文化发展共同富裕中认定的非农村地区也有农村数据。

续表

方阵	区域	非遗保护管理 指数值	排名	县级非遗保护单位数 指数值	排名	县级非遗保护经费 指数值	排名
第一方阵	江北区	152.88	13	155.87	22	149.89	12
	萧山区	152.66	14	107.45	37	197.88	10
	桐庐县	149.09	15	223.98	9	74.20	26
	象山县	143.03	16	243.65	4	42.40	32
	桐乡市	139.45	17	220.95	10	57.95	27
	龙湾区	139.41	18	151.33	26	127.49	14
	海曙区	139.29	19	108.96	36	169.61	11
	鹿城区	135.11	20	148.31	28	121.91	15
	富阳区	134.52	21	178.58	17	90.46	21
	余姚市	131.83	22	145.28	29	118.37	17
	永嘉县	129.15	23	240.62	5	17.67	46
	东阳市	128.40	24	207.33	12	49.47	28
	乐清市	116.62	25	231.54	7	1.70	62
	宁海县	115.51	26	152.85	24	78.16	25
	三门县	114.77	27	211.87	11	17.67	46
	海宁市	110.27	28	137.71	33	82.83	23
	拱墅区	109.50	29	105.93	39	113.07	18
	吴兴区	108.41	30	77.18	44	139.65	13
第二方阵	缙云县	106.73	31	107.45	37	106.01	20
	天台县	100.94	32	174.04	19	27.84	39
	建德市	99.56	33	184.63	16	14.49	49
	婺城区	98.37	34	196.74	14	0	65
	德清县	97.63	35	152.85	24	42.40	32
	淳安县	92.12	36	157.39	21	26.86	40
	下城区	90.22	37	59.02	56	121.41	16
	瓯海区	81.77	38	154.36	23	9.19	56
	武义县	81.72	39	163.44	20	0	65
	临安区	77.54	40	140.74	31	14.35	50
	慈溪市	74.87	41	145.28	29	4.45	59
	奉化区	69.63	42	96.85	40	42.40	32

续表

方阵	区域	非遗保护管理 指数值	排名	县级非遗保护单位数 指数值	排名	县级非遗保护经费 指数值	排名
第二方阵	海盐县	69.61	43	139.23	32	0	65
	云和县	61.55	44	87.77	41	35.34	36
	瑞安市	61.41	45	87.77	41	35.05	37
	越城区	58.29	46	31.78	65	84.81	22
	椒江区	57.86	47	34.81	63	80.92	24
	北仑区	52.03	48	55.99	57	48.06	29
	黄岩区	47.68	49	74.15	49	21.20	43
	义乌市	46.97	50	74.15	49	19.79	45
	上城区	46.24	51	71.13	51	21.34	42
	平阳县	43.89	52	77.18	44	10.60	54
	磐安县	43.13	53	86.26	43	0	65
	温岭市	41.37	54	75.67	47	7.07	57
	镇海区	40.97	55	45.40	60	36.54	35
	西湖区	38.75	56	60.53	55	16.96	48
	嵊泗县	38.59	57	77.18	44	0	65
	浦江县	38.34	58	33.29	64	43.39	30
	青田县	37.84	59	54.48	58	21.20	43
	江干区	37.83	60	75.67	47	0	65
第三方阵	遂昌县	34.05	61	68.10	52	0	65
	嘉善县	32.15	62	21.19	70	43.11	31
	南湖区	31.78	63	63.56	53	0	65
	路桥区	30.67	64	51.45	59	9.89	55
	玉环市	25.01	65	39.35	61	10.67	53
	仙居县	21.16	66	36.32	62	6.01	58
	龙泉市	20.69	67	27.24	67	14.13	51
	松阳县	14.38	68	28.75	66	0	65
	永康市	13.62	69	27.24	67	0	65
	岱山县	13.12	70	12.11	73	14.13	51
	定海区	12.06	71	22.70	69	1.41	63
	滨江区	8.58	72	13.62	72	3.53	60

续表

方阵	区域	非遗保护管理		县级非遗保护单位数		县级非遗保护经费	
		指数值	排名	指数值	排名	指数值	排名
第三方阵	南浔区	7.92	73	15.13	71	0.71	64
	龙游县	3.28	74	3.03	74	3.53	60
	秀洲区	0	75	0	75	0	65
	平湖市	0	75	0	75	0	65
	柯桥区	0	75	0	75	0	65
	诸暨市	0	75	0	75	0	65
	上虞区	0	75	0	75	0	65
	嵊州市	0	75	0	75	0	65
	金东区	0	75	0	75	0	65
	兰溪市	0	75	0	75	0	65
	柯城区	0	75	0	75	0	65
	衢江区	0	75	0	75	0	65
	常山县	0	75	0	75	0	65
	开化县	0	75	0	75	0	65
	江山市	0	75	0	75	0	65
	庆元县	0	75	0	75	0	65
	景宁自治县	0	75	0	75	0	65

农村非遗保护管理指数位于第一方阵（指数值108.41~749.86）的是：临海市、普陀区、莲都区、新昌县、洞头区、鄞州区、余杭区、泰顺县、文成县、苍南县、安吉县、长兴县、江北区、萧山区、桐庐县、象山县、桐乡市、龙湾区、海曙区、鹿城区、富阳区、余姚市、永嘉县、东阳市、乐清市、宁海县、三门县、海宁市、拱墅区、吴兴区。

非遗保护管理指数，临海市排名第1（指数值749.86）、普陀区排名第2（指数值604.45）、莲都区排名第3（指数值590.46）、新昌县排名第4（指数值424.22）、洞头区排名第5（指数值343.97）、鄞州区排名第6（指数值327.29）、余杭区排名第7（指数值303.31），其中，县级非遗保护经费指数排名同序，是这些县域最重要的贡献指标。具体而言，县级财政收入排在前3位的分别是临海市20 343元、普陀区15 500元、莲都区14 590元，均达到了万元以上。排名第4的新昌县和排名第5的洞头区，县级财政收入分别为9 500元、7 850元。

非遗保护管理指数，苍南县排名第10（指数值190.44）、安吉县排名第11

(指数值175.41)、泰顺县排名第8（指数值232.13）、象山县排名第16（指数值143.03）、永嘉县排名第23（指数值129.15），其中，县级非遗保护单位数分别排名第1（指数值352.61）、排名第2（指数值325.37）、排名第3（指数值260.30）、排名第4（指数值243.65）、排名第5（指数值240.62）。这些县域的非遗保护单位是非遗保护管理指数最重要的贡献指标。具体而言，县级非遗保护单位数排在前两位的是苍南县233个和安吉县215个，排名第3泰顺县、第4象山县、第5永嘉县的县级非遗保护单位数分别为172个、161个、159个。

农村非遗保护管理指数位于第二方阵（指数值37.83~106.73）的是：缙云县、天台县、建德市、婺城区、德清县、淳安县、下城区、瓯海区、武义县、临安区、慈溪市、奉化区、海盐县、云和县、瑞安市、越城区、椒江区、北仑区、黄岩区、义乌市、上城区、平阳县、磐安县、温岭市、镇海区、西湖区、嵊泗县、浦江县、青田县、江干区。

农村非遗保护管理指数位于第三方阵（指数值0~34.05）的是：遂昌县、嘉善县、南湖区、路桥区、玉环市、仙居县、龙泉市、松阳县、永康市、岱山县、定海区、滨江区、南浔区、龙游县、秀洲区、平湖市、柯桥区、诸暨市、上虞区、嵊州市、金东区、兰溪市、柯城区、衢江区、常山县、开化县、江山市、庆元县、景宁自治县。其中，15个县域（农村）非遗保护管理指数统计数据为"0"。

四、非遗传承体验设施指数

农村非遗传承体验设施包括县级体验机构、县级代表性项目数、县级收藏实物数、县级场馆面积、县级参观人数、县级培训学徒（见表15-4）。其中，县级体验机构通过县级非遗馆、县级民营非遗馆、县级传承体验中心、县级传承所/点衡量；县级代表性项目数通过县级非遗馆（包括民营）、县级传承体验中心衡量；县级收藏实物数通过县级非遗馆（包括民营）、县级传承体验中心收藏实物数衡量；县级场馆面积通过县级非遗馆（包括民营）、县级传承体验中心、县级传承所/点的场馆面积衡量；县级参观人数通过县级非遗馆（包括民营）、县级传承体验中心的参观人数衡量；培训学徒通过传承所（点）培训学徒人数衡量。

农村非遗传承体验设施指数位于第一方阵（指数值82.12~1 115.84）的是：临海市、鄞州区、缙云县、莲都区、龙泉市、富阳区、安吉县、嘉善县、桐乡市、平阳县、桐庐县、天台县、德清县、浦江县、乐清市、洞头区、建德市、遂昌县、岱山县、温岭市、奉化区、新昌县、永嘉县、青田县、宁海县、东阳市、仙居县、象山县、淳安县、海宁市。以下对各三级指标中排名前5的县域做详细分析。

表15-4 2020年县级非遗传承体验设施指数测评结果

方阵	区域	非遗传承体验设施 指数值	排名	县级体验机构 指数值	排名	县级代表性项目数 指数值	排名	县级收藏实物数 指数值	排名	县级场馆面积 指数值	排名	县级参观人数 指数值	排名	县级培训学徒 指数值	排名
第一方阵	临海市	1 115.84	1	1 340.87	1	5 172.61	1	6.84	47	172.98	15	1.77	49	0	50
	鄞州区	688.41	2	624.24	2	35.43	18	2 437.62	1	710.4	4	250.14	11	72.65	24
	缙云县	646.03	3	65.08	32	4.12	41	20.04	38	327.37	8	177.37	16	3 282.20	1
	莲都区	521.24	4	309.14	8	2 464.77	2	18.40	39	305.46	9	0.63	50	29.06	35
	龙泉市	474.46	5	541.11	5	10.56	37	1 185.14	2	250.46	12	779.57	3	79.91	20
	富阳区	399.88	6	142.37	19	56.12	8	185.73	13	882.92	1	819.78	2	312.38	7
	安吉县	355.07	7	234.98	12	47.01	11	819.63	3	399.18	6	106.55	23	523.06	3
	嘉善县	255.16	8	73.24	29	12.36	33	24.17	36	57.96	37	873.60	1	489.64	4
	桐乡市	254.36	9	167.45	15	58.52	6	358.30	4	290.21	10	215.80	13	435.88	5
	平阳县	253.74	10	149.94	18	14.32	32	58.69	24	741.67	2	121.35	21	435.88	5
	桐庐县	245.16	11	156.37	17	18.63	29	274.17	8	60.82	34	379.76	8	581.18	2
	天台县	240.10	12	423.51	6	45.74	13	198.02	12	133.65	19	565.60	5	74.10	22
	德清县	210.77	13	279.15	10	26.48	23	143.23	16	716.72	3	26.33	41	72.79	23
	浦江县	165.68	14	94.78	26	49.41	10	321.80	6	246.94	13	188.92	15	92.26	16
	乐清市	162.75	15	261.45	11	40.45	16	258.12	11	130.89	20	198.39	14	87.18	18
	洞头区	152.75	16	68.43	31	32.2	20	183.59	14	80.56	27	474.70	6	77.01	21
	建德市	152.00	17	229.15	13	53.00	9	2.34	51	7.39	50	474.70	6	145.29	12
	遂昌县	144.21	18	60.13	35	3.92	43	297.16	7	100.17	24	220.1	12	183.8	11
	岱山县	141.36	19	4.20	52	2.15	49	43.24	28	126.99	21	670.11	4	1.45	45
	温岭市	136.34	20	97.30	25	21.56	25	23.30	37	594.95	5	80.22	26	0.73	47
	奉化区	134.89	21	203.56	14	37.64	17	334.16	5	171.68	16	27.11	40	35.16	32
	新昌县	130.91	22	282.27	9	68.46	5	29.03	35	262.53	11	136.69	19	6.68	42
	永嘉县	130.82	23	119.77	21	7.44	38	114.47	17	187.33	14	271.65	10	84.27	19
	青田县	130.11	24	110.06	23	2.55	46	84.73	21	364.37	7	129.59	20	89.36	17
	宁海县	126.08	25	50.93	38	5.30	39	271.24	9	164.00	17	137.16	18	127.86	14
	东阳市	124.14	26	609.35	3	43.19	14	6.68	48	8.77	48	4.23	48	72.65	24
	仙居县	116.02	27	558.37	4	0.98	51	24.59	35	63.48	33	10.91	46	37.78	31
	象山县	112.65	28	349.15	7	73.40	4	31.75	30	98.10	25	80.19	27	43.30	29
	淳安县	105.98	29	113.14	22	24.93	24	65.52	23	60.43	35	328.26	9	43.59	28
	海宁市	82.12	30	32.57	42	2.35	47	106.64	18	28.46	44	52.47	33	270.25	8

续表

方阵	区域	非遗传承体验设施 指数值	排名	县级体验机构 指数值	排名	县级代表性项目数 指数值	排名	县级收藏实物数 指数值	排名	县级场馆面积 指数值	排名	县级参观人数 指数值	排名	县级培训学徒 指数值	排名
	松阳县	81.23	31	49.92	39	26.70	21	26.48	34	101.88	23	20.89	44	261.53	9
	慈溪市	75.31	32	93.8	27	25.50	23	11.55	41	27.14	45	32.35	39	261.53	9
	椒江区	72.92	33	48.02	40	2.74	44	150.49	15	87.50	26	147.91	17	0.87	46
	余姚市	64.26	34	88.59	28	11.19	35	34.13	29	141.26	18	58.08	32	52.31	27
	瑞安市	62.84	35	63.32	33	56.55	7	85.63	20	58.12	36	84.64	25	28.77	37
	长兴县	61.38	36	99.14	24	34.76	19	47.65	27	119.53	22	36.70	35	30.51	33
	泰顺县	55.03	37	71.66	30	42.02	15	29.60	32	64.96	32	102.16	24	19.76	38
	文成县	51.50	38	6.32	50	11.00	36	212.05	11	40.72	39	38.89	34	0	50
	南浔区	49.85	39	54.98	36	11.77	34	58.30	25	39.62	40	69.02	30	65.38	26
	义乌市	49.21	40	3.85	54	84.11	3	5.93	49	31.90	41	24.16	42	145.29	12
	苍南县	48.52	41	129.9	20	20.62	26	10.55	42	78.72	28	36.06	37	15.26	40
	玉环市	40.80	42	52.68	37	3.93	42	99.44	19	45.68	38	23.74	43	19.32	39
	磐安县	39.48	43	45.02	41	20.03	27	66.49	22	72.79	30	32.57	38	0	50
第二方阵	嵊泗县	36.30	44	15.03	46	20.03	28	8.46	44	8.32	49	71.55	29	94.44	15
	滨江区	32.84	45	15.43	45	1.37	50	9.96	43	29.09	43	112.11	22	29.06	35
	云和县	31.70	46	28.16	43	4.51	40	48.34	26	31.84	42	36.66	36	40.68	30
	萧山区	29.24	47	158.13	16	17.28	31	0	53	0	53	0	52	0	50
	黄岩区	27.47	48	7.84	49	46.15	12	30.30	31	13.52	46	66.59	31	0.44	48
	龙游县	21.26	49	24.31	44	2.16	48	8.18	45	67.63	31	20.06	45	5.23	43
	临安区	20.60	50	3.98	53	0	54	14.84	40	74.24	29	0	52	30.51	33
	海盐县	18.34	51	5.72	51	2.74	45	7.97	46	12.31	47	73.31	28	7.99	41
	余杭区	13.03	52	60.53	34	17.68	30	0	53	0	53	0	52	0	50
	路桥区	5.23	53	10.20	47	0.78	52	4.88	50	6.44	51	8.62	47	0.44	48
	三门县	2.30	54	9.31	48	0.20	53	0.59	52	0.09	52	0.28	51	3.34	44
	武义县	0.33	55	1.99	55	0	54	0	53	0	53	0	52	0	50
	上城区	0	56	0	56	0	54	0	53	0	53	0	52	0	50
	下城区	0	56	0	56	0	54	0	53	0	53	0	52	0	50
	江干区	0	56	0	56	0	54	0	53	0	53	0	52	0	50
	拱墅区	0	56	0	56	0	54	0	53	0	53	0	52	0	50

第十五章　2020年农村非遗保护传承指数测评结果与分析

续表

方阵	区域	非遗传承体验设施 指数值	排名	县级体验机构 指数值	排名	县级代表性项目数 指数值	排名	县级收藏实物数 指数值	排名	县级场馆面积 指数值	排名	县级参观人数 指数值	排名	县级培训学徒 指数值	排名
第二方阵	西湖区	0	56	0	56	0	54	0	53	0	53	0	52	0	50
	海曙区	0	56	0	56	0	54	0	53	0	53	0	52	0	50
	江北区	0	56	0	56	0	54	0	53	0	53	0	52	0	50
	北仑区	0	56	0	56	0	54	0	53	0	53	0	52	0	50
	镇海区	0	56	0	56	0	54	0	53	0	53	0	52	0	50
	鹿城区	0	56	0	56	0	54	0	53	0	53	0	52	0	50
	龙湾区	0	56	0	56	0	54	0	53	0	53	0	52	0	50
	瓯海区	0	56	0	56	0	54	0	53	0	53	0	52	0	50
	南湖区	0	56	0	56	0	54	0	53	0	53	0	52	0	50
	秀洲区	0	56	0	56	0	54	0	53	0	53	0	52	0	50
	平湖市	0	56	0	56	0	54	0	53	0	53	0	52	0	50
	吴兴区	0	56	0	56	0	54	0	53	0	53	0	52	0	50
	越城区	0	56	0	56	0	54	0	53	0	53	0	52	0	50
	柯桥区	0	56	0	56	0	54	0	53	0	53	0	52	0	50
	诸暨市	0	56	0	56	0	54	0	53	0	53	0	52	0	50
	上虞区	0	56	0	56	0	54	0	53	0	53	0	52	0	50
	嵊州市	0	56	0	56	0	54	0	53	0	53	0	52	0	50
	婺城区	0	56	0	56	0	54	0	53	0	53	0	52	0	50
	金东区	0	56	0	56	0	54	0	53	0	53	0	52	0	50
	兰溪市	0	56	0	56	0	54	0	53	0	53	0	52	0	50
	永康市	0	56	0	56	0	54	0	53	0	53	0	52	0	50
	柯城区	0	56	0	56	0	54	0	53	0	53	0	52	0	50
	衢江区	0	56	0	56	0	54	0	53	0	53	0	52	0	50
	常山县	0	56	0	56	0	54	0	53	0	53	0	52	0	50
	开化县	0	56	0	56	0	54	0	53	0	53	0	52	0	50
	江山市	0	56	0	56	0	54	0	53	0	53	0	52	0	50
	定海区	0	56	0	56	0	54	0	53	0	53	0	52	0	50
	普陀区	0	56	0	56	0	54	0	53	0	53	0	52	0	50
	庆元县	0	56	0	56	0	54	0	53	0	53	0	52	0	50
	景宁自治县	0	56	0	56	0	54	0	53	0	53	0	52	0	50

非遗传承体验设施指数，临海市排名第 1（指数值 1 115.84），其中，体验机构排名第 1（指数值 1 340.87）、代表性项目数排名第 1（指数值 5 172.61），两项指标是非遗传承体验设施指数重要的贡献指标。体验机构中临海市民营非遗馆数量最多，高达 3 580 个。代表性项目数中，临海市的非遗馆（包括民营）和传承体验中心数量均排名第 1，分别是 7 200 个和 12 000 个。

鄞州区排名第 2（指数值 688.41），其中，收藏实物数排名第 1（指数值 2 437.62）、体验机构排名第 2（指数值 624.24），两项指标是非遗传承体验设施指数重要的贡献指标。收藏实物数中鄞州区传承体验中心数量最多，5 万件；体验机构中鄞州区传承所（点）数量排名第 1，传承体验中心排名第 2，分别有 129 个、95 个。鄞州区场馆面积排名第 4（指数值 710.40），对非遗传承体验起到了一定的作用。场馆面积中，鄞州区非遗馆（包括民营）排名第 2、传承体验中心排名第 3，分别有 5.1 万平方米、7 万平方米。

缙云县排名第 3（指数值 646.03），其中，培训学徒排名第 1（指数值 3 282.20），是非遗传承体验设施指数最重要的贡献指标。缙云县培训非遗学徒数量高达 2.26 万名，远高出第 2 名的桐庐县（4 000 名）。

莲都区排名第 4（指数值 521.24），其中，代表性项目数排名第 2（指数值 2 464.77），是非遗传承体验设施指数重要的贡献指标。代表性项目数中，莲都区的非遗馆（包括民营）、传承体验中心均排名第 2，分别有 1 500 件、9 600 件。

龙泉市排名第 5（指数值 474.46），其中，收藏实物数排名第 2（指数值 1 185.14）、参观人数排名第 3（指数值 779.57）、体验机构排名第 5（指数值 541.11），三项是非遗传承体验设施指数重要的贡献指标。收藏实物数中，龙泉市的非遗馆（包括民营）、传承体验中心均排名第 2，分别有 1.53 万件、1.1 万件。参观人数中，龙泉市的非遗馆（包括民营）数量最多，有 51 万人次。体验机构中，龙泉市传承体验中心排名第 1、传承所（点）排名第 2，分别有 105 个、101 个。

富阳区排名第 6（指数值 399.88），其中，场馆面积排名第 1（指数值 882.92）、参观人数排名第 2（指数值 819.78），两项是非遗传承体验设施指数重要的贡献指标。场馆面积中，富阳区非遗馆（包括民营）面积最大，有 12 万平方米，远高出第 2 名鄞州区（5.1 万平方米）。参观人数中，富阳区非遗馆（包括民营）排名第 2、传承体验中心排名第 3，分别有 30 万人次、20 万人次。

安吉县排名第 7（指数值 355.07），其中，收藏实物数排名第 3（指数值 819.63）、培训学徒排名第 3（指数值 523.06），两项是非遗传承体验设施指数重要的贡献指标。收藏实物数中，安吉县非遗馆（包括民营）数量最多，有 1.92 万件。培训学徒安吉县排名第 3，有 3 600 名。

嘉善县排名第 8（指数值 255.16），其中，参观人数排名第 1（指数值 873.60）、培训学徒排名第 4（指数值 489.64），两项是非遗传承体验设施指数重要的贡献指标。

参观人数中，嘉善县非遗馆（包括民营）排名第3，有28.33万人次；传承体验中心排名第2，有23.5万人次。培训学徒，嘉善县排名第4，有3 370人次。

桐乡市排名第9（指数值254.36），其中，收藏实物数排名第4（指数值358.30）、培训学徒排名第5（指数值435.88），这两项是非遗传承体验设施指数重要贡献指标。

平阳县排名第10（指数值253.74），其中，场馆面积排名第2（指数值741.67）、培训学徒排名第5（指数值435.88），两项是非遗传承体验设施指数重要贡献指标。场馆面积中，平阳县传承体验中心排名第1，为12.38万平方米。

德清县排名第13（指数值210.77），其中，场馆面积排名第3（指数值716.72），是非遗传承体验设施指数的重要贡献指标。场馆面积中，平阳县传承所（点）排名第1，为8.78万平方米。

桐庐县排名第11（指数值245.16），其中，培训学徒排名第2（指数值581.18）；天台县排名第12（指数值240.10），其中，参观人数排名第5（指数值565.60）；岱山县排名第19（指数值141.36），其中，参观人数排名第4（指数值670.11）；温岭市排名第20（指数值136.34），其中，场馆面积排名第5（指数值594.95）；奉化区排名第21（指数值134.89），其中，收藏实物数排名第5（指数值334.16）；新昌县排名第22（指数值130.91），其中，代表性项目数排名第5（指数值68.46）；东阳市排名第26（指数值124.14），其中，体验机构排名第3（指数值609.35）；仙居县排名第27（指数值116.02），其中，体验机构排名第4（指数值558.37）；象山县排名第28（指数值112.65），其中，代表性项目数排名第4（指数值73.40）。这些县域均有一项指标是非遗传承体验设施指数重要贡献指标。

第二方阵中非遗传承体验设施，义乌市排名第40（指数值49.21），其中，代表性项目数排名第3（指数值84.11），是重要贡献指标。代表性项目数中，义乌市非遗馆（包括民营）排名第5，有143个；传承体验中心排名第3，有143个。

除了非农村地区18个县级行政区划以外，还有16个县域农村非遗传承体验设施指数为"0"。

五、非遗传承交流指数

农村非遗传承交流包括县级非遗活动供给、县级非遗活动参与两个指标（见表15-5）。其中，非遗活动供给通过举办展览、举办演出、举办民俗活动、开展非遗工作人员培训班次、开展传承人培训班次衡量；非遗活动参与通过举办展览参观人次、举办演出观众人次、举办民俗活动参与人次、开展非遗工作人员培训人次、开展传承人培训人次衡量。

表 15-5 县级非遗传承交流指数测评结果

区域	区域	非遗传承交流 指数值	非遗传承交流 排名	非遗活动供给 指数值	非遗活动供给 排名	非遗活动参与 指数值	非遗活动参与 排名
第一方阵	慈溪市	924.10	1	1 823.56	1	24.64	51
第一方阵	萧山区	575.68	2	772.70	2	378.67	4
第一方阵	黄岩区	377.48	3	341.93	5	413.02	3
第一方阵	龙泉市	372.62	4	78.34	30	666.90	1
第一方阵	岱山县	358.83	5	479.75	4	237.92	14
第一方阵	临海市	299.36	6	598.22	3	0.49	56
第一方阵	桐庐县	289.73	7	162.53	14	416.93	2
第一方阵	鄞州区	278.67	8	204.36	11	352.98	6
第一方阵	泰顺县	275.13	9	270.44	9	279.82	10
第一方阵	平阳县	254.97	10	271.50	8	238.45	13
第一方阵	永嘉县	239.81	11	126.61	18	353.01	5
第一方阵	永康市	233.42	12	132.88	17	333.96	8
第一方阵	南浔区	220.96	13	105.09	21	336.83	7
第一方阵	新昌县	216.61	14	166.23	13	266.99	11
第一方阵	洞头区	184.85	15	51.57	42	318.14	9
第一方阵	海盐县	178.96	16	102.17	23	255.74	12
第一方阵	义乌市	170.29	17	298.63	7	41.96	46
第一方阵	仙居县	166.14	18	299.71	6	32.57	48
第一方阵	余姚市	161.36	19	168.77	12	153.94	23
第一方阵	嘉善县	158.54	20	147.21	16	169.86	20
第一方阵	浦江县	158.12	21	109.44	20	206.8	15
第一方阵	武义县	156.66	22	206.73	10	106.59	34
第一方阵	桐乡市	145.56	23	90.34	26	200.78	17
第一方阵	苍南县	138.06	24	81.52	28	194.59	18
第一方阵	宁海县	133.15	25	64.54	35	201.75	16
第一方阵	淳安县	128.01	26	82.79	27	173.24	19
第一方阵	温岭市	123.63	27	120.90	19	126.36	27
第一方阵	长兴县	114.95	28	65.95	34	163.94	21
第一方阵	德清县	113.88	29	103.12	22	124.65	28
第一方阵	玉环市	102.02	30	149.68	15	54.35	44

续表

区域	区域	非遗传承交流 指数值	排名	非遗活动供给 指数值	排名	非遗活动参与 指数值	排名
第二方阵	天台县	100.59	31	56.39	39	144.79	24
	瑞安市	100.44	32	41.54	47	159.33	22
	乐清市	100.16	33	81.28	29	119.04	30
	莲都区	95.93	34	47.65	45	144.21	25
	椒江区	93.71	35	53.60	40	133.82	26
	建德市	91.09	36	74.19	31	108.00	33
	松阳县	89.79	37	58.87	38	120.70	29
	青田县	88.87	38	92.60	24	85.15	39
	安吉县	85.30	39	60.07	37	110.52	32
	文成县	83.32	40	51.03	43	115.61	31
	云和县	79.58	41	60.36	36	98.81	35
	奉化区	78.74	42	68.15	33	89.33	38
	磐安县	74.93	43	92.59	25	57.27	43
	富阳区	72.00	44	53.06	41	90.94	37
	路桥区	61.69	45	43.24	46	80.14	41
	遂昌县	57.60	46	22.14	50	93.05	36
	龙游县	56.56	47	28.93	49	84.18	40
	缙云县	56.00	48	50.33	44	61.67	42
	象山县	40.97	49	70.85	32	11.09	53
	临安区	31.96	50	19.10	52	44.81	45
	东阳市	30.23	51	34.54	48	25.92	49
	嵊泗县	20.80	52	17.64	53	23.97	52
	海宁市	20.17	53	15.30	54	25.04	50
	瓯海区	16.91	54	0	56	33.83	47
	滨江区	15.94	55	21.48	51	10.39	54
	三门县	5.17	56	7.82	55	2.52	55
	上城区	0	57	0	56	0	57
	下城区	0	57	0	56	0	57
	江干区	0	57	0	56	0	57
	拱墅区	0	57	0	56	0	57

续表

区域	区域	非遗传承交流		非遗活动供给		非遗活动参与	
		指数值	排名	指数值	排名	指数值	排名
第二方阵	西湖区	0	57	0	56	0	57
	余杭区	0	57	0	56	0	57
	海曙区	0	57	0	56	0	57
	江北区	0	57	0	56	0	57
	北仑区	0	57	0	56	0	57
	镇海区	0	57	0	56	0	57
	鹿城区	0	57	0	56	0	57
	龙湾区	0	57	0	56	0	57
	南湖区	0	57	0	56	0	57
	秀洲区	0	57	0	56	0	57
	平湖市	0	57	0	56	0	57
	吴兴区	0	57	0	56	0	57
	越城区	0	57	0	56	0	57
	柯桥区	0	57	0	56	0	57
	诸暨市	0	57	0	56	0	57
	上虞区	0	57	0	56	0	57
	嵊州市	0	57	0	56	0	57
	婺城区	0	57	0	56	0	57
	金东区	0	57	0	56	0	57
	兰溪市	0	57	0	56	0	57
	柯城区	0	57	0	56	0	57
	衢江区	0	57	0	56	0	57
	常山县	0	57	0	56	0	57
	开化县	0	57	0	56	0	57
	江山市	0	57	0	56	0	57
	定海区	0	57	0	56	0	57
	普陀区	0	57	0	56	0	57
	庆元县	0	57	0	56	0	57
	景宁自治县	0	57	0	56	0	57

农村非遗传承交流第一方阵（指数值102.02~924.10）的县域是：慈溪市、

萧山区、黄岩区、龙泉市、岱山县、临海市、桐庐县、鄞州区、泰顺县、平阳县、永嘉县、永康市、南浔区、新昌县、洞头区、海盐县、义乌市、仙居县、余姚市、嘉善县、浦江县、武义县、桐乡市、苍南县、宁海县、淳安县、温岭市、长兴县、德清县、玉环市。以下对各三级指标中排名前五的县域做详细分析。

非遗传承交流指数中，慈溪市排名第1（指数值924.10），其中，非遗活动供给排名第1（指数值1 823.56），是非遗传承交流重要贡献指标；非遗活动供给中，慈溪市举办民俗活动数量最多，高达5 000场次，远超过排名第2的松阳县120次，是非遗传承交流指数最突出的贡献指标。萧山区排名第2（指数值575.68），其中，非遗活动供给排名第2（指数值772.70），非遗活动参与排名第4（指数值378.67），两项指标是非遗传承交流指数最重要的贡献指标；非遗活动供给中，萧山区开展非遗工作人员培训班最多121次，举办民俗活动参观人次最多32万人次。临海市排名第6（指数值299.36），其中，非遗活动供给排名第3（指数值598.22），是非遗传承交流的重要贡献指标。岱山县排名第5（指数值358.83），其中，非遗活动供给排名第4（指数值479.75），是非遗传承交流的重要贡献指标；非遗活动供给中开展传承人群培训班岱山县最多，有353次。

非遗传承交流指数中，龙泉市排名第4（指数值372.62），其中，非遗活动参与排名第1（指数值666.90），是非遗传承交流的重要贡献指标；非遗活动参与中龙泉市举办展览参观人次最多51万人次，远超排列第2的宁海县10.5万人次，起到最突出的贡献作用。桐庐县排名第7（指数值289.73），其中，非遗活动参与排名第2（指数值416.93），是非遗传承交流重要贡献指标；非遗活动参与中桐庐县举办演出观众人次排列第2，有23万人次。黄岩区排名第3（指数值377.48），其中，非遗活动参与排名第3（指数值413.02），非遗活动供给排名第5（指数值341.93），两项指标是非遗传承交流的重要贡献指标。永嘉县排名第11（指数值239.81），其中，非遗活动参与排名第5（指数值353.01），是非遗传承交流的重要贡献指标。

农村非遗传承交流指数有33个县域统计数据为"0"。除了非农村地区18个县级行政区划以外，有15个县域余杭区、秀洲区、平湖市、柯桥区、诸暨市、上虞区、嵊州市、金东区、兰溪市、衢江区、常山县、开化县、江山市、庆元县、景宁自治县非遗传承交流统计数据为"0"。

六、小结

非遗保护传承指数，温州、湖州地区最好。温州地区11个县域中有9个县域非遗保护传承指数值大于100，其中，非遗保护基础设施、非遗保护管理、非遗传承交流情况比较好，非遗传承体验一般，有4个县域指数值大于100。湖州地区5个县域中有4个县域非遗保护传承指数值大于100，其中，非遗保护基础设施建设好，非遗保护管理、非遗传承交流情况比较好；虽然非遗传承体验一般，只有安吉县、德清县指数值大于100，但指数值特别好。杭州、宁波、台州、丽水、舟山地区非遗保护传承情况一般，地级市中约有一半县域指数值大于100，需要指出的是，丽水的庆元县、景宁自治县农村非遗保护传承指数值均为"0"。嘉兴、绍兴、金华、衢州地区非遗保护传承情况不好，大约仅有1~2个县域指数值大于100。衢州地区所有县域非遗保护传承指数值都小于100，除了龙游县以外，其余5个县域农村非遗保护传承指数值均为"0"。绍兴地区6个县域中有4个县域农村非遗保护传承指数值为"0"，但新昌县指数特别好。总体而言，农村非遗保护传承中非遗保护基础设施、非遗保护管理情况相对较好，而非遗传承交流、非遗传承体验有1/3的县域数据为"0"，需要加强建设。

参考文献

[1] 毛泽东．毛泽东选集：第二卷［M］．北京：人民出版社，1991．

[2] 毛泽东．毛泽东选集：第三卷［M］．北京：人民出版社，1991．

[3] 毛泽东．毛泽东选集：第6卷［M］．北京：人民出版社，1999．

[4] 习近平．习近平谈治国理政：第二卷［M］．北京：外文出版社，2018．

[5] 人民日报社．江山就是人民，人民就是江山［M］．北京：人民日报出版社，2022．

[6] 中共中央文献研究室．习近平关于社会主义文化建设论述摘编［M］．北京：中央文献出版社，2017．

[7] 杨宝国．公平正义观的历史·传承·发展［M］．北京：学习出版社，2015．

[8] 王贵禄．习近平文艺讲话与新时代中国文艺复兴［M］．西安：陕西师范大学出版社，2021．

[9] 莫里斯．文明的度量［M］．李阳，译．北京：中信出版社，2014．

[10] 唐亚林，朱春．文化治理的逻辑：城乡一体化发展的理论与实践［M］．上海：复旦大学出版社，2021．

[11] 姜爱林．习近平"六韬九略"治国策［M］．香港：四季出版社，2018．

[12] 李秀金．乡村振兴战略背景下的乡村文化治理研究［M］．北京：中国社会出版社，2022．

[13] 胡惠林．中国文化国情报告［M］．武汉：湖北教育出版社，2018．

[14] 胡惠林．中国国家文化安全论：2［M］．上海：上海人民出版社，2011．

[15] 胡惠林．国家文化治理：发展文化产业的新维度［J］．学术月刊，2012（5）．

[16] 胡惠林．乡村文化治理：乡村振兴中的治理文明变革［J］．福建论坛（人文社会科学版），2021（10）．

[17] 胡惠林．城乡文明融合互鉴：构建中国乡村文化治理新发展格局［J］．治理研究，2021（5）．

[18] 唐亚林．研究郡县制需要重视的三大制度性背景和原则［J］．华东理工大学学报（社会科学版），2017（5）．

［19］吴理财. 文化治理的三张面孔［J］. 华中师范大学学报（人文社会科学版），2014（1）.

［20］谢延龙."乡村文化"治理与 乡村"文化治理"：当代演进与展望［J］. 学习与实践，2021（4）.

［21］胡惠林. 没有贫困的治理与克服治理的贫困：再论乡村振兴中的治理文明变革［J］. 探索与争鸣，2022（1）.

后　记

窗外，初夏的雨淅淅沥沥下着，绿意盎然。

2021年初春，上海交通大学胡惠林教授授意我写关于浙江省文化省情报告，特意说要把文化发展共同富裕写入其中。胡老师领导的团队作中国文化产业报告多年。珠玉在前，我欣然领命。真正一头扎进去，才发现困难重重。

2021年，《中共中央 国务院关于支持浙江高质量发展建设共同富裕示范区的意见》（2021年5月）、《浙江高质量发展建设共同富裕示范区实施方案（2021—2025年）》（2021年7月）相继出台，关于文化共同富裕蕴含的内容是明确的，但具体指标指向以及能否采集到充足的相关数据是不确定的，实际操作也验证了预判的各种顾虑。根据文件精神，参考《中国文化国情报告2018》（胡惠林主编）、《中国文化产业发展指数报告2012》（胡惠林、王婧著），文化共同富裕指数体系加入了全域文明创建、地区特色文化产业一级指标，依据实际情况，总体指标体系中各二级、三级指标也重新设定。随着对文化共同富裕认识的不断深入，越来越觉得还有许多内容可以添加，比如，与国家文化安全息息相关的媒介传播板块没有写；在做县域文化共同富裕板块中，原来设想把文旅融合加入其中，奈何浙江省各县域有关旅游统计的数据极度匮乏，只好作罢；文化创新指标比较模糊，缺少足够的数据，由于经验不足，精力有限，人手不充分，遗憾是一定的。

感谢胡惠林老师的指点与鼓励，在犹疑困惑中给予我坚持下去的力量。感谢王婧老师的指点，她丰富的报告写作经验解答了我不少疑问。

感谢陈梦婷、朱志梅、石浩、楼书研、张沈秋、米月月、朱冲、朱钊雯、孙铭泽、陈楠、林敏在课题中所做的贡献，短暂的相处时光在我生命中镌刻下清晰的音容笑貌。

感谢我的家人，在疫情艰难时刻陪伴扶持。

"没有什么能够阻挡，你对自由的向往"，于艰难跋涉中追寻的"蓝莲花"，清澈高远，永不凋零！

2023年6月
小和山寓所